독자에디터는 본 책의 초안을 검토하
오탈자를 확인하는 등 독자의 눈높이에 맞
주셨습니다. 바쁜 시간을 쪼개어 참여해주신

'역사를 잊은 민족에게 미래는 없다'라는 말처럼 이 책은 돈의 관점에서 보는, 역사적으로 잊지 말아야 할 일련의 사건들을 시대별로 정리해줍니다. '모든 역사적 사건 뒤에는 항상 돈이 있었고, 역사는 반드시 되풀이된다.' 그 역사를 되짚어보며 우리나라가 왜 다른 나라로부터 이용당해왔고, 세계사는 어떻게 흘러갔는지 생각하며 같은 실수를 되풀이하지 않도록 해야 한다는 걸 깨우치는 책이었습니다.

– 열정쪼이 님

『역사는 돈이다』는 역사의 큰 흐름의 원인은 대부분 돈에서 출발한다는 것을 잘 보여주었다. 역사에 대한 이야기를 재미있게 읽으며 그 이면에 대해서도 자세히 알 수 있게 되었다.

– 희망 님

역사는
돈이다

역사는 돈이다

초판1쇄 발행 2024년 6월 22일
초판3쇄 발행 2024년 7월 9일

지 은 이 강승준

발 행 처 잇콘
발 행 인 신동익
편 집 임효진
검 수 임수경
디 자 인 STUDIO BEAR
출판등록 2019년 2월 7일 제25100-2019-000022호
주 소 경기도 용인시 기흥구 동백중앙로 191
팩 스 02-6919-1886

ISBN 979-11-90877-88-6 03320
값 33,000원

◀ 독자설문
더 나은 책을 만들기 위한
독자설문에 참여하시면
추첨을 통해 선물을 드립니다.
(당첨자 발표는 매월 말 개별연락)

◀ 커뮤니티
네이버카페에 방문하시면
출간 정보 확인, 이벤트, 원고투고,
소모임 활동, 전문가 칼럼 등
다양한 체험이 가능합니다.

역사는 돈이다

강승준 지음

추천사

김준기
(서울대 국가미래전략원 원장)

우리는 책을 통해 세상을 배운다. 배우는 시각은 책의 내용과 접근 방식에 따라 달라진다. 『역사는 돈이다』는 매우 흥미롭게도 돈의 관점에서 세계사의 흐름을 설명하고 있다. 누구보다 세계사에 대한 관심이 많은 저자는 세계사의 흐름을 돈의 흐름과 상당 부분 일치한다고 판단하고, 이러한 역사의 궤적을 돈의 시각에서 해석하고 있다.

저자가 언급하였듯이 세계사는 냉혹하게 흘러왔고, 그 기저에 가장 큰 동인으로 돈이 자리 잡고 있다는 점에 대해 전적으로 동의할 수밖에 없다. 그렇기 때문에 우리에게 이 책은 많은 시사점을 주고 있다. 우리는 패권 국가가 주도하는 세계사의 흐름에 따라 나라를 잃었고, 분단과 전쟁을 겪었으며, 지금도 신新냉전의 소용돌이 속에 있다. 나라가 힘이 없어 이러한 비극이 발생했다는 단순한 논리에서 벗어나 어떻게 대한민국이 세계사의 흐름에 끌려 들어갔는지 아는 것, 그리고 그 기저에 돈의 흐름이 작용하고 있다고 인식하는 것은 세계에서 가장 개방적인 무역 · 금융 제도를 운영하는 우리에게 매우 중요하다.

고대의 문명과 화폐를 시작으로 중세시대 로마의 종교사와 전쟁사를 새로운 시각에서 접근하고 있고, 그 이후 상업혁명을 금융과 무역의 관점에서 차분히 분석하였다. 근세 편에서는 신대륙 발견과 유럽 패권의 이동 등을 돈의 흐름의 관점에서 새롭게 기술하고 있다. 특히 패권 국가로서 미국의 부상을 금융의 관점에서 상세하게 서술하는 점은 매우 흥미롭다.

여기까지 돈의 흐름을 통해 세계사에 대하여 인문학적 시각에서 해석했다면, 현대 편에서는 금융과 경제에 대한 저자의 전문성을 많은 대목에서 엿볼 수 있다. 이해하기 어려울 수 있는 금본위제, 브레턴우즈 체제, 플라자 합의 등과 같은 금융 · 경제학적 개념과 사건을 일반 독자들도 손쉽게 이해할 수 있도록 풀어 쓴 결과 매우 전문적인 분야인 금융에 대해 '인문학적 이해'가 가능하게 되었다. 특히 근세 편에서 유대인의 이동과 유럽 패권의 이동, 로스차일드 가문과 유대인 금융제국 등에 대한 논의는 비록 수백년 전에 벌어진 역사이지만 지금 세계의 금융과 패권을 이해하기에 매우 유용한 논의라고 생각한다. 독자들도 이 책을 통해 나와 같은 즐거움을 누리길 바란다.

오랜 친구로 지내고 있지만 이 책을 통해 두가지 놀란 점이 있다. 첫 번째는 평소 대화를 통해 세계사에 관심이 많은지는 알고 있었으나, 이렇게 방대한 지식과 금융의 흐름, 패권에 대해 혜안이 있는지 몰랐다는 점이다. 알고도 나서지 않는 저자의 과묵함을 엿볼 수 있는 부분이다. 그리고 두 번째로는 같이 놀면서 대체 어느 시간에 이런 공부를 하고 모두가 쉽게 읽을 수 있는 책을 썼는지 놀라울 따름이다. 공부를 직업으로 삼고 있는 나를 반성하게 한다.

마지막으로 두 가지 이유에서 저자의 후속편을 기대한다. 우선 2008년 이후 그가 관심을 두고 있는 돈의 흐름과 역사의 궤적이 깊은 연관성을 보이면서, 그의 지적 호기심을 충분히 자극할 만큼 많은 변화가 발생하고 있기 때문이다. 그리고 저자가 마라톤 첫 완주 이후 다시는 뛰지 않겠다는 다짐에도 불구하고 여러 번 뛰었듯이, 다시는 책을 쓰지 않겠다는 그의 생각도 달라질 수 있다. 왜냐하면 저자의 마라톤 완주가 주위 친구들에게 작지 않은 파장을 불러 왔듯이, 이 책 역시 독자들에게 큰 의미를 줄 수 있기 때문이다. Never say Never, My Friend!

돈의 관점으로 역사를 본다는 것

나는 돈, 예산, 금융 분야에는 조금 안다고 할 수 있으나 인문학은 문외한이라고 생각하며 살았다. 그러다 제레드 다이아몬드나 유발 하라리 같은 학자들의 책을 읽으며 세계사적 시각이 얼마나 중요한지 깨달았고, 돈에 대해서도 그처럼 크고 넓은 시각을 입히면 좋겠다고 생각했다. 그러면서 문득 더 늦기 전에 나의 인문학적 소양을 좀 키워보면 어떨까 하는 생각을 하며 시간 날 때마다 세계사에 대한 책도 읽고, 유튜브도 보았다. 시간 투자를 많이 해서 약간 교양이 쌓이니 남들에게 아는 척하고 싶은 생각이 들었다. 원래 설익은 벼가 고개를 숙일 줄 모른다. 그러나 나의 짧은 기억력 때문에 '그래 이거였구나' 하고 감동하며 읽은 책의 내용이 머릿속에 오래 남아 있지 않았다. 그나마 친구들과 만나 잘난 척하거나, 교수 친구들이 일 년에 몇 번 불러주는 강연에서 써먹으려면, 잊어버리기 전에 기록해야겠다고 생각했다. 그래서 쓰기 시작했다.

책을 쓰면서 깨달은 것이 참 많다. 전보다 조금 더 크게, 더 넓게 볼 수 있게 되자 전에는 보이지 않던 것들이 보이기 시작했다. 무엇보다 이 세계사가 얼마나 냉혹하게 흘러왔는지, 그 기저에 가장 큰 동인動因으로 자리 잡은 것이 바로 돈이었음을 새삼 알게 됐다. 우리가 관심을 두고 싶지 않아도 대한민국은 세계사의 흐름에 끌려 들어갔다. 의도치 않게 이웃 나라의 침략을 받았고 의도치 않게 나라를 빼앗긴 적도 있다. 의도치 않게 나라가 분단되기도 했다. 우리끼리 편하게 살고 싶어도 세상은 우리를 가만히 내버려 두지 않았다. 왜 우리가 이렇게 당하며 살아야 했는지 그 이유를 제대로 알아야 한다. 그래야 같은 실수를 되풀이하지 않는다. 그것이 바로 내가 미래 세대에게 이 『역사는 돈이다』를 전하고 싶은 이유이고 또한 이 책을 쓴 가장 큰 이유이기도 하다.

직장생활을 하면서 마라톤을 일곱 번 완주했다. 얼떨결에 마라톤 모임 총무를 맡은 적이 있는데, 그 자리를 후임에게 넘기려면 한 번의 완주가 필수라는 충격적인 말을 듣고 하는 수 없이 첫 완주에 도전했다. 당연히 완주하자마자 바로 총무 자리를 넘겼다. 총무만 넘기면 절대 더는 하지 않겠다고 굳은 마음을 먹었는데, 그 후로도 매년 한 번씩 여섯 번이나 더 완주했다.

의외로 나의 마라톤 완주가 작은 파장을 불러왔다. "아니, 승준이도 완주했대"라며 주위의 많은 친구들이 마라톤에 도전했다. 이걸 본다면 다섯 시간 안에 겨우 들어오는 보잘것없는 나의 마라톤 인생에도 의미는 있었다. 지금 이 책도 나의 마라톤처럼 그런 작은 파장을 만들 수 있다면 참 좋겠다는 생각을 해본다.

북악산 자락에서
강승준

★ ★ ★ 차례 ★ ★ ★

추천사 김준기 (서울대 국가미래전략원 원장) / 4

머리말 돈의 관점으로 역사를 본다는 것 / 7

제1장

세계사를 관통하는 3가지 관점 '부富, 화폐, 금융'

세상을 움직인 것은 결국 돈이었다_부의 관점으로 보는 세계사 / 15

금화에서 디지털 화폐까지 '돈의 전쟁'_화폐의 관점으로 보는 세계사 / 20

환전상이 글로벌 투자은행이 되기까지_금융의 관점으로 보는 세계사 / 36

제2장

고대 편

최초의 화폐는 어디에서 탄생했나_고대 중동 국가들과 금속 주화 / 47

장사를 위해 만들어진 발명품, 알파벳_고대 페니키아인과 무역의 시작 / 53

이스라엘 vs 팔레스타인, 오랜 악연의 시작_유대인 디아스포라의 역사 / 57

경제 구조 개혁을 꿈꿨던 혁명가 예수_기독교의 탄생과 유대-로마 전쟁 / 65

고대 그리스는 해적질로 성장했다_살라미스 해전, 알렉산드로스와 헬레니즘 / 71

벤처사업처럼 정복전쟁을 했던 카이사르_로마의 발전과 제국의 건설 / 80

기독교 공인은 재정난 때문에 이뤄졌다_콘스탄티노폴리스 천도와 서로마의 멸망 / 89

제3장

중세 편

로마도 아니고 제국도 아니었던 신성로마제국_ 교황과 게르만 왕국의 거래 / 97
신의 시대, 비즈니스가 되어버린 교회들_ 아비뇽 유수와 교회세를 둘러싼 갈등 / 104
초기 이슬람과 기독교는 사이가 괜찮았다_ 이슬람의 태동과 확산 / 113
'뱅크'의 어원은 환전상에서 유래했다_ 금융업의 발전 과정 / 122
성전聖戰이냐, 아니면 성전聖錢이냐_ 십자군전쟁의 과정과 영향 / 128
흑사병 덕분에 생겨난 최초의 중산층_ 봉건제와 장원경제의 붕괴 / 140
이겼지만 진 프랑스 vs 졌지만 이긴 영국_ 해운업의 강자 노르만족과 백년전쟁 / 144
메디치의 돈으로 피어난 르네상스 예술_ 상업혁명과 인문주의 운동 / 160
중세의 끝, 동로마제국의 멸망_ 콘스탄티노폴리스 함락과 근세의 시작 / 170

제4장

근세 편

신의 나라에서 왕의 나라로_ 군주 정체와 절대왕권의 등장 / 177
인쇄술이 낳은 배다른 형제, 면죄부와 종교개혁_ 루터의 종교개혁 / 182
서유럽, 돈과 군사 혁신으로 세계를 제패하다_ 화약 무기와 용병 시스템 / 188
콜럼버스라는 이름의 벤처사업가_ 신대륙 발견과 대항해 시대의 개막 / 196
후추와 황금을 위해 목숨을 걸었다_ 포르투갈의 부흥과 동인도 항로 개척 / 203
해가 지지 않는 나라, 무적함대 에스파냐_ 카를 5세의 전쟁 사업 / 214
전쟁으로 흥한 자 전쟁으로 망하다_ 에스파냐의 쇠퇴와 푸거 가문 / 222
국왕이 종교에 집착할 때 벌어지는 일_ 가톨릭 우선주의와 세금 문제 / 228
넘쳐나는 은은 어떻게 에스파냐를 망쳤을까_ 유럽의 가격혁명 / 235

다양성과 포용주의가 답이다 _ 오스만제국과 유대인을 수용한 국가들 / 243
뉴욕은 원래 네덜란드 땅이었다 _ 네덜란드 동인도회사의 활약 / 252
사실은 체불임금 청구서였던 하멜표류기 _ 일본과 조선의 뒤바뀐 운명 / 259
청어잡이는 어떻게 은행업으로 발전했을까 _ 암스테르담은행과 근대 자본주의 / 268
튤립 파동은 사실 별다른 충격을 주지 않았다 _ 금융국가가 된 네덜란드의 쇠퇴 / 280
영국, 해적의 나라에서 해상 무역 국가로 _ 절대왕정과 중상주의 / 289
동전 테두리에 톱니무늬를 넣은 아이작 뉴턴 _ 명예혁명과 영란은행 / 304
항상 강했지만, 항상 2인자였던 프랑스 _ 근세 프랑스의 후진적인 경제 구조 / 317
근세의 마지막을 뒤흔든 2개의 투기 사건 _ 미시시피 버블과 남해 버블 / 323

제5장

근대 편

왕실 지출장부 공개가 불러온 엄청난 변혁 _ 프랑스혁명과 나폴레옹 전쟁 / 335
세계 금융위기에 영국이 유독 강했던 이유 _ 19세기 영국의 금융위기와 영란은행 / 346
은에서 금으로, 세계 통화의 기준이 바뀌다 _ 영국의 금본위제와 파운드화의 확장 / 356
미국의 양당제는 중앙은행 덕분에 확립되었다 _ 두 차례의 미국은행 설립과 쇠퇴 / 365
링컨 암살의 배후는 정말 금융세력이었을까 _ 그린백 발행과 자본주의의 발전 / 379
『오즈의 마법사』에 담긴 금본위제 이야기 _ 미국 금본위제의 정착 과정 / 388
로스차일드의 진짜 재산 규모는 아무도 모른다 _ 유대인 금융제국의 탄생과 성장 / 394
미국 중앙은행 이름이 '준비제도위원회'인 이유 _ 연방준비제도의 설립 / 406
대영제국의 무게와 혁신의 종말 _ 영국 산업의 쇠락과 후발국가의 부상 / 412

제6장

현대 편

제1차 세계대전의 최종 승자는 미국이다_전쟁 전후의 세계 정세 / 423

무너지는 파운드화, 떠오르는 달러화_금본위제 몰락과 금융패권의 변화 / 433

시장이 붕괴하는데 유동성을 묶어버린 연준_세계대공황과 정책 실패 / 439

독일은 어떻게 그렇게 빨리 회복했을까_제2차 세계대전과 소련의 부상 / 448

너무나 부러운 천하무적 화폐 '기축통화'_브레턴우즈 체제와 달러의 위상 / 455

예루살렘의 꿈이 악몽으로 변하다_현대 국가의 탄생 및 이스라엘 건국 / 464

금을 물리치고 진정한 패권을 완성한 달러_닉슨쇼크와 스미소니언 협정 / 470

스태그플레이션에 맞선 폴 볼커의 외로운 전쟁_오일쇼크와 플라자합의 / 481

미국의 대안정기를 이끈 최장수 연준 의장_앨런 그린스펀 시대의 정책 변화 / 491

정책 당국자가 우유부단하면 벌어지는 일_일본의 정책 실패와 장기불황 / 497

한국도 당한 국제자본의 횡포, 외환위기_개발도상국의 금융위기 / 505

2008년 금융위기로 촉발된 양적완화의 시대_위기 이후 경제정책의 새 방향 / 511

화폐와 금융시스템의 도전은 계속된다_암호화폐, 그리고 금융의 미래 / 525

맺음말 역사는 반드시 되풀이된다 / 531

제1장

세계사를 관통하는 3가지 관점 '부富, 화폐, 금융'

"Money plays the largest part
in determining
the course of history."

"돈은 역사의 흐름을 결정하는 데 가장 큰 역할을 한다."

– 칼 마르크스Karl Marx

✣ HISTORY ON THE MONEY-PERSPECTIVE ✣

세계사는 종교, 문화, 계급투쟁 등
무수히 많은 것에 의해 움직였다.
그러나 한 번 더 들어가 보면 그 핵심에는 언제나
돈, 즉 부富가 있었다.

인간에게는 먹고사는 문제가 무엇보다 중요하다.
위인과 영웅들은 돈 따위에 지배받지 않았을지 몰라도
그를 따르는 무수한 사람들은 돈과 이익에 따라 움직였고,
심지어 물질과 분리되는 형이상학적 존재인 종교조차
부를 추구하는 인간의 본성과 결합하면서
교회세 등 많은 부분에서 달라질 수밖에 없었다.

부는 영토와 노예, 금 · 은 등 화폐, 생산력과 생산량 등
역사의 흐름에 따라 여러 가지 모습으로 그 개념이 확대되어왔다.
그래서 역사를 공부할 때 돈의 흐름을 따라가면 그 실체가 보인다.
그 실체를 둘러싼 인간의 행동 양식이 바로 역사, 그 자체이다.

여기서는 세계사를 관통하는 세 가지 관점을 다룬다.
형태는 각각 다르지만 모두 돈의 또 다른 얼굴들이다.

세상을 움직인 것은 결국 돈이었다

부의 관점으로 보는 세계사

세상사에는 옳고 그름을 따지는 정의와 명분이 있고, 한편으로는 이익 여부를 따지는 실리가 있다. 명분과 실리가 일치한다면야 더할 나위 없겠지만 세상에는 그렇지 않은 일들이 많다. 정의롭기는 한데 이득이 안 되고, 이득은 되는데 이래도 되나 싶은 일들이 허다하다.

역사가 시작된 이래 끊임없는 학살과 전쟁이 있었고 마녀사냥 같은 흑역사들도 있었다. 불과 백여 년 전까지도 노예무역, 아편전쟁, 유대인 학살 같은 말도 안 되는 일들이 발생했다.

어떻게 이런 일들이 가능했을까? 당시 사람들은 이런 일을 어떻게 아무렇지도 않게 저질렀을까? 그때는 옳고 그름을 판단하는 잣대가 달랐던 것일까? 나는 아니라고 생각한다. 그때도 인간의 양심은 지금과 크게 다르지 않았을 것이다.

나의 결론은 그들이 옳고 그름이 아니라 이해득실에 따라 행동했다는 것이다. 한마디로 양심보다 돈을 택한 것이다. 물론 정의를 위해 자신의 이해관계를 초월했던 성인 혹은 영웅도 있었다. 하지만 그들도 뜻을 펼치기 위해 보통 사람들을 움직이게 하려면 어떤 형식으로든 대가를 지불해야 했다. 모든 인간이 옳고 그름에 따라서만 행동했다면 세계사의 많은 부분이 달라졌을 것이다.

역사의 중심에 서 있는 '돈'

역사적 사건 뒤에는 항상 돈이 있었다. 아무리 거룩하고 숭고해 보이는 사건이라도 실상 들어가 보면 돈이 보인다. 우야마 다쿠에이가 쓴 『너무 재밌어서 잠 못드는 세계사』에 이런 글이 있다.

"정치 · 경제 분야에서는 부富야말로 모든 것이며, 그에 따른 제반 문제나 현상은 원인도 해결책도 결국 부, 돈에 있다. 역사의 사회문제를 파고들 때, 돈의 흐름을 따라가면 그 실체가 보이게 되고, 그 실체를 둘러싼 인간의 행동 양식이야말로 역사라는 현상 그 자체가 된다."[1]

그의 말이 정말 사실인지 몇 가지 역사적 사건을 살펴보자. 민중의 영웅이었던 카이사르는 왜 로마의 원로원 귀족들에게 살해당했고, 그의 양아들 옥타비아누스는 어떻게 황제로 추대되었을까? 카이사르는 원로원의 부와 특권, 특히 화폐주조권을 빼앗으려 하였지만 옥타비아누스는 적절히 타협하여 그들의 부와 특권을 지켜주었기 때문이다.

수많은 사건의 발단이 된 기독교인들의 교회세는 어떠했나? 로마가 기독교를 공인한 배경에는 교회세를 상납받아 날로 어려워지는 국가재정을 개선해 보려는 콘스탄티누스 황제의 의도가 있었다. 14세기에 일어난 아비뇽 유수는 프랑스의 필리페 4세가 교회세를 교황청에 보내지 않기 위해 벌인 것이었다. 헨리 8세가 수장령을 선포하고 교황과 결별한 것도 실상은 교회세와 교회의 재산을 몰수하려는 이유가 컸고, 캐서린과의 이혼은 그 빌미를 제공해 주었을 뿐이다. 전 세계로 뻗어 나간 기독교의 포교 활동에도 교회세를 더 많이 거두려는 군주와 교황청의 계산이 깔려 있었다.

십자군전쟁은 정말 하나님의 뜻이었을까? "신은 그것을 원한다"는 교황의 호소 뒤에는 전쟁으로 빼앗은 땅을 나누어주겠다는 약속이 있었고, 그 약속을 믿은 국왕과 영주들이 전쟁에 나섰다. 전쟁의 성격이 점점 더 변질될수록 돈이 없는 기사들은 전쟁에 나가기 위해 템플(성전) 기사단에서 돈을 빌려 군인과 장비를 샀고, 그 돈을 갚기 위해 약탈과 학살을 자행했다. 이들에게 하나님의 뜻은 없었다.

위대한 민주주의의 상징과도 같은 프랑스대혁명이나 미국의 독립선언도 불공정한 과세에 대한 불만 때문에 시작되었다는 것은 이미 잘 알려진 일이다. 심지어 노예 해방이라는 위대한 성과를 남긴 미국의 남북전쟁도 실제로는 돈 때문에 벌어진 일이었다. 실망스러울지 모르지만, 당시 정치인 중에서 정작 흑인 노예의 인권에 관심을 가졌던 사람은 별로 많지 않았고, 사실은 값싼 노동력인 흑인 노예들에 대한 경제적 입장 차이가 전쟁의 직접적 원인이었던 것이다.

영국과 프랑스의 백년전쟁, 영국의 청교도혁명과 명예혁명 등 역사적 큰 사건의 배후에도 언제나 돈이 있었다. 더 많은 예를 들 수 있지만 앞으로 더 자세히 다루게 될 것이므로 여기서는 이쯤 하겠다.

영원한 동지도, 영원한 적도 없다

이렇듯 인간사 대부분은 돈으로 설명하면 쉽게 이해가 된다. 다만 그들 마음속 중심에 돈이 있다는 게 드러나는 것이 싫어서 신앙심, 국왕에 대한 충성, 숭고하고 가치 있는 혁명으로 포장했을 뿐이다. "인간의 이기심이 보이지 않는 손에 의해 세상을 이롭게 한다"라는 애덤 스미스의 솔직 담백한 선언이 나오기 전까지 인간은 돈이 역사의 전면에 나오는 것을 매우 꺼렸다.

하물며 사농공상士農工商의 위계가 분명하고, 청빈淸貧을 최고의 가치에 두기를 좋아했던 조선과 같은 유교 사회에서는 더욱 그랬을 것이다. 명나라가 망하고 청나라가 흥하기 시작했던 명청교체기에 이미 세상이 바뀌었는데도 조선의 지배층이 명을 섬긴 것은 과연 의리 때문이었을까? 나는 아니라고 생각한다. 땅에 떨어진 사대부의 권위를 유지하여 기득권을 누리기 위해서는 명나라와 성리학이라는 명분이 필요했을 뿐 그 명분 뒤에는 실리, 즉 돈에 대한 계산이 있었다. 오랑캐로 여겼던 청나라 앞에서 인조가 땅바닥에 머리를 아홉 번이나 조아려야 했던 '삼전도의 굴욕'도 그들의 생각을 바꾸지는 못했다.

내가 세계사를 공부하면서 깨닫게 된 것은 두 가지다. 하나는 세계사의 도도한 흐름 뒤에는 언제나 돈이 있었다는 것이고, 두 번째는 세상에는 영원한 동지도 영원한 적도 없다는 것이다. 힘센 적이 있으면 둘이 서로 손을 잡지만, 적이 사라지면 머지않아 그들 둘이 서로 싸운다.

동로마제국이 번성할 때 손을 잡고 서로를 지켜주던 교황과 서유럽 군주들은 동로마제국이 쇠퇴하자 바로 '카노사의 굴욕', '아비뇽 유수' 등의 사건을 일으키며 힘겨루기에 들어갔다. 근현대에 들어서 영국, 프랑스, 독일, 러시아 등이 자국 실리에 따라 동맹국 갈아타기를 하는 것을 보면 혀를 내두를 정도로 놀랍다.

돈으로 인간사를 바라본다는 것이 너무 비관적이지 않냐고 할 수 있지만, 나는 역사의 본질을 이해하는 것이 오히려 세상에 현명하게 대처하는 지혜를 길러준다고 생각한다. 오늘날의 정치는 복잡하지만 나름대로 규칙성이 있다. 이념과 사상이 달라도 돈과 권력을 가진 자들이 하는 행태는 대체로 비슷하기 때문이다. 중세의 가톨릭 교황의 행태는 고대 바리새파 유대인이 예수에게 한 짓과 비슷하고, 현대 일부 개신교의 보수적인 행태와도 비슷하다.

세상을 움직이기 위해서는 정치적 신념도 중요하지만, 그에 못지않게 중요한 것은 현재 돈과 권력을 누가 가졌느냐이다. 그 돈과 권력이 어떻게 흐르느냐에 따라 세상도 달라질 것이기 때문이다. 그래서 우리는 과거에서 현재를 배울 수 있어야 한다.

금화에서 디지털화폐까지 '돈의 전쟁'

화폐의 관점으로 보는 세계사

우리는 과연 돈이라는 말의 뜻을 제대로 알고 있을까? 우리가 일상적으로 사용하는 '돈money'이라는 용어는 생각보다 훨씬 더 넓은 개념이다. 동전과 지폐(은행권)를 통틀어 말하는 화폐貨幣나 통화通貨, currency는 물론 이것을 이용해 교환되는 자산까지 포함한다. 화폐와 통화는 '돈'의 하위 개념이다. 화폐는 교환 수단과 지불 수단으로 기능하는 일반적인 형태를 의미하는 반면, 통화는 특정 국가에서 공식적으로 지정하여 유통되는 지불 및 상업적 교환의 단위를 뜻한다.

그러나 일상적으로는 화폐와 통화가 거의 동일한 의미처럼 사용되는 것이 사실이다. 우리나라와 달리 일본의 경우 '통화'는 '화폐(동전)와 일본은행권을 말한다'고 법률로 규정함으로써 통화와 화폐를 구분하고 있다. 그 이유는 화폐가 주로 왕실에서 주조하는 동전인 경화硬貨를 지칭했기 때문이다. 경화와 대비되는 일본의 단어는 연화軟貨인데 이는 지폐,

즉 은행이 일정 가치를 보증하며 발행하는 은행권bank note을 말한다.

우리는 현재 국가가 통용을 보증하는 화폐, 즉 법정통화legal tender를 사용한다. 우리가 손바닥만 한 종이 쪼가리를 목숨처럼 생각하고 사는 이유는 국가가 법에 의해 그 가치를 보증하기 때문이다. 언제부터 인류는 국가가 보증하는 종이 쪼가리, 즉 법정지폐를 화폐로 받아들였을까? 일반적으로 유럽 최초의 법정지폐는 17세기 중반 스웨덴 스톡홀름은행에서 발행한 은행권이라고 보고 있다. 하지만 1844년 영국이 영란은행에 은행권 발행 독점권을 주면서 나온 파운드 지폐를 최초의 법정지폐로 보는 견해도 있다.

중국에서는 더 일찍 법정지폐가 나왔다. 10세기 경 송나라에서는 교자交子라 불리는 지폐가 사용되었는데, 처음에는 금융업자가 발행하는 어음과 같은 형태였지만 1023년 정부가 발행 기준과 태환 비율을 정하면서 공식 지폐로 삼았다. 13세기 원나라에서는 이를 이어받아서 교초交鈔라는 화폐를 사용했다. 황제의 인장을 찍은 종이로, 마르코폴로의 『동방견문록』에도 소개되어 있다.

법정지폐의 힘은 황제의 칼끝에서 나온다. 감히 황제의 인장을 흉내내어 위조지폐를 만든 자는 왕의 권위에 도전하는 것으로 간주하여 바로 죽임을 당했기 때문이다. 역사적으로 보면 돈은 원래부터 종이였던 것도, 국가가 보증하는 것도 아니었다. 하지만 시간이 지남에 따라 민간에서 유통되던 여러 형태의 돈에 대한 발행권을 국가가 독점하였다.

오늘날 지폐가 자리를 잡기까지 화폐는 다양한 형태로 바뀌어왔다. 또한 그 과정에서 살아남기 위해 벌였던 화폐들의 소리 없는 전쟁은 그 어떤 전쟁 못지않게 치열했다.

금속화폐의 탄생

최초의 화폐는 민간에서 시작되었다. 문명이 발달하고 인류가 모여 살면서 생산력이 획기적으로 증가했고 그에 따라 잉여생산물이 생겼고, 서로 남는 물건을 교환하려는 욕구가 생긴 것은 자연스러운 일이었기 때문이다. 처음에는 곡물, 옷감과 같은 내재적 가치를 지닌 생필품이 매개수단으로 등장하였다. 역사상 최초의 화폐에 대해서는 여러 가지 학설이 있는데, 기원전 3,000년경 수메르에서 사용된 보리 화폐도 그중 하나다. 이름 그대로 보리를 교환의 매개수단으로 활용했다. 이러한 상품화폐는 가치를 오랫동안 저장하거나 회계 단위로 사용되기에 한계가 있었고, 여러모로 불편한 점이 많았다. 하지만 화폐가 신뢰를 잃어 퇴장당했을 때나 금속화폐가 부족하여 경제가 돌아가지 않을 때면 종종 구원투수로 다시 등판하여 경제시스템을 유지해주곤 했다.

유발 하라리의 『사피엔스』에 따르면, 화폐의 역사에서 진정한 돌파구가 생긴 것은 사람들이 금화나 은화 등의 금속화폐를 신뢰하기 시작했을 때였다.[2] 금이나 은은 장신구로만 활용되었을 뿐 오히려 보리에 비해 내재적 가치가 적지만 변질되지 않고 부피가 작으므로 저장과 운반이 쉽다.

금속이 화폐로 사용되기 시작한 것은 기원전 3,000년에서 기원전 2,000년의 중간쯤인 고대 메소포타미아에서였다. 「구약성경」에는 요셉의 형들이 요셉을 은 20세겔에 이스마엘 사람들에게 팔았다는 이야기가 나온다. 이때 세겔shekel이란 은화가 아니라 은 8.33그램을 뜻하는 단위로, 은을 별도의 가공 없이 무게만 재어서 주고받는 원시적 형태의 화폐 단위였다.

금속을 가공한 화폐, 즉 최초의 주화는 기원전 7세기 아나톨리아반도(오늘날 튀르키예 지역)에 등장한 국가인 리디아에서 처음 발명되었다. 리디아 지역은 에게해海의 온화한 기후 덕분에 곡물과 과일, 견과류가 풍부했고 지리적 이점 덕분에 상업과 무역이 발달했다. 그만큼 화폐의 역할이 중요할 수밖에 없는 곳이었다. 처음에는 금과 은이 합쳐진 호박금electrum으로 주화를 만들었지만, 전성기인 크로이소스왕 시절에는 금과 은을 분리해서 각각 일정한 크기의 금화와 은화를 주조했고, 여기에 문양을 새겨 넣어 왕의 권위로 그 가치를 보증했다. 이제 화폐는 온전히 민간 영역의 것이 아니었다. 화폐에 공권력이 씌워진 것이다.

그런데 왜 하필 장식용으로만 쓰였던 금과 은과 동이 화폐로 쓰이게 된 것일까? 인류가 금속을 다룰 줄 알게 되면서 금속이 실생활에서 차지하는 중요성이 커졌고 누구나 자연스럽게 주고받을 수 있는 교환의 수단이 되었다. 수메르인들이 보리를 화폐로 쓰고, 석기시대나 돌이 중요한 지역에서는 돌을 화폐로 쓴 것과 같은 이치다. 여담이지만, 펠릭스 마틴이 쓴 『돈 : 사회와 경제를 움직인 화폐의 역사』라는 책에는 돌로 된 화폐가 등장한다. 미크로네시아에 있는 야프섬 주민들은 인근 파라우섬에 있는 돌을 가공해서 커다란 돌바퀴를 만들고 이것을 돈으로 사용했다. 흥미로운 점은 소유권이 바뀌어도 돌바퀴를 자기 집으로 옮겨 놓거나 소유권을 따로 표시하지 않았는데도 주민들은 서로의 소유권을 인정했다는 것이다.[3]

게다가 금·은·동은 적당히 존재하면서 적당히 희소성이 있었다. 쉽게 산화되는 철과 달리 유통 과정에서 변질되지도 않았다. 이러한 특징 때문에 금·은·동은 주화로 만들기에 적합했다. 진정한 의미의 화폐는 주화, 즉 금속화폐와 함께 탄생한 것이나 마찬가지다. 주화의 등장으로 먼 곳과의 무역이 편리해지면서 세상이 하나로 연결되었다. 로마의 데나리우스denarius는 인도 시장에서도 통했고, 이슬람 칼리프들도 데나리우스를 모방한 디나르dinar를 발행했다. 서로의 신앙에 동의할 수 없었던 기독교인과 이슬람인도 돈에 대한 믿음에는 동의한 것이다. 유발 하라리는 이렇게 말한다.

"돈은 인류가 지닌 관용성의 정점이다. 돈은 언어나 국법, 문화, 종교 신앙, 사회적 관습보다 더욱 마음이 열려 있다. 인간이 창조한 신뢰 시스템 중 유일하게 거의 모든 문화적 간극을 메울 수 있다. 종교나 사회적 성별, 인종, 연령, 성적 지향을 근거로 사람을 차별하지 않는 유일한 신뢰 시스템이다."

돈은 세상을 하나로 연결했다. 돈이 있었기에 서로 알지도 못하고 서로 신뢰하지도 않는 수십만 명, 아니 수백만 명의 사람들이 무역과 산업에서 효과적으로 협력할 수 있었다.

권력이 화폐를 독점하던 시대

화폐의 생애는 그리 순탄치 않았다. 화폐는 부족의 시대를 겪기도 하고, 과잉의 시대를 겪기도 했다. 화폐의 주도권을 군주나 의회 등의 공권력이 차지할 때도 있었고, 금세공업자나 은행 등의 시장 권력이 차지할 때도 있었다. 왕과 군주 등 권력자들에게 모진 수난을 당하기도 했다. 그뿐만 아니라 금과 은, 지폐 등 화폐 간의 경쟁도 치열했다. 소위 그러한 '화폐 전쟁'을 통해 화폐는 발전하고 진화해 나갔다.

화폐의 역사는 한 시대의 통화가 점점 규모가 커지는 경제를 뒷받침하는 데 한계에 부딪히면서 새로운 대체 수단을 찾아가는 과정이라고 볼 수도 있다. 처음에는 금 · 은 등의 금속화폐가 권좌를 차지했다. 이때는 주화가 아니라 금속 그 자체가 돈으로 쓰였기 때문에 공권력이 개입하지 않았고, 시장이 화폐의 주도권을 가졌다.

거래 때마다 금 · 은의 무게와 순도를 측정하는 방식으로 거래를 했다. '가치, 능력, 역량 등을 알아볼 수 있는 척도'를 뜻하는 시금석試金石, touchstone이란 단어도 여기에서 나왔다. 리디아에서 금의 순도를 측정하는 데에 쓰인 돌이 시금석이었다. 금 조각을 시금석의 표면에 문질러 나타난 흔적의 빛깔을 비교하여 금의 순도를 알아낸 것이다.

이러한 번거로움을 없애기 위해 힘을 가진 군주가 무게와 순도가 일정하게 표준화된 금속화폐를 주조하기 시작했다. 리디아의 크로이소스왕, 페르시아의 다리우스왕이 그런 군주들이었다. 주조권을 국가가 가져옴으로써 화폐의 주도권을 시장으로부터 빼앗은 것이다. 표준화된 주화는 사용이 편리하기도 했지만 권력이 화폐의 권위를 지켜주었기 때문에 널리 쓰일 수 있었고, 덕분에 상업과 무역도 발전했다.

하지만 좋은 면만 있었던 것은 아니다. 군주들은 왕실 경비와 전쟁 자금을 마련하기 위해 불량화폐를 찍어내기 시작했다. 금과 은의 순도를 떨어뜨려 그 주조차익鑄造差益을 군주가 차지한 것이다. 이러한 주조차익을 시뇨리지seigniorage라고 한다. '군주의 권한'이라는 프랑스 말에서 따온 것이다. 세상에 돈을 찍어내는 것만큼 남는 장사는 없다. 현재도 미국 연방준비제도Fed가 100달러짜리 지폐 한 장을 찍어내는 데 드는 돈이 50센트 미만이라고 하니 200배 이상 이익이 남는 셈이다.

단순히 군주의 주머니를 채우기 위해 시작된 시뇨리지는 역사의 많은 부분을 바꿔놓기도 했다. 심지어는 시뇨리지라는 말이 생겨나기 훨씬 전부터 그랬다. 로마에서 화폐 변조를 처음 시작한 사람은 네로 황제로, 은화 데나리우스의 은 함량을 10퍼센트로 줄였다고 알려져 있다. 3세기 갈리에누스 황제가 은 함량을 4퍼센트까지 떨어뜨린 후에는 아무도 화폐를 받으려고 하지 않았다. 군인들까지 화폐로 월급 받기를 거부하더니 급기야 476년에는 로마로 쳐들어가 서로마제국을 멸망시켰다. 화폐가 제 기능을 하지 못하자 시장경제는 무너졌고, 중세 봉건주의 시대에는 다시 자급자족과 물물교환이 중요해졌다. 당초 이민족의 침입을 막기 위해 생겨난 장원莊園 경제는 이러한 경제적 변화와 결합하면서 더욱 굳건하게 자리를 잡았다.

시장경제가 부활한 것은 한참 뒤의 일이다. 십자군전쟁으로 길이 다시 열리고, 이탈리아 북부 도시국가들이 번성하기 시작했으며, 국가 간 거래를 위해 다시 화폐가 사용되면서 시장경제가 살아났다. 그중에서도 피렌체의 화폐인 플로린florin, 베네치아의 화폐인 두카트ducat와 그로소grosso가 널리 통용되기 시작했다. 경제는 성장했다.

물론 전쟁도 끊이지 않았다. 전쟁은 화폐 타락의 주범이었다. 프랑스는 백년전쟁 자금 조달을 위해 불량화폐를 주조했다. 영국의 절대군주 헨리 8세도 불량화폐를 주조한 대표적인 군주였다. 재정고문이었던 토머스 그레셤은 엘리자베스 1세에게 "악화惡貨는 양화良貨를 구축한다"라면서 아버지 헨리 8세 때 뿌려진 불량화폐를 거두어들일 것을 건의했다. 불량화폐가 활개를 칠수록 사람들은 순도가 높은 양질의 화폐를 내놓지 않기 때문에 시장에서 점점 더 사라진다는 뜻이다. 경제학 교과서에 나오는 그레셤의 법칙Gresham's Law은 바로 여기서 나온 것이다. 이렇듯 금화와 은화는 황제와 군주로 인해 무수히 수난을 당했다.

군주에게 수난을 당한 것은 화폐뿐만이 아니다. 화폐를 다루는 중세의 금융업자들도 군주들에게 돈을 빌려줬다가 돌려받지 못해 망하는 일이 부지기수였다. 권력이 화폐와 금융을 흔드는 그런 시대였다.

금보관증, 국가의 주화주조권을 위협하다.

경제가 날로 발전하면서 금과 은이 부족해졌다. 각국은 상업을 중요시하는 중상주의重商主義를 내세우며 산업을 육성하여 수출을 늘리려고 노력했다. 이를 위해서는 돈, 즉 금과 은을 많이 확보해야 했기 때문에 금광과 은광을 개발하고 채취기술을 발전시켰다. 그럼에도 불구하고 통화량이 경제 규모를 따라가지 못하면 경기침체가 일어났다.

시장에서는 이를 보완하기 위한 여러 가지 방법들이 고안되었다. 주화주조권을 독점하는 국가에 대항하여 시장세력의 반란이 시작된 것이다. 상인이나 금융기관 등 시장세력이 자신들만의 화폐시스템, 즉 사적私的 유동성을 창출하기 시작했다. 금 · 은 등 실물자산을 근거로 가치를 매기되 실물자산과 분리되어 사용하는 대표화폐代表貨幣를 사용하기 시작한 것이다.

그중 하나가 금보관증이었다. 영국에서는 금세공업자들에게 금을 맡긴 사람들이 금보관증을 받아갔는데, 이 금보관증이 오늘날의 은행권처럼 유통되기 시작했다. 금세공업자들은 일정 기간 예금된 금과 금화 중에서 인출되는 양은 일부에 불과하다는 사실을 알게 되었고, 보관 중인 예금의 일부를 대출해 주기 시작했다. 이러한 보관증 및 증서는 국가가 발행하는 주화보다 많이 사용되었다. 피렌체나 베네치아에서는 상업어음과 융통어음이 유통되었고, 유대인들은 어음에 자신들의 성姓이 노출되는 것을 피하기 위해 무기명어음을 유통시켰다. 이렇게 시장이 창출해낸 유동성은 국가권력이 찍어내는 주화의 빈자리를 보완하면서 시장경제를 발전시켜 나갔다.

이런 와중에 화폐의 부족을 일거에 해결하는 사건이 발생한다. 16세기 콜럼버스의 신대륙 발견으로 금과 은이 유럽으로 쏟아져 들어온 것이다. 이 때문에 유럽에는 엄청난 인플레이션이 발생하는 가격혁명Price Revolution이 일어났지만, 침체한 경제에는 단비 같은 일이었다. 유럽은 비약적으로 발전하기 시작했다. 경쟁과 혁신, 이로 인한 시너지가 폭발하면서 근세가 태동했다. 그때까지만 해도 중동이나 중국에 비해 상대적으로 후진적이었던 서유럽 사회는 점차 다른 세계들을 추월하면서 세계사의 주역으로 올라섰다.

17세기에 근대 은행이 건립되면서 금보관증, 예금증서, 어음 등은 은행권bank note으로 발전한다. 발행자의 지인을 대상으로 한정된 기간에만 유통되던 어음이 대상과 기간에 제한이 없는 은행권으로 진화한 것이다. 암스테르담은행, 스톡홀름은행에 이어 1694년 설립된 영란은행Bank of England은 국왕의 채무와 세금을 담보로 은행권을 발행했다.

다만 당시 영란은행은 민간은행이었기 때문에 여기서 발행된 은행권 역시 법정지폐는 아니었고, 금세공업자들이 발행한 금보관증의 연장선에 있었을 뿐이다. 심지어 런던 이외의 지역에서는 다른 은행들도 자은행권을 발행할 수 있었다. 그랬던 영란은행의 은행권이 국가로부터 독점권을 획득하고 법정지폐의 권위를 받은 것은 나폴레옹전쟁이 끝나고도 20년이나 지난 1833년이었다.

영란은행권의 독점적 지위 때문에 다른 은행들도 영란은행권을 사용해야 했고, 영란은행은 점점 최종 대부자의 역할과 국가 화폐제도 관리자의 역할을 하게 됐다. 이때부터 영란은행이 발행하는 파운드화는 기축통화로서 금본위제와 함께 '팍스 브리태니카Pax Britannica(대영제국의 전성기)'와 자유무역 시대를 열었다. 이렇듯 화폐발행권에 대한 국가와 시장 간의 힘겨루기는 서로 보완하고 또 견제하면서, 경쟁하듯 발전했다.

화폐와 화폐의 싸움

치열한 싸움은 국가와 시장뿐만 아니라 금속화폐들 사이에도 있었다. 대표적인 것이 오랜 시간 실물화폐의 최고 자리를 두고 치열한 경쟁을 벌여온 금과 은이다. 최종 승자는 금이었다. 영국이 파운드화의 가치를 금과 연동하는 금본위제金本位制를 택하면서 은은 설 자리를 잃었다.

영국에서 금본위제를 택한 이유는 뭘까? 가장 큰 이유는 시장에서 은화가 사라졌기 때문이다. 최대 무역흑자국인 중국이 블랙홀처럼 은을 빨아들였기 때문인지, 아니면 현실을 반영하지 못한 금-은의 교환비율 탓인지, 은화는 점점 시장에서 사라졌고 자연스럽게 퇴출당했다. 금본위제의 시행 뒤에는 금과 영란은행을 장악한 로스차일드 가문이 있었다는 의혹도 있지만, 그것보다는 시장의 유인이 더 강하게 작용했다는 것이 중론이다.

은의 저항은 정작 미국에서 발생했다. 미국 정부가 1873년 은 퇴출을 선언하자 화폐 부족으로 어려움을 겪던 농부와 도시 서민들이 반발하고 나선 것이다. 농민과 서민들은 부족한 금화 대신 은화가 유통되어야 화폐부족으로 인한 디플레이션에서 벗어나고, 경기가 살아나서 자신들에게 유리할 것이라고 생각했다. 그들은 은 퇴출을 '1873년의 범죄'라고 불렀다. 작가 프랭크 바움은 『오즈의 마법사』라는 동화를 써서 은화폐에 대한 공감대를 확산시키려 했고, 민중당과 그린백당이 등장해 은을 지지하는 서민층을 결집했다.

하지만 1896년 대선에서 금은복본위제金銀複本位制를 지지하는 민주당 브라이언 후보가 금본위제를 주장하는 공화당 매킨리 후보에게 패하고, 이후 금광이 대규모로 발견되면서 금은복본위제 주장은 잠잠해진다. 그렇게 화폐체계의 기본은 금본위제로 바뀌었지만, 은과 은 증서가 시장에서 완전히 사라진 것은 1960년대 중반이었다.

은과의 전쟁에서 승리한 금의 적수는 없어 보였다. 그러나 그것은 섣부른 판단이었다. 오랜 시간 권좌를 유지했던 금은 어느 순간 한낱 종이 쪼가리에 밀려나기 시작했다.

우리가 크게 인식하지는 못했지만, 지폐는 훨씬 오래전부터 화폐의 권좌를 차지하기 위하여 고군분투를 해왔다. 17세기 중엽 스톡홀름은행에서 처음 지폐가 시도되었으나 실패했다. 18세기 초 프랑스에서는 태양왕 루이 14세 사후 재정 파탄이 일어나자 이를 타개하기 위해 존로라는 스코틀랜드 출신 은행가가 재무상에 기용되었다. 존 로는 미시시피회사와 함께 프랑스은행을 세우고 지폐를 발행했으나, 그의 시도는 실패로 끝이 났다. 이후 프랑스대혁명으로 들어선 혁명정부는 교회로부터 몰수한 토지를 근거로 아시냐assignat라는 지폐를 발행하지만 또 실패한다.

미국 독립전쟁 당시 식민지 정부도 전쟁 자금을 조달하기 위해 콘티넨탈continental이라는 지폐를 발행했지만, 전쟁 후 이 지폐의 가치는 100분의 1 아래로 떨어지며 사라졌다. 미 연방정부는 19세기 중반에도 남북전쟁 자금을 마련하기 위해 그린백greenback 지폐를 발행했다. 그 이후 미국은 중앙은행이 없는 자유 은행업 시대를 맞이하게 되는데, 이때 수많은 은행이 은행권을 찍어낸다. 심지어 은행권끼리의 교환비율 책자까지 등장할 정도였다.

그러나 1913년 중앙은행 격인 미 연방준비제도Fed(연준)가 설립되고 화폐의 발행권을 독점하면서 화폐의 주도권은 민간에서 공권력의 영역으로 넘어왔다. 이때부터 미 달러는 법정화폐가 되었다.

그런데 많은 실패와 그에 굴하지 않은 도전을 벌였던 지폐지만, 결국 화폐 전쟁을 자신의 승리로 이끌어낸 것은 역설적으로 자신의 경쟁상대인 금과 연합한 덕분이다. 연준이 발행한 지폐는 정확히 말하자면 금본위제를 통해 금과의 태환을 전제로 한, 금의 힘에 의지한 지폐였다. 하지만 역사가 항상 말해주듯이 연합하여 승리를 쟁취한 두 세력은 다시 싸우게 되어 있다. 세상에 두 개의 태양은 존재하지 않는다. 금과 지폐의 공조 시대는 그리 오래가지 않았다.

1960년대에 로버트 트리핀 예일대 교수는 트리핀의 딜레마Triffin's dilemma라 불리는 이론을 주장했다. 세계 경제 규모가 커질수록 달러화에 대한 수요는 커질 테지만 금의 생산량은 이를 따라가지 못한다. 따라서 태환이 불가능한 양의 달러화가 시장에 풀릴 수밖에 없고, 결국 이것이 달러화의 안전성을 위협할 것이라고 주장한 것이다.

그의 예언은 적중했다. 1971년 닉슨 쇼크라는 생각지도 못한 사건이 발생했다. 미국이 미 달러의 금 태환을 중단하기로 선언한 것이다.

이미 베트남 전쟁과 복지정책 추진으로 남발된 달러는 금과의 태환 비율을 맞출 수 없었다. 더 이상 견디지 못하자 미국이 결단을 내린 것이다.

이제 달러는 금과의 연합을 해체했다. 지폐의 독립선언이나 다름없었다. 실물자산이 뒷받침되지 않는 종이가 독자생존을 선언한 것이다. 뜻하지 않은 기습으로 금의 지위는 화폐에서 일개 상품으로 전락했다. 은의 전철을 밟은 것이다. 금과 결별한 달러의 패권은 지금도 계속되고 있다.

파운드 VS 달러, 기축통화의 패권 경쟁

지폐가 금을 무너뜨린 것, 즉 달러가 금과의 연합을 해체한 것의 배경에는 미국의 달러 패권에 대한 자신감이 깔려 있었다. 지금은 달러가 모든 화폐의 패권을 장악했지만, 처음에는 아무도 달러의 앞날을 장담하지 못했다. 파운드라는 강력한 경쟁자가 있었기 때문이다.

어떤 물건을 사용하는 사람이 많을수록 그 물건의 사용가치는 더욱 높아진다. 이러한 관성을 '네트워크 외부성network externality'이라고 하는데, 이는 기축통화에도 그대로 적용된다. 19세기 후반 미국의 경제 규모는 이미 영국을 앞질렀지만 국제거래는 여전히 영국의 파운드로 결제되고 있었다. 그런 상황에서 달러는 어떻게 백 년 이상 기축통화로 군림했던 파운드를 꺾은 것일까?

달러의 승리는 거저 이루어진 것이 아니었다. 다시 이야기를 앞으로 돌려보자. 자유 은행업 시대를 거쳐 1913년 연준이 창설되고 달러가 미국 내의 모든 은행권을 평정하자, 연준은 달러의 국제적 역할 확대에 나섰다. 대미무역에서 흑자를 보이던 국가에 달러화로 무역 결제를 하고, 보유 달러를 미국 금융기관에 예치하도록 했다. 1차 세계대전 후 유럽에 복구 자금을 지원할 때도 뉴욕에서 달러로 자금을 받으면 혜택을 주었다.

이러한 노력에 힘입어 1920년 중반부터 달러화의 무역어음 인수 규모는 파운드의 두 배에 달했고, 주요국 외환보유고 중 달러의 비중이 파운드를 넘어서기 시작했다. 파운드의 반격도 만만치 않았지만, 제2차 세계대전은 파운드를 완전히 좌절시켰다.

미국은 자신들의 경제력과 군사력을 무기로 1944년에 드디어 브레턴우즈Bretton Woods 시대를 열었다. 모든 통화는 달러로 교환비율이 정해지고, 오직 달러만이 금과 교환될 수 있게 된 것이다. 영국의 파운드화에 대한 미 달러의 완전한 승리를 선언한 것과 같았다. 미국이 영국에 대해 경제적 우위를 차지한 것은 19세기 말부터였지만, 미국의 화폐가 진정한 의미의 패권을 차지하게 된 것은 1944년 브레턴우즈 합의에 이르러서였다. 그러한 브레턴우즈 체제를 무너뜨린 것이 금과 결별을 선언한 닉슨 쇼크지만, 달러 패권에 대한 자신감이 아니었다면 닉슨 쇼크는 결코 일어날 수 없는 일이었다.

누군가는 달러 패권 유지의 비결에 대해 사우디와 밀약을 맺어 원유 거래를 달러로만 하게 한 것이라고도 하고, 미국의 경제력과 군사력 때문이라고도 한다. 둘 다 맞는 이야기다. 어쨌든 확실한 사실은 미국이 경제적 · 군사적 패권국이기 때문에 달러가 기축통화가 되었고, 기축통화가 된 후에는 네트워크 외부성으로 인해 오랫동안 그 지위를 유지할 거라는 것이다.

앞으로의 화폐는 어떻게 변화할 것인가

지금 세상은 스마트폰 은행 앱에 찍혀 있는 숫자를 화폐로 인식하고 살아가는 시대가 되었다. 은행 앱에 숫자만 찍혀 있으면 여기에서 모든 거래가 이루어질 뿐, 실제 그 돈이 은행에 있는지 확인하는 사람은 없다. 그러고 보니 나도 카드지갑만 가지고 다닌다. 현금은 골프장에서 캐디피를 낼 때와 식당에서 팁 줄 때만 쓰는 시대다. 중국 상해에 출장을 가 보니 대부분 식당에서 현금을 받지 않았다. 택시운전사도 잔돈이 없다며 알리페이나 위챗페이로 계산하라고 한다. 이제 점점 현금은 쓰이지 않을 것이다.

코인으로 불리는 암호화폐의 위협도 만만치 않다. 중앙은행들이 서둘러 디지털화폐CBDC 도입을 검토하는 것도 화폐의 진화가 빠르게 진행되고 있기 때문이다.

화폐의 형태도 바뀌었지만, 화폐의 역할도 바뀌었다. 거래를 뒷받침해 주기 위하여 등장한 화폐가 언제부턴가 경제의 조력자가 아닌 경제의 주동자로 경제 전면에 나섰다. 근세 이전의 시기는 화폐의 수난기였다. 권력자들이 화폐를 타락시켜서 시뇨리지 이익을 실현했고, 이를 기반으로 전쟁도 하고 사치도 했다.

그러나 근대에 들어서 화폐가 자기 위상을 갖추고 금융을 통해 화폐가 재생산되면서 화폐는 더 이상 군주가 좌지우지할 수 있는 대상이 아니었다. 화폐는 실물경제를 조용히 내조하던 현모양처가 아니라, 시도 때도 없이 나타나 세상을 한바탕 뒤집어 놓는 천방지축 난봉꾼이 되어 버렸다. 과거에 군주에게 핍박을 받던 화폐가 이제 주기적으로 금융위기를 일으키는 폭군이 된 것이다.

어빙 피셔는 화폐수량설MV=PT이란 이론을 내세워, 인플레이션이 과다한 통화발행 때문에 발생한 것이라고 주장했다. 이때의 M은 총화폐량, V는 화폐 유통속도(거래빈도), P는 물건 가격 수준, T는 총 거래횟수를 의미한다. 즉 화폐의 총량과 유통속도를 곱한 값은 시장에서 물건이 거래된 가격의 총량과 같다는 것이다. 즉, 화폐의 양과 유통속도가 빠르면 거래나 경제활동의 총액도 높다는 뜻이다.

그렇지만 화폐수량설을 뒤집어 보면PT=MV, 실물경제를 뒷받침하기 위해서는 경제 규모에 맞는 화폐량이 필요하다는 것을 의미한다. 화폐량이 시중에 부족하면 경제에 문제가 생긴다. 인플레이션보다 더 무서운 디플레이션이 발생하는 것이다. 인간의 몸에 피가 부족하거나 어딘가에서 막혀있으면 사람이 죽듯이, 돈이 돌지 않거나 어딘가에 쌓여 있으면 경제가 죽는다. 인플레이션이 우리 돈을 훔치는 좀도둑이라면 디플레이션은 경제 기반을 다 무너뜨리는 재앙과도 같다.

건강하고 지속적인 경제 성장은 적정 수준의 통화량(유동성)이 담보되어야 비로소 가능하다. 오늘날 중앙은행의 주요 기능이 기준금리 조정을 통해 물가안정을 도모하는 것이지만, 금융위기의 극복과정에서 보듯이 그에 못지않게 중요한 것이 적정 수준의 통화량 공급을 통해 금융시장을 안정화하는 일이다.

환전상이 글로벌 투자은행이 되기까지

금융의 관점으로 보는 세계사

지식백과에서 금융金融이라는 단어를 검색해 보면 이렇게 나온다.

"일반적으로는 자금의 융통, 화폐의 대차, 구체적으로 대부증권에 의한 자금의 대부나 참가증권에 의한 자금의 출자를 말한다.(두산백과)"

"금전을 융통하는 일. 일정 기간을 정하여 앞으로 있을 원금의 상환과 이자 지급에 대해 상대방을 신용하고 자금을 이전하는 과정.(한경 경제용어사전)"

이렇듯 금융은 화폐를 융통하는 것이기 때문에 금융과 화폐는 불가분의 관계를 갖는다. 지식백과의 정의에서 알 수 있듯, 금융은 화폐의 발명 후에 태동했다.

그러나 이 둘은 단순한 선후관계가 아니다. 금융은 화폐를 기반으로 이루어지지만, 화폐는 금융에 의해서 재창출되고 확대된다. 어쩌면 화폐는 금융에 의해서 계속 진화進化되어 왔는지도 모른다.

유대인의 불행과 금융업의 시작

현대의 금융인은 멋진 직업이다. 연봉도 비교적 높고 사무실도 가장 번화한 시내 중심지에 있다. 청년 구직자들에게도 선호도 앞 순위를 차지하는 직종이다.

그러나 과거에는 그렇지 못했다. 금융이 제대로 된 산업으로 인정받기 전까지는 환전상, 금세공업자, 전당포 등이 금융기관 노릇을 했다. 은행의 영어 단어인 뱅크bank는 베네치아에서 환전상들이 긴 탁자, 즉 방코banco를 앞에 놓고 환전과 대부업을 한 데서 유래된 것이다.

과거의 금융은 쉬운 말로 대부업이었고, 나쁘게 말하면 고리대금업이었다. 성경에서는 고리대금업자와 세리가 악인으로 등장한다. 로마 교황청은 돈을 빌려주고 이자 받는 일을 하나님의 시간을 훔친 결과물이라며 죄악시했다. 이처럼 과거의 금융, 즉 대부업은 오랜 시간 천대받는 업종이었다.

대부업은 대대로 유대인들이 능력을 잘 발휘하는 분야였다. 그것은 유대인의 슬픈 역사와도 관련이 있다. 기독교는 유대교에서 분리되어 나왔지만, 기독교인들은 하나님의 아들인 예수를 죽음으로 내몬 유대인을 미워했다. 유대인들은 1세기에 로마와의 두 차례에 걸친 전쟁에서 패배하면서 오랜 방랑 생활을 시작했다. 로마에서 그들은 토지를 소유할 수 없었고 군인이나 농민이 될 수도 없었다. 하는 수 없이 상업, 수공업, 대부업 등에 종사했다. 후일 이런 일들이 무역업, 금융업이라는 이름으로 잘나가는 업종이 될 줄은 아무도 몰랐을 것이다.

이자 수취를 죄악시한 가톨릭은 기독교인의 대부업을 금지하였고, 이슬람인들과 교역하는 것조차 금지했다. 이로써 대부업은 유대인들의 차지가 되었다. 고대로부터 상업과 대부업에 재주가 있던 유대인들은 자연스럽게 무역과 대부업에 더 많이 진출했다. 그러다 보니 많은 경우 채권자는 유대인이었고 채무자는 기독교인이었다.

11세기 후반 십자군전쟁이 시작될 즈음에 교황은 사실상 유대인의 학살을 방조했다. 기사들은 유대인 거주지를 습격해 유대인을 학살했다. 돈도 안 갚고 재산도 약탈할 수 있어 일거양득이었다. 14세기 중엽 흑사병이 퍼졌을 때 유대인들이 독을 퍼트렸다는 누명을 씌워 학살한 것도 유대인 대부업자를 죽여서 채무를 면하려는 의도가 컸다.

유럽 사회는 유대인들의 돈은 필요했지만, 그들에게 돈을 갚고 싶지는 않았다. 돈에 목마른 유럽의 왕들은 전쟁 자금을 마련하기 위해 돈을 가진 유대인들을 끌어들였지만 돈을 갚을 때가 되면 유대인들을 추방하였다. 13세기 말 영국에서 유대인의 추방이 있었고, 스페인도 1492년 이베리아반도에서 이슬람 세력을 몰아내고 유대인을 추방했다. 16세기 셰익스피어의 소설 『베니스의 상인』을 읽어보면 당시 유대인에 대한 유럽인들의 뿌리 깊은 혐오를 느낄 수 있다.

하지만 셰익스피어가 죽고 얼마 지나지 않아 청교도혁명으로 권력을 잡은 올리버 크롬웰은 유대인의 영국 입국을 허락했다. 이후 명예혁명 때 영국 왕이 된 오렌지공Prince of Orange 윌리엄을 따라 그를 지지했던 네덜란드의 유대인들도 영국으로 대거 이주했다. 이때부터 네덜란드의 선진 무역 시스템과 금융 시스템을 받아들이면서 영국의 경제는 비약적으로 발전했다.

금융으로 성장한 명문가 메디치와 푸거

유대인만이 대부업을 한 것은 아니었다. 이탈리아나 독일에도 대부업자가 많았다. 그러나 교회법이 서슬 퍼렇던 시절에 대놓고 대부업을 할 수는 없었기 때문에 환전상 또는 상인이라는 이름으로 대부업을 하였다. 전주들은 돈을 돌려받을 때 외국 돈으로 받으면서 환율을 조금 높게 올려받는 편법을 써서 이자를 받았다. 또는 환어음을 취급하면서 할인을 통해 우회적으로 이자를 수취하는 방법을 쓰기도 했다.

영국에서는 금세공업자들이 대부업을 했다. 금세공업자들은 금화나 은화를 만드는 사람들이었는데, 영국의 왕들이 런던탑에 맡겨놓은 상인들의 금을 강탈하자 상인들은 금세공업자들에게 금을 맡기고 대신 금보관증을 받았다. 이러한 금보관증을 상인들이 화폐처럼 유통하자 금세공업자들은 실제 보유한 금보다 많은 금보관증을 발행하기 시작했다. 신용을 창출한 것이다.

중세의 대표적인 금융 가문은 메디치가家와 푸거가家였다. 메디치가는 모직산업과 금융업으로 돈을 벌어 피렌체의 권력을 장악하고 교황을 둘이나 배출한 막강한 가문이다. 미켈란젤로와 다빈치 등 천재 화가들을 후원하여 르네상스를 번성시켰다. 마키아벨리의 『군주론』도 사실은 그가 메디치가를 위해 쓴 책이다. 메디치가는 교황청의 은행이 되어 신뢰를 쌓고 이후 영국 왕 등에게 필요한 자금을 빌려주었다.

메디치가에 이어 15세기 말부터 16세기 초까지 유럽 최고의 은행 가문이 된 것은 독일 남부 아우크스부르크의 푸거가였다. 푸거가는 신성로마제국 합스부르크 왕가의 자금줄이었다. 처음에 푸거가는 금융업 이전에 은광 개발과 상업을 하면서 돈을 벌었는데, 이 돈을 교황과 황제에게 빌려준 것이었다. 스페인의 국왕이자 신성로마제국의 황제였던 카롤루스 1세(카를 5세)가 전쟁을 일으킬 수 있었던 것은 푸거가의 돈과 신대륙에서 들어온 금 · 은 덕분이었다. 아이러니하게도 그 전쟁과 가톨릭 수호자라는 멍에가 결국 스페인을 너무 빨리 쇠퇴시킨 원인이 되었지만 말이다.

메디치가와 푸거가는 모두 왕과 황제들이 채무불이행을 선언하면서 몰락했다. 엄청난 돈이 드는 전쟁을 끊임없이 수행하던 왕과 황제는 도저히 돈을 갚을 수가 없었고 그것이 결국 두 가문을 파국으로 몰고 간 것이다.

대부업에서 은행으로

근세에 들어 이자를 받는 것이 합법화되면서 과거 상류층만 이용하던 금융은 이제 상인과 일반인을 위한 금융으로 변모했다. 상업은행이 생겨난 것이다.

대부업이 제도권 금융업으로 발전된 것은 네덜란드에서였다. 네덜란드는 땅이 바다보다 낮아 간척을 통해 땅을 만들었다. 이런 척박한 땅에 영주가 있을 리 없었고 스페인이나 포르투갈처럼 돈 많은 왕족과 귀족도 없었다. 그래서 시민들이 상업과 제조업에 종사했고 도시를 형성했다.

대표적인 도시가 암스테르담이었다. 스페인에서 추방된 유대인들이 안트베르펜을 거쳐 암스테르담에 대거 들어오면서 도시는 부흥하기 시작했다. 상업은행인 암스테르담은행이 문을 열었다. 상인들의 자본으로 설립되었고, 상인들이 환전과 예금을 할 수 있는 은행이었다. 상인들을 위한 근대적인 은행의 표준이 되었다.

세계 최초의 주식회사인 네덜란드 동인도회사가 설립된 것도 큰돈을 댈 귀족이나 영주가 없어 여러 명의 시민에게 돈을 각출하여 회사를 만들었기 때문이다. 가격이 계속 오르는 동인도회사의 주식을 수시로 거래하기 위해 증권거래소도 설립되었다. 이러한 선진 시스템은 네덜란드를 세계 경제 최강국으로 만들었고, 이후 150년 동안 그들의 지위는 유지되었다.

1688년 명예혁명으로 오렌지공이 영국 왕 윌리엄 3세가 되어 영국으로 이주할 때 많은 유대인이 따라갔다. 이후 스코틀랜드 상인과 유대 상인들이 윌리엄 3세를 설득하여 영란은행을 설립했다. 영란은행은 암스테르담은행과 같은 구조를 가진 상인들의 은행이었다.

영란은행의 특이점은 국왕, 즉 정부를 상대하는 은행이라는 점이었다. 윌리엄 3세에게 8퍼센트의 이자로 전쟁자금을 대주고 대신 은행권을 발행할 수 있는 권리를 보장받았다. 이는 과거에 금세공업자들이 발행한 금보관증과는 차원이 달랐다. 국왕이 보증하는 은행권이기 때문이다.

영란은행은 영국의 국채를 체계적으로 관리했고, 영국은 국왕의 채무불이행이 잦던 불신의 국가에서 신용국가로 탈바꿈했다. 영국이 나폴레옹전쟁에서 승리한 것도, 산업혁명에 성공하면서 세계 최강국으로 부상한 것도 어쩌면 영란은행의 힘이라고 할 수 있다. 이 기세를 몰아 영국은 19세기에 금본위제를 구축하고 기축통화인 파운드화와 함께 세계 최강국으로 부상한다. 세계가 자유무역주의와 '팍스 브리태니카'의 이름 아래 하나가 되면서 세계 경제는 급속도로 팽창했다.

유대인, 화려하게 부활하다

로스차일드가家는 나폴레옹전쟁 시기에 영국에서 부상한 유대인 금융 가문이다. 로스차일드Rothschild는 프랑크푸르트의 유대인 게토에 걸려있는 붉은 방패를 뜻하는 말이다. 로스차일드가의 전설은 그곳에 살던 유대인 상인이자 환전상 메이어 암셸 로스차일드로부터 시작된다.

그는 다섯 명의 자식을 유럽 각국 중심지로 보내서 금융업을 했는데, 특히 영국으로 간 셋째 아들 나탄(네이선)이 두각을 나타냈다. 나탄 메이어 로스차일드는 나폴레옹전쟁 때 영국과 프랑스 양쪽에 줄을 대고 대륙봉쇄령 때 밀수와 금 수송 등을 하여 막대한 부를 축적했다.

특히 워털루전쟁 때 영국의 승전 소식을 왕실보다도 빨리 입수하여 떼돈을 벌었다. 영국 채권을 서서히 투매하자 이를 본 투자자들이 영국 채권을 헐값에 팔아치웠고, 그렇게 휴짓조각이 된 영국 채권을 다시 사들이는 수법을 썼다. 영국이 승리했다는 소식이 전해지자 국채 가격이 바로 급등하면서 "로스차일드가 영국을 샀다"는 말을 들을 정도로 부자가 되었고, 영란은행의 대주주로 부상한다.

로스차일드는 신흥국 미국이 점차 성장하자 같은 유대인인 J. P. 모건과 손을 잡고 미국으로 진출했다. 미국에서 국제 금융자본이 자리 잡기는 쉬운 일이 아니었다. 연방과 중앙은행의 통제를 거부했던 제퍼슨 등 분권주의자들 때문에 미국의 중앙은행은 문을 닫았고, 각 주에서 자체적으로 은행을 설립하고 서로 다른 은행권을 발행하는 자유 은행업 시대가 한동안 유지되었던 탓이다. 이후 남북전쟁에서 북부가 승리하면서 미국은 농업국에서 공업국으로 변모했고, 보호주의를 통해 강력한 산업국으로 변모했다.

J. P. 모건은 이때부터 산업 전면에 나섰고 돈 되는 것은 모두 손에 넣었다. 이때의 미국은 온통 모건과 석유왕 록펠러의 세상이었다. 그러나 문란한 금융 질서로 금융위기가 계속되고, 이때마다 J. P. 모건이 나서서 미국을 위기로부터 구하자 더 이상 모건에게 손 벌리지 말고 중앙은행을 설립해야 한다는 목소리가 커졌다. 결국 1913년 미 연방준비제도가 창설되었다.

모건 계와 시티 계 은행들이 투자한 뉴욕연방준비은행이 중심이 되는 시스템이었다. 드디어 미국에도 중앙은행이 설립된 것이다. 하지만 여전히 중앙은행을 불신하는 여론도 꽤 컸으므로 은행bank이 아닌 연방준비제도Federal Reserve System라고 명명하였다. 지금 전 세계는 연준이 발행하는 은행권인 미 달러를 기축통화로 모시며 살고 있다.

이제 유대인들은 더 이상 목숨을 위협받고 박해와 탄압을 당하던 민족이 아니다. 금융, 유통, 언론, 영화 등 미국 사회의 모든 분야에서 두각을 나타내고 있다. 돈만 알던 『베니스의 상인』의 고리대금업자 샤일록은 중세 메디치 가문이 그랬던 것처럼 세계의 예술과 문화, 과학기술과 학문에까지 두각을 나타내고 있다.

날로 중요해지는 중앙은행의 역할

예전에는 전쟁광인 황제와 군주들이 국가의 금융과 경제를 망쳤다. 하지만 지금은 사정이 달라졌다. 금융이 끊임없는 호황과 침체, 경기변동을 일으키면서 스스로 금융위기와 경제위기를 만들고 있다. 위기가 발생하면 신용 경색이 일어나고, 뱅크런bank run(대규모 예금인출 사태)과 함께 금융시장이 정지되면서 시장에 돈이 사라지고 경제도 멈춘다. 1929

년 세계 대공황이 그랬고 2008년 글로벌 금융위기가 그랬다.

당시에는 미 연준이 시장에 적극적으로 개입함으로써 위기에서 탈출할 수 있었다. 반면에 오히려 미 연준이 위기를 조장했다고 말하는 사람들도 많다. 어찌 됐든 중앙은행의 역할이 갈수록 중요해지고 있는 것만큼은 사실이다. 중앙은행은 단기적인 성과에 급급한 선거 권력으로부터도 화폐를 지켜야 하지만, 탐욕스러운 민간 금융세력으로부터도 시장 금융 질서를 지켜야 한다.

이제 금융은 항시 우리 곁에 있다. 평시에는 우리들의 경제활동을 돕고, 우리의 부를 보호해주고 늘려주는 금융이지만, 위기 시에는 우리의 부를 송두리째 앗아가고 삶을 뿌리째 뒤흔든다. 좋을 때는 좋지만 나쁠 때는 너무 나쁜 것이 금융이다. 우리가 금융의 상황에 항상 주시하고 관심을 가져야 하는 이유인 것이다.

제2장

고대 편

"Render unto Caesar
what is Caesar's,
and unto God what is God's."

"카이사르의 것은 카이사르에게,
하나님의 것은 하나님에게 바치라."
— 마태복음 22장 21절

✣ HISTORY ON THE MONEY-PERSPECTIVE ✣

기원전 7세기 금과 은이 주화로 등장하기 전에
가장 중요한 재산, 즉 부富는
농업 생산량을 늘려줄 수 있는 토지와 노예였다.
노예에 의해 유지되는 경제 구조는 필연적으로 영토 전쟁을 야기했다.

고대에 전쟁과 약탈은 경제행위이면서 상업행위였다.
아마 그 시대 사람들은 이렇게 말했을지 모른다.
"무슨 좀스럽게 교역을 하나? 영웅은 멋지게 힘으로 뺏는 거야."

해적질과 교역은 그 경계가 모호했다.
무역이 성행한 도시국가 그리스도
처음에는 해적질과 약탈로 필요한 물자를 얻었다.
제우스의 아들이자 올림포스 12신 중의 하나인 전령의 신 헤르메스가
상업의 신이면서 도둑의 신인 이유도 그래서다.

그 시대, 전쟁과 약탈은
부를 획득하는 가장 확실하고 영웅적인 방법이었다.

최초의 화폐는 어디에서 탄생했나

고대 중동 국가들과 금속주화

고대 중동지역에서 생겨난 문명과 국가들의 이야기는 너무도 먼 이야기이고 우리에게 조금 생소하다. 그러나 문명이 여기서 태동했고 문자와 화폐가 처음 발명된 곳도 이곳이다. 오리엔트 문명은 그리스와 로마 문화에 영향을 주고, 서로 경쟁하고 전쟁하면서 세계사를 형성하였다. 세계사 전체를 조망하는 데 꼭 필요한 내용이다.

지금으로부터 1만 년 전, 오늘날 우리가 티그리스강과 유프라테스강이라 부르는 두 강 사이의 비옥한 평야에 신석기인들이 자리를 잡았다. 이들은 기원전 3,500년 전쯤 메소포타미아 문명이라 부르는 문화를 만들어내기 시작했다. '메소포타미아Μεσοποταμία'라는 말 자체가 강물 사이의 나라를 뜻하는 그리스어이다.

유목민들이 이곳에 눌러앉게 된 것은 진흙 때문이었다. 진흙 덕분에 곡물 수확량이 전과 비교해 엄청나게 늘어났다. 진흙으로 토기, 낫 등의 생활용품을 만들었다. 진흙과 짚을 섞어 벽돌을 만들었고 이 벽돌로 집을 지었다. 이렇게 도시가 형성되었다.

최초의 문자는 회계장부

문자를 처음 발명한 수메르인들은 기원전 5,000년 무렵부터 여러 도시국가를 세우며 번성했고, 이후 기원전 2,000년 무렵까지 메소포타미아의 전성기를 이끌었다. 수메르 문명이 시작되면서 인류 최초의 문자인 쐐기문자가 발명되었다.

문자는 어떻게 해서 생겼을까? 결론부터 말하면 물건 거래, 특히 외상을 기록하는 과정에서 문자가 만들어졌다. 생산성이 높아지면서 잉여생산물이 생겼고, 사람들은 남는 농산물을 옷감, 양羊 등 다른 필요한 물건으로 교환하기 시작했다. 즉석에서 교환되지 않는 경우는 우선 물건을 가져가고 나중에 다른 물건으로 갚았다.

이런 약속들이 생기면서 사람들은 물표物標라고 부르는 표시 방법을 개발했다. 지역에 풍부한 진흙을 사용하여 중요한 물건을 표시하는 작은 흙조각을 만든 것이다. 여기에 수량을 표시하기 위해 뾰족한 것으로 긁어서 만든 쐐기 모양의 표시들이 최초의 문자가 되었다.

메소포타미아의 물고 물리는 패권 전쟁

수메르 이후에 나타난 고대 중동 국가에 대해 간략히 알아보자. 수메르가 멸망한 이후 기원전 19세기에 고대 바빌로니아가 등장한다. 고대 바빌로니아는 유프라테스강 서쪽의 아라비아 지역에서 온 셈족族의 한 갈래인 아무르인이 세운 나라다. 우리에게는 '눈에는 눈, 이에는 이'라는

「함무라비 법전」으로 유명하다.

번성했던 고대 바빌로니아는 기원전 17세기 히타이트에 바통을 넘겨준다. 히타이트는 아나톨리아반도, 그러니까 지금의 튀르키예 지방에서 일어난 인도유럽어족Indo-European people 계열의 나라로, 철기를 본격적으로 사용하여 번성한 최초의 국가로 알려져 있다.

아시리아 제국(B.C.2025~B.C.605)은 무려 1,500년 이상 역사에 등장하는 국가다. 히타이트의 동쪽인 티그리스강 상류에서 시작한 국가로, 주변 나라들이 강성할 때는 숨을 죽이고 있다가 힘이 약해질 때 중동의 주인이 된 오랜 강대국이었다. 마지막에 존재한 신新아시리아(B.C.934~B.C.605)는 메소포타미아 지방은 물론 이집트 북쪽 지역까지 점령한 대제국이었다. 성경에서는 '앗수르'라고 불리며, 이스라엘국은 앗수르에게 멸망당하고, 유대 왕국이 앗수르의 공격을 어렵게 막아낸 것으로 알려져 있다.

아시리아 제국이 막바지에 약해지는 틈을 타 두 개의 왕국이 생겼는데, 이란 지역의 메디아왕국과 아나톨리아반도의 리디아왕국이다. 아시리아는 기원전 612년에 신新바빌로니아와 메디아 연합군에게 주요 도시인 니네베(니느웨)를 함락당하면서 멸망하게 된다.

신바빌로니아(B.C.626~B.C.539)는 바빌론을 근거지로 하여 아시리아의 남쪽에 세워진 나라이다. 셈족의 한 갈래인 칼데아인이 세웠기 때문에 칼데아 왕국이라고도 한다. 2대 국왕인 네부카드네자르(느부갓네살) 2세가 메디아의 공주 아미티스와 결혼하면서 아내를 위해 지어준 바빌론의 공중정원은 세계 7대 불가사의 중 하나다. 바로 이 시기(B.C.582)에 유다 왕국이 멸망하며, 성경에는 유대인들이 바빌론으로 끌려가는 '바빌론 유수'와 '바벨탑 이야기'가 나온다.

신바빌로니아는 기원전 6세기 페르시아에 멸망한다. 재미있게도 페르시아는 과거에 신바빌로니아와 함께 아시리아 제국을 멸망시킨 메디아왕국이 강성해지면서 생겨난 나라로, 오늘날 이란의 선조다.

페르시아 최초의 왕조는 아케메네스 왕조(B.C.550~B.C.330)다. 기원전 6세기에 3대 국왕인 다리우스 1세가 오리엔트 지역을 통일하면서 전성기를 맞이한다. 전국에 총독을 배치하고 지방 행정 체계를 정비했다. '왕의 길'이라고 불리는 도로를 건설하고 조직적인 교통 체계인 역참제를 만들어 중동지역에 물류 네트워크를 구축했다. 그 덕분에 지금도 이란에 가면 볼 수 있는 페르세폴리스가 건설되었다.

아케메네스 왕조는 기원전 500년에서 449년 사이에 페르시아 전쟁을 일으키면서 그리스를 공격한다. 이때 그 유명한 테르모필레 전투와 살라미스 해전이 일어난다(B.C.480). 우리에게 익숙한 영화 「300」 시리즈의 배경이 된 전쟁이다. 결국 페르시아는 그리스를 정복하는 데 실패한다.

아케메네스 왕조는 다리우스 3세 시대인 기원전 336년, 그리스 세력인 마케도니아의 알렉산드로스(알렉산더) 대왕에게 멸망한다. 그러나 그 영향력은 오랫동안 이어져서 약 500년 후인 3세기 무렵 사산 왕조 페르시아에 의해 계승되어 7세기까지 이어진다. 7세기에 접어들어 무함마드가 이슬람교를 창시하고 아랍인 정권을 세우면서 비로소 아랍인들은 인도유럽계로부터 중동지역의 패권을 찾아오게 된다.

국가는 멸망해도 주화는 살아남았다

고대 중동의 역사는 복잡해 보이지만, 바빌로니아와 아시리아 같은 셈족 계열, 히타이트와 페르시아 같은 인도유럽 계열이 비옥한 초승달 지역을 놓고 패권 다툼을 한 역사로 요약할 수 있다.

중동 국가들은 한때 멸망하기도 했지만 작은 나라로 명맥을 유지하다가 다시 제국으로 성장하는 등 여러 나라가 동시대에 존재했다. 바빌로니아가 강성했을 때 아시리아가 완전히 없어진 것이 아니었고, 반대로 아시리아가 강성했을 때 바빌로니아가 완전히 없어진 것도 아니었다. 중동지역의 주인은 그 뒤에도 페르시아인, 아랍인, 튀르크인으로 계속해서 바뀌고 서로 섞이면서 현재까지 이어져 왔다. 오늘날 튀르키예 사람들의 피에 어느 민족의 피가 더 많이 섞여 있을지는 아무도 모를 것이다.

다만 이 책에서 특히 주목할 나라 중에 리디아왕국이 있다. 리디아왕국은 기원전 7세기 아시리아가 쇠퇴하면서 지금의 튀르키예 지역에서 번성하던 왕국으로, 역사상 최초로 금속주화를 만든 국가이다.

최초의 주화는 기원전 7세기 리디아의 알리아테스 왕이 금과 은이 합쳐져 있는 호박금electrum으로 만들었다. 점차 기술이 발달하면서 리디아 최고의 전성기 시절인 기원전 6세기, 마지막 왕인 크로이소스 시절에는 금과 은을 분리해 금화와 은화를 일정한 크기로 주조했다. 그뿐만 아니라 화폐의 신뢰를 높이기 위해 왕국의 권위를 나타내는 사자머리 문양을 주화에 찍어 넣었다. 오늘날의 주화처럼 품질과 크기가 일정하고 그 가치를 쉽게 식별할 수 있도록 만든 것이다. 이제 거래할 때마다 금속의 순도와 중량을 측정할 필요가 없어졌다.

리디아에서 금속주화가 최초로 만들어진 것은 어쩌면 당연할지도 모른다. 리디아 지역은 에게해海의 온화한 기후 덕분에 곡물과 과일, 견과류가 풍부했고 지리적 이점 덕분에 상업과 무역이 발달했다. 고대 그리스의 역사학자 헤로도토스의 기록에 따르면 세계 최초의 상설 상점도 리디아에 생겼다고 한다. 이렇게 상업이 발전하면서 지중해와 동아시아 간 대규모 무역이 성행했는데, 이를 위해서는 금속주화 발행이 매우 중요했다.

리디아왕국은 기원전 546년 페르시아제국의 건설자 키루스 2세에 의해 멸망하지만, 리디아의 금속주화는 페르시아로 명맥이 이어진다. 그 뒤를 이은 다리우스 1세는 리디아의 주화를 받아들여 금화와 은화를 주조했고, 페르시아의 상징인 사자와 황소를 화폐의 한쪽 면에 새겼다. 나중에는 화폐의 신뢰를 높이기 위해 페르시아 왕을 상징하는 궁사弓師의 모습을 새겼다고 한다.

장사를 위해 만들어진 발명품, 알파벳

고대 페니키아인과 무역의 시작

무역의 기원에 대해 이해하려면 고대 페니키아인을 알아야 한다. 페니키아인들은 중요한 상업 교역로를 형성하고, 해상 교역으로 번영한 여러 도시를 건설하는 데 중요한 역할을 했다.

페니키아는 가나안에 근거지를 둔 고대 해양 문명을 창시했는데, 가나안은 오늘날의 레바논, 시리아, 이스라엘 지역으로 이어지는 지중해 동쪽 해안지역을 의미한다. 페니키아인이라고 하면 민족을 지칭하는 말이라기보다는 이 지역에서 활동했던 사람을 일컫는 말이기 때문에 아랍인은 물론이고 이스라엘인들도 포함된다고 볼 수 있다.[4]

페니키아의 뒤는 바닷가에 치솟은 해발 3,000미터 높이의 레바논 산맥으로 가로막혀 있어서 그들은 반대쪽인 해안가에 살며 일찍부터 바다로 진출했다. 지중해에서 생산된 천일염, 산에서 벌채한 삼나무 목제품, 올리브와 포도 등의 농산물을 인근 지역에 수출하고 키프로스에서 구리와 토기, 이집트에서 곡물과 파피루스, 크레타에서 토기, 멜로스 섬에서 무기와 도구들을 수입해 인근 지역에 다시 파는 중개무역을 했다.

최초의 무역선이 탄생하다

페니키아인들은 최초로 갤리선船이란 배를 만들어 교역했는데 이 배를 만들 때 사용한 나무가 백향목栢香木이라는 레바논 삼나무이다. 단단할 뿐만 아니라 물에 잘 썩지도 않아서 선박은 물론 건축자재로도 사용되는 품질 좋은 나무다. 성경에도 자주 등장하는 이 나무는 솔로몬의 성전을 지을 때도 사용되었다.

페니키아인은 우연한 기회에 유리를 발명한 것으로도 유명한데, 이 역시 배를 이용한 무역과 관련이 있다. 소다석을 실어 나르던 상선이 해안가에 도착하여 불을 피우려 했는데, 주변에 화덕을 만들 돌이 없어 배에 있는 소다석을 이용했고, 이 소다석이 해안가 모래의 규석 성분과 섞여 불에 녹으면서 유리가 되었던 것이다.

페니키아라는 명칭이 붙여진 것은 그리스인들에 의해서였다. 페니키아인들이 자색 염료를 생산하여 자색 옷을 입고 다녔기 때문에 자색을 뜻하는 페니키스Phoenicis의 이름을 따서 페니키아인이라 부른 것이라 한다. 당시 자색 염료는 금값보다 비쌌고 중세 때에도 여전히 귀해서 추기경의 옷에 쓸 정도로 부와 권력을 상징했다.

페니키아인들이 이렇게 부를 누릴 수 있었던 것은 무역 덕분이었다. 당시 페니키아인들이 살았던 팔레스타인 지역은 교통의 요충지이자 상업의 교역로였다. 지중해 해안 도로를 따라 도시가 발달했는데, 페니키아인들에 의해 건설된 도시는 두로(티루스 또는 티레), 시돈, 베리투스(베이루트), 비블로스, 우가릿 등이다. 이 도시들은 항구도시이자 전형적인 상업도시로 도시연맹의 형태를 취했는데 왕의 권한이 부유한 상인에 의해 제한되기도 했다.

이들은 주변에 강대국이 나타나면 무력으로 저항하지 않고 속국으로 처신하며 경제적 번영과 안정을 유지해 나갔다. 원래 페니키아인들은 오래전 이집트의 지배를 받았으나 기원전 14세기 이집트가 히타이트와 아무르인들의 공격으로 쇠약해진 틈을 타 독자적인 해양 세력으로 성장했다.

기원전 1,250년경에는 지중해 동쪽 해안과 에게해 연안을 장악했고 이때부터 무역 활동을 위해 카르타고(오늘날의 튀니지) 등 북부 아프리카, 이베리아반도의 카디스, 이탈리아 등에 식민지를 건설했다. 기원전 3세기에 로마와 포에니 전쟁을 하여 멸망하는 무역의 나라 카르타고가 바로 페니키아인이 세운 국가다. 기원전 1,000년 이후부터 페니키아인들은 지중해를 완전히 장악하였다.

알파벳이 교역에 널리 사용된 이유

페니키아인들은 소금을 팔아 금과 주석을 얻기 위해 '헤라클레스의 기둥(지브롤터 해협)'을 지나 대서양 연안 갈리아 지방과 잉글랜드까지 진출했다. 덕분에 오리엔트 문명이 지중해 지역으로 전파된다. 페니키아인들에 의해 오리엔트 지역과 북아프리카, 더 멀게는 오늘날 스페인이 위치한 이베리아반도까지 연결되는 무역망이 형성된 것이다.

페니키아인들은 장사한 내용을 기록하기 위해 글자가 필요했다. 이들은 이집트의 상형문자와 수메르의 쐐기문자를 발전시켜서 표음문자인 알파벳을 최초로 사용했다. 표음문자란 사람의 말소리를 기호로 나타낸 문자(소리글자)를 말하는데, 교역을 위해 다른 나라 언어들을 소리 나는 대로 빨리 적기 위해 발달되었다고 한다. 이때가 기원전 17세기경이다.

이후 알파벳 문자는 기원전 11세기경 페니키아인들의 무역 활동과 식민 활동으로 주변 지역에 확산되었고, 기원전 9세기경에는 그리스인들이 스물두 개의 자음으로만 되어있는 페니키아 알파벳에 모음을 더해 그리스어를 만들게 된다. 그리고 이것은 다시 기원전 8세기경 로마인들에게 전해져 로마 글자인 라틴 알파벳이 만들어지게 되는 것이다. 로마 시대의 라틴 문자는 23자였으나 중세에 이르러 26자가 되면서 오늘날의 알파벳이 된다.

이렇듯 고대 페니키아인은 최초의 표음문자인 알파벳을 발명하고 갤리선이라는 최초의 무역선을 만들었다. 이를 통해 오리엔트와 유럽을 연결하는 무역망을 구축하면서 인류 역사의 발전에 지대한 공을 세웠다.

이스라엘 vs 팔레스타인, 오랜 악연의 시작

유대인 디아스포라의 역사

고대부터 지금까지 돈을 이야기할 때 자주 등장하는 민족 중의 하나는 히브리인, 즉 유대인이다. 오늘날 팔레스타인에서 벌어지고 있는 여러 사태를 이해하기 위해서는 유대인의 역사에 대해 알아야 하기 때문에 조금 자세히 설명하고 넘어가겠다. 고대 유대인의 역사에 대해 좀 더 자세히 알아보자.[5]

잠시 기원전 5,000년경으로 다시 돌아가서, 수메르 문명권에서 가장 발달한 도시 우르에 살고 있던 유대인의 조상 아브라함이 가족과 함께 가나안으로 이주하면서 이스라엘의 역사는 시작된다. 그 무렵 수메르는 문명의 발달로 우상 숭배가 만연해 있어, 유일신을 믿는 사람들은 그곳을 떠난 것이다. 히브리Hebrew는 '강을 건너온 사람들'이란 뜻으로, 이때의 강은 유프라테스강을 뜻한다.

유대인들의 기록이나 다름없는 구약성경을 보면, 아브라함은 먼저 하녀 하갈에게서 이스마엘을 낳고, 아내 사라에게서 이삭을 낳았다. 후일 이스마엘은 이슬람교를 믿는 아랍인의 조상이 되고, 이삭은 유대교를 믿는 유대인들의 조상이 되었다. 그리고 아브라함의 적자 이삭이 야곱을 낳고, 야곱이 요셉을 포함한 열두 명의 아들을 낳는다. 야곱은 꿈에서 하나님과 씨름을 했다 하여 하나님의 군대라는 의미의 '이스라엘'이란 이름을 얻었다 한다. 야곱의 아들 열두 명이 이스라엘의 12지파가 되는 것이다.

열두 아들 중 요셉은 이집트에 노예로 팔려갔다가 꿈을 잘 해몽하여 이집트의 재상이 되고, 그의 아버지 야곱과 형제들을 이집트로 불렀다. 덕분에 유대인들은 이집트에 살게 된다. 이때가 기원전 17세기경으로, 당시 이집트는 힉소스 왕가였다. 그러나 이집트 왕조가 바뀌면서 유대인들은 핍박을 당하기 시작한다.

기원전 13세기경 중동에는 히타이트가 강성했고, 이집트의 람세스 2세는 카데시 전투 이후 히타이트와 평화협정을 맺는다. 람세스 2세 때 모세가 이스라엘 민족을 이끌고 이집트를 떠나는데 이것이 유명한「출애굽기」, 쉬운 말로 이집트 탈출기다. 애굽, 즉 애급埃及은 이집트를 한자로 음차한 것이다.

이때의 상황을 세금의 관점에서 설명하는 흥미로운 해석도 존재한다.[6] 유대인들은 이집트에 450년간 정착했고 그들의 부와 인구가 점차 늘어나자 이집트는 이들을 위협적인 존재로 보았다. 성경에는 파라오가 "보라, 이스라엘 백성이 이렇듯 무섭게 늘어나니 큰일이다. 잘 다스리자. 그들이 늘어나지 않도록"이라고 말했다고 기록하고 있다. 잘 다스려야 한다는 것은 높은 세금을 부과한다는 것을 말한다.

탄압은 세금으로 시작되었다. 징벌 수준의 세금이 부과되면서 유대인들은 혹독한 시련을 겪었다. 모세가 이스라엘 백성들을 이끌고 이집트에서 탈출할 때쯤 유대인들은 이미 세금을 내지 못해 노예 신분으로 전락한 상태였다. 결국 모세의 이집트 탈출은 이집트의 혹독하고 과도한 세금 때문이었다. 모세가 이스라엘 백성들을 데리고 홍해를 건너 시나이반도로 탈출하면서 유대교 신앙체계의 기본이 되는 '십계'가 탄생한다.

이스라엘 왕국의 전성기

기원전 10세기경 이스라엘은 다윗 왕과 그의 아들 솔로몬 왕 시대에 전성기를 맞이한다. 다윗 왕은 통일 이스라엘 왕국을 이룬 최초의 왕이다. 그 시대 이스라엘의 적은 필리스티아, 즉 구약성서에 자주 나오는 블레셋 사람들이다. 그리고 이들이 바로 지금도 이스라엘과 싸우고 있는 팔레스타인 사람들이기도 하다.

블레셋인들은 원래 크레타섬에 살던 철기 문명을 가진 인도유럽계 해양민족이라고 알려져 있다. 이들은 후에 팔레스타인을 지배했고 페니키아인들의 도시 두로와 시돈이 번성하는 것을 방해하면서 이스라엘뿐만 아니라 페니키아와도 대립했다. 구약성경에는 블레셋 사람이 자주 등장한다. 삼손을 유혹한 데릴라, 다윗에게 죽임을 당한 거인 장수 골리앗, 다윗의 망명을 받아 준 아기스 왕도 모두 블레셋 사람이다. 이스라엘과 팔레스타인 간 갈등의 역사는 이렇게 뿌리가 깊다.

다윗 왕은 이스라엘 보병, 특히 궁수들을 집중적으로 훈련시켜 말과 전차가 주력인 필리스티아 군대와 맞서 싸웠다. 드디어 이스라엘은 필리스티아를 비롯한 가나안 원주민들을 제압하고 이스라엘의 12지파를 통합해 강력한 통일 왕국을 이룬다. 이때부터 '다윗의 별Magen David'이라 불리는 별 모양이 유대인의 상징처럼 쓰이고 있다. 육각성六角星 또는 헥사그램hexagram이라고도 불리는 이 표식은 삼각형 두 개를 엇갈리게 포개놓은 모양으로, 본래 '다윗왕의 방패'라는 뜻의 히브리어Magen David에서 비롯되었다. 다윗과 솔로몬은 이 헥사그램을 이용해 귀신을 내쫓고 천사를 불렀다고 한다.

다윗 왕은 여부스족의 성곽도시 예루살렘을 정복하고 수도를 남쪽 헤브론에서 예루살렘으로 옮겼다. 이때부터 예루살렘이 본격적으로 역사에 등장한다. 다윗은 에돔 왕국과 필리스티아를 복속하여 교통의 요충지들을 장악했다. 그 당시 중동지역의 중요한 길은 지중해 동쪽의 해안도로와 산악지대의 '왕의 길'이었는데 이 길의 주요 거점들을 차지한 것이다. 특히 홍해와 지중해를 연결하는 지역의 획득은 큰 성과였는데, 이로 인하여 인도와 아라비아, 이집트 등과 바로 연결되었다. 이스라엘의 군사적인 약진으로 페니키아의 두로 왕국은 필리스티아의 괴롭힘에서 벗어나 지중해 교역의 주도권을 잡게 되었다.

지혜의 왕이라 불리는 솔로몬 왕은 다윗 왕과 그 부하의 아내인 밧세바 사이에서 태어난 아들이었다. 기원전 970년 치열한 왕위쟁탈전 가운데 왕위를 계승한 이스라엘의 제3대 왕이다. 「아가서」, 「잠언」, 그리고 「전도서」 등 세 권의 성경을 집필하기도 했다. 즉위 4년에는 7년에 걸쳐 예루살렘 성전을 건축했다. 신전 벽은 석재였고 지붕은 페니키아산 백향목이었다. 이때 신전에 십계명 석판 두 개를 안치한 언약궤가 마련되어 유대인들에게 정신적 지주로 자리 잡게 된다.

솔로몬 왕은 먼저 이집트 파라오의 딸과 결혼하여 이집트와 동맹을 맺었다. 북쪽의 히타이트 왕국보다 이집트의 신왕조가 더 강성해졌기 때문이었다. 덕분에 유프라테스로부터 필리스티아인(블레셋인) 땅을 지나 이집트 국경에 이르는 지역 안의 넓은 땅을 다스렸다. 또한 페니키아 두로 왕국의 히람 왕과 손을 잡고 해상무역에 본격적으로 뛰어들었다. 홍해의 항구도 같이 쓰고 조선소도 같이 건설하면서 협력관계를 강화했다.

예루살렘 성전의 백향목도 두로 왕국으로부터 받은 것이었다. 당시 두로의 왕 히람은 홍해를 지나 인도양으로 통하는 항구도시 에시온게벨이 절실히 필요했는데 솔로몬이 두로 왕국에게 게벨 항구를 개방한 것이다. 페니키아는 이를 통해 아라비아반도는 물론 동부 아프리카, 멀리는 인도양까지 진출할 수 있었다. 이렇게 이스라엘은 페니키아와 동맹을 맺고 해상 교역에 본격적으로 뛰어들었고, 예루살렘은 교역의 중심지로 번성하게 된다.

왕국의 멸망과 디아스포라의 시작

기원전 926년 40여 년을 통치했던 솔로몬 왕이 죽은 후, 유대인들의 왕국인 헤브라이는 북쪽의 이스라엘 왕국과 남쪽의 유대(남유대) 왕국으로 분열되었다. 두 형제국이 전쟁을 하면서 점차 약해져가는 사이, 기원전 9세기에는 중동지역에 아시리아가 강성하면서 주변 국가들을 차례로 정복해 나갔다. 결국 기원전 721년 이스라엘 왕국도 아시리아 사르곤 2세에게 패해 멸망한다.

아시리아는 멸망한 이스라엘 왕국에 아시리아 사람들을 이주시켜

살게 했다. 잔류한 이스라엘인과 아시리아인들 간의 혼혈정책이 이루어졌는데 이 혼혈인이 성경에 등장하는 사마리아인이다. 유대인들, 특히 바리새파 유대인들은 이들을 멸시했다.

이스라엘 왕국이 멸망한 후 유대 왕국 역시 아시리아의 침략을 받았으나, 아시리아에 마침 전염병이 돌았고 그 후엔 이집트의 도움을 받으면서 어렵게 국가를 유지했다. 그러나 기원전 612년 신흥 강국 신바빌로니아 왕국이 아시리아를 멸망시키고, 기원전 601년 유대 왕국은 신바빌로니아의 속국이 된다.

유대 왕국은 신바빌로니아에 맞서 두 차례 반란을 일으켰지만, 반란의 실패로 기원전 582년 완전히 멸망했다. 전쟁의 참화로 예루살렘 성전이 파괴되고, 언약궤에 안치되었던 모세의 십계명 석판도 없어졌다. 유대인 상류층은 모두 바빌로니아로 잡혀갔다. 이들의 숫자는 4만 5,000명 이상으로 추정되는데 이를 성경에서는 '바빌론의 유수'라고 부른다. 바빌로니아에 잡혀가지 않은 유대인들도 이집트와 페니키아 식민지 등으로 뿔뿔이 흩어졌다. 이를 유대인의 1차 이산離散, diaspora이라고 한다. 이후 가나안으로 귀국한 유대인 후손마저도 훗날 로마제국에 반란을 일으켰다가 패망해 서기 70년 나라가 없어진 이후 세계에 뿔뿔이 흩어지게 되는데 이를 2차 이산이라 한다. 이후에도 유대인은 크고 작은 이산을 겪게 된다.

성전이 파괴되자 유대인들은 성전보다는 생활 속에서 믿음을 갖고 율법을 지키는 것을 더 중요시하게 되었다. 유대교가 성전 중심에서 율법 중심의 종교로 바뀐 것이다. 이렇게 해서 사제 없는 회당인 시나고그synagogue에서 랍비를 중심으로 신자들끼리 율법 낭독과 기도를 하는 새로운 예배 의식이 시작된다. 이후 시나고그는 유대인 생활의 중심이 되었다.

기원전 6세기 아케메네스 페르시아 왕국에 의해 신바빌로니아가 멸망하자, 유대인들은 이번엔 페르시아제국의 지배하에 들어간다. 페르시아는 아시리아 제국과는 달리 복속민에게 관용을 베풀었고 그들의 문화 풍습도 인정했다. 바빌로니아에 끌려왔던 유대인들도 이때 다시 가나안 땅으로 돌아갈 수 있게 된다.

기원전 4세기, 마케도니아 왕국의 알렉산드로스(알렉산더) 대왕이 페르시아를 멸망시키면서 유대인은 다시 알렉산드로스 제국에 복속되었다. 알렉산드로스 대왕은 유대인에게 종교의 자유를 주었고 이집트 알렉산드리아 건설에 유대인들을 동원하였다. 알렉산드리아가 해상무역의 중심지로 번성하자 유대인들은 대거 이 도시로 이주했다. 당시 알렉산드리아 인구의 40퍼센트가 유대인이었다. 또한 많은 유대인이 그리스 제국의 각 도시로 이주하면서 유대인의 디아스포라가 지중해 연안 및 이집트는 물론 중앙아시아까지 진출하게 되었다.

다시 부활한 유대 왕국

알렉산드로스의 죽음으로 제국이 세 나라로 분열되자, 유대인은 이번엔 이집트 프톨레마이오스 왕국의 지배를 받게 된다. 이때 가나안의 유대인 지역은 자치령으로 유지되었지만, 기원전 200년경에는 셀레우코스 왕조가 지배하던 시리아 왕국이 이 지역을 차지하게 된다. 시리아 왕국은 처음에는 관용으로 다스리면서 자치를 허용했지만, 안티오쿠스 4세 때 자치권을 박탈하고 유대의 종교의식을 금지하는 등 탄압 정책으로 돌아섰다.

이에 마카비 5형제를 중심으로 유대인의 저항이 시작되고, 기원전 164년 마카비 전투를 승리로 이끌며 독립을 쟁취하고 예루살렘을 수복했다. 이후 100년 동안 예루살렘은 유대인의 나라인 하스모니안 왕조에 의해 다스려졌다. 마카비 가문의 조상인 하스몬의 이름을 딴 것이었다. 기원전 2세기에는 시리아군이 필리스티아 지역에서 철수함으로써 명실상부한 독립 국가가 되었다.

기원전 3세기부터 로마는 점점 강성해지며 제국의 면모를 갖추기 시작했다. 유대 왕국의 하스모니안 왕조는 로마에 대항하기보다 보호를 받으면서 번영을 구가하는 편이 낫다고 판단하고, 기원전 63년 시리아에 주둔하고 있던 로마 장군 폼페이우스에게 화평을 요청했다. 이때 유다 왕국은 로마의 속국이 되어 로마의 유다이아 주로 편입된다.

로마인들은 유대 왕국을 속국으로 삼았지만, 유대인들에게 관대했고 유대인들의 자치도 인정해 주었다. 기원전 37년부터는 유대의 자치 통치를 허락하고 헤롯을 유대의 왕으로 임명했다. 헤롯 왕은 상업과 광산을 일으키고 광대한 지역에서 세금을 거두어 로마와 나누는 등 경제 발전을 위해 노력했다. 예루살렘에 수도시설을 정비하고 새로이 왕궁을 건설하였는데 이를 '헤롯의 성전'이라고 부른다.

헤롯 왕 시대에 유대 왕국의 경제는 크게 번성했다. 로마제국 역시 로마군의 상징인 은독수리를 유대 왕국 내로 들이지 않았고, 유대의 화폐에는 황제의 얼굴을 새기지 않아도 되도록 허락했다.

경제 구조 개혁을 꿈꿨던 혁명가 예수

기독교의 탄생과 유대-로마 전쟁

윌리엄 와일러 감독의 1959년작 영화 「벤허」는 예수의 시대를 배경으로 이스라엘의 유대인 벤허를 주인공으로 하는 서사 영화이다. 원작은 1880년 루 월리스가 쓴 소설 『벤허 : 그리스도의 이야기Ben-Hur : A Tale of The Christ』로, 로마 시대의 유대인 벤허가 고난과 역경을 이겨내면서 예수 그리스도를 받아들이는 인생 역정을 그렸다.

영화에서 벤허와 메살라가 펼치는 10분가량의 전차 경주 장면은 정말 압권이다. 하지만 주제만 놓고 봤을 때 가장 중요한 부분은 예수가 등장하는 세 번의 장면이다. 로마군에게 끌려가 의식을 잃은 벤허에게 물을 주는 장면, 사형선고를 받은 후 십자가를 지고 처형장으로 가는 장면, 그리고 십자가에 매달려 죽어가는 장면에서 예수가 등장한다. 반복된 만남을 통해 예수의 행적에 감동을 받은 벤허는 결국 예수 그리스도를 받아들이게 된다.

출처 : IMDB(imdb.com)

영화 「벤허Ben-Hur」(1959)는 로마 시대 유대인 벤허가 고난과 역경을 이겨내면서 예수 그리스도를 받아들이는 인생 역정을 그렸다. 찰턴 헤스턴이 벤허 역, 스티븐 보이드가 메살라 역을 맡았다. 이 영화는 1960년 아카데미 시상식에서 작품상, 감독상, 남우주연상, 남우조연상, 촬영상 등 열한 개의 아카데미상을 휩쓸었으며, 이 기록은 1997년 「타이타닉」에 와서야 깨진다. 흥행 수익 면에서 그때까지 「바람과 함께 사라지다」 이후 두 번째였다.

유대인이라면 예수를 받아들이는 것이 당연하지 않느냐고 생각할 수 있지만, 사실 유대교에서는 예수를 인정하지 않는다. 예수를 하나님의 아들로 여기는 기독교와의 결정적인 차이점이다. 오히려 이슬람교에서는 예수를 신이 보낸 예언자 중 한 사람으로 보고 존경한다.

당시 예수의 가르침에 공감하는 사람들은 많았지만 기득권층은 이를 받아들이지 않았다. 결국 예수는 재판에 넘겨졌고, 예수를 인정하지 않았던 유대인들은 예수를 십자가의 죽음으로 내몰았다. 유대교 율법이 집대성된 「탈무드」에는 "예수가 마술을 써서 이스라엘을 미혹시켜 배교하게 했으므로 유월절 전날에 처형되었다"라고 쓰여 있다. 결국 유대인 사회가 예수를 처형한 셈이고, 이 일은 훗날 유대인 박해의 근거가 되었다.

예수와 세금의 악연

유대교는 4,000년의 역사를 가진 상부상조를 실천하는 종교였다지만, 로마 시대 이스라엘에서 이런 유대교의 본질은 약해졌다. 여기에 이의를 제기하고 서로 사랑할 것을 설파한 사람이 예수이다. 예수Yeshua는 히브리어 이름 여호수아Yehoshua의 약어이다. 메시아를 그리스어로 크리스토스kristos라 하는데 '예수 그리스도'가 여기서 유래된 말이다.

예수는 서기 27년 예루살렘으로 와서 만민구원의 복음을 전파했다. 그는 유대인임에도 불구하고 배타적인 선민사상과 율법주의에 대해 비판적이었다. 유대인의 율법 대신에 사랑, 믿음, 소망을 강조하고 유대인뿐만 아니라 모든 인류가 구원받을 수 있다고 설파했다.

예수의 고향이 세금 때문에 바뀌었다는 재미있는 주장도 있다.[7] 요셉과 마리아는 왜 자신들이 살던 갈릴리 지방의 나사렛 마을을 떠나서 유대 지방의 베들레헴까지 와서 예수를 낳았을까? 베들레헴은 다윗 왕이 난 마을이고 요셉은 다윗의 후손으로 베들레헴은 요셉의 고향이었다. 그들이 베들레헴에 간 것은 로마 황제 아우구스투스가 모든 백성에게 자신의 고향으로 돌아가 세금을 내라고 명했기 때문이었다.

세금은 예수의 고향을 바꿨을 뿐만 아니라 일생에 걸쳐 등장하는, 그러니까 「신약성경」에서 반복해서 나오는 주제다. 당시 유대인은 로마의 지배를 받고 있었고 가혹한 세금으로 많이 고통받고 있었다. 유대인은 자신들을 구해줄 메시아를 기다리는데 예수가 자신을 메시아라고 하니 바리새파는 예수를 로마와 대립하게 하여 함정에 빠트릴 구상을 한다. 그래서 바리새파는 본디오 빌라도 총독에게 고발할 구실을 찾기 위해 예수에게 "유대인들이 황제에게 세금을 내는 것이 옳은 일이냐"고 물었다. 세금을 내지 말라고 하면 현재 지배자인 로마의 지배를 부정하는 것이고, 세금을 내라고 하면 구원을 기다리는 유대인에게 실망을 줄 것이기 때문이였다.

예수는 그들이 세금으로 내는 데나리우스(또는 데나리온) 은화를 가리키며 "이 돈에 누구의 초상이 새겨져 있느냐?"라고 물었다. 그들이 "황제의 것입니다"라고 말하자 예수는 "황제(카이사르)의 것은 황제에게, 하나님의 것은 하나님께 바쳐라"라고 답한다. 예수는 그들의 의도를 알고 있었던 것이다.

그 당시 유대인들은 로마제국에 내는 십일조와 신전의 건축 및 보수를 위한 신전세가 따로 부과되었고, 유대교회에 헌금도 내야 했다. 로마제국은 식민지가 워낙 방대했기에 직접 세금을 거두지 않고 징세청부인을 따로 세웠다. 성경에서 '세리'라 불리는 사람들이다. 징세청부인은 로마 정부에 세금을 한 번에 선납하고 몇 년 치 세금을 거두어들이는 권리인 징세권을 받았다.

그 후는 예상하는 대로다. 낸 돈보다 더 많은 돈을 백성들로부터 뜯어내 이득을 남겼다. 많은 유대인이 경제적으로 어려움에 처했지만 약삭빠르게 처신하여 부유한 생활을 누리는 사람도 많았는데, 징세청부인이 대표적인 사람들이었다.

예수는 징세청부인에게 정해진 것 이상의 세금을 걷어서는 안 된다고 타이르고, 유대교회 성직자들에게는 교회를 이용해 폭리를 취한다며 강하게 꾸짖었다. 그 당시 교회 안에서는 교회 관계자들의 묵인하에 환전상의 대부업이 성행했는데, 「마태복음」에는 예수가 성전에서 환전상을 발견하고는 좌판을 엎었다는 기록이 있다.

예수는 교회가 개인적인 욕심의 충족 수단이나 돈벌이 수단으로 이용되어서는 안 된다고 경고하면서 어려움에 처한 유대인을 대변함으로써 많은 지지를 받게 된다. 이를 통해 당시 많은 유대교회는 권력과 검은 거래의 온상이었음을 알 수 있다. 오늘날 일부 교회가 대형화와 상업화되면서 하나님의 뜻과는 다른 방향으로 가는 것과 크게 다르지 않다.

유대인, 기나긴 방랑을 시작하다

예수가 활동하던 시기는 헤롯 왕이 죽고 얼마 지난 뒤 유대 지역이 유대인 자치 통치에서 로마제국의 직접 통치로 바뀐 때였다. 그 당시 유대인 인구는 800만 명이었는데 이 중 바빌론에 100만 명 가까이가 살았고 나머지는 로마제국 내에 살았다. 특히 상업도시이자 최대 항구인 알렉산드리아에는 인구 100만 명 중 40만 명이 유대인이었다.

로마에서는 그리스인과 유대인의 갈등이 심했다. 무역과 상업에 있어 서로 경쟁했기 때문이다. 그리스인은 유대인이 로마 황제를 신으로 인정하지 않는다며 폭동을 일으켜 유대인의 거주지역을 방화하고 약탈했다. 로마의 군대는 이를 방관했다. 처음에는 유대인들이 스스로를 다른 민족으로부터 고립시켰는데 이제는 다른 민족들이 유대인을 배척하기 시작한 것이다. '세계는 하나다'라며 세계 시민주의를 지향하는 그리스인들에게, 우리는 신에게 선택받은 민족이라며 선민주의를 내세우는 유대인들이 눈에 거슬리는 것은 어쩌면 당연한 일이었는지 모르겠다.

서기 66년 팔레스타인 지역에서 유대인의 반란이 대규모로 일어났고, 이에 대한 보복으로 카이사리아에서 그리스인이 유대인을 학살했다. 하지만 로마 수비대는 아무런 조치를 취하지 않았다. 예루살렘에서는 로마 총독이 유대인들을 십자가에 매달아 처형했다. 그러자 유대인들이 로마 수비대를 공격했고 로마인과 유대인 간, 그리스인과 유대인 간의 전쟁이 일어났다. 이것이 1차 유대-로마 전쟁이다. 그러나 유대인은 로마제국을 이길 수 없었다. 70년 예루살렘은 함락되었고 성전은 완전히 파괴되었다.

로마제국에 대한 유대인의 두 번째 반란은 132년 하드리아누스 황제 때 일어난다. 로마는 예루살렘 바로 북쪽에 식민도시를 건설해 군대를 주둔시키고, 유대교의 종교적 전통인 할례를 금지한 데다가, 예루살렘 성전 자리에 주피터 신전을 세운다. 이에 격분하여 유대인들이 반란을 일으켰지만 135년 로마군에 의해 반란은 진압되었다.

두 차례에 걸친 로마와의 전쟁으로 고대 유대의 역사는 종지부를 찍었다. 유대인의 3분의 2가 죽었고 나머지도 노예로 팔려 가거나 팔레스타인 지역을 떠났다. 이로써 유대인들의 나라는 오랜 시간 역사의 무대에서 사라졌으며, 유대교와 기독교는 완전히 분리되었다.

그러나 유대인의 생명력은 끈질겼다. 이때 전 세계로 뿔뿔이 흩어진 유대인들은 먼 훗날인 제1차 세계 대전 이후 다시 팔레스타인 지역으로 돌아오게 된다. 제1차 세계 대전에서 유대인의 경제적 지원을 노린 영국이 밸푸어선언으로 팔레스타인에 유대인 국가 건설을 약속한 것이다. 이에 따라 1920년부터 1940년대까지 세계 각지의 유대인들이 팔레스타인 지역으로 몰려왔고 UN의 결정과 함께 이스라엘을 건국하게 된다. 고대부터 시작된 유대인과 팔레스타인 간의 싸움이 현재 진행형으로 되살아난 것이다.

고대 그리스는 해적질로 성장했다

살라미스 해전, 알렉산드로스와 헬레니즘

그리스의 시인 호메로스는 대서사시 「일리아스」와 「오디세이아」를 썼다. 「일리아스」는 기원전 12세기경의 트로이 전쟁, 특히 아킬레우스의 영웅담을 소재로 한 이야기이다. 「일리아스」는 몰라도 '아킬레스건腱'의 유래나 '트로이의 목마'를 모르는 사람은 아마 없을 것이다. 알렉산드로스 대왕도 그의 스승 아리스토텔레스가 예찬한 아킬레우스를 생각하면서 정복자로서의 꿈을 키웠다고 한다.

「오디세이아」는 트로이 전쟁 이후 10년에 걸친 오디세우스의 모험을 소재로 한 이야기이다. 트로이는 지금의 튀르키예가 위치한 아나톨리아반도의 에게해에 접한 도시로, 히타이트의 영향을 받아 강력한 군사력을 가진 국가였다. 그래서 스파르타의 왕 메넬라오스는 자기 아내 헬레네가 트로이의 왕자 파리스를 따라 트로이로 도망갔을 때 곧바로 트로이를 공격하지 못했다. 혼자서는 승산이 없었기 때문에 형 아가멤

논과 함께 그리스 연합군을 구성해야 했기 때문이다. 트로이 전쟁에 대한 이야기는 한번 시작하면 끝이 없으니 이쯤에서 그만하도록 하겠다.

그리스는 인접한 해양국가인 페니키아인들로부터 영향을 받으면서 발전했다. 그들로부터 글자와 해양기술을 습득한 덕분에 이후 그리스의 해양 개척은 페니키아의 행로를 답습했다. 그러나 점차 오리엔트와 페니키아 문화로부터 독립해 독창적인 문화를 발전시킴으로써 오늘날 유럽 문화의 근원이 되었다.

뒤늦게 해양으로 진출한 그리스

그리스에는 농사가 발전할 만한 큰 하천이 없고, 바다에 인접해 있어 도시 해양 문명을 이룰 수밖에 없었다. 기원전 800년을 전후하여 발칸반도 해안을 따라 '폴리스'라고 불리는 도시국가가 등장했고, 기원전 7세기 무렵 아테네, 스파르타, 코린트 같은 몇몇 주요 도시국가에서 그리스의 본격적인 역사가 시작되었다.

시민공동체의 도시국가라는 자유로운 환경은 군주 중심의 오리엔트 문명과 다른 독창적인 문화를 발전시킬 수 있는 토양을 제공했다. 자유와 창의성, 그리고 인간의 고귀함에 대한 믿음이 그리스 문화의 특징이었다. 휴머니즘이 이런 분위기에서 탄생한 것이다.

그리스는 인구가 늘어나면서 바다로 진출했다. 고대 지중해권 해양국가 삼국인 페니키아, 이스라엘, 그리스 중 가장 늦게 해양으로 진출하였다. 농지가 없어서 곡물을 수입해야 했기 때문이다. 하지만 처음 그리스인들이 바다로 진출한 목적은 무역보다는 정복, 해외 이주, 그리고 해적질에 있었다. 이집트, 페니키아, 이스라엘이 해상무역으로 성시를 이루었던 때에도 동지중해와 에게해에서는 해적들이 판을 치고 있었다. 특히 소아시아의 킬리키아와 그리스 본토는 해적들의 소굴이었다. 따라서 페니키아와 유대인들은 해상에서 그리스 해적들과 자주 충돌할 수밖에 없었다. 그리스는 해적질을 전쟁의 한 형태로 보고 정당한 것으로 여겼다. 과거에는 해적과 해군이 크게 다르지 않았다.

고대 그리스 경제는 기본적으로 노예제를 근간으로 했다. 군인 계층이었던 시민들은 전쟁을 하거나 철학을 논했고, 생산활동 전반은 노예들의 노동으로 움직였다. 노예의 반란을 두려워한 나머지, 스파르타인들은 군사체제를 강화했고, 그러자 시민 대부분이 상인이나 문인이었던 아테네도 군사력을 키웠다.

이 무렵 이탈리아 남부와 시칠리아에도 그리스계 도시들이 건설되었다. 점점 그리스는 도시국가들의 연합체로 성장했다. 도시국가들이 많아지자 국내 농산물로는 늘어나는 인구를 감당할 수 없어 해외로 눈을 돌렸다. 일찍부터 살기 좋은 곳을 찾아 소아시아 해안, 에게해의 섬들, 이탈리아 남부 해안도시와 시칠리아섬 등 지중해와 흑해 곳곳에 식민지와 상업 거점들을 건설했다.

아테네, 화폐 주조의 중심지가 되다

그리스의 여러 도시국가들 가운데 상업이 가장 발달한 곳은 아테네였다. 본국으로부터 식민지로 수출된 상품은 올리브, 직물, 피혁, 금속, 무기 등이었으며 식민지로부터 수입된 상품은 곡물, 광석, 노예 등이었다. 초기에 그리스 도시국가들은 화폐 주조기술이 없어 리디아와 무역을 하면서 리디아의 화폐를 받았으나, 리디아로부터 화폐 주조법을 배우면서 드라크마를 주조했다.

아테네는 기원전 6세기 무렵 전성기를 맞이한다. 이 시기에 활동한 정치가 솔론은 그리스의 칠현七賢인 중 한 사람이다. 그는 아테네 경제 진흥책의 일환으로 아테네와 페르시아 간의 무역을 확대하려 했는데, 이를 위해서는 양국 간 화폐를 통일할 필요가 있었다.

솔론은 아테네 드라크마와 페르시아 화폐를 등가로 만들기 위해 드라크마의 은 함유량을 줄였다. 1달란트는 60미나, 1미나는 100드라크마였는데 솔론은 1달란트로 6,300드라크마를 제조하도록 했고 그 주조 차익은 왕에게 귀속되었다. 화폐의 실제가치에서 발행비용을 제한 차익, 즉 시뇨리지seigniorage 효과를 실현한 것이다.

이에 따라 그리스와 페르시아의 통화는 자유롭게 교환되었다. 나아가 이오니아, 흑해, 시칠리아, 아프리카까지 아테네의 드라크마 은화가 유통되었다. 아테네는 그리스 화폐 주조의 중심지가 되었고, 기원전 483년에 라우리온 은광이 발견되면서 은화는 급속도로 늘어났다. 기원전 449년 아테네는 그리스 전역에 아테네식 주화와 도량형 사용을 강제하는 통화법령을 반포했다. 이로 인해 아테네는 지중해 세계의 중심이 될 수 있었다.

아테네가 기존의 은화 외에 금화와 동화를 새롭게 주조한 것은 각각 기원전 408년과 기원전 407년이었다. 새로운 화폐를 주조한 가장 큰 이유는 펠로폰네소스 전쟁(B.C.431~B.C.404)을 치르기 위해 대규모 자금이 필요했기 때문이다. 전쟁은 화폐 주조의 중요한 이유 중 하나였다.

살라미스 해전이 가져온 그리스의 변화

그리스는 아케메네스 왕조 페르시아로 인해 위기를 맞이하였다. 페르시아의 다리우스 1세는 오리엔트를 점령한 다음, 지중해를 차지하기 위해 그리스를 노렸다. 페르시아제국에 비하면 그리스는 도시국가 연합체에 불과했다. 다수의 그리스 지도자는 페르시아에 항복하자고 했다. 승산이 없기 때문이었다.

이때 끝까지 항전을 주장한 인물은 테미스토클레스였다. 그는 그리스의 이점을 살려 해전을 펼치면 승산이 있다고 생각했다. 테미스토클레스는 반대하는 귀족들 대신 평민들을 설득했다. 전공을 세우면 부자가 될 수 있다고 설득한 것이다. 결과적으로 테미스토클레스의 예상은 들어맞았다. 기원전 480년 살라미스 해전에서 그리스는 페르시아에 승리를 거두었다.

영화 「300 : 제국의 부활」은 바로 이 살라미스 해전을 배경으로 한 2014년 영화이다. 에바 그린과 레나 헤디의 아름다움에 가려 놓치기 쉽지만, 이 영화가 주는 메시지는 엄청나다.

출처 : IMDB(imdb.com)

영화 「300 : 제국의 부활Rise of an Empire」(2014)은 2006년에 개봉한 영화 「300」의 속편이다. 암 머로가 감독하고 설리반 스탭플턴이 테미스토클레스 역을, 에바 그린이 여전사 아르테미시아 역을, 로드리고 산토스가 크세르크세스 황제 역을, 레나 헤디가 고르고 여왕 역을 맡았다..

첫 번째는 테미스토클레스의 미래를 보는 눈과 추진력이다. 아테네에 은광이 발견되었을 때 귀족들은 이구동성으로 그 수익을 배분하자고 했다. 그러나 테미스토클레스는 "페르시아는 다시 침략해올 것이다. 미리 배를 만들어 준비해야 한다"라며 200척의 군선과 4만 명에 달하는 노잡이를 양성했다. 그리고 살라미스섬에서 해전으로 승부한다. 임진왜란 때의 이순신 장군을 떠올리게 하는 장면이다. 실제로 살라미스 해전은 칼레 해전, 트라팔가 해전, 한산대첩과 함께 세계 4대 해전으로 꼽힌다.

두 번째는 민주주의에 대한 메시지다. 미국 역사학자 존 헤일은 이렇게 평했다.

"가난한 시민들이 노잡이로 전투에 참여하면서 그들은 자신들이 중장 보병과 동등해진 느낌을 받았다. 노젓기는 행동의 일치를 요구했으며, 훈련은 강력한 단결심을 촉발시켰다. 부자와 빈자의 손에 똑같이 굳은살이 박였고, 엉덩이에 물집이 생겼고, 근육이 뭉쳤고, 미래에 대해 동일한 희망과 두려움이 생겼다. 자유의 보루이자 민주주의의 동력인 해군이 없었다면 아테네의 모든 영광도 없었을 것이다."

실제로 페르시아와의 전쟁 이후 그리스의 평민들은 정치적인 힘을 가지게 되고 참정권을 획득하면서 아테네 등지에서 민주정치가 생겨났다. 평민들이 군대에 편입되면서 거대한 군사기구도 만들어졌다. 페르시아의 반격에 대비하려면 강한 군대가 필요했기 때문이다.

그러나 반면에 그리스의 군사국가 시스템이 강화되면서 기존의 민주정치 시스템은 점차 쇠퇴하기도 했다. 군인이 정치의 전면에 등장하면서 그리스 내부에서의 충돌이 발생했는데, 이것은 아테네의 델로스

동맹과 스파르타의 펠로폰네소스 동맹 간에 벌어진 펠로폰네소스 전쟁(B.C.431~B.C.404) 으로 연결된다. 공적公敵이 사라지면 자기들끼리 싸운다. 이것은 동서고금을 막론하고 만고의 진리이다.

알렉산드로스의 등장

기원전 4세기에는 그리스의 군사주의에 반대하는 지도자들이 일반 시민의 지지를 얻으면서 각 폴리스에 등장했다. 그들은 군인들의 횡포에 반기를 들며 법에 따른 통치와 군비 축소 등의 정치 개혁을 외쳤고 군인 정치인들과 맞섰다.

이때 그리스 북부 마케도니아 왕국을 통치하던 필리포스 2세는 그리스 남부의 폴리스에서 벌어지는 정치적 혼란을 절호의 기회로 여겼다. 그는 남부의 군인들에게 "마케도니아에 합류하면 그리스 전역에 걸쳐 군사 통치를 할 수 있다"면서 그들을 끌어모았고, 드디어 기원전 338년 카이로네이아 전투에서 군사정치에 반대하는 남부의 정치 세력들을 몰아내고 그리스를 통일했다.

그러나 통일 이후 곧 필리포스 2세는 암살당하고 그의 아들 알렉산더(알렉산드로스) 대왕이 왕위를 계승한다. 알렉산드로스 대왕은 오리엔트 정복전쟁을 시작했다. 거대해진 군사조직을 유지하기 위해서는 약탈과 영토확장이 필요했기 때문이었다.

기원전 334년 그는 그리스의 군대를 이끌고 소아시아에서 페르시아군과 싸워 승리하고 페르시아 지배하의 도시들을 해방시켰다. 그다음 해에는 이소스 전투에서 페르시아 다리우스 3세의 군대를 대파하고, 이집트까지 점령하여 나일강 하구에 알렉산드리아라는 도시를 건설한다.

다시 군대를 돌려 바빌론, 페르세폴리스 등을 점령하고 인도에까지 이른다.

올리버 스톤 감독의 2004년 작 영화 「알렉산더」에서 주인공 알렉산드로스는 철학자 아리스토텔레스를 만나 그리스 신화와 학문에 심취하고, 「일리아스」의 아킬레우스를 동경하면서 강인함과 거대한 포부를 키워나간다. "세상의 끝이 보일 때까지, 신이 나를 부를 때까지 멈추지 말라"는 그의 외침은 미지의 세상을 향한 위대한 이상과 열정을 보여준다. 이 영화는 화려한 출연진에도 불구하고 흥행에 참패했지만, 역사에 관심 있는 사람에게는 권할 만하다.

알렉산드로스 대왕의 정복 활동을 통해 민족적 차별 없이 세계가 하나 되는 보편적 인류를 지향하는 헬레니즘Hellenism 사상이 나왔다. 그리스인들은 스스로를 '헬레네스' 혹은 '헬라스'라고 불렀는데, 제우스의 아내이자 누이인 헤라 여신의 자손이란 뜻이다. 알렉산드로스 대왕의 원정으로 인해 그리스의 헬레니즘 문화는 오리엔트 전체로, 그리고 인도까지 전파된다.

출처 : IMDB(imdb.com)

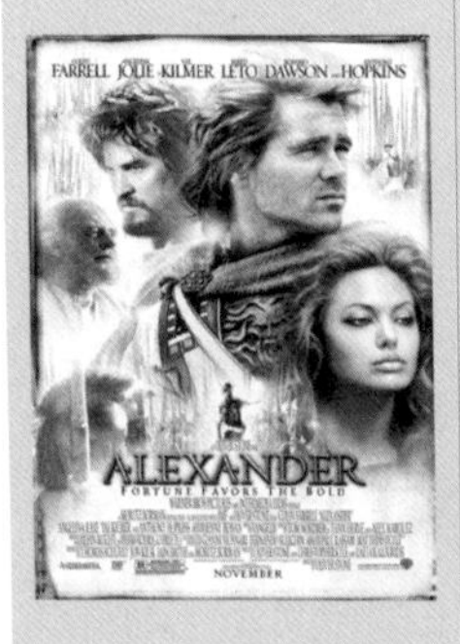

영화 「알렉산더Alexander」(2004)는 알렉산드로스 대왕의 꿈과 도전을 그린 영화다. 감독은 올리버 스톤이며 콜린 파렐이 알렉산드로스 대왕 역을, 안소니 홉킨스가 프톨레미 장군 역을, 안젤리나 졸리가 올림피아스 역을, 그리고 발 킬머가 필리포스 2세 역을 맡았다. 알렉산드로스 대왕의 삶과 정치적 업적, 그리스-페르시아 전쟁의 양상 등이 잘 나타나 있는 영화다.

알렉산드로스 대왕은 아라비아 원정을 준비하던 중 말라리아에 걸려 서른세 살의 나이로 사망한다. 그가 죽자 지휘관들은 제국을 그리스의 마케도니아 왕국, 이집트의 프톨레마이오스 왕국, 페르시아의 셀레우코스 왕국 등 셋으로 나누어 통치하였다.

알렉산드로스의 칼날은 오리엔트로만 향했다. 당시에는 페르시아제국의 문화가 선진적이었고 약탈할 보물도 많았기 때문이다. 그런 덕분에 후발국인 로마는 알렉산드로스 대왕에게 정복당하지 않았다. 오히려 알렉산드로스 제국이 동방으로의 교역로를 확장함에 따라 지중해 교역이 더 활발해졌고, 덕분에 로마나 카르타고는 점점 번성해 갔다. 그렇게 로마는 새로운 강대국으로 부상하기 시작했다.

벤처사업처럼 정복전쟁을 했던 카이사르

로마의 발전과 제국의 건설

기원전 7세기경 로마는 지역 중심지로 번영하던 왕정 체제의 도시국가였다. 기원전 509년에는 왕정이 무너지고 귀족과 평민 계급이 공화정을 세웠다. 로마인들은 평민과 귀족 간에 투쟁과 타협을 반복하며 로마 특유의 과두정 체제를 이루었다.

대내적으로 신분 투쟁으로 혼란한 가운데서도 로마는 계속 영토를 확장하며 기원전 272년에는 제노바에서 이탈리아 최남단까지 거대한 동맹 체제를 수립했다. 로마는 바로 동쪽에서 그리스가 막아주는 덕분에 페르시아 등 동방의 강대국의 위협에서 자유로울 수 있었고, 마케도니아의 알렉산드로스 대왕이 동방으로 정벌을 나가는 덕분에 무역을 통해 차근차근 힘을 키울 수 있었다.

로마를 도시국가의 동맹에서 지중해 전체의 세계대국으로 발돋움하는 계기가 된 사건이 포에니 전쟁이다. 포에니Punic는 로마인들이 카르타고인들을 부르던 이름이었다. 카르타고는 페니키아인들이 북아프리카에 세운 도시국가로, 페니키아는 동방의 제국들에 의해 멸망했지만 카르타고는 지중해 해상권을 장악하면서 번성했다.

지중해 서쪽에서 교역하면서 성장하던 로마와 카르타고는 엇비슷하게 발전하면서 이해관계가 충돌했다. 기원전 3세기에 이 두 나라는 기원전 264년부터 기원전 146년까지 100여 년에 걸친 전쟁을 치르게 되는데 이것이 포에니 전쟁이다.

로마는 이탈리아반도를 차지하자 지중해의 시칠리아섬을 정복하려 했다. 그러나 당시 지중해 패권은 카르타고가 잡고 있었다. 시칠리아섬에는 메시나와 시라쿠사라는 두 나라가 있었는데 이들 사이에 전쟁이 일어나면서 두 나라는 각각 로마와 카르타고에게 도움을 요청했다. 이로 인해 발생한 전쟁이 제1차 포에니 전쟁(B.C.264)이다.

전쟁 초반에는 바르카라는 뛰어난 장군이 이끄는 카르타고가 우세했다. 그러나 결국에는 시칠리아섬 서쪽 바다에서 펼쳐진 해전에서 로마가 크게 이겨 카르타고의 항복을 받아냈고, 기원전 241년 로마가 시칠리아섬을 차지한다.

카르타고의 바르카 장군에게는 한니발이라는 아들이 있었다. 그는 카르타고의 식민지인 스페인의 총독이 된 뒤 아버지의 한을 풀기 위해 로마를 공격하는데 이것이 기원전 218년에 일어난 제2차 포에니 전쟁이다. 한니발은 지중해와 육로가 모두 로마군에 의해 막히자, 코끼리 부대를 이끌고 피레네산맥과 알프스산맥을 넘어 로마군을 공격했다. 그는 칸나이 전투에서 로마군을 크게 격파하고 이탈리아반도를 공격했으나, 로마군은 그사이 카르타고 본토를 공격했다. 결국 한니발은 본국을 지키기 위해 카르타고로 돌아갔고, 로마는 스키피오라는 명장을 보내 한니발과 전투를 벌였다. 스키피오는 북아프리카 자마에서 한니발의 코끼리 부대를 무찔렀고, 2차 포에니 전쟁도 로마의 승리로 끝난다.

이후 기원전 149년 로마는 힘이 약해진 카르타고를 공격하여 철저히 파괴하고 다시는 재기를 못 하게 한다. 이렇게 세 차례에 걸친 포에니 전쟁에서 승리하면서 로마는 이탈리아, 스페인, 북아프리카에 영토를 가진 지중해의 강자로 부상했다.

이제 로마는 지중해 교역을 사실상 독점하였다. 로마는 납세만 하면 인종을 불문하고 자유롭게 교역 활동을 할 수 있게 하였고, 상인들의 신분과 재산도 법률로 보호해 주었다. 능력 있는 사람들이 로마로 향했고, 지중해 교역이 번성함에 따라 상인들이 차고 넘쳤다. 로마는 도로, 항만 개발을 통해 물류 네트워크를 구축했다. 더욱 강대해진 로마는 마케도니아, 그리스 등 그리스 · 헬레니즘 세력을 완전히 제압하고 지중해 전역을 통치하게 되었다.

귀족들의 정복 비즈니스

그러나 포에니 전쟁이 끝나고 로마는 중대한 사회적 문제에 직면하게 되었다. 빈부의 격차가 너무 커진 것이다. 경제적으로 성공한 사람들은 막대한 부를 축적한 반면, 집이 없는 가난한 사람들이 길에 넘쳤다.

빈곤층의 구제가 사회문제가 되면서 그라쿠스 형제가 개혁을 추진했다. 호민관으로 당선된 티베리우스 그라쿠스는 부유층이 소유한 토지 중 500유게라가 넘는 토지는 몰수, 빈곤층에게 나누어 주고 부유층에게 더 많은 세금을 부과해 빈곤층의 구제 자금으로 사용하는 정책을 시행했다. 당시의 부유층인 원로원 의원들은 그라쿠스의 정책에 크게 반발하였고 결국 티베리우스 그라쿠스는 그들에 의해 살해된다.

6년 후 아우인 가이우스 그라쿠스는 형에 이어 다시 호민관으로 당선되었다. 그는 형의 토지개혁에 더하여 라틴어를 사용하는 주민들에게 로마 시민권을 주자는 사법개혁도 추진했다. 그러나 기원전 121년 원로원을 중심으로 한 반대파의 공격을 받고 스스로 목숨을 끊었다. 결국 그라쿠스 형제의 개혁은 실패로 끝났다.

기원전 1세기 노예들의 반란이 일어난다. 기원전 73년 검투사 노예 생활을 하던 스파르타쿠스가 동료 검투사들과 반란을 일으킨 것이다. 반란군은 로마의 토벌군을 두 차례나 격퇴하지만 결국 붙잡혔고, 노예 검투사들은 모두 십자가에 못 박혀 처형당한다. 로마제국 역사상 유례없는 노예 반란이었다.

그라쿠스가 추진한 개혁이 실패로 돌아가자 빈곤층 문제가 더욱 심각해졌다. 그러자 부자들은 사재를 털어 빈곤층을 자신의 군대에 고용했다. 자신의 군대를 이끌고 원정 정복 전쟁을 하여 로마제국이 아닌 다른 지역의 토지를 지배하기 시작한 것이다. 외지 정복으로 생기는 막대한 이익은 빈곤층 군사들을 먹이고도 충분히 남았다. 정복 전쟁이 하나의 벤처사업이 된 셈이다.

부유층들은 군대 확장에 점점 많은 돈을 썼다. 그러자 빈곤층 사람들은 일자리를 얻었고, 부유층은 정복 전쟁으로 얻은 땅과 전리품으로 부를 쌓아 나갔다. 로마 사회는 점차 안정되어 갔다. 원로원이 중심이 된 부유층들은 그러한 추세를 내심 반겼다.

하지만 이런 정복 비즈니스는 이익이 큰 만큼 위험도 컸다. 외지 원정에 나선 군대가 게르만인 같은 부족에 패하면 투자 금액의 회수는 불가능했다. 또한 정복에 성공했다고 해도 장군이 배반하거나, 전리품을 가로채거나, 반란을 일으키는 등 뜻밖의 사태도 벌어졌다. 외지 정복에 성공해서 오랫동안 부와 명성을 누린 사람은 소수에 불과했다.

이 정복 전쟁으로 권력을 잡은 사람이 율리우스 카이사르였다. 카이사르는 군인 · 정치인으로서뿐만 아니라 사업가적인 능력도 탁월했다. 카이사르는 장군으로서 자신의 능력을 과시하면서 외지 정복으로 막대한 이익을 얻을 수 있다고 부유층을 설득하여 투자를 받았다. 이렇게 군대를 키운 후 외지 정복 전쟁을 차례로 성공시켰다. 그러자 부자들은 경쟁하듯 카이사르에게 투자했고, 카이사르의 군대는 더욱 강해졌다.

카이사르는 점점 민중의 지도자로 부상했다. 원로원에서는 그를 경계하여 장군의 자리에서 끌어내리려 했지만, 그는 쿠데타를 일으킨다. "주사위는 던져졌다"와 "루비콘강을 건넜다"라는 유명한 말이 이 사건에서 나왔다. 카이사르는 그의 후원자이며 돈줄이었던 부유층, 원로원 세력을 제압하고 독재관dictator에 올랐다.

카이사르는 빈곤층에 의해 지지를 받았고, 그들의 용맹을 등에 업고 권력을 잡은 인물이었다. 어쩌면 살라미스 해전에서 정치 지도자들이 아닌 평민층을 끌어들여 페르시아제국을 꺾은 그리스처럼, 로마를 세계제국으로 이끈 힘은 지위의 상승을 바라는 평민층들의 강한 욕구에 있었는지도 모르겠다. 민중의 압도적인 지지를 얻은 카이사르는 기원전 46년 최고 권력자의 지위에 오른 뒤, 원로원 세력을 제압하고 그들의 특권과 기득권을 빼앗았다.

이에 격분한 브루투스를 비롯한 원로원 세력은 카이사르를 암살한다. 카이사르가 칼에 찔려 죽으면서 남긴 "브루투스, 너마저…"라는 마지막 말은 유명하다. 카이사르의 활약과 죽음의 과정은 조셉 맨키위즈 감독의 1963년 작 영화 「클레오파트라」에 잘 표현되어 있다. 카이사르가 알렉산드리아에서 폼페이우스에게 승리하고, 이집트 왕위 계승에 개입하여 클레오파트라를 여왕으로 추대하고, 성대하게 로마로 입성하여 개혁을 추진하다가 원로원 세력들에게 암살당하는 장면을 스펙터클하게 보여주는 명작이다. 이후 카이사르가 죽고 그의 양자 옥타비아누스가 반대파인 레피두스와 안토니우스를 누르고 권력을 장악하는 과정까지도 영화에 잘 담겨 있다.

황제의 탄생과 팍스 로마나

카이사르가 암살된 여러 가지 이유 중 하나는 그가 원로원 귀족들이 누리던 화폐주조권을 없애려고 했기 때문이다. 오늘날 미국이 다른 건 다 참아도 달러 패권에 도전하면 반드시 응징하는 것과 같은 이치다. 이후 옥타비아누스는 원로원과 타협하여 그들의 기득권을 어느 정도 인정해

출처 : IMDB(imdb.com)

영화 「클레오파트라Cleopatra」(1963)는 카이사르의 활약과 죽음을 배경으로 한 명작이다. 엘리자베스 테일러가 클로오파트라 역을, 렉스 해리슨이 카이사르 역을, 리처드 버튼이 안토니우스 역을 맡았다. 특히 카이사르가 클레오파트라와 함께 로마에 입성하는 장면, 안토니우스와 옥타비아누스의 악티움 해전 장면은 가히 압권이다.

주었다.

원로원은 그런 옥타비아누스에게 경의를 표하며 '존엄한 자'라는 뜻의 아우구스투스라는 칭호를 선사한다. 그가 바로 로마의 공화정을 끝내고 제정을 시작하는 첫 번째 황제이다. 아우구스투스는 민중 중심의 좌파 세력과 원로원 중심의 우파 세력 사이의 균형이 깨지면 자기도 아버지처럼 암살당할지도 모른다고 생각했다. 그래서 집권 시 자신을 황제가 아닌 원수Princeps라고 부르게 했다.

제정 초기에는 희대의 폭군으로 유명한 3대 황제 칼리굴라, 5대 황제 네로가 나오긴 했지만, 서기 2세기에는 오현제五賢帝라고 불리는 네르바, 트라야누스, 하드리아누스, 안토니누스 피우스, 마르쿠스 아우렐리우스 등 다섯 황제가 등장한다. 로마의 최고 전성기였던 이때를 '팍스 로마나Pax Romana' 시대라고 부른다. 이 시대에 영토는 최대로 확장되었고 경제는 번영하였다.

마르쿠스 아우렐리우스 시대를 배경으로 한 영화가 리들리 스콧 감독의 2000년 작 영화 「글래디에이터」이다. 리처드 해리스가 연기한 마르쿠스 아우렐리우스 황제는 고등학교 교과서에 나오는 「명상록」으로 유명한 철학자이기도 하다.

"이 세계는 우주에 비하면 미세한 점에 불과하다. 인생은 투쟁이고 세계는 낯선 이를 위한 임시 수용소일 뿐이며 죽음 뒤에 얻은 명성은 허무하다. 그런 우리에게 유일한 버팀목은 철학뿐이다."

영화는 서기 180년 마르쿠스 아우렐리우스의 12년에 걸친 게르만 정벌이 거의 마무리될 무렵, 그의 아들 코모두스와 딸 루실라, 원로원을 둘러싼 권력 다툼을 로마의 장군이자 검투사인 막시무스의 시각으로 보여준다. 영화에서는 아우렐리우스 황제가 아들 코모두스에 의해 암살된 것으로 그려지지만, 실제로는 병에 걸려 죽었다고 기록되어 있다. 주인공 막시무스라는 인물은 아우렐리우스 황제의 충직했던 장군으로 존재했던 것은 사실이지만 코모두스와 연관된 부분은 영화의 재미를 위해 상당 부분 각색되었다.

아우렐리우스는 현명한 황제였다. 그는 게르만족이 로마를 약탈하기 위해서가 아니라 북쪽에서 접근하는 또다른 민족의 공격에 밀려 로마로 들어온 것을 알고는 이들을 로마 국경 안에 정착시키고 제국의 노동력으로 삼는 정책을 꾸준히 펼쳤다. 서기 180년 도나우강변에 충돌이 일어나자 도나우강 너머로 영토를 넓히는 전쟁을 벌였고, 게르만족을 평정하고 돌아오는 길에 안타깝게도 병에 걸려 사망한다. 「명상록」은 죽음에 대한 그의 생각을 보여준다.

"남은 사람들을 고약하게 대하지 말라. 그대의 가족과도 격렬한 감정에 휩싸이지 말고 부드럽게 이별하라. 자연이 그들을 그대와 결합시켰듯이 이제 자연이 다시 그대를 그들과 떼어놓고 있을 뿐이다. 이 모든

출처 : IMDB(imdb.com)

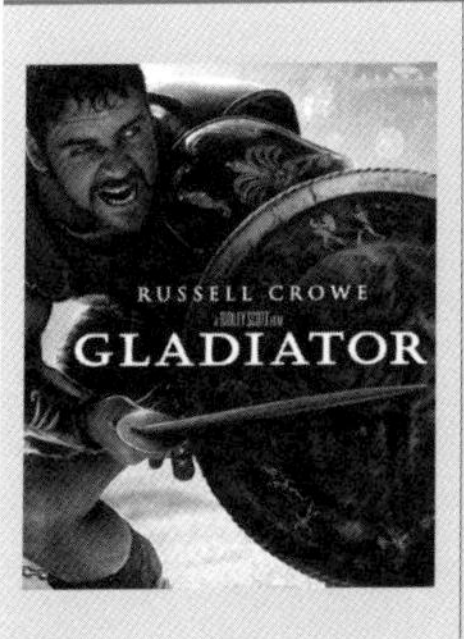

영화 「글래디에이터Gladiator」(2000)는 하루아침에 로마 장군에서 검투사가 된 막시무스가 자신의 가족을 죽인 황제에게 복수하는 내용을 담고 있다. 아버지 마르쿠스 아우렐리우스를 살해하고 황제가 된 코모두스는 막시무스의 가족을 몰살하고, 막시무스는 노예로 전락하여 검투사로 살아가며 복수할 계획을 세운다.

것은 아주 자연스러운 과정일 뿐이다."

그의 철학대로 그는 담대하고 평온하게 생을 마감했다. 아우렐리우스가 죽은 뒤 영화의 내용처럼 그의 아들 코모두스가 황제로 즉위했고, 182년 그의 누이 루실라는 원로원과 공모하여 그를 암살하려 했지만 실패한다. 포악하고 냉정한 황제라고 해서 포학제暴虐帝라고 불린 코모도스는 결국 192년 정적들에 의해 암살당한다. 그가 암살된 이후 국가의 실권은 군대로 넘어갔고, 군인에 의해 황제가 옹립되는 시대가 한참 계속되었다.

기독교 공인은 재정난 때문에 이뤄졌다

콘스탄티노폴리스 천도와 서로마의 멸망

오현제 이후 로마 쇠퇴기의 상황은 우마야 다쿠에이가 『너무 재밌어서 잠 못 드는 세계사』에서 번뜩이는 통찰력으로 재미있게 설명해 준다. 더 이상 영토확장이 이루어지지 않고 성장이 멈추자 민중의 불만이 터져 나왔다.

3세기 초 카라칼라 황제는 불만을 가라앉히기 위해 제국 영토 내의 유력자 모두에게 시민권을 부여하고 정치적 권한을 주었다. 이는 외지 유력자들의 반란이 두려워서 그들을 회유하기 위한 정책이기도 했지만, 어려워지는 재정 상황을 타개하기 위한 것이기도 했다. 시민권을 부여함으로써 시민세를 거둘 수 있었던 것이다.

로마는 넉넉해진 재정으로 도로, 수도 등의 인프라를 구축하고 시민들을 위해 욕탕을 만들고, 검투사의 격투를 관람하는 투기장 등 공공시설을 지었다. 이러한 시설의 건축에는 침략 전쟁이 막을 내리면서 일자리가 없어진 퇴역군인들이 고용되었고, 이로써 군인들의 반란도 잠재울 수 있었다.

부작용도 생겼다. 시민권이 생긴 외지의 유력자들이 현지에서 권력을 잡고 로마제국의 방침에 따르지 않았던 것이다. 3세기 중반에는 제국 도처에서 스스로를 황제로 칭하는 권력자들이 등장하여 로마제국은 혼란스러웠는데, 이를 군인 황제 시대라 한다. 혼란의 과정에서 로마제국의 재정은 악화되었고, 공공사업 발주에 지장이 생기면서 시민들의 불만도 폭발했다. 도처에서 내란과 폭동이 빈번히 발생했다.

3세기 말 황제가 된 디오클레티아누스는 로마제국을 다시 하나로 통일하는 것은 불가능하다고 생각했다. 그래서 제국을 넷으로 나누어 지방 황제를 두는 테트라키아Tetrarchia(사두정치)라는 정책을 시행하였다. 이 정책은 처음에는 실효를 거두는가 싶더니 결국 네 명의 권력자가 서로를 의심하고 견제하면서 지방 황제들 간에 내전이 시작되었다.

콘스탄티누스, 기독교를 공인하다

내전에서 승리해 다시 로마를 통일한 사람이 콘스탄티누스 황제였다. 콘스탄티누스는 서기 300년 로마의 수도를 동방의 비잔티움으로 옮기는데, 이 도시가 바로 콘스탄티노폴리스(콘스탄티노플, 지금의 이스탄불)이다. 새로운 수도가 된 콘스탄티노폴리스는 지중해 동쪽에 위치한 아시아와의 접경지대에 있었기 때문에 동방과의 교역이 성행하였고, 로마는 다시 부흥기를 맞는다. 당시 오리엔트 지역에는 사산 왕조 페르시아가 번성기를 맞이하면서 동서무역이 활발해졌고 번영의 흐름이 소아시아를 통해 유럽으로 이어졌기 때문이다.

콘스탄티누스는 서기 313년 기독교를 공인했다. 어차피 기독교의 확산을 막지 못할 바에 탄압하기보다는 오히려 기독교의 보호자를 자처하는 것이 이익이 된다고 생각했던 것이다. 로마제국이 기독교를 공인하면서 예수의 종교인 기독교의 총본산이 예수가 활동했던 팔레스타인 지역이 아닌 로마로 바뀌었다.

당시의 기독교는 교리가 분명히 정해지지 않고 분파마다 조금씩 달랐다. 예수가 하나님의 아들로서 삼위일체인지, 그저 단순한 선지자인지도 분명하지 않았다. 로마제국 입장에서는 예수를 신앙의 대상으로 만드는 것이 더 유리했다. 신격으로서의 모습이 구체적이고 설득력이 있어 사람들의 마음을 하나로 묶을 수 있기 때문이다. 그래서 예수를 인간으로 보는 아리우스파는 배척되고, 예수를 신으로 보는 아타나시우스파가 정통파로 인정되었다. 가톨릭Catholic이란 말도 이때부터 사용되었는데, '정통'이라는 의미의 라틴어이다. 그 후 가톨릭 기독교는 유럽 사회에 중심적인 역할을 하게 된다.

사실 콘스탄티누스가 기독교를 공인했던 가장 큰 이유는 세금이었다. 당시 로마제국은 재정이 악화되어 국가 통치마저 어려운 상황이었다. 기독교인들에게는 수익의 10분의 1을 헌금으로 바치는 십일조의 전통이 있어서 기독교와 국가를 연결시킴으로써 '기독교인이라면 국가에 세금을 제대로 내라'고 할 수 있고, 기독교인으로서도 신앙과 연결되면 세금을 낼 수밖에 없기 때문이다. 콘스탄티누스 황제의 세제 개혁이 성공하면서 로마제국은 다시 안정을 되찾았다. 이후 테오도시우스 황제는 기독교를 로마제국의 국교로 선포하기에 이른다.

저물어가는 서로마제국

콘스탄티누스 황제의 동방 천도는 로마의 동쪽 지역 입장에서는 성공했지만, 이로 인해 기존의 수도인 로마를 중심으로 하는 서쪽의 경제권은 점차 쇠퇴했다. 서쪽 지역이 쇠퇴한 결정적인 계기가 된 것은 게르만족의 이동이었다. 370년 무렵 중앙아시아에 있던 훈족이 서진하자 게르만족의 일족인 동고트족이 그 지배하에 들어갔고, 서고트족은 376년 로마령으로 이주하기 시작했다. 이에 로마는 이들을 탄압하게 되었고, 서고트족의 반발로 전투가 벌어졌다.

378년 전투에서 서고트족이 승리하자 테오도시우스 황제는 화친을 청하여 이들을 트라키아 지방(오늘날 불가리아, 그리스, 튀르키예 국경이 접한 지역)에 정착하게 살게 하였다. 그러나 테오도시우스 황제가 죽은 뒤 서고트족은 다시 로마의 서쪽 지방들을 침략하였고, 결국 이베리아반도에 서고트 왕국을 세우고 영토를 확장하였다. 로마제국은 서서히 무너지고 있었다.

테오도시우스 황제는 395년, 죽으면서 두 아들에게 로마제국을 동서로 나누어 물려주었다. 그중 로마제국(서로마)은 당시 11세였던 황제의 아들이 맡게 되었는데 그를 대신하여 스틸리코 장군이 정권을 잡았다. 스틸리코, 콘스탄티우스 3세, 아에티우스 같은 걸출한 장군들의 노력으로 국가가 지탱되기는 했지만, 풍요로웠던 비잔티움제국(동로마)에 비해 로마는 국력이 약했다. 410년에는 게르만족들이 다시 로마로 침입했고, 이후 훈족까지 침입하자 로마제국은 방위비도 없을 정도로 재정이 파탄에 놓였다.

결국 476년에 게르만 용병대장 오도아케르가 로마로 진격하여 황제를 폐위시켰다. 이로써 사실상 로마제국의 시대는 막을 내리고, 동쪽의 비잔티움제국만 남아 중세 시대로 이어지게 되었다.

이때 서로마의 마지막 왕은 로물루스 아우구스툴루스였다. 로마라는 이름은 로물루스라는 이름에서 따온 것인데, 그는 로마의 창시자로 알려진 전설 속의 인물이다. 창시자의 이름과 로마제국 마지막 황제의 이름이 같다는 것은 역사의 아이러니이다.

로마 멸망의 배경에는 불량화폐가 있었다

번창하던 로마는 왜 멸망했을까? 그 원인을 하나로 설명하기는 쉽지 않지만, 모든 강대국의 쇠락에는 공식이 있다. 내부적인 요인으로는 혁신과 도전정신의 상실, 기득권 세력의 생산수단 독점, 빈부격차의 심화, 불공정 사회, 과도한 지대 추구로 인한 혁명 등이 있다. 외부적인 요인으로는 주변 강대국의 침입으로 인한 멸망이다.

로마는 특별한 주변 강대국이 없었음에도 불구하고 스스로 멸망하였다. 세계 대제국을 건설한 로마제국이 어떻게 자신들이 고용한 게르만 용병들에 의해 멸망했을까? 경제사학자들은 로마의 붕괴가 화폐의 붕괴와 연결되어 있다고 말한다. 로마는 카이사르의 초상화가 그려진 데나리우스라는 은화를 사용하였다. 이 은화를 주조하는 권한은 오직 권력자에게만 있었다.

귀족들에게 세금을 거두는 것은 쉽지 않은 일이었기 때문에, 황제들은 대신 화폐의 질을 떨어뜨리는 손쉬운 방법을 선택하곤 했다. 특정 계급이나 계층이 아니라 모든 사람에게 부지불식간에 세금을 거둘 수 있는 좋은 방법이었기 때문에, 권력자들은 불량 통화를 유통하는 것에 대한 유혹을 이기기 어려웠다.

하지만 화폐 타락이 상시화되면 경제가 피폐해지고, 잘못하면 나라가 망한다. 로마도 마찬가지였다. 네로 황제는 데나리우스의 은 함량을 10퍼센트까지 떨어뜨렸고, 260년 갈리에누스 황제는 4퍼센트까지 떨어뜨렸다고 한다. 문제는 로마의 변방을 지키는 용병들의 임금을 데나리우스로 주었다는 것이다. 임금이 한순간에 10분의 1로 줄어든다면 누가 가만히 있겠는가? 로마 용병들이 국가를 전복시킨 배경에는 화폐 가치의 추락이 있었다.

아무도 가치가 추락한 로마의 화폐를 받으려 하지 않았다. 다시 물물교환 경제로 회귀하게 된 것이다. 무역은 점점 쇠퇴하고, 개방경제는 폐쇄경제로 돌아서게 된다. 이처럼 보이지 않는 화폐의 타락과 함께 거대한 로마제국은 점차 지방의 봉건영주가 지배하는 장원 중심의 경제로 전락하게 되었다.

제3장

중세 편

"The devil can cite scriptuire for his purposes."

"악마는 목적을 이루기 위해 성서를 인용하기도 한다네."

– 윌리엄 셰익스피어 『베니스의 상인』 중에서

✣ HISTORY ON THE MONEY-PERSPECTIVE ✣

일반적으로 중세는 서로마가 멸망한 476년부터
비잔티움제국이 멸망한 1453년까지 약 1,000년간의 기간을 말한다.

중세는 신이 모든 것의 중심이었고
교회와 교황이 세속 사회 위에 군림하는 시대였다.
국왕과 영주, 그리고 교회의 권한이 명확히 확립되지 않은 채
서로 중복되고 복잡하게 얽혀있어 다툼이 끊이지 않았다.

신의 시대였지만 모든 것에는 돈의 힘이 작용했다.
교황과 대주교 자리는 돈이 없으면 될 수 없었고,
죽은 가족을 천당으로 보내려면 면죄부(면벌부)를 사야 했으며,
국왕도 전쟁을 벌이려면 용병을 고용해야 했다.

주된 경제 체계는 장원경제와 봉건제였고
가장 중요한 재산은 토지와 농노였다.
하지만 도시가 발달하고 상업혁명이 일어나면서
금과 은의 중요성이 커지기도 했다.

십자군전쟁, 백년전쟁, 이슬람과의 전쟁 등
대부분의 전쟁은 오래 지속되었으며
이는 군주와 교황, 그리고 금융가문에게 훌륭한 비즈니스가 되었다.

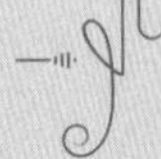
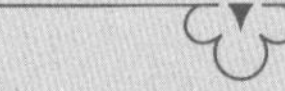

로마도 아니고 제국도 아니었던 신성로마제국

교황과 게르만 왕국의 거래

중세와 근세의 유럽을 이해하는 데 상당히 중요한 개념이 신성로마제국Holy Roman Empire이다. 제국이라는 이름을 달고 있지만, 엄밀하게 말하면 476년 멸망한 로마제국(서로마)의 후예를 자처한 서유럽 가톨릭 국가들의 연합체로서, 지금의 EU와 유사한 체제로 볼 수 있다. 비잔티움제국(동로마)에 대응하는 용어이지만 실체보다는 상징성이 강한 개념이었다.

서로마제국의 멸망으로 로마의 황제는 사라졌지만, 기독교의 지도자인 교황의 지위는 여전히 유지되었다. 로마의 교황을 구심점으로 기독교, 즉 가톨릭은 계속 서쪽으로 확산하였다. 교황은 서유럽 최고 권위자라는 지위와 함께, 이탈리아반도를 거점으로 하는 라틴족의 지도자로서 자리를 잡았다.

서로마제국이 있던 땅에는 게르만족의 왕국들이 세워지고 멸망하기를 반복했다. 그중에 서고트왕국과 동고트왕국, 반달왕국도 우리에게 익숙한 국가이지만, 가장 강력한 나라는 프랑크왕국이었다. 오늘날 프랑스, 독일, 이탈리아의 기원이기도 하다.

프랑크왕국의 부상을 이해하기 위해서는 이슬람제국의 확장을 먼저 알아야 한다. 이슬람교는 610년 창시되었고, 632년에 무함마드가 사망하고 네 명의 칼리프가 이슬람제국을 통치하였다. 이후 661년 무아위야 1세가 다마스쿠스를 수도로 하여 우마이야 왕조(661~750)를 세웠으며, 우마이야 왕조는 이슬람 제국의 영토를 중앙아시아, 북아프리카, 이베리아 반도까지 확장하였다. 이슬람제국은 비잔티움제국의 수도인 콘스탄티노폴리스를 공격하다가 여의치 않자 북아프리카를 돌아 서쪽에서 비잔티움제국을 칠 계획을 세우고, 732년에 피레네산맥을 넘어서 서유럽을 침략했다. 이때 이들의 공격을 막아낸 것이 프랑크왕국이다. 프랑크왕국은 투르-푸아티에 전투에서 이슬람군을 격파함으로써 서유럽을 이슬람 세력으로부터 지켜냈다.

서로마제국 멸망 이후 가장 강력한 국가가 된 프랑크왕국에 대해서 좀 더 살펴보자. 게르만족의 일파인 프랑크족은 라인강 유역에 본거지를 두고 갈리아 지방에 정착했다. 5세기 말 메로비우스 왕조를 세운 클로비스 1세가 가톨릭교로 개종하면서 번성하기 시작했지만, 클로비스 사후 왕권이 약해지면서 카롤루스 마르텔이 왕국의 실권을 장악한다. 이 카롤루스 마르텔이 이슬람 우마이야 왕조의 공격을 막아낸 인물이다.

교황의 영지가 만들어지다

중세 초기, 교황과 게르만인의 유착에 대해서는 차현진의 『금융 오디세

이』와 우마야 다쿠에이의 『너무 재밌어서 잠 못 드는 세계사』에 자세하게 소개되어 있다.[9]

마르텔의 아들 피핀은 허수아비 왕을 몰아내고 권좌에 오르고 싶었다. 그래서 교황에게 편지를 보내 "왕의 칭호만 가지고 있는 자와 왕의 모든 권리를 행사하는 왕 중 누가 왕관을 쓰는 것이 옳습니까?"라고 묻는다. 당시 랑고바르드(롬바르드) 왕국의 침략에 시달리던 교황은 기회를 놓치지 않았다. "왕 다운 능력을 갖춘 자가 왕이 되는 것이 옳다"고 답변을 한 것이다. 피핀은 751년 메로빙거 왕조를 무너뜨리고 카롤루스(카롤링거) 왕조를 연다.

피핀 3세가 된 왕은 이에 대한 보답으로 756년 군대를 몰고 알프스를 넘어 랑고바르드 왕국을 몰아내고 중부 이탈리아의 땅을 교황에게 헌납한다. '피핀의 기증'이라고 불리는 이 사건이 교황의 영지, 즉 교황령의 기원이다. 이제 교황은 권위뿐만 아니라 실질적 이득을 취할 수 있는 경제적 기틀을 마련한 것이다.

피핀은 교황령을 헌납한 대가로 교황으로부터 주교 임명권, 즉 서임권을 받게 된다. 군주가 서임권을 갖게 됐다는 것은 신계와 세속계간의 결탁(연합)을 의미하는 것이다. 서임권이 있으면 군주는 자기 마음에 드는 사람을 주교로 임명하고 세속 영지를 주어 제후로 삼았는데, 주교는 자식이 없으므로 군주는 주교가 죽고 나면 그 영지를 가질 수 있었다. 이를 통해 군주는 왕권을 강화할 수 있었다. 이 서임권은 후일 교황과 신성로마제국 황제 간 분쟁의 불씨가 된다.

아버지 피핀 3세에 이어 왕위에 오른 카롤루스 대제(카를 대제 또는 샤를마뉴 대제)는 프랑크왕국의 전성기를 이끌었다. 영토를 크게 확장하여 서로마제국의 영토를 대부분 회복하였고, 정복지에 선교사를 보내는 등 가톨릭의 전파에 힘쓰는 한편, 궁정학교를 세우고 고전을 연구하는 등 문화보급에도 앞장섰다. 이로 인해 프랑크왕국은 그리스 · 로마 문화, 게르만문화 및 가톨릭교가 융합된 중세 서유럽 문화의 기틀을 마련한다.

당시 교황은 로마 인근 땅을 교황령으로 가지고 있기는 했지만, 힘이 약해서 주위의 반란에 시달렸다. 카롤루스 대제는 군대를 이끌고 로마로 입성해 사태를 수습하고 교황 레오 3세의 입지를 굳건하게 해 주었다. 이에 감격한 레오 3세는 성탄절 미사에 참석한 카롤루스를 '로마제국의 황제'라 부르며 그를 황제로 추대했다. 프랑크의 왕이면서, 비록 상징적인 의미이긴 하지만 서로마의 황제까지 겸하며 절대 권력을 이룰 수 있었다. 이렇게 800년, 서로마 황제가 부활하였다. 교황은 강력한 프랑크왕국을 이용하여 서로마제국의 부활을 꾀한 것이다.

카롤루스 대제가 죽은 후 왕권을 물려받은 루트비히(루이) 1세는 '경건왕'이라는 별명처럼 신앙심은 깊었으나 정치에는 뜻이 없었다. 루트비히 1세가 죽은 뒤 프랑크왕국은 843년 체결된 베르됭 조약에 의해 서프랑크왕국(프랑스), 동프랑크왕국(독일), 중프랑크왕국(이탈리아)으로 분열되었다. 이로써 현재 유럽의 윤곽이 갖추어지게 되었다. 이탈리아는 이후 통일되지 못하고 다시 교황령과 도시국가 등으로 분열되고, 서프랑크왕국에서는 위그 카페가 카페 왕조를 창시한다.

로마 교황과 게르만족 왕조, 특히 동프랑크왕국과의 연대는 이후 점점 더 강해졌다. 동프랑크왕국은 오토 1세 때 세력이 강해져서 유럽에 쳐들어온 아시아계 마자르인(헝가리인)을 격퇴하고 왕권을 강화하게 된다. 그러면서 한편으로는 교황과의 관계를 더욱 공고히 하면서 입지를 굳혀간다. 962년에는 교황 요한 12세로부터 서로마 황제의 관을 받으면서 서로마제국을 부활시킬 임무를 부여받는다. 이것이 신성로마제국의 시작이다.

로마의 정통성을 인정받으려는 몸부림

그러나 프랑스 철학자 볼테르가 지적한 대로 신성로마제국은 신성하지도 않았고, 로마도 아니었고, 심지어 제국도 아니었다. 오토 1세는 실질적으로 독일 지역만 지배했을 뿐 카롤루스 대제처럼 서유럽 전부를 지배한 것은 아니었다. 이후 신성로마제국의 황제들은 로마를 수중에 넣으려고 이탈리아를 공격했지만 실패하였고, 카페 왕조 이후 강력해진 서프랑크왕국을 정복하지도 못했다.

신성로마제국의 출현은 비잔티움제국에 대한 열등감의 표현이라고 할 수 있다. 정통성을 따지자면 사실 게르만족이 탄생시킨 신성로마제국보다는 과거 테오도시우스 황제로부터 왕위를 물려받아 탄생한 비잔티움(동로마)제국이 더 로마에 가까웠을 뿐만 아니라, 당시의 비잔티움제국은 강력한 군대를 바탕으로 전성기를 누리고 있었다. 그렇지만 비잔티움제국은 로마 교황의 권위를 인정하지 않았고, 동방정교회(비잔티움교회)를 국교로 삼고 있었다. 결국 신성로마제국의 탄생은 왕권을 강화하기 위해 종교의 힘이 필요했던 게르만족의 왕들과 권위를 유지하기 위해 강력한 힘이 필요했던 로마 교황의 셈법이 맞아떨어지면서 탄생한 것이라 할 수 있다. 강력한 비잔티움제국을 견제하려면 멸망한 로마의 교황과 프랑크왕국 등 서로마제국이 힘을 합쳐야 했다.

신성로마제국의 황제는 원칙적으로 선거를 통해 선출하는 것이었으나, 대체로 왕조를 이루며 주로 동프랑크왕국의 특정 가문에서 계승되었다. 제국의 최고 귀족인 선제후들이 누군가를 '로마인의 왕'으로 선출하면 이후 교황이 그에게 신성로마황제의 관을 씌워주는 식으로 대관이 이루어졌다.

유럽 사람들이 생각하는 황제의 이미지가 어땠는지에 대한 흥미로운 해석도 있다.[10] 유럽에서 황제를 나타내는 독일어는 '카이저'이고, 러시아어로는 '차르'라고 하는데 이는 모두 로마 장군 카이사르의 이름에서 따온 말이다. 즉, 로마 카이사르의 후계자라는 의미를 담은 것으로, 이들이 얼마나 로마제국의 정통성을 잇는 것에 목말라 했는지를 역설적으로 보여준다.

이후 서쪽의 황제는 카롤루스 대제와 오토 1세, 그리고 역대 신성로마제국 황제들로 계승되었다. 그러다가 신성로마제국이라는 칭호는 15세기에 이르러 오스트리아 합스부르크 가문으로 세습된다. 오늘날 대부분이 신성로마제국 하면 합스부르크 가를 떠올리는 것은 가장 오랫동안 신성로마제국의 황제를 합스부르크 가문에서 세습했기 때문이다.

그러나 신성로마제국은 수백 개의 왕국, 공국, 후국, 백국, 자유시 등의 연방국들로 분권화되어 있었기 때문에 황제의 권력은 제한적이었다. 여러 공작, 후작, 백작, 주교후, 시장들은 명목상으로는 황제의 제후였지만 자신의 영토 안에서는 사실상 왕과 같은 독립적인 지위를 누렸다. 교황이 신성로마제국 황제에게 대관하는 전통도 16세기부터는 거의 단절되었다.

반면에 서프랑크왕국의 후신인 프랑스는 중앙집권 체제를 발달시켰다. 이후 프랑스는 강력한 왕권의 시대와 혁명의 시대를 지나, 1806년 황제에 오른 나폴레옹이 신성로마제국 소속의 16개 제후국이 참여하는 라인동맹을 만들었다. 이 국가들이 신성로마제국에서 탈퇴하고 신성로마제국 황제 프란츠 2세가 제국의 해체를 선언하면서 840여년 동안 이어진 신성로마제국은 공식적으로 사라지게 되었다.

신성로마제국은 나폴레옹전쟁으로 해체되었지만, 독일 북쪽 프로이센의 호엔촐레른 가문이 이를 계승했다는 주장도 있다. 호엔촐레른 가문은 자신들이 합스부르크 가문을 대신한 신성로마제국의 계승자라고 주장하며 1872년 독일 제국을 건설했다. 그래서 어떤 사람들은 신성로마제국을 이어받은 합스부르크 가문과 호엔촐레른 가문, 그리고 비잔티움제국을 이어받은 로마노프 가문을 유럽의 황제 가문으로 보기도 한다.

신성로마제국 초기 300년간 황제들은 이탈리아에 집착했다. 그들은 스스로 고대 로마 황제의 후예라고 믿었고, 로마 황제가 되려면 이탈리아를 차지해야 한다고 생각했다. 특히 이탈리아 북부는 활발한 무역과 산업으로 경제적으로도 매우 중요한 지역이었다. 신성로마제국은 이탈리아의 지배를 두고 교황과 싸우기도 하고 때로는 타협하기도 했다. 또 교황은 게르만인들에게 로마인의 황제라는 명칭을 부여해주면서 그 대가로 교황의 안전과 이익을 보장받았다. 신성로마제국이 '로마'와 '가톨릭'에 집착할 수밖에 없었던 것은 종국의 목적인 돈, 즉 실리를 취하기 위해서는 정통성과 종교라는 대의명분이 필요했기 때문이다.

신의 시대, 비즈니스가 되어버린 교회들

아비뇽 유수와 교회세를 둘러싼 갈등

유럽의 중세는 신의 시대였고, 기독교가 모든 것의 중심이었다. 그리고 기독교의 수장은 교황이었다. 서로마제국이 멸망한 자리에는 게르만족이 세운 프랑크왕국이 들어서지만, 로마라는 도시를 중심으로 한 교황의 권위는 여전히 막강했다.

초대 교황은 예수의 열두 제자 중 하나인 베드로이다. 베드로는 로마에 와서 교회를 세웠고, 기독교는 로마제국의 박해를 받으면서도 지속적으로 교세를 확장했다. 로마 교회의 교황이 베드로의 후계자라는 사실은 교황의 지위를 더 굳건하게 해주었다. 5세기 중반 교황 레오 1세는 "내 말은 베드로의 말"이라면서 예수의 대리인임을 강조했다.

로마 교황의 권위가 높아지자 동쪽의 비잔티움제국은 위협을 느꼈다. 그런데 이것은 로마 교황도 마찬가지여서 강대한 비잔티움제국에 대항하기 위해 800년에는 프랑크왕국의 카롤루스 대제, 962년에는 동프랑크왕국의 오토 1세를 로마제국의 황제로 인정한다. 교황은 이렇게 신성로마제국의 황제라는 명칭을 부여함으로써 황제와 손을 잡고 동쪽의 비잔티움제국을 견제했다.

하지만 11세기에 동방의 이슬람 세력인 셀주크 튀르크가 비잔티움제국으로 쳐들어오면서 상황은 달라진다. 이슬람 세력이 강해짐에 따라 비잔티움제국은 급속도로 쇠퇴했고, 비잔티움제국이 약해지면서 서유럽에 위협의 대상이 사라지자 교황과 황제의 우호 관계는 끝이 나고 서로 반목하게 되었다.

1077년 '카노사의 굴욕'이란 사건이 터졌다. 갈등의 발단은 성직자를 임명하는 서임권 문제였다. 1075년 교황 그레고리 7세는 황제의 주교직 서임을 금지시켰다. 당시의 주교는 세금이 면제되고 치외법권이 허용되었으며 화폐 제조권, 관세권 등 경제권도 갖게 되어 거의 제후와 같은 위치에 있었다. 따라서 이러한 서임권의 박탈은 황제의 권위를 심각하게 위협하는 것이었다. 이에 신성로마제국 황제 하인리히 4세는 교회 회의를 소집하여 교황의 폐위를 결의하였다. 그러자 교황도 로마 회의에서 황제 하인리히 4세의 파문과 폐위를 선언하며 대립했다.

그러나 주교와 공작들이 교황 편에 서게 되었고, 황제로서 입지가 불리해진 하인리히 4세는 카노사성에 체류하고 있는 교황을 방문하여 추위 속에서 3일을 기다린 끝에 가까스로 사면을 받았다. 황제에 대한 교황의 우위를 확실하게 보여준 사건이었다. 나중에 19세기 독일의 비스마르크 재상은 교황과 대립하자 "우리는 카노사로 가지 않는다"라는 말로 교황청과 화해하지 않겠다는 의지를 표현했다. 이처럼 카노사는 교황의 권위를 나타내는 상징이 되었다.

이후 교황은 황제뿐만 아니라 신성로마제국에 속한 각지의 왕과 제후를 거느리며 강력한 권력을 가졌다. 교황은 예루살렘의 성지를 회복한다는 명분으로 십자군을 편성하고 군사력도 장악했다. 십자군은 동유럽을 위협한 셀주크 튀르크를 격퇴하여 예루살렘을 회복하고, 동방에 주둔하면서 비잔티움제국을 압도했다. 교황은 이제 사실상 동유럽도 지배하게 된 것이다. 십자군의 지도자인 교황의 권위는 더욱 높아져 갔으며, 13세기 교황 인노켄티우스(인노첸시오) 3세 때에 절정기를 맞이하게 된다. 그는 "교황은 태양, 황제는 달"이라고 말하며 강력한 권력을 과시했다.

하지만 십자군은 2차 십자군전쟁 이후 이슬람제국에게 계속 패하였고, 교황은 점차 힘이 빠지기 시작했다. 1309년 '아비뇽 유수'는 결정적인 사건이었다. 아비뇽 유수는 거의 70년 동안 7대에 걸쳐 교황청을 남프랑스의 아비뇽으로 이전하게 함으로써 프랑스 왕의 지배하에 두었던 사건이다. 아비뇽 유수는 카노사의 굴욕과 반대로 교황권이 크게 약화됨을 보여준 상징적 사건이다.

교회세를 둘러싼 황제와 교황의 대립

아비뇽 유수는 사실 세금을 둘러싼 교황과 국왕의 갈등에서 비롯된 것이었다. 이 사건을 좀 더 자세히 살펴보자. 동프랑크왕국의 오토 왕조가 교황에 의해 신성로마제국의 황제로 인정받은 후, 서프랑크왕국은 프랑스로 완전히 분리된다. 14세기 초 프랑스 카페 왕조의 필리프 4세는 국가의 통일 체계를 갖추고 왕권을 강화하였다.

필리프 4세는 플랑드르 영토를 두고 영국과 전투를 했고, 군비를 조달하기 위해 돈이 많았던 교회령(교회 소유의 영지)에 세금을 부과하려 하였다. 당연히 교황 보니파키우스 8세는 이를 인정하지 않았고, 1302년 필리프 4세에게 과세를 금지한다고 통보했다. 그러자 필리프 4세는 프랑스 국민이 교회에 헌납하던 십일조를 금지시켰다. 프랑스 국민들도 사실은 교회에 내는 십일조가 부담스러웠기 때문에 국왕을 지지했다. 이에 화가 난 교황은 과거 하인리히 4세에게 그랬던 것처럼, 1303년 필리프 4세를 파문했다.

그러나 필리프 4세의 대응은 하인리히 4세와 달랐다. 그의 측근인 기욤 드 노가레는 교황의 반대파인 콜론나 가문과 합세하여 교황이 휴양하던 이탈리아 로마 근처의 아나니로 쳐들어가 교황을 사로잡는다. 로마 시민들의 도움으로 교황은 위기를 넘겼지만 이에 대한 충격으로 한 달 뒤 숨졌다. 그러자 프랑스는 로마 교황청을 압박하여 1305년 프랑스 출신의 클레멘스 5세가 교황으로 선출되도록 하였다. 이후 클레멘스 5세는 필리프 4세의 압박에 못 이겨 교황청을 프랑스 남부의 아비뇽으로 이전했고, 이때부터 68년 동안 교황은 아비뇽에 거주했다.

1377년 교황 그레고리우스 11세가 가톨릭교회의 내분을 수습하기 위해 프랑스의 반대를 무릅쓰고 로마로 귀환했다. 하지만 프랑스는 이를 인정하지 않고 프랑스인 교황을 내세웠다. 교황이 두 명이 된 것이다. 이후 40년 동안 교황청은 로마와 아비뇽으로 분열되었다. 1417년 공의회를 열어 이 사태가 수습되었으나, 이제는 교황청의 권한보다 공의회의 권한이 더 강해졌다.

이러한 과정을 거치면서 교황의 권력과 권위는 서서히 추락했고 세속 권력인 황제나 왕이 권력의 전면에 부상하는 절대군주의 시대가 도래하게 된다. 16세기 초에는 교황의 권위가 완전히 땅에 떨어지면서 신성로마제국이 로마를 침략하여 로마 교황청을 쑥대밭으로 만드는 이탈리아 전쟁(1521-1526)이 발발했다. 동시에 루터가 면죄부를 이용해 돈을 버는 교회들에 반대하면서 제창한 신교가 서유럽에 확산하면서 16세기~17세기에 걸쳐 종교전쟁이 일어나게 되고, 그 결과 가톨릭 전성시대는 막을 내리게 되었다. 참고로, 면죄부免罪符, indulgence는 라틴어인 Indulgentia에서 비롯된 말로 신학에서는 대사부大赦符, 교과서에는 면벌부免罰符라는 이름을 사용한다. 이 책에서는 대중에게 익숙한 용어인 면죄부로 부르기로 하겠다.

대체 교회세가 뭐길래

황제와 교황 간 갈등의 씨앗이 된 교회세에 대해 여기서 좀 더 자세히 알아보자. 중세 시대에 벌어진 황제와 교황의 갈등에는 어김없이 교회세 문제가 등장하곤 한다.[11]

기독교인이라면 교회에 반드시 세금을 내야 했다. 교회세의 대표적인 것이 번 수입의 10분의 1을 세금으로 내는 십일조十一租였다. 십일조는 「구약성경」에서 기원한다. 「구약성경」에는 고대 유대인들이 수확물의 10분의 1을 교회에 바쳤다고 기록되어 있다. 아브라함도 전리품의 10분의 1을 사제에게 바쳤고, 아브라함 자손들도 수확물의 10분의 1을 사제에게 공납했다. 십일조는 유대인에게 중요한 의무였고, 이것은 가톨릭에도 계승되었다.

사실 교회세도 처음에는 진짜 세금이 아니었다. 처음에는 자발적으로 십일조를 냈으나, 가톨릭이 유럽 전체로 전파되고 교회 조직이 커지면서 십일조는 기독교인들의 의무가 되었다. 585년 프랑크왕국에서 제2차 마콘 공의회에서는 아예 십일조가 가톨릭 교인의 의무로 명문화되었다. 십일조를 내지 않는 사람은 교회 출입 금지, 파문, 재산 몰수 등의 벌을 받았다. 십일조로 걷힌 돈의 4분의 3은 현지 교회의 운영자금, 건물의 보수비, 자선 사업비에 쓰였고 나머지 4분의 1은 지역교회를 책임지는 성직자인 주교에게 보내졌다.

유럽의 여러 나라가 가톨릭을 국교로 삼으면서 교회세는 국가가 인정하는 세금이 되었다. 서유럽 프랑크왕국의 카롤루스 대제는 '국민은 교회에 의무적으로 십일조를 내야 한다'고 천명했다. 국왕이 천명했으니 이제 십일조는 강제적인 세금이 되었다. 십일조로 인해 가톨릭교회는 돈이 많아졌고 이를 통해 세력을 확장했다.

교회세가 의무적으로 걷히면서 교회는 일종의 비즈니스가 되었다. 지역의 유력자나 돈을 가진 사람들이 새로 교회를 세우기 시작했고, 교회세를 두고 교회 간의 다툼도 일어났다. 상황이 이 정도까지 이르자 기독교 주교들은 지역교회 간의 세력권을 정하고, 새로 생긴 교회는 기존 교회의 십일조를 빼앗아서는 안 된다는 규정까지 만들었다.

십일조는 그 자체로 채권처럼 취급되었다. 귀족들이 교회를 사유화하고 세금의 징수권을 가져가는 일까지 일어나자, 교회가 직접 자기 지역의 십일조를 징수할 권리를 팔기 시작한 것이다. 누군가는 그 권리를 사서 돈을 벌었다. 우리가 잘 알고 있는 대문호 셰익스피어도 노후를 위해 십일조 채권을 샀다고 전해진다.

교회세는 기독교인들 개인에게도 상당한 부담이었지만, 군주로서도 골칫거리였다. 사람들이 교회에 세금을 내느라 정부에 세금을 낼 여력이 없었기 때문이다. 교회세 때문에 정부 세금을 충분히 걷지 못해 국가 재정이나 왕실 재정이 곤란에 처한 경우가 허다했다. 그럼에도 유럽의 왕들 입장에서는 어쩔 도리가 없었다. 카노사의 굴욕에서 볼 수 있듯이 교황청의 힘이 왕보다 막강했기 때문이다.

중세 유럽 국가에서는 교회, 귀족, 제후가 각각 자신의 영지를 다스렸고 왕이 마음대로 할 수 있는 영토는 자신의 직할령에 불과했다. 이 직할령에서만 세금을 거둘 수 있었기 때문에 중세 유럽의 국왕은 항상 재정적으로 궁핍할 수밖에 없었다. 심지어 국왕은 돈이 궁하면 직할령을 팔기까지 했다. 전쟁 중에는 특별히 세금을 거두기도 했지만 귀족들과 백성들의 반발이 심해 쉬운 일이 아니었다. 따라서 그 시대 중세 유럽 국가들의 세금은 대부분 관세나 간접세를 통한 것들이었다.

이런 상황에서 국왕들은 교회세에 욕심을 낼 수밖에 없었다. 교회세를 둘러싸고 국왕과 교황은 대립하였고 이것이 불거진 사건이 아비뇽 유수였다. 영국의 헨리 8세도 교회세와 교회의 재산을 차지하기 위해 왕비 캐서린과의 이혼을 빌미로 교황과 결별하고 후일 성공회聖公會 설립의 근거가 되는 수장법을 발표한다. 신앙은 그들을 포장해 주는 명분이었을 뿐이고 그들의 마음 깊은 곳에는 언제나 돈이 있었다.

교회세가 불러온 파급 효과들

이러한 교회세는 아이러니하게도 기독교 전파의 원동력이 되었다. 유럽의 기독교 국가들이 다른 나라를 침략하는 계기가 된 것이다. 새로운 교회가 만들어지면 그곳에서 교회세를 징수할 수 있었기 때문에 교회가 없는 미개척지에 점점 많은 개척교회가 새로 세워졌다. 그러나 외부적으로는 항상 기독교 포교를 위한 것이라는 명분을 내세울 수밖에 없었다.

교회를 세우면 징세권이 생기는 이 제도는 이후 중세를 지나 근세로 접어들면서 인류에게 큰 불행을 가져온다. 15세기 말부터 일어난 신항로 개척과 식민지 건설로 인해 기독교인들이 전 세계에 교회를 세워 선교를 시작했고, 이 과정에서 현지인들에 대한 무자비한 살육과 약탈이 공공연하게 자행되었기 때문이다. 기독교인들은 교회와 교황의 뜻에 따라 행동했다는 이유로 양심의 가책을 느끼지 않았으며 처벌도 받지 않았다.

심지어는 교회세가 기독교의 교리 자체를 왜곡하기도 한다. 「신약성경」이 정리되는 과정에서도 그러한 흔적이 발견된다. 「구약성경」이 기존 유대교의 가르침을 담은 것이라면 「신약성경」은 예수의 제자들이 예수의 말씀을 기록한 복음서로 기독교의 가르침을 담고 있다. 다양한 복음서들이 나돌다 보니 그 내용이나 해석도 달라서 그에 따라 다양한 종파가 생겨났다. 필사본이다 보니 쓰는 사람이 자기 생각을 적어 넣은 부분도 있었고, 같은 사람이 쓴 복음서도 시간이 지나면서 내용이 달라졌다. 이러다 보니 복음서에는 교회를 불편하게 하는 내용도 많았다.

2세기 말 프랑스 주교 에이레나이오스는 시중에 있는 수많은 복음서를 정리하였는데 이것이 오늘날 「신약성경」의 기원이다. 이후 4세기 중엽, 콘스탄티누스 황제로부터 정통성을 인정받은 주교 아타나시우스는 당시 나돌던 복음서 가운데 27권을 선별하여 카르타고 공의회에서 「신약성경」으로 정식 인정받았다. 그중에는 마태(마태오), 마가(마르코), 누가(루카), 요한 네 사람이 쓴 것만 정통 복음서로 인정되었고 그 밖의 복음서는 배제되었다.

여기에는 많은 신도를 교회로 불러 모아야 한다는 교회의 속셈이 깔려있었다. 「신약성경」에 죄를 지으면 지옥불에 던져진다는 구절을 넣은 것도 이런 의도였고, 교회가 신과 연결되는 유일한 창구라고 주장한 것도 마찬가지였다. 교회를 통하지 않더라도 신과 연결될 수 있다는 예수의 말씀과는 많이 달라 보였지만, 신자 수를 늘리고 신도를 교회로 불러야 돈이 되었기 때문에 그런 것은 별로 중요하지 않았다.

한편 지금에 와서 보면 교회세가 있었기 때문에 유럽의 멋진 성당들이 건축될 수 있었고 다양한 문화재가 만들어질 수 있었다. 덕분에 그 후손들은 중세의 아름다움이 묻어나는 멋진 도시에 살면서 현재까지도 많은 관광 수입을 거두고 있는 것이다. 오늘날 남아있는 대다수 유적이나 명소는 당시 백성들에게는 큰 고통이었겠지만 후손들에게는 큰 유산이 되었다. 역사의 명장면 뒤에는 늘 이렇게 이름 없는 사람들의 고통과 희생이 따랐다.

인간은 늘상 신의 이름으로 자신들의 이상과 욕망을 실현하려 했고 그래서 종종 신의 뜻을 오도했다. 교회세도 비슷한 것이었다. 어쩌면 신은 이마저도 다 알고 있었는지 모르겠다. 아니면 아예 관심이 없었거나.

초기 이슬람과 기독교는 사이가 괜찮았다

이슬람의 태동과 확산

신성로마제국 입장에서는 중세 내내 라이벌과도 같았던 동로마, 즉 비잔티움제국은 그 사이에 어떤 일이 있었을까? 476년 로마제국의 멸망 이후에도 비잔티움제국은 계속 번영을 누렸다. 수도 콘스탄티노폴리스는 유럽과 아시아를 연결하는 교통의 요충지로서 무역이 번성했고, 점차 부를 축적해 나가면서 6세기 유스티니아누스 황제 때 이르러 전성기를 맞이한다.

그러나 7세기에 무함마드가 이슬람교를 창시한 이후 이슬람 세력들이 침략하면서 비잔티움제국은 점차 쇠퇴하기 시작한다. 이슬람교 창시 이전 비잔티움제국의 서쪽, 이란 · 이라크 지역에는 이란인이 세운 사산 왕조 페르시아(224~651)가 400년 이상을 강건하게 버티고 있었다. 영토가 가장 넓었을 때는 이란과 이라크 전체, 레반트와 남아라비아, 그리고 중앙아시아까지 포함하는 제국이었다. 사산 왕조 페르시아는 고대

로마제국과, 그리고 이후에는 동로마제국과 계속 전쟁을 벌이거나 때로는 평화조약을 맺으면서 중동지역의 강자로 군림하였다.

사산 왕조 페르시아가 중동을 차지하는 바람에 유럽과 아시아를 이어주는 이란 · 이라크 무역 루트가 끊겼다. 이를 대신하여 유럽에서 아시아로 통하는 새로운 길이 열렸는데, 홍해 연안지역인 히자즈를 거쳐 인도양에 이르는 해상 무역길이었다. 이에 따라 히자즈의 중심도시인 메카는 유럽과 아시아의 중계무역으로 막대한 부를 쌓았다.

이슬람교의 창시자 무함마드의 등장

그러나 히자즈의 번영은 이란 · 이라크 사회의 빈부격차를 심화시켰다. 이런 가운데 등장한 사람이 메카의 상인으로 610년 이슬람교를 창시한 무함마드(마호메트)였다.

이슬람교는 유대교 및 기독교와 같은 신을 섬긴다. 유대교를 창시한 아브라함이 하녀 하갈로부터 얻은 첫째 아들 이스마엘이 무함마드의 조상이다. 다시 말해서, 유대인들과 같은 아버지를 둔 것이다. 가나안 땅에서 나와 아라비아반도로 간 이스마엘의 후손 무함마드가 7세기에 하나님의 계시를 받고 창시한 종교가 이슬람교이다. 그들은 하나님을 '알라'라 불렀고 알라로부터 받은 계시를 기록한 책이 '코란'이다.

이슬람의 태동과 확산에 대하여 좀 더 자세히 살펴보자.[12] 이슬람교를 창시한 무함마드는 메카의 명문가인 쿠라이시족의 하심가 출신이다. 610년 메카 교외의 히라산 동굴에서 수도 생활을 하던 중 천사 가브리엘을 만나서 신의 계시를 받았다.

그는 메카에서 빈곤층을 대상으로 포교하면서 빈곤층 구제에 힘썼다. 빈곤층은 무함마드에게서 물질적인 도움을 받으면서 그의 말에 귀를 기울이고 이슬람교를 받아들였다. 급속히 퍼져가는 이슬람교를 경계한 메카의 지도층들은 이슬람교를 탄압했다.

가난한 민중의 지도자였고 기득권층의 탄압을 받았다는 점에서 무함마드와 예수는 비슷한 점이 있었지만, 무함마드는 예수와 전혀 다른 길을 걷는다. 무함마드는 박해를 피해 서기 622년 메카에서 메디나로 이동했는데 이를 헤지라(성스러운 이동)라고 부른다. 바로 이 622년이 이슬람력으로 원년이 된다. 이후 이슬람교는 '한손에는 칼, 한손에는 코란'을 들고 세력을 확장해 나간다.

비잔티움제국이 사산 왕조와의 오랜 전쟁으로 점차 쇠퇴했듯이, 사산 왕조 역시 비잔티움제국과의 장기간 전쟁으로 점차 쇠퇴하고 있었다. 이에 더해 사산 왕조 페르시아는 이슬람교의 도전에 직면했다. 무함마드는 메디나에서 세력을 정비한 후 630년 메카를 점령했다. 사산 왕조 페르시아는 642년 니하완드 전투에서 이슬람 군대에 패배하고, 651년 왕이 암살되면서 역사의 뒤안길로 사라졌다. 이와 함께 그들의 종교인 조로아스터교도 쇠퇴하여 사라졌고 현재의 이슬람교로 바뀌었다.

무함마드가 죽자 그의 후계자인 칼리프들이 이슬람을 지배했다. '칼리프'는 예언자 무함마드의 대리인이라는 뜻이다. 칼리프는 선출로 정했는데, 칼리프가 이슬람을 통치했던 시대를 정통 칼리프 시대라 한다. 초대 칼리프 아부 바크르는 이슬람의 내부 단결을 공고히 했고, 2대 칼리프 우마르는 대외진출을 꾀하여 아라비아반도의 전역을 지배한 다음 아라비아 동쪽 이라크 · 이란 지역까지 진출했다.

642년 니하완드 전투를 승리로 이끈 것도 우마르였다. 이슬람 군대가 니하완드 전투에서 사산 왕조 페르시아를 이기고 이란 지역까지 손에 넣게 되자, 중동지역은 대부분 이슬람 세계에 편입되었다. 사산 왕조를 정복함으로써 종래의 유럽과 아시아를 잇는 동서 교역로가 부활했고, 그 교역에서 발생하는 이익은 이슬람을 더욱 강하게 만들었다. 그 뒤 이들은 동로마제국으로부터 시리아와 이집트까지 빼앗았다. 이슬람은 자신들의 대외 전쟁을 '지하드(성전)'라고 부른다. 이제 이슬람 세력은 중동지역 전체를 지배하게 되었다.

3대 칼리프는 오스만이었고, 4대 칼리프는 무함마드의 사위이자 사촌동생인 알리였다. 알리는 내부 분쟁 과정에서 암살당했는데 알리 이후 이슬람 세력은 수니파와 시아파로 갈라진다. 선출제 칼리프를 인정하는 것이 수니파 이슬람이고, 무함마드의 후손인 알리와 그의 후손들만 칼리프로 인정하자는 것이 시아파 이슬람이다.

개종이냐, 죽음이냐, 아니면 세금이냐

무함마드는 어떻게 이렇게 급격히 세력을 확장할 수 있었을까? 오무라 오지로가 쓴 『종교의 흑역사』는 여기에 명쾌한 답을 제시한다.[13]

우선, 이슬람교가 아랍인에게 매우 설득력 있는 교리를 전파했다는 것이다. 다양한 해석이 가능한 가톨릭의 「구약성경」과 달리 이슬람 교리는 '이럴 때는 이러해야 한다'는 식으로 지침이 명확했다. 그래서 법 질서가 제대로 정비되지 않았던 당시 아랍 사회의 질서를 유지하는 데에 도움이 되었다. 술이나 돼지고기를 금지한 것도 당시의 기후, 위생 환경, 사회 환경 등에 비추어 필요했다고 보는 견해도 있다.

그러나 그보다 더 중요한 것은 이번에도 역시 세금이었다. 무함마드는 '이슬람교로 개종하면 인두세人頭稅를 면제해 주겠다'라며 어떤 수단보다 효과적으로 자신들의 종교를 믿도록 유도했다.

세금 정책이 민중에게 얼마나 효과적으로 파고들었는지 한번 살펴보자.[14] 무함마드의 후계자이자 초대 칼리프인 아부 바크르는 그의 친한 친구이자 장인이었다. 당시 사산 왕조 페르시아는 비잔티움제국과 수십 년의 전쟁으로 피폐해진 상태였는데, 이로 인해 페르시아와 비잔티움제국 국민들은 모두 무거운 세금으로 고통받고 있었다. 이런 상황에서 무함마드의 종교를 받아들이고 기도를 드리는 사람은 세금이 면제될 것이라는 바크르의 선언은 민중에게 호응을 얻을 수밖에 없었을 것이다.

바크르의 맹장 왈리드 장군은 페르시아를 점령한 후 페르시아인들에게 "자비롭고 동정심 많은 알라의 이름으로 말하노니 이슬람교를 믿고 구원을 얻으라. 개종이 싫다면 세금을 내고 우리의 보호를 받아라. 그것도 싫다면 살인을 좋아하는 나의 부하들과 함께 당신을 칠 것이다"라고 협박하면서 죽음, 세금, 이슬람 중에 선택을 강요했다. 당연히 대부분의 사람들은 이슬람교로 개종했다.

이슬람제국은 정복지에서도 관대한 방식으로 세금을 거두었다. 그 지역 징세 방식의 기본은 건드리지 않되, 정복지 주민의 환심을 사기 위해 세율을 낮추고 온건한 징수 방법을 선택했다. 토지세를 금화나 은화에 한정하지 않고 주민 형편에 맞는 물품으로 낼 수 있도록 하였다. 기독교인과 유대인들을 거칠게 대하지 않았고 개종을 강요하지도 않았다. '기독교인과 유대인은 인두세를 납부할 것, 이슬람교 남성을 때리지 말 것, 이슬람교 여성에게 손대지 말 것, 이슬람교 여행자를 친절하게 대할 것' 등의 규칙만 지키면 이슬람제국 내에서도 자유롭고 안전하게 생활할 수 있었다.

이슬람 식 세금에 대한 또 다른 일화도 있다. 7세기 전반 이슬람제국은 팔레스타인 대부분을 점령하고 그곳에 살던 유대교인과 기독교인들에게 인두세를 거뒀다. 하지만 비잔티움제국이 팔레스타인을 탈환하기 위해 대군을 파견하자 이슬람 군대는 철수할 수밖에 없었다. 이때 이슬람 군대는 주민들에게 "우리 군이 여러분의 안전을 책임질 수 없게 되었으니, 보호의 대가인 인두세를 환급해 주겠다"라며 이미 거둔 인두세를 환급해 주었다.

이슬람제국의 징세 기준에는 "그들의 재산을 몰수하지 말라. 토지세의 부족분을 충당하려고 그들의 소지품을 팔아 치우지 말라. 세금은 어디까지나 여분의 재산에서 내게 하라. 만약 내 명령에 따르지 않는다면 신의 벌을 받을 것이다"와 같은 내용이 있었다고 한다. 이렇듯 이슬람제국이 급격히 세력을 키운 배경에는 합리적이고 온정적인 조세정책이 있었다. 유대인들이 이슬람제국 내에 많이 살았던 것도 인두세만 제대로 내면 자신들의 율법을 지키고 살 수 있었기 때문이다.

무함마드 시대에 기독교인과 유대인들이 서로를 '경전의 백성'이라 하며 적대시하지 않은 것은 이슬람교 발생 배경과 관련이 있다. 무함마드가 이슬람교를 창시한 것은 일찍부터 유대교인과 기독교인들을 접하면서 아랍인이 일어서기 위해서는 유일신 하나님(알라)의 종교로 아랍인이 통합되어야 한다고 생각했기 때문이다. 그러니 이슬람교와 뿌리가 같은 유대교와 기독교에 대하여 관대할 수밖에 없었다.

이슬람의 인두세 부활이 서유럽에 미친 나비효과

초대 칼리프인 바크르 시대만 해도 무함마드의 정신이 지켜졌다. 아부바크르는 사망하면서 재위 기간 중 모은 재산을 전부 국가에 헌납했다. 그러나 이후에는 그런 희생정신을 볼 수 없었다. 칼리프 시대를 거치면서 많은 것이 바뀌었다.

많은 이교도들이 이슬람교로 개종하자 오히려 문제가 생겼다. 세수가 너무 부족해진 것이다. 그러자 칼리프들은 이슬람교로 개종한 이교도들에게 인두세를 면제해 주던 제도를 없앴다. 칼리프는 각 지역의 관리나 군사령관에게 징세를 맡겼는데, 이집트에서 개종자에 대한 세금을 다시 도입해달라고 요청하자 칼리프가 이를 승인한 것이었다. 이때부터는 교리보다는 돈이 우선인 지배자들이 늘어났다. 지방 관리 중에는 멋대로 인두세를 올려 세금을 더 거두려는 자들이 생겼다.

이것은 뜻하지 않은 결과를 가져왔다. 지방 관리들이 부를 쌓고 점점 강해지면서 칼리프와 중앙 정부의 힘이 약해진 것이다. 그중 한 명이 무아위야라는 인물이다. 칼리프 시대에 이슬람은 비잔티움제국과 대치할 군사기지를 시리아에 구축하고 여기에 주력 정예군을 집결시켰는데, 무아위야는 이들을 통솔한 총독 중 한 명이었다.

무아위야는 무함마드의 먼 친족으로, 온화하고 독실한 성격으로 칼리프와 장수들의 신뢰를 받았다. 그러나 뜻밖에도 그는 661년 군사 쿠데타를 일으켜서 우마이야 왕조를 세웠다. 정통 칼리프 시대에는 칼리프를 중심으로 한 종교 지도자가 권력을 갖고 있었지만, 무아위야의 쿠데타 이후 그들은 권력에서 배제되었다.

우마이야 왕조는 비잔티움제국에 대한 공격을 재개했다. 소아시아를 정복하고, 674년에는 비잔티움제국의 수도 콘스탄티노폴리스를 포위했다. 그러나 동쪽에서 콘스탄티노폴리스의 공격이 실패하자 북아프리카를 거쳐 이베리아반도로 진격했다. 698년 우마이야 군대가 북아프리카를 점령하고, 711년에 이베리아반도를 점령함에 따라 서유럽과 대치하게 된다.

당시 서유럽은 서로마제국이 멸망한 이후 게르만 국가들이 우후죽순 생겨나며 사분오열된 상태였다. 그러나 이슬람 세력이 나타나자 서유럽은 단결하기 시작했다. 그 중심에는 프랑크왕국이 있었다. 프랑크왕국의 재상 카롤루스 마르텔은 732년 투르-푸아티에 전투에서 우마이야 군을 격파하며 '서유럽 기독교의 수호자'로 떠오르게 된다. 바로 이 카롤루스 마르텔의 손자가 바로 나중에 서유럽 세계를 통일한 카롤루스 대제이다. 후일 벨기에 역사학자인 앙리 피렌느는 "무함마드 없이는 샤를마뉴(카롤루스 대제)도 없었다"라는 말을 남겼다. 역사란 이렇게도 오묘한 것이다.

우마이야 왕조가 그렇게도 열심히 콘스탄티노폴리스를 노리고, 결국 서유럽까지 진격할 수밖에 없었던 데에는 경제적인 이유가 컸다. 우마이야 왕조는 무아위야가 건국할 때부터 군사정권의 성격을 띠고 있었는데, 군사정권은 거대한 군사 시스템을 유지하기 위해 늘 다른 나라를 침략해서 약탈로 자원을 충당해야 한다. 우마이야 왕조 역시 전쟁을 통해 계속 영토를 확장하면서 군사 시스템을 유지하고 국가를 번영시킬 수 있었다.

하지만 프랑크왕국에 패하면서 영토 확장이 멈추자 그들의 군사 시스템은 동요할 수밖에 없었다. 결국 750년 우마이야 왕조가 무너지고 아바스(압바스) 왕조가 세워졌다. 아바스 왕조는 무함마드의 삼촌인 아바스 이븐 압드 알무타리브의 후손들이 아바스 혁명으로 우마이야를 무너뜨리고 세운 왕조이다. 처음에는 쿠파에 수도를 두었으나 762년 옛 바빌로니아 수도 바빌론 인근에 바그다드를 건설하여 수도로 삼았다.

'뱅크'의 어원은 환전상에서 유래했다

금융업의 발전 과정

서기 325년 제1차 니케아 공의회에서는 이자를 받는 성직자를 파면하는 교회법을 채택함으로써 기독교인들 간에 이자를 받는 행위를 법으로 금지했다. 이는 이자 수취가 신의 소유인 시간으로 이득을 얻는 행위, 즉 '하나님의 시간을 훔친 행위'라고 보았기 때문이다. 하지만 그럼에도 대부업이 갈수록 늘어나자 1179년에는 돈을 주고 이자를 받는 자는 파문하겠다고 선언하기에 이르렀다.

13세기 이탈리아의 시인 단테의 『신곡』에는 고리대금업자들을 위한 지옥이 따로 있으며 "뜨거운 흙바닥과 타오르는 모래 더미에서 고통을 피하기 위해 이리저리 손을 흔든다"라고 묘사했다. 고리대금업자가 자신의 죄를 씻어내는 유일한 길은 죽기 전에 자신이 번 돈을 교회에 기부하는 것이었다.

교회가 기독교인들에게 대부업을 금지한 덕분에 유독 유대인들이 대부업에 많이 종사할 수 있었다. 기독교인이 대부업을 하는 것은 금기시되었지만, 유대인들이 기독교인을 상대로 하는 대부업은 가능했다. 유대인들은 "네가 형제에게 꿔주거든 이자를 받지 말라(신명기 23장)"라는 성서의 말씀대로 형제들에 대해서만 대부업을 하는 것을 금지했다. 이 말은 기독교인을 포함한 이교도들을 대상으로는 대부업을 할 수 있다는 의미였다.

이자는 불법, 재량껏 돌려주면 합법

이런 상황에서 십일조 등의 교회세를 풍족하게 거두었던 교황청과 교회의 성직자들은 어떻게 교회법을 피하면서 돈을 운영하고 축적할 수 있었을까? 유기선의 책 『자본의 방식』은 중세 금융업자들이 이자를 금기시하는 교회법을 피하고자 어떤 우회적인 방법을 생각해 냈는지에 대한 흥미로운 이야기들을 들려준다.[15]

피렌체의 은행가들은 '재량예금裁量預金, discretionary deposit'이라는 아이디어를 냈다. 재량예금은 은행이 예금주에게 확정 이자를 표시하지 않은 채 선물의 형식으로 재량껏 감사의 의미를 담아 이자를 선물하는 것이다. 오늘날의 시각으로 보자면 예금보다는 사모투자펀드Private Equity Fund에 가까웠다. 르네상스의 든든한 후원자였던 메디치 가문도 교황청의 주교나 추기경을 대상으로 재량예금을 통해 자금을 확보하고 사세를 확장했다.

이렇듯 중세와 르네상스 시대에 가장 부유했던 성직자와 은행가는 대부업 아래서 같은 편이 되었다. 교황청이 발행한 면죄부도 이러한 금융구조 속에서 탄생한 것이었다. 모든 죄(사실은 벌)를 사하게 해주는 면죄부를 주고 그 대가로 획득한 돈은 스페인 등 가톨릭 국가의 전쟁 비용에 투자되거나 대성당을 짓는 데 사용되는 한편, 교황이 금융업자에게 진 빚을 갚는 데에도 쓰였다.

그럼에도 기독교도들에게 이자 수취는 오랫동안 용인되지 않았다. 금융업자들은 대부업이란 것을 숨기기 위해서 자기들의 조직에 상회merchant, 집회court, 합자회사joint-stock, 투자, 창업지원 등 대부업의 냄새가 나지 않는 이름을 붙이는 편법을 썼다. 이 단어들은 모두 오늘날 금융업을 설명하는 단어들이 됐다.

환전상들, 본격적인 금융업을 시작하다

은행을 뜻하는 '뱅크bank'라는 단어를 탄생시킨 것은 북이탈리아의 상인들이었다. 이 지역은 게르만족의 한 분파인 롬바르드족이 정착했던 곳이라서 이 지역의 상인들은 통칭해서 '롬바르드'라고 불렀는데, 이들 중에는 두 가지 독특한 일을 하는 사람들이 있었다. 하나는 물건을 담보로 돈을 빌려주는 전당포업자였다. 물건을 받고 돈을 주는 일이라 교회로부터 어렵사리 용인되었다. 그보다 좀 더 나은 대접을 받았던 것이 환전상이었다. 돈과 돈을 바꿔주는 환전업도 물물교환으로 여겨져서 대부업에서 제외되었다.

초기 환전상들은 길거리에 접이식 좌판을 깔고 오가는 행인들과 환율을 흥정했다. 이탈리아 말로 좌판 또는 테이블을 '방코banco'라고 하는데 여기서 뱅크Bank가 유래된 것이다. 파산을 뜻하는 영단어 '뱅크럽트bankrupt'도 환전상들이 돈을 돌려주지 못하는 경우 돈을 맡긴 사람이 찾아와 탁자를 부숴버렸는데, 이 '부서진 탁자banko rotto'라는 말에서 유래되었다. 함부르크의 바르부르크 가문은 은행이라는 말보다 환전상이라는 말을 더 좋아해서, 19세기 후반 비스마르크를 앞세운 독일이 통일을 이루기 전까지 백 년 동안 그들의 은행에 환전상이란 이름을 사용했다.

환전상이 은행의 원조가 된 것은 오랫동안 교회법을 피해온 지식과 경험 때문이었다. 환전상들은 처음에는 진성어음(상거래 후 대금결제를 위해 발행하는 어음)을 취급했지만, 나중에는 실물거래와 상관없이 오로지 자금 유통을 위한 융통어음을 거래했다. 오늘날 CP Commercial Paper라고 불리는 기업어음이다.

환전상들은 상인에게 약속어음을 받고 돈을 빌려주면서, 갚을 때는 외국에 있는 환전상의 지사에서 현지 화폐로 갚도록 하였다. 이때 어음 만기까지의 이자를 어음에 기재된 환율에 대신 반영하도록 했다. 어음에는 금리가 표시되지 않기 때문에 이 거래는 교회법을 저촉하지 않지만, 시세보다 높은 환율을 적용함으로써 실제로는 연 15퍼센트의 수익을 올렸다.

환전상의 노하우는 여기서 끝이 아니었다. 처음에는 거리에서 외국 돈을 환전했지만, 돈을 번 뒤에는 제대로 사무실을 차리고 무역상이 되었다. 금전거래와 실물거래를 함께 취급하기 위해 영업 내용을 체계적으로 기록하면서 회계 기법이 발전되었다. 롬바르드인들이 발전시킨 이러한 방법들은 오늘날 회계의 기본이 되는 복식부기 원리의 근간이 되었다.

메디치 가문을 비롯한 중세의 금융업자들은 무역 거래에서 사용하는 환어음을 인수함으로써 세를 불려갔다. 상인들 사이에서 발행한 환어음은 그 자체가 지급 수단으로 사용될 수 있지만, 당장 현금이 필요한 채권자는 액면보다 낮은 가격으로 할인해서 은행에 어음을 넘긴다. 값싸게 어음을 인수한 은행은 만기가 되면 채무자로부터 액면가대로 돈을 받음으로써 이익을 남겼다.

메디치 가문은 필요한 돈을 대부가 아닌 자본금으로 받아서 매년 이윤을 나눠주는 방식으로 보상을 해주었고, 무역 거래에서 발생하는 단기어음 할인은 대부업이 아니라 무역 활동을 촉진하는 것이라고 교황청을 설득했다. 교회도 이런 식으로 운영하는 것까지 막지는 못했다. 이처럼 초기 은행업은 메디치 가문이 대부업에 대한 교회법의 규제를 피해 가는 과정에서 탄생했다.

종교개혁과 함께 금융업이 합법화되다

1215년 제4차 라테란 공의회에서 교회는 조건부로 이자를 인정했다. 이자가 지급 지연에 대한 보상, 환전상이나 회계사의 노동에 대한 보수, 대부자본의 손실 위험에 대한 대가로 간주될 때는 이자 수취를 용인한다고 선언한 것이다. 이는 대부업법이 교황청에서조차 지켜지지 않았던 만큼 폭넓은 예외를 인정함으로써 이상과 현실의 괴리를 메꿀 필요가 있었기 때문이다.

이자 수취가 더 폭넓게 허용된 것은 메디치 가문이 배출한 교황 레오 10세가 1515년 '가난한 사람을 위한 대출업법'을 제정한 이후였다. 16세기 초까지는 속세가 교회법을 공공연히 위반하고, 교회는 애써 못 본 척하는 위선과 모순이 계속되고 있었다. 하지만 시간이 지나면서 은행가들은 교회법을 우회하는 첨단 금융기법을 개발하여 부를 축적했다. 게다가 16세기 중반으로 가면서 대륙에서는 개신교가, 영국에서는 성공회가 번성하기 시작했다. 이런 상황에서 교황청도 현실과 맞지 않는 이자 금지를 더 이상 유지할 수 없었다.

어쨌든 16세기에 들어오면서 세상은 변해갔다. 유사 이래 계속 천대받아 온 대부업의 이미지가 조금씩 긍정적으로 바뀌기 시작한 것이다. 기독교 사회가 이자를 완전히 합법적으로 인정한 것은 16세기 종교개혁가 장 칼뱅(1509-1564) 이후였다. 칼뱅은 양심을 지키고 가난한 사람들을 착취하지 않는다는 조건으로 대부업을 하나의 직업으로 인정하였고, 이는 은행(금융)업자들에게 날개를 달아주었다. 이제 금융업은 대부업을 뛰어넘어 중요한 산업의 하나로 부상浮上할 채비를 갖추었다.

성전聖戰이냐, 아니면 성전聖錢이냐

십자군전쟁의 과정과 영향

십자군전쟁(1095-1291)이 세계사에 미친 영향은 말로 표현하기 힘들 정도로 대단하다. 십자군전쟁은 셀주크 튀르크의 발원으로 위협을 느낀 비잔티움제국 황제 알렉시우스 1세의 지원 요청으로 로마 교황 우르바누스 2세가 서유럽의 국가들을 동원해 이슬람 세력과의 성전聖戰을 벌인 대원정 전쟁이다. 쉽게 말해, 중세의 세계대전이다.

전쟁의 발단은 이렇다. 이슬람에서는 아바스 왕조가 힘을 잃고 셀주크 왕조가 힘을 키워갔다. 셀주크 튀르크는 1040년부터 1157년까지 백여 년간 중앙아시아, 이란, 이라크, 시리아를 지배했다. 셀주크의 명장 투그릴 벡은 중동지역을 평화롭게 장악하기 위해 군대가 약탈하는 것을 금지시켰는데, 당시에는 약탈이 부를 확보하기 위한 중요한 수단이었던 만큼 군대의 불만은 커질 수밖에 없었다.

이를 해결하기 위해 벌인 것이 기독교 세계에 대한 원정이었다. 투그릴 벡의 뒤를 이어 술탄이 된 알프 아르슬란은 1071년 만지케르트 전투에서 비잔티움제국의 황제인 로마누스 4세를 포로로 잡았다. 황제를 무릎 꿇린 셀주크 튀르크의 왕 알프 아르슬란은 자기 신발에 입을 맞추라 명한 뒤 "나의 벌은 너를 살려두는 것"이라며 그를 풀어주었다. 죽음보다 못한 치욕이었다.

튀르크 군에 참패한 뒤 20여 년이 지나서야 유럽의 기독교 세력은 결집하게 된다. 라이벌과도 같았던 동방정교회의 비잔티움제국과 가톨릭의 신성로마제국 · 서유럽 국가가 이슬람이라는 공동의 적 앞에 힘을 합친 것이다. 교황 우르바누스 2세는 1095년 프랑스 클레르몽에서 열린 공의회에서 "신께서 원하신다"라며 기독교 국가들의 참전을 호소하였고, 그렇게 십자군전쟁이 시작되었다. 십자군전쟁은 11세기 말부터 여덟 차례에 걸쳐 약 200년 동안 계속되었다.

십자군전쟁이 기독교와 이슬람교 간의 싸움이라는 점에서 종교전쟁인 것은 분명하다. 그러나 자세히 들여다보면 이 전쟁은 더 복합적이고 현실적인 요인으로 시작되었으며, 본질적 요인은 돈에 있었다. 당시에는 노르만인의 시칠리아 정복, 스페인의 국토회복 운동(레콩키스타)과 같이 주변 세계에서도 정치적 · 군사적 지각변동이 서서히 진행되고 있었다. 십자군전쟁은 분명 이런 지각변동과 관련이 있었고, 종교는 단지 명분을 제공한 것뿐이다.

교황이 참전을 호소한 것은 세속 군주들의 권위를 누를 만한 위업이 필요했기 때문이다. 당시 교황은 카노사의 굴욕으로 대표되는 일련의 사건을 거치며 세속 군주들보다 우위를 차지하긴 했다. 하지만 군사력이나 경제력이 있는 세속 군주들이 언제까지나 교황의 발밑에 있을지는 알 수 없는 일이었다. 게다가 교황과 사제들은 십자군 원정에 참여한 영주들로부터 그들의 재산, 특히 영지를 위탁받았다. 소유권을 넘긴 것은 아니었지만 전쟁 기간 동안 부수적인 수입을 챙길 수 있었다. 십자군 전쟁은 교황에게는 꿩 먹고 알 먹기이자 누이 좋고 매부 좋은 일이었다.

영주와 기사들에게는 참전하면 모든 죄를 용서받을 수 있고, 나아가 전쟁이 끝난 후에는 이슬람제국의 영토를 받을 수 있다는 교황의 약속이 주요 동기가 되었다. 봉건영주와 하급 기사들은 새로운 영토를 가질 수 있다는 욕심 때문에, 농민들은 봉건제도의 중압감에서 벗어나려는 희망 때문에, 상인들은 경제적 이익에 대한 욕망 때문에 저마다 원정에 가담하였다. 이런 현실적 동기들이 모험심 등 잡다한 동기들과 뒤섞이며 하나의 신앙적 광기를 만들어냈다.

시간이 갈수록 변질되는 십자군의 본질

1차 십자군 원정(1095-1099)은 이교도들에게 빼앗긴 예루살렘을 되찾았다는 점만 보면 성공적이었다고 할 수 있다. 그러나 예루살렘에 도착한 십자군은 수만 명의 이슬람교도와 유대인을 하나님의 이름으로 무참하게 학살했고, 소아시아(아나톨리아반도)에 네 개의 십자군 왕국을 세웠다. 이후 이들 십자군 국가에서는 기독교와 이슬람교가 공존하는 상태가 계속되었다.

이런 상황에서 이슬람이 네 개의 십자군 국가 중 에데사 백국을 점령하자 교황은 다시 유럽의 군주들에게 십자군의 결성을 호소했고, 이에 따라 2차 십자군 원정(1147~1148)이 시작되었다. 그러나 제2차 십자군은 특별한 전과 없이 이슬람군에게 참패하고 철수한다.

1171년 이슬람 세계에는 쿠르드족 출신의 수니파 이슬람교도인 살라딘이 등장해 이집트와 시리아에 아이유브 왕조를 창시했다. 그리고 지하드(성스러운 전쟁)를 시작하여 1187년 예루살렘을 다시 정복한다. 기독교인의 예루살렘 통치가 백 년을 넘기지 못한 것이다. 다행히 살라딘은 예루살렘을 탈환했을 때도 살육과 파괴를 철저히 금지하였기 때문에 학살은 일어나지 않았다. 그는 공정하고 관대했으며 기사도적인 행동으로 이슬람 세계에서뿐만 아니라 유럽에서도 존경받았다.

이때의 시대상을 느껴보고 싶다면 리들리 스콧 감독의 2005년 작 영화 「킹덤 오브 헤븐」을 추천한다. 영화의 주인공 발리안은 시골 대장장이지만 우연한 계기로 영주인 아버지 고드프리를 만나고 예루살렘 내 이벨린의 영주 자리와 기사 작위를 물려받는다. 이벨린에서 공주 시빌라를 만나 사랑에 빠지지만, 주전파인 기 드 뤼시냥과 전쟁광 레이놀드가 이슬람 상단을 공격하면서 예루살렘은 전쟁의 소용돌이 속으로 빠지게 된다. 발리안은 예루살렘을 힘겹게 방어하지만 역부족이었다. 결국 살라딘의 회담 제의에 응하고 예루살렘 주민들의 안전을 보장받는 대가로 예루살렘을 살라딘에게 넘긴다. 발리안이 시발라 공주와 함께 고향으로 돌아가는 장면으로 영화는 끝난다.

비록 실존인물인 발리안과 시빌라 공주의 이야기는 영화에서 많이 각색되었지만, 캐릭터들의 갈등과 신념 및 십자군전쟁의 참혹함을 잘 그려낸 명작이다. 강직한 장군 티베리아스가 극중에서 내뱉는 대사는 십자군전쟁의 본질을 잘 요약해준다. "예루살렘은 내 전부였고, 모든 걸 바쳤지. 하지만 깨달았네. 신은 핑계였을 뿐 이 전쟁의 목적은 영토와 재물이었어." 그리고 마지막 장면에서 예루살렘은 어떤 곳이냐고 묻는 발리안의 질문에 대한 살라딘의 대답은 너무도 인상적이었다. "아무것도 아니지, 동시에 모든 것이기도 하고." 티베리아스의 대사는 마치 예루살렘에 대한 인간의 대답처럼, 살라딘의 대사는 신의 대답처럼 느껴진다.

1189년 기독교 국가들은 3차 원정(1189-1192)을 시작했다. 영국의 리처드 1세, 프랑스의 필리프 2세, 신성로마제국의 프리드리히 1세가 직접 원정에 참여한 막강한 군대였지만 그들에게 행운이 따르지는 않았다. 프리드리히 1세는 원정 도중 물에 빠져 사망하고, 필리프 2세는 원정 도중 리처드 1세와 불화가 생겨 프랑스로 돌아가 버렸다.

필리프 2세와 리처드 1세는 프랑스의 영지를 두고 서로 대치중이었다. 필리프 2세의 부친인 루이 7세의 전처가 바로 리처드 1세의 모친인 엘레오노르 다키텐이었고, 이 둘에게는 묘한 경쟁심이 있었다. 혼자 남은 리처드 1세는 살라딘에게 기독교인의 예루살렘 성지순례를 방해하지 않는다는 확약을 받고 군사를 돌릴 수밖에 없었다. 살라딘은 3차 십자군 원정이 끝난 다음 해인 1193년에 사망했다.

출처 : IMDB(imdb.com)

「킹덤 오브 헤븐Kingdom of Heaven」(2005)은 십자군전쟁을 배경으로 한 영화로, 올랜도 블룸이 발리안 역을, 에바 그린이 시빌라 공주역을, 리암 니슨이 고프리 역을, 제레미 아이언스가 티베리아스역을 맡았다.

13세기에 들어서면서 유럽은 극히 혼란스러워졌다. 이탈리아에서는 신성로마제국의 하인리히 6세가 노르만족으로부터 시칠리아를 회수했으며, 영국은 사자왕 리처드 1세가 죽은 뒤 프랑스와 영토 분쟁을 벌였고, 독일은 내전에 휩싸여 있었다. 이런 와중에 교황 인노켄티우스 3세는 다시 십자군전쟁을 주장하고 나섰다. 1202년 몬페라토, 플랑드르, 발루아, 신성로마제국, 베네치아공화국이 함께 십자군을 결성하여 전쟁을 일으켰는데 이것이 4차 십자군 원정(1202-1204)이다.

이 전쟁은 처음부터 좀 이상했다. 십자군은 원정에 돈을 대기로 한 베네치아의 주장을 받아들여 예루살렘이 아닌 이집트를 공격하기로 했다. 하지만 예상했던 인원이 모이지 않게 되자 전쟁을 치를 수 없었고, 베네치아에 약속한 막대한 수송비를 낼 수 없게 되었다. 그러자 베네치아는 수송비를 면제해주는 조건으로 다른 곳을 대신 공격하자고 주장했는데, 황당하게도 그곳은 이슬람의 국가가 아니라 같은 기독교 도시인 헝가리의 해안도시 차라였다. 베네치아의 통치하에 있던 차라가 베네치아를 거부하고 헝가리 왕국의 통제하에 들어간 것에 대한 보복이었다. 십자군은 이를 받아들여 일주일 만에 차라를 함락시켰다.

그다음은 훨씬 더 황당하다. 서유럽에는 비잔티움제국의 황세자 이사악 2세가 머물고 있었는데, 그는 빼앗긴 제위를 되찾아주면 막대한 원정 비용을 지급하고 콘스탄티노폴리스를 로마 가톨릭에 넘기겠다고 십자군에게 제안한다. 십자군은 그 제안을 받아들여 또다시 기독교 세계인 콘스탄티노폴리스를 공격한다. 그들은 이 도시의 문화재와 보물을 약탈하고 철저히 파괴했다. 초반의 대의명분은 시간이 흐르면서 변질되었고, 대규모 원정대를 조직하고 수송하기 위한 막대한 비용을 누가 대느냐가 원정을 결정하는 중요한 변수가 되었다. 정말 최소한의 명분도 없는 돈의 전쟁이었다.

돈을 안 갚으려고 채권자를 죽이는 시대

십자군전쟁은 한마디로 탐욕과 약탈, 학살과 파괴의 전쟁이었다. 그것은 참전한 십자군들의 마음에 신앙이 아닌 돈이 더 크게 자리 잡고 있었기 때문이다. 그들은 전쟁 과정에서 유대인 마을로 들어가 학살을 저질렀다. 유대인이 밉기도 했겠지만, 더 큰 원인은 채권자인 유대인의 돈을 갚지 않기 위해서였다.

흑사병 창궐 당시 유대인이 처한 상황이 어땠는지 한번 살펴보자.[16] 유럽에서는 흑사병의 원인이 유대인들 때문이라는 소문이 돌았다. 그 이유는 흑사병이 유독 유대인을 피해 갔기 때문이다. 그러나 저자에 따르면 유대인은 율법에 따라 손을 잘 씻는 습관이 있기 때문에 상대적으로 덜 감염이 되었다고 한다.

이런 것을 알 리 없는 당시에는 흑사병이 한창 기승을 부리던 14세기 중반 아라곤 왕국에서 대대적인 유대인 학살이 일어났다. 유대교가 금지되면서 유대인들은 기독교로 개종을 해야 했다. 스페인에서는 이렇게 기독교로 강제 개종된 유대인을 돼지 또는 지저분한 사람을 뜻하는 마라노Marrano라 불렀다. 14세기 말 카스티야에서도 유대인 학살이 일어났다. 세비야에서만 4,000명의 유대인이 학살을 당했고, 2만 명이 죽음을 피해 개종했다. 죽음과 기독교 중에 하나만 택할 수 있었다. 이때 10만여 명의 유대인이 스페인을 떠났다.

십자군전쟁이 돈의 전쟁이라는 것을 보여주는 또 다른 사례가 템플기사단(성전기사단) 이야기다. 차현진 작가의 『금융 오디세이』는 십자군 원정 과정에서 등장한 템플기사단에 대해 잘 소개하고 있다.[17] 이 기사단의 공식 명칭은 그리스도와 솔로몬 신전의 가난한 기사들Order of Poor Fellow-Solders of Christ and of the Temple of Solomon'이라는 너무도 긴 이름이었다.

이들이 붉은 십자가가 새겨진 흰 가운을 입고 예루살렘으로 향하는 성지순례자들을 보호했을 때 유럽 각국은 열광적인 지지를 보내주었다. 덕분에 템플기사단은 교황으로부터 특권을 받게 되었고, 기사단에 땅을 헌납하거나 돈을 보내는 사람들도 있었다. 그러나 살라딘의 등장으로 예루살렘을 빼앗기게 되자 할 일이 없어진 템플기사단은 대부업자로 변신했다. 갑옷을 입은 금융업자가 된 것이다.

돈은 없지만 십자군 원정에는 참여하고 싶었던 영주와 기사는 궁수와 말, 무기 등을 마련하기 위해 템플기사단으로부터 돈을 꿔서 기사단을 꾸렸다. 템플기사단이 참전 기사들을 대상으로 이자율 30~40%의 돈놀이를 한 것이다. 그동안 예루살렘 원정에 필요한 물자를 보급하고 경비를 관리하면서 쌓인 화폐와 지급 결제에 대한 경험이 대금업을 할 수 있는 기반을 제공해 주었다.

템플기사단에게 돈을 빌려서 십자군에 참전한 가난한 기사들은 이슬람의 땅을 얻는 데 실패하자 원금과 이자를 갚기 위해 약탈과 파괴를 일삼았다. 유대인들을 살육해 돈을 빼앗는 일도 허다하게 일어났다. 그 뒤에도 계속된 십자군전쟁은 템플기사단에 좋은 사업 기회가 되었을 뿐만 아니라, 십자군전쟁이 끝난 이후에도 실질적으로 템플기사단의 대부업은 계속되었다.

그러나 십자군전쟁 이후 힘이 세진 군주에게 방대한 조직과 힘을 갖춘 템플기사단의 존재는 부담스러웠다. 특히 아비뇽 유수 등을 통해 교황의 권위를 누르고 절대왕권을 강화해 나가던 프랑스의 미남왕 필리프 4세는 더욱 그랬다. 1307년 필리프 4세는 템플기사단을 이단으로 선언한 다음 그들의 막대한 재산을 몰수하고 화형에 처했다. 기독교인들의 금융업이 권력의 철퇴를 맞은 첫 번째 사건이었다.

재미있는 것은 필리프 4세 역시 템플기사단에 막대한 빚을 지고 있었다는 점이다. 그가 템플기사단을 몰아낸 것은 어쩌면 그 돈을 갚지 않으려는 의도 때문일지도 모른다. 비슷한 이유로 필리프 4세는 유대인 고리대금업자들에게 거액의 빚을 갚는 대신 재산을 몰수하고 국외로 추방하기도 했다. 고리대금업자를 처단한 것은 그 당시의 시대상이니 어쩔 수 없었다고 하더라도 돈을 꾼 채무자가 돈을 갚지 않기 위해 채권자를 살해한 것은 아무리 이해하려고 해도 정의롭지 못하다.

이렇듯 중세 시대에서 대부업은 위험한 사업이었다. 중세 시대에 일어났던 유대인 학살 사건들을 보면 대부분 종교적인 명분은 핑계에 불과할 뿐 사실상 돈을 갚지 않기 위해 죽였을 개연성이 높다. 고리대금업 때문에 기독교인도 죽였는데 유대인을 죽이는 것은 일도 아니었다. 실제로 프랑스에서는 채권자를 살해하여 돈을 갚지 않은 이같은 전례 때문에 오랫동안 신용과 금융업이 자리 잡지 못했다.

물론, 십자군전쟁이 돈 때문에 패했다는 것은 아니다. 중요한 것은 전쟁의 동기를 생각할 때 표면적인 명분보다는 돈을 더 중요하게 봐야 한다는 것이다. 인간의 역사에 돈과 이익이 작동하는 것은 옳고 그름과는 전혀 별개의 문제다. 어쩌면 인간의 본성에 비추어볼 때 당연한 일일지도 모른다. 인간의 기본적인 성향과 욕구는 막는다고 막아지는 것이 아니며, 돈에 대한 욕구도 마찬가지다. 역사는 그것을 끊임없이 보여주고 있다.

동서 교역이 다시 부흥하다

십자군전쟁이 중세 유럽 사회에 미친 막대한 영향 중에는 긍정적인 것도 많다. 가장 큰 것은 동서의 교류를 활발하게 만들었다는 점이다. 십자군 원정 과정에서 로마의 도로들이 다시 살아나면서 지역과 지역을 이어주었고, 소아시아에 세워진 십자군 국가들에 물자를 제공하면서 교역이 활성화되기 시작했다.

유럽과 소아시아를 이어주는 거점 도시들이 생기고 발전하기 시작했다. 대표적인 도시가 베네치아, 피렌체, 제노바 등 이탈리아 북부 도시 국가들이다. 이 도시들은 유럽과 동방 간의 중개무역을 통해 점점 부를 형성해 나갔다. 교역이 번성하면서 동양으로부터 나침반, 화약, 종이, 아라비아 숫자 등이 유럽으로 전파되었다.

이 놀라운 발명품들은 후일 유럽이 세계를 제패하는 데 큰 역할을 했다. 나침반은 스페인과 포르투갈의 신항로 개척과 신대륙 발견을 이끌었고, 화약은 총포의 발명으로 이어져서 서유럽 국가들이 아메리카 원주민을 약탈하고 오스만 제국과 아시아 국가들을 제압하는 데 중요한 무기가 된다. 아라비아 숫자는 상업혁명과 회계의 발전을 위한 기초를 제공했다. 종이는 인쇄술의 발전을 가져와 루터의 종교개혁과 지식의 전파에 엄청난 영향력을 끼쳤다.

이들 발명품은 모두 아시아에서 만들어졌지만 그것을 이용해서 아시아를 무릎 꿇린 건 서방 세계 국가들이었다. 역시 발명의 과실은 발명한 사람이 아니라 그 진가를 알아보고 발전시키고 활용한 사람의 몫인 것 같다.

이렇듯 십자군 원정을 통해 이탈리아 북부 도시국가들이 발전하고, 이들이 무역을 일으키면서 스페인의 도시들과 리스본, 북해의 도시들과 연결되었다. 12세기 이후 유럽에 상업과 시장이 되살아나기 시작한 것이다.

상업의 부흥을 이끈 이탈리아 북부 도시국가

베네치아와 제노바는 십자군들에게 선박 운송 서비스를 제공하면서 부유해졌다. 당시 이탈리아 도시국가들의 발전과 쇠퇴 과정을 구체적으로 살펴보자.[18]

제노바는 일찍이 13세기 피렌체의 외항 역할을 했던 피사 및 아말피를 제압하면서 지중해를 벗어나 대서양과 북유럽에 진출했고, 베네치아가 그 뒤를 쫓았다. 서로 치열한 경쟁을 하는 가운데 베네치아는 점점 동쪽에, 제노바는 점점 더 서쪽에 치중했다. 동쪽 지역에서는 제노바가 주로 북쪽인 흑해 지역과 무역을 했고, 베네치아는 주로 남쪽의 시리아와 이집트와 무역을 했다.

베네치아는 동방으로부터 향신료, 비단, 면직물을 들여왔고, 모직물, 조선용 목재, 은을 수출했다. 인도와 중국의 물건들은 해로를 통해서 페르시아만과 홍해까지 들어오고 여기서부터는 카라반을 통해 운송되었다. 반면 제노바는 동방으로부터 모직물 염색에 사용되는 광물인 명반, 비단, 건포도 등을 수입했다.

베네치아의 가장 큰 이점은 레반트 지역과 남부 독일(아우크스부르크, 뉘른베르크 등) 간의 중계무역을 통제할 수 있었다는 것이다. 베네치아와 제노바는 비옥한 농토가 없는 도시라 봉건영주가 존재하기 어려웠고 그래서 이들 도시국가에서는 선출된 관리를 둔 공화국 형태의 정부가 생겨났다.

베네치아는 1380년 베네치아-제노바 전쟁에서 제노바를 꺾고 지중해의 군사적, 경제적 패권을 차지했다. 하지만 15세기 후반 사회 주도층이 지대 수취와 기득권 유지에 골몰하면서 베네치아는 쇠퇴하기 시작했다. 이때부터 이재에 밝은 남독일의 상인들은 활동무대를 베네치아에서 플랑드르 지방으로 옮겼다.

베네치아가 쇠퇴한 결정적인 계기는 1503년에 지중해 전투에서 오스만제국에 패하여 지중해 해상권을 잃은 것이다. 이제 더는 베네치아가 지중해 무역의 중심지가 아니었다. 때마침 1492년 콜럼버스의 신대륙 발견을 시작으로 16세기부터 스페인과 포르투갈에 의한 대서양의 시대가 열리고 있었다.

흑사병 덕분에 생겨난 최초의 중산층

봉건제와 장원경제의 붕괴

십자군전쟁이 끝난 뒤에도 유럽은 평온하지 못했다. 1347년 크림반도를 통해 유입된 흑사병이 유럽 전체에 창궐한 것이다. 흑사병은 1348년부터 1350년까지 가장 극심했지만, 그 이후에도 300년 동안 다시 창궐하고 사라지기를 반복하면서 유럽인들을 괴롭혔다. 흑사병의 원인인 페스트균은 설치류에 기생하는 쥐벼룩을 중간숙주로 하는 박테리아다.

유럽 전체를 강타한 흑사병의 출처에 대해서는 여러 가지 학설이 있지만 그중 몽골제국으로 보는 견해가 유력하다. 몽골제국의 킵차크 칸국 유목민들이 쥐와 접촉하면서 감염이 시작된 것으로 추정되는데, 광대한 몽골제국의 물류 네트워크와 잦은 전쟁은 흑사병이 여러 지역으로 확산하는 원인이 되었다. 특히 몽골 군대가 1346년 크림반도의 카파(현재의 우크라이나 페오도시야)를 포위했을 때 흑사병으로 죽은 병사들의 시체를 카파 성벽 안으로 투석했는데, 이것이 본격적인 전파의 원인이 되었다는 것이 일반적인 설이다. 카파에서 시작된 흑사병은 이탈리아 북부의 주요 무역 거점으로 전파되고, 이들 도시를 통해 다시 유럽 전역으로 확산하였다고 한다.

흑사병이 유럽을 휩쓸면서 농민부터 귀족, 성직자 등 모든 계층의 사람들이 예외 없이 죽어갔다. 당시 유럽 인구는 약 6,000만 명이었는데 그중 3분의 1에 해당하는 인구가 사망했다. 영국의 인구는 600만 명에서 200만 명으로 감소했다는 기록도 있다. 이로 인해 유령 마을이 생기는 등 지역사회가 완전히 파괴되었다.

농노들의 몸값이 치솟다

인구 감소에 따라 노동력도 감소했고, 이로 인해 경제적인 대혼란이 초래되었다. 중세 시대의 경제는 봉건제를 중심으로 움직였는데, 봉건제란 귀족과 교회를 비롯한 지배계급이 주민의 기본적 생계를 보장하는 대신 그들의 노동을 요구하는 제도를 말한다. 주로 농민 세력이 약할 때 출현하는 일종의 폐쇄적 경제 시스템이다. 특히 중세 시대의 봉건제는 영주가 지배하는 영토인 장원 안에서 대부분의 경제활동이 이루어졌기 때문에 장원경제라고 불렸다.

그리고 이를 유지하는 핵심인력은 농노農奴, serf였다. 농노는 사유재산권이 있긴 했지만, 영주에게 귀속되어 영지에서 농사를 지어야 했으며 영주가 요구하는 부역도 해야 했다. 그런데 흑사병으로 인해 인구가 줄어들자 농노들이 귀한 대접을 받기 시작한 것이다.

농노들은 몸값을 내지 않고도 자유의 몸이 되었다. 농노들을 계속 붙잡아두기 위해 영주들은 농노들에게 자유를 준 것이다. 부역의 상당

부분을 면제해 주었으며, 결혼 허락을 받지 않아도 되었고, 영주가 아닌 자신들만의 밭을 일구어 농사를 지을 수도 있었다. 심지어 영주 소유의 토지에서 일한 대가를 주기도 했다. 이로 인해 농노들도 처음으로 돈을 만지기 시작했다. 흑사병이 발생하고 사오십 년 사이에 농민들의 구매력은 40퍼센트 이상 상승했다. 그러나 이것은 오히려 장원에 기초하던 봉건제도의 기반을 흔들었고, 이에 따라 중세시대는 점차 종말로 치닫게 된다.

이때의 상황이 어땠는지 자세히 살펴보자.[19] 흑사병으로 인구가 감소하면서 1인당 경작 가능한 토지가 늘어났고, 후계자 없이 사망한 사람들의 토지나 재산을 친척들이 상속받는 경우가 늘어났다. 상당수 귀족계급이 흑사병으로 몰락했고 주인 잃은 토지가 늘며 농노들도 손쉽게 독자적으로 경작할 토지를 구할 수 있게 되었다. 흑사병이 봉건제의 성립 조건을 흔들어 놓은 것이다. 이제 영주들에게는 강력한 군사력이나 경제력이 남아 있지 않았고, 농노들은 영주의 말을 따르지 않아도 잡혀가지 않았다.

중산층의 탄생

이렇게 하층민들의 임금 수준이 올라가자 귀족들은 위기를 느끼고 농민들을 억누르려 시도했다. 흑사병이 런던을 강타한 지 1년이 조금 넘은 1349년에는 임금과 물가에 상한선을 정하는 법안이 통과되었고, 2년 후에는 노동자법령이 반포되어 농부, 재단사, 정육업자, 양조업자 등 생각할 수 있는 모든 직업의 임금에 상한선이 책정되었다. 1359년에는 거주지를 이탈한 노동자를 처벌할 수 있는 조항이 도입되었다. 심지어

하층민들이 점점 좋은 옷을 입고 식생활도 개선되자 1363년에는 사치 금지법이 제정되어 식단을 제한하고 평민이 입을 수 있는 옷의 품질과 색상까지 세세하게 규제했다.

하지만 지배층의 이러한 억지가 역사의 흐름을 막을 수는 없었다. 법보다 강력한 것이 돈이었다. 임금의 상승 덕분에 충분한 구매력을 갖춘 중산층이 형성되기 시작한 것이다. 흑사병 이후 유럽의 생활 수준은 오히려 크게 개선되었다. 영국을 기준으로 보면 1인당 소득 수준은 두 배 이상 증가했다. 소득의 증가에 따라 엥겔지수(소비지출액 중 식료품이 차지하는 비중)는 떨어졌고 여윳돈이 생기면서 향신료, 견직물 등 사치품에 대한 수요가 늘어났다.

동방의 사치품을 사느라 유럽의 금과 은이 해외로 유출되었다. 이는 금화와 은화 등 화폐의 부족을 초래했다. 시중에 유동성이 부족해지면서 농산물과 모직물 등 소비재의 가격이 내려가는 디플레이션이 발생한 것이다. 이후 귀금속과 향신료에 대한 욕망은 이를 풍부하게 내어줄 새로운 땅을 찾아 사람들을 떠나게 만들었다. 대항해시대를 촉발한 것이 흑사병으로 인한 사회의 변화 때문이라고 말하면 지나친 과장일까?

이겼지만 진 프랑스 vs 졌지만 이긴 영국

해운업의 강자 노르만족과 백년전쟁

다시 시간을 앞으로 돌려 보자. 프랑크왕국의 전성기를 이끈 왕이자 서로마 황제로 칭해졌던 카롤루스 대제에게는 아들 루트비히 1세가 있었다. 9세기 중반 루트비히 1세가 죽은 후 프랑크왕국은 세 개의 왕국으로 분열되었다. 오늘날 프랑스가 된 서프랑크, 이탈리아가 된 중프랑크, 독일이 된 동프랑크이다.

혼란을 틈타 10세기 무렵부터 북방의 게르만족이 유럽을 침략했다. 이미 이곳에 나라를 세우고 활동하던 사람들도 게르만족이긴 하지만, 북방의 게르만족은 조금 달랐다. 이들은 지금의 노르웨이와 스웨덴이 있는 스칸디나비아반도 및 덴마크 지방에 살던 사람들로, 북방에 산다고 해서 노르만인Nord(북방의 사람)이라고 불렸다. 또는 바이킹Viking이라고도 불렸는데, 이는 이들이 살던 지방에 흔히 있는 협강vik에서 유래되었다. 당시 유럽 대륙의 북쪽 절반은 울창한 산림지대로 덮여 있었기 때문에 노르만인들은 뱃길에 의존할 수밖에 없었다.

이 무렵 노르만인이 유럽 각 지역에 출몰한 것은 인구 증가에 따른 토지 부족 때문이었다. 춥고 거친 땅에서 온난하고 비옥한 땅을 찾아 이동한 것이다. 유럽 역사에서 노르만인이 차지하는 중요성은 생각보다 적지 않다.[20] 노르만인은 영국과 러시아의 모태가 되었고, 12세기 유럽 경제가 성장하는 데에 큰 역할을 했다.

노르만인들은 발트해와 북해를 낀 해상교역으로 성장했다. 이들은 흔히 바이킹 하면 떠오르는 모습 그대로 해적이라는 이미지가 강하지만, 한편으로는 해운업으로 물류 네트워크를 구축한 북부의 해양세력이었다. 조선 기술과 항해 기술로 유럽 북부 해상권을 쥐고 있었던 이들은 해운 비즈니스를 독점하면서 해안의 항만도시를 정비했다. 이곳에서 해산물, 모피, 곡물 등의 상품 교역이 확대되면서 유럽 북쪽 해안 지역에 도시와 시장이 형성되고 발전했다.

해운 비즈니스로 축적한 부를 배경으로 노르만인은 9세기 발트해 연안에 노브고로드왕국을 건국하는데, 이 왕국이 이후 러시아의 모태가 된다. 이 나라를 세운 것은 노르만인의 일족인 루스족인데, 루스Rus는 배를 젓는 사람을 뜻한다. 러시아Russia의 어원은 바로 여기에서 나온 것이다. 러시아는 노르만인과 슬라브인이 함께 세운 나라다.

노르만인의 해양 기술은 로마 교황도 높게 평가했다. 12세기 십자군전쟁을 위해 해상으로 예루살렘을 향하는 십자군의 안전을 확보하기 위해 로마 교황은 노르만인을 지중해로 불러 이탈리아 남부에 시칠리아 왕국을 건설하게 했다. 지중해 진출을 노리던 노르만인에게는 절호의 기회였다. 이들은 조선 등 해양 기술을 베네치아, 제노바 등 이탈리아의 항만도시에 전수했고 이는 북부 이탈리아 도시들이 유럽 경제의 중심이 되는 데 큰 역할을 했다.

영국의 뿌리와 중세국가로의 발전

고대 영국 땅에는 켈트족이 살고 있었다. 서로마제국이 멸망할 즈음 북유럽의 앵글로색슨족이 영국 땅을 침략했는데, 영토를 차지하고는 아예 민족이 이주해 왔고 영국에 나라를 세웠다. 원래 있던 켈트족들은 서쪽으로 밀려나 지금의 웨일스가 되었다. 이들은 작은 나라로 나뉘어 칠왕국 시대를 열었다.

1066년 노르망디공公이자 '정복왕' 윌리엄 1세가 영국을 침략하면서 앵글로색슨족이 세운 웨식스 왕조가 무너지고, 영국에는 노르만 왕조가 들어섰다. 윌리엄 1세, 윌리엄 2세, 그리고 헨리 1세까지 3대가 노르만 왕조다. 그중 헨리 1세가 프랑스 리옹에서 전사하고, 헨리 1세의 딸인 마틸다가 앙주 백작이었던 조프루아와 결혼해서 낳은 아들인 헨리 2세가 1154년 영국의 국왕에 즉위하면서 플랜태저넛 왕조가 시작된다. 이후 랭커스터 왕조(1399~1461), 요크 왕조(1461~1485)로 이름은 바뀌었지만 모두 헨리 1세의 딸인 마틸다의 후손들이 왕을 계속한 것이므로 현재까지의 영국의 왕조는 모두 노르만 왕조에 뿌리를 둔 것이다.

아서왕 이야기나 로빈 후드 이야기 때문인지 꽤 많은 사람들은 중세하면 영국의 기사도 이야기를 떠올리는 듯하다. 하지만 사실 중세 내내 영국은 유럽에서 후진국이었다. 사람들이 좋아하는 로빈 후드 이야기는 13세기 존 왕 시대를 배경으로 한다. 리들리 스콧 감독의 2010년 작 영화 「로빈 후드」를 잠깐 소개할까 한다. '사자심왕' 리처드 왕의 용병이었던 로빈 후드가 왕이 전사하자 영국으로 돌아와, 아버지를 처형한 폭군 존 왕에 맞서 싸운다는 이야기다. 기존의 영화들이 셔우드숲을 근거지로 활동하는 의적으로서의 로빈 후드를 주로 그려냈다면 이 영화는 의적 활동을 하기 전의 이야기를 다룬다. 그래서 중세 시대 잉글랜드의 역사적 배경은 물론 전투와 권력 다툼, 로맨스를 잘 표현하고 있다.

리처드 왕과 존 왕의 어머니는 영화로도 나왔을 만큼 유명한 엘레오노르 다키텐이다. 그녀의 아버지 기욤 10세는 아키텐과 푸아티에의 영주로, 이 지역은 프랑스 전체의 3분의 1에 달하면서 '프랑스의 빵 바구니'라 불릴 정도로 농업생산량이 풍부한 지역이었다. 엘레오노르는 그 넓은 땅의 유일한 상속자였다. 심지어 그녀는 미모와 지성까지 뛰어나서 전 유럽의 군주들이 그녀와 혼인하기 위해 줄을 섰다.

그녀와 결혼한 행운아는 프랑스 카페 왕조의 루이 7세다. 그러나 두 사람의 성격은 달라도 너무 달랐다. 개방적이고 감성적인 엘레오노르와 달리 루이 7세는 차갑고 이성적이었다. 엘레오노르는 자기가 수도승과 결혼했다고 불만을 토론하곤 했다. 결국 그들은 아들 없이 이혼했다. 이

출처 : IMDB(imdb.com)

「로빈 후드Robin Hood」(2010)는 13세기 잉글랜드를 배경으로 하는 영화로, 러셀 크로우가 로빈 후드 역을 맡았고, 케이트 블란쳇, 막스 폰 시도우, 마크 스트롱, 레이 세이두 등 출연진도 화려하다. 리처드 왕의 용병이었던 로빈 후드가 왕이 전사하자 영국으로 돌아와 아버지를 처형한 폭군 존 왕에 맞서 싸운다는 이야기다.

혼녀였지만 엘레오노르는 여전히 최고의 신붓감이었으므로, 결국 자기보다 열 살이나 어린 영국의 왕세자 헨리와 결혼한다. 그리고 결혼한 지 2년 후 왕위에 올라 영국의 헨리 2세가 된다.

이들의 결혼은 프랑스에는 심각한 일이었다. 엘레오노르가 영국의 왕비가 되면서 프랑스 영토의 3분의 1에 달하는 아키텐이 영국의 실효지배령이 되었기 때문이다. 그런데 헨리 2세는 영국의 왕인 동시에 프랑스 영토의 상당 부분을 다스리는 영주였으니, 명목상으로는 프랑스 루이 7세의 신하가 되는 셈이었다. 이 결혼은 후일 영국과 프랑스 간 백년전쟁의 주요 원인을 제공하기도 했다.

엘레오노르와 헨리 2세는 많은 자식을 낳았다. 그러나 이들의 사랑도 헨리 2세의 시나친 여성 편력으로 끝이 났다. 리처드 1세가 아버지 헨리 2세에게 반란을 일으켰을 때 엘레오노르는 남편 대신 아들 편에 섰다. 리처드는 엘레오노르가 특히 사랑한 아들이었다. 리처드 왕이 신성로마제국에 포로가 되었을 때 그를 구해낸 사람도 어머니 엘레오노르였다. 그녀는 왕을 석방시킬 돈을 마련하기 위해 또 다른 십일조세를 부과했고, 그 외에 '비겁세'라고 불렸던 병역면제세와 새로운 토지세도 부과했다. 평생 전쟁터를 누빈 리처드 1세 대신 내정을 돌보는 데에도 큰 역할을 했다. 리처드 1세가 전쟁터에서 죽은 후에는 둘째 아들 존 왕을 도왔다. 엘레오노르는 헨리 2세와의 결혼 생활과 강력한 지도자로서의 삶을 통해 여성이 당시 사회에서 가질 수 있는 영향력의 범위를 확장하였으며, 이로 인해 중세 유럽 역사에서 중요한 인물로 남게 된다.

엘레오노르와 헨리 2세 사이에는 자녀가 여덟 명이나 있었으나 여러 차례의 반란 과정에서 죽거나 후손을 남기지 못했고, 리처드 왕도 후사 없이 전사했다. 둘째 아들 존 왕만이 후사를 남김으로써 플랜태저넷 왕조를 유지할 수는 있었으나, 희대의 실정으로 영토의 상당 부분을 잃어버리고 오랫동안 후진국으로 남는 아픔을 겪어야 했다. 그랬던 영국은 16세기가 되어서야 비로소 역사의 전면에 나서게 된다.

존 왕의 실정으로 탄생한 위대한 헌법

로빈 후드가 맞서 싸워야 했던 존 왕은 대체 어떤 군주였을까? 존 왕이 속해 있던 플랜태저넷 왕조 시대 영국, 특히 당시의 세제에 대해 살펴보자.[21] 1187년 쿠르드족 출신 최고의 지도자 살라딘이 십자군을 격파하고 예루살렘을 점령했다. 영국과 프랑스의 왕은 새로운 십자군을 구성해야 한다고 주장했고, 원정 자금을 모으기 위해 영국의 헨리 2세는 '살라딘 십일조'라는 특별세를 부과했다. 십자군 지원자는 특별세가 면제되었으므로 많은 시민이 세금을 피하려고 십자군에 자원했다. 그렇지만 결국 헨리 2세는 십자군을 구성하지 않았고, 반란을 일으킨 아들 리처드 1세와 싸우다 출혈성 궤양으로 사망했다.

이렇게 왕이 된 것이 '사자심왕' 리처드 1세로, 그는 실제로 3차 십자군 원정을 떠났다. 그러나 살라딘으로부터 예루살렘을 탈환하는 데는 실패하였다. 리처드 왕은 돌아오는 길에 신성로마제국 황제에게 포로가 되었고, 어머니 엘레오노르의 도움으로 엄청난 몸값을 지불한 후 풀려날 수 있었다. 리처드 1세는 영국으로 돌아오자마자 자신의 석방을 방해한 필리프 2세를 치기 위해 프랑스 정벌을 떠났지만 1199년 성벽을 거닐던 중 자기편 수비병이 착각하여 쏜 석궁에 맞는 어이없는 사고로 사망했다.

리처드 1세의 후임이 동생 존 왕이다. 그는 과중한 세금으로 백성을 수탈하고, 프랑스와의 전쟁으로 프랑스 영지를 대부분 잃어 '실지왕失地王'이라는 별명을 얻은 악명 높고 무능한 군주였다. 17년의 재위 기간 중 병역면제세를 열한 차례나 부과했는데 심지어 전쟁이 없던 해에도 거두었다. 기존에 리처드 왕이 부과했던 토지세 위에 새로운 토지세를 부과했고, 수출입 관세도 도입했다. 돈을 받고 관직을 팔았으며 이렇게 관직을 산 사람들은 자신의 영지에 세금을 또 부과해서 투자한 돈을 회수하려 하였다. 로빈 후드와 같은 의적들이 생겨날 수밖에 없는 상황이었다.

존 왕은 이미 살라딘 십일조의 주요 납부대상이었던 유대인들에게는 특별세를 추가 징수했고, 영지와 성을 물려받은 귀족들에게도 상속세를 물렸다. 이러한 폭정은 결국 귀족들까지 돌아서게 만들었고, 북부와 동부의 귀족들은 왕과의 봉건 계약을 파기하고 군대를 일으켜 런던을 점령하기도 했다. 폭정은 그가 병으로 사망하고, 아홉 살 난 아들 헨리 3세가 왕위를 물려받을 때까지 계속되었다.

헨리 3세는 어렸기 때문에 위대한 기사라 불렸던 윌리엄 마셜의 섭정하에 왕위를 물려받았다. 마셜은 세금을 부과하는 대가로 존 왕 시절에 선포했다가 무효화된 국왕과 귀족 간 대헌장, 즉 '마그나 카르타Magna Carta'를 재승인하게 했다. 마그나 카르타에는 "모든 자유민은 그와 동등한 자의 적법한 판정에 의하거나 영국법에 의하지 아니하고는 체포 · 구금되거나 재산이 박탈되거나 법적 보호가 박탈되거나 추방당하지 않으며, 공격받거나 비난받지 않는다"라고 되어있다. 헨리 3세는 이후 세 차례 이를 재반포하였고 그의 아들 에드워드 1세도 같은 이유로 1297

년 성문화했다. 이렇게 해서 이 문서는 영국의 성문법이 되었다.

마그나 카르타는 전제군주의 폭정에 맞서 개인의 자유를 천명한 위대한 헌법이라고 불리지만, 사실 처음에는 왕과 귀족과의 관계를 규정한 헌장이었다. 하지만 이후 귀족뿐만 아니라 일반 시민에게도 적용되는 자유의 상징이 되었다. 왕에게도 일반 시민과 마찬가지로 영국 보통법이 적용된다는 주장의 근거가 되기도 했고, 배심원 제도의 정착에도 영향을 미쳤다.

백년전쟁은 정말 왕위계승권 전쟁이었을까

이미 말했듯이 11세기 앵글로색슨인과 노르만인의 싸움을 거쳐 영국에 노르만 왕국이 세워졌고, 이는 영국 왕실의 모태가 되었다. 이 노르만 왕국은 도버해협을 끼고 영국과 프랑스에 걸쳐 있는 나라였다.

노르만 왕국이 영국 왕실의 모태이긴 하지만, 그 시작은 프랑스 땅에서부터였다. 그리고 이것은 다시 영국과 프랑스의 백년전쟁으로 연결된다. 설명하면 이렇다. 9세기 노르만 바이킹의 침략으로 파리가 점령되었다. 당시 분열되어 있던 프랑스의 왕들은 호전적인 바이킹과 싸우는 대신 자기들의 내전에 이들을 끌어들였다. 프랑스에 군대를 제공한 노르만족의 수장 롤로는 911년 프랑스 왕 샤를 3세에게 센강 하류의 땅을 봉토로 받아서 프랑스 왕의 가신인 노르망디공이 되었다. 그 후 많은 노르만인이 노르망디로 이주하고 영지가 확장되면서 노르망디는 실질적인 독립국이 되었다. 특히 영국의 앙주 왕조에 반대하고 프랑스의 카페 왕조를 지원하면서 세력이 더 강해졌다.

1066년 노르망디공이었던 정복왕 윌리엄 1세는 영국을 정복하여 영국의 노르만 왕조(1066-1135)를 열었다. 그가 죽은 뒤에는 장남 로베르가 노르망디공이 되고 차남 윌리엄이 영국 왕이 되면서 양쪽이 분리되었지만, 헨리 1세 때 다시 병합되어 1106년 이후 약 1세기 동안 노르망디는 영국의 영토가 되었다.

그러나 1204년 프랑스 왕 필리프 2세가 노르망디의 수도인 루앙을 공격하면서 노르망디 영토의 대부분을 다시 가져갔고, 이때 영국의 왕은 리처드 1세의 동생인 실지왕失地王 존이었다. 1259년 루이 9세 때는 정식으로 프랑스왕국에 편입시켰다. 요약하자면 노르망디는 도버해협 건너편 프랑스 땅 안에 있는 영국령이었지만, 결국은 프랑스가 지배하게 된 것이다. 이러한 역사적 배경 때문에 1337년 영국의 에드워드 3세가 프랑스에게 노르망디의 영토를 돌려달라고 요구했던 것이다.

그러나 표면적인 이유는 에드워드 3세가 프랑스 왕위를 계승할 권리가 있다고 주장한 것인데, 이는 그의 어머니가 프랑스 샤를 4세의 여동생이기 때문이었다. 프랑스에서는 샤를 4세가 죽자 사촌동생인 필리프 6세가 왕위를 이으면서 카페 왕조가 단절되고 발루아 왕조가 시작되었다. 하지만 에드워드 3세의 어머니가 카페 왕조의 후계자였으므로 그 아들인 자신에게 왕위 계승권이 있다는 것이다. 프랑스는 당연히 이를 거절했고, 이 때문에 백년전쟁(1337~1453)이 발생하게 된다.

상업혁명에 소외된 두 나라의 승부수

『너무 재밌어서 잠 못 드는 세계사』는 백년전쟁을 조금 다른 시각에서 조명한다.[22] 십자군운동으로 상업혁명이 촉발되었지만 영국과 프랑스는 여기에서 소외되었는데, 유럽의 경제발전에 동참하기 위한 이들 국가의 욕구에서 전쟁의 원인을 찾는다. 무척 공감이 가는 분석이다.

영국과 프랑스는 유럽의 남북을 연결해 주는 두 개의 축, 즉 이탈리아의 지중해 무역권과 북유럽의 한자동맹 무역권 루트에서 벗어나 있다. 그 때문에 12~13세기 유럽 상업혁명의 이득을 거의 누리지 못하고 정체되었다. 발전이 늦어졌고, 교역의 이익도 얻지 못했다. 국왕의 존재는 미미했고, 도로나 항만 건설 등 효과적인 인프라를 정비할 수 있는 재정적인 여력도 없었다. 이런 상황에서 고대로부터 내려온 전형적인 패턴의 정책이 있다. 바로 대외확장 정책, 즉 다른 나라를 침략해서 약탈하는 것이다.

영국과 프랑스의 백년전쟁(1337-1453)도 그러한 맥락에서 해석될 수 있다. 표면상으로는 영국 왕이 프랑스의 왕위 계승권을 주장하며 일으킨 전쟁이지만, 실제 원인은 과거에 영국령이었던 경제 중심지 플랑드르 지방(현재 벨기에 북부)을 차지하기 위한 것이었다. 플랑드르는 한자동맹과 지중해 경제권을 연결하는 서유럽의 교역중심지였으며, 모직물 생산의 중심지였다.

이탈리아 도시국가들은 독일 남부를 통해 북해나 발트해로 연결되었고, 제노바 해양 루트도 이베리아반도나 플랑드르의 브뤼주(브뤼헤)와 연결되었다. 그러니 십자군전쟁이 촉발한 상업혁명에서 소외된 영국과 프랑스가 플랑드르 지방에 목을 맨 것은 당연한 일이다.

플랑드르 지방은 대체 어떤 곳일까? 영어로는 플랜더스Flanders라고 한다. 유명한 동화 「플랜더스의 개」의 그 플랜더스다. 역사의 변천에 따라 플랑드르 지방의 영역은 조금씩 변했지만, 오늘날의 벨기에로 보면 된다. 북해에 접해 있고 북유럽과 지중해, 영국과 라인 지방을 잇는 교통의 요충지였기 때문에 브뤼헤와 안트베르펜을 중심으로 한 통과무역이 번성했다. 14세기 백년전쟁 과정에서 모직물 산업은 영국의 요크셔 지방으로 옮겨갔지만, 16세기 말 안트베르펜이 몰락하고 암스테르담이 부상하기 전까지 서유럽의 경제와 무역의 중심지로서 역할을 담당했다.

플랑드르 지방은 경제적으로나 전략적으로나 중요한 지역이었기 때문에 자주 지배자가 바뀌었다. 중세 때에는 영국령에서 프랑스령으로 바뀌었고 그 뒤에도 스페인령, 다시 프랑스령, 네덜란드령을 거쳐 1830년 현재의 벨기에로 독립하게 되었다. 나폴레옹과 영국 · 프로이센 연합군 간의 워털루 전투도 이곳에서 일어났고 1차 세계대전 당시 연합군과 독일군의 서부전선도 대부분 이곳이었다. 현재는 EU의 본부가 이곳의 브뤼셀에 있다.

전쟁의 과정과 결말에 대해 자세히 설명하면 이렇다. 전반은 영국의 우세였다. 에드워드 3세가 거느린 영국군은 1346년 크레시 전투에서 프랑스 군대를 대파하고 다음 해 도버해협에 접해 있는 요충지 칼레를 함락시켰다. 그 후 푸아티에, 아쟁쿠르 등지에서 연전연승하며 전쟁에서 이기는 듯했다. 그런데 이때 유럽에 흑사병이 퍼지는 바람에 전쟁이 중단되었다. 흑사병이 물러가자 두 나라는 다시 전쟁을 시작했다. 하지만 국내에서 반란이나 재정문제 등 내부적 문제가 계속되면서 전쟁은 하다가 말다가를 반복했다.

영국은 전쟁으로 인한 재정적 어려움을 해결하기 위해 시민들에게 과중한 세금을 부과하다 반란이 일어났다. 1377년 리처드 2세 때 정부의 실질적 수장이었던 랭커스터 공작 존은 전쟁 비용을 조달하기 위해 시민들에게 인두세를 부과했다. 문제는 인두세가 한 해에 그치지 않고 계속 부과되면서 세율도 계속 올라간 것이다. 게다가 부자나 농민이나 같은 세금을 내야 했는데 농민들은 도저히 감당할 수가 없는 상태였다. 이로 인해 농민 반란이 일어났다.

반란은 실패로 돌아갔지만, 그 영향력은 컸다. 영국 의회는 임금제한을 폐지했고, 영주들은 농노들을 자유민으로 풀어주었다. 인두세를 없앴고, 의회는 세금을 올리는 대신 군사력을 줄이기로 했다. 그 후로 튜더 왕조가 들어설 때까지 300년간 영국에는 인두세가 없었다.

프랑스도 상황이 크게 다르지 않았다. 1415년 영국의 헨리 5세와 프랑스의 샤를 6세가 다시 전쟁을 시작했을 때 프랑스의 귀족들은 부르고뉴파와 아르마냐크파로 나뉘어 싸우고 있었다. 그중 부르고뉴파는 영국의 헨리 5세와 손을 잡았다. 덕분에 영국은 프랑스에 승리를 거뒀고, 트루아 조약을 맺어 프랑스 왕위를 물려받을 권리를 얻었다.

그러나 2년 뒤 헨리 5세가 세상을 떠나고 영국의 왕이 된 헨리 6세가 트루아 조약에 따라 프랑스 왕이 되고자 했으나, 샤를 6세의 아들 샤를 7세는 트루아 조약의 무효를 선언했다. 프랑스 북부 노르망디 지역을 점령하고 있던 영국은 프랑스 남부를 공격했고, 샤를 7세는 파리에서 오를레앙으로 도망쳤다.

이때 나타난 프랑스 구국의 영웅이 잔 다르크였다. 1429년 잔 다르크는 프랑스를 구하라는 신의 목소리를 들었다며 샤를 왕자를 찾아가 군대를 요청한다. 잔 다르크라는 신적인 존재에 큰 힘을 얻은 프랑스 군대는 오를레앙을 지켰고, 1450년 노르망디에서 영국과 전투를 벌여 승리한다. 3년 후 영국이 칼레를 제외한 프랑스 영토에서 물러나면서 백년전쟁은 막을 내렸다.

영국이 더 이상 전쟁할 필요가 없어진 이유

사실만 따지면 백년전쟁은 위의 설명과 같다. 하지만 한 발짝 더 들어가면 전쟁이 끝난 것은 사실상 영국이 전쟁을 계속할 이유가 없었기 때문이었다고 볼 수 있다. 전쟁 중에 발생한 흥미로운 현상이 있는데, 플랑드르에 거주하던 모직물업자들이 고향을 떠나 영국으로 이전하기 시작한 것이다.

영국 입장에서 플랑드르가 중요했던 이유는 다른 무역권과의 연결 루트 때문이기도 하지만, 모직물 생산 기술 때문이기도 했다. 과거 플랑드르 지역의 지배권이 영국에서 프랑스로 넘어간 뒤에도 플랑드르는 영국과 계속 밀접한 관계를 맺고 있었다. 영국은 토지가 척박해서 농업대신 양을 키우는 등 목축업이 발달했고, 영국산 양모는 당시 첨단기술의 플랑드르에 수출되어 제품화가 되었다. 즉, 영국과 플랑드르는 양모 제품을 생산하는 공정에서 강한 연대감이 있었던 것이다. 영국 입장에서는 프랑스의 영향력을 배제함으로써 플랑드르에서 양모 제품 생산 공정을 효율적으로 관리하면서 지속가능한 생산 · 무역 체계를 만들고 싶었다.

플랑드르 모직물업자들도 프랑스보다 원료를 직접 공급해 주는 영국에 지배당하는 것이 이익이었다. 모직물업자들에게는 누가 지배하느냐보다 누가 돈을 더 많이 벌게 해주느냐가 더 중요했다. 그런데 전쟁으로 경제활동이 방해받고, 원료인 양모를 안정적으로 공급받지 못하는 상황에 처하자 플랑드르의 모직물업자들이 원료의 생산지인 영국으로 옮겨간 것이다. 대륙과 떨어져 있는 영국은 전쟁의 영향도 적었고 싼 가격에 풍부한 양모를 구할 수 있기에 플랑드르 모직물업자들에게는 영국에서 사업을 하는 것이 훨씬 이득이었다.

그렇게 플랑드르의 기술과 자본이 영국으로 이전했다. 백년전쟁이 시작되던 해인 1337년 이전의 영국은 원료수출국이었지만, 1350년 이후로는 모직물 제품이 영국에서 제조되고 수출되기 시작했다. 전쟁 말기에는 영국 내에 양모 제품의 원료생산에서 제품화까지 원스톱 생산공정이 구축되었고, 1453년 전쟁이 끝날 때쯤에는 모직물 제품 수출량이 급증하면서 영국은 선진적인 무역국으로 변모했다.

플랑드르의 기술과 자본을 얻은 영국은 이제 엄청난 전쟁비를 감수하면서 플랑드르의 땅에 집착할 이유가 없어졌다. 표면적으로는 영국이 전쟁에서 패한 것이 맞지만, 실제로는 전쟁을 지속할 실익도 여유도 없었기 때문에 철수했다고 보는 편이 맞을 것 같다.

이후 영국에서는 전쟁의 실패, 대륙 영지 상실에 대한 귀족들의 불만이 커지면서 장미전쟁(1455-1487)이라 불리는 내전이 벌어지게 된다. 또한 영국으로 간 플랑드르의 모직물업자들은 16세기부터 본격적으로 진행된 인클로저 운동The Enclosure Movement(농토 합병을 통한 목초지 확보 활동)으로 형성된 젠트리gentry(토지소유자)들과 함께 부르주아 계층을 형성하면서 영국의 강력한 세력으로 등장한다.

중세 때 귀족들과 권력을 나누었던 왕들은 이제 돈을 쥐고 있는 부르주아 계층과 손을 잡으면서 강력한 왕권을 가지게 되었고, 영국은 비로소 절대왕권을 가진 국가로 부상했다. 이로써 영국은 세계 최강국으로 가는 발판을 마련하게 된다.

반면에 백년전쟁에서의 승리가 프랑스에는 오히려 독이 되었다고 지적하는 시각도 있다.[23] 프랑스에서는 영국처럼 자본과 기술의 축적을 통해 근대화로 이어지는 혁신이 일어나지 않았고, 여전히 봉건적인 농업경제와 영토주의에 의존했다. 프랑스에서는 16세기 후반 위그노 전쟁이 벌어지면서 그제야 상인이나 지주들로 이루어진 부르주아 계층이 출현하고 상공업 경제가 기능하기 시작했다. 영국보다 백 년은 뒤진 것이다.

프랑스에 국경을 접하고 있는 독일이나 이탈리아도 마찬가지였다. 제후들과 특권계층인 길드는 상업과 수공업을 독점하면서 시장을 개방하지 않았고, 신흥 부르주아 계층이 형성될 수가 없었다. 봉건제후들, 즉 지주와 귀족들은 그를 추종하는 상공업자들과의 유착관계를 이어나갔고 그 속에서 발생한 경제활동의 이익은 다시 지주와 귀족들에게 돌아갔다. 봉건제후들은 이렇게 형성한 부를 이용해 군대를 조직하여 자기들의 권력을 유지하는 데에 사용했다. 공국, 제후국, 도시국가 등 여러 형태의 군웅들이 할거하면서 독일과 이탈리아에서는 19세기까지 통일국가가 이루어지지 못했다.

백년전쟁은 뜻밖의 결과를 가져오기도 했다. 이전까지는 평민들에게 국왕보다 더 중요한 것은 당장 내가 살고 있는 영토를 지배하는 영주였다. 그러나 오랜 전쟁을 거치면서 평민들에게 국민의식이라는 것이 싹트기 시작했다. 100년이 넘는 장기간의 전쟁을 치르면서, 사람들 사이에 영국인과 프랑스인으로서의 국민의식이 생겨나게 되었다.

또한 전쟁 중 많은 귀족이 사망하면서 왕권이 강해져서 근대 중앙집권국가로 성장하는 계기가 되었다. 전쟁 중에 세금을 걷는 권리를 얻은 왕은 관료제와 상비군을 유지하며 강력한 권력의 기틀을 마련하게 된다. 결과적으로 백년전쟁은 오늘날 영국과 프랑스의 영토 및 국민 정체성을 만들어준 전쟁이라 할 수 있다.

메디치의 돈으로 피어난 르네상스 예술

상업혁명과 인문주의 운동

보카치오의 소설 『데카메론』은 흑사병 시대를 배경으로 14세기의 새로운 인간상을 대담하게 표현한 소설이다. 함께 초기 르네상스를 이끌었던 단테의 『신곡神曲』에 빗대어 '인곡人曲'이라 표현하기도 할 만큼 르네상스 시기의 대표작으로 당대 산문문학 중에서 손꼽히는 명작이다.

데카메론The Decameron은 그리스어로 10이라는 뜻이다. 이 작품은 흑사병을 피해서 피렌체 교외의 별장으로 피난 온 남자 셋과 여자 일곱 등 총 열 명의 귀족이 10일 동안 매일 한 편씩 이야기하면서 펼쳐지는 총 100편의 이야기를 담고 있다. 매일 왕과 여왕을 선출하여 오늘은 어떤 주제로 이야기할지를 선택하는데, 서로 치켜세워주는 분위기나 양상이 오늘과 매우 닮아있다. 뒤쪽으로 갈수록 성과 쾌락에 관련된 이야기들이 많이 나온다. 모두가 흑사병으로 파괴된 고향을 떠나온 것이기 때문에 처음 이야기는 다소 슬프지만, 시간이 지날수록 이왕 피난 온 거 즐

겁게 보내자는 분위기로 바뀐다. 중세나 현대나 사람 사는 세상은 똑같다는 사실을 느끼게 해주는 작품이다.

『데카메론』의 진가는 중세 인간의 삶을 지배했던 종교 중심의 세계관에서 벗어나 현실 세계에서 펼쳐지는 삶의 다양한 모습을, 그것도 지배층이 쓰는 라틴어가 아니라 당대의 대중 언어였던 이탈리아어로 담아냈다는 것이다. 선남선녀 열 명의 입을 통해서 쉽고 친근한 산문으로 사랑과 욕망, 행복 등 인간의 일상적인 삶을 이야기했다.

재미있는 것은 이후 보카치오의 행보다. 그는 『데카메론』을 쓴 이후 당대를 대표하던 인문학자 페트라르카를 만나 우정을 키워나가면서 문학을 버리고 학문적 집필과 연구에 전념했다. 그러면서 그는 자신이 『데카메론』을 썼다는 것, 게다가 라틴어가 아닌 이탈리아어로 썼다는 것에 대해 부끄러워했다고 전해진다. 자신이 이렇게 홀대한 작품이 그를 위대한 고전작가로 만들었다니 정말 아이러니가 아닐 수 없다.

그러나 보카치오를 부끄럽게 만들었다는 페트라르카는 사실 최초의 인문주의자로 평가받는 작가로서, 인간의 감정과 욕망에 대한 고민을 담은 자전적 소설 『나의 비밀』을 썼다. 페트라르카는 역사를 종교적 사건의 연속이 아니라 사회 문화적인 진보로 보아야 하기 때문에 고대 그리스 · 로마의 유산을 재발견하여 재생시켜야 한다고 생각했다. 그는 인간이 어떻게 살아야 하는가를 사색하는 방식을 인문주의Humanism라고 불렀다.

흑사병, 교회보다 과학을 믿게 만들다

이 시기에 인문주의가 확산하게 된 것은 어찌 보면 필연적이었다. 흑사병은 교회의 권력을 약화시켰다. 『데카메론』에 묘사된 것처럼 당시는 '신부와 농노가 모두 공평하게 쓰러지는 세상'이었기에 교회의 장악력도 예전 같을 수 없었다. 게다가 흑사병이 초래한 참상은 신앙보다 의학과 과학에 대한 신뢰와 의존도를 높였고, 이는 의학과 과학의 비약적인 발전으로 이어졌다.

의사와 학자들은 질병을 보다 과학적으로 연구하기 시작했고, 전염병에 대처하기 위한 공중보건 조치들이 등장했다. 그중 하나가 질병의 확산을 조기에 통제하기 위한 검역 조치다. 유럽의 항구에서는 입항 선박에 대해 일정한 격리 기간을 두었는데 격리quarantine라는 용어는 표준 격리 기간인 40일quaranta giorni에서 유래된 것이다.

예술 방면에서는 흑사병을 극복하기 위한 노력이 다른 쪽으로 튀었다. 사람들은 교회를 신뢰하지는 않았지만, 죽음에 대한 절망감으로 신을 더 많이 의지하게 되었다. 신에게 귀의함으로써 죽음에 대한 공포를 극복하고자 한 것이다. 이러한 분위기 덕분에 미켈란젤로, 레오나르도 다빈치 등 천재 예술가들에 의해 신의 위대함을 표현한 예술작품들이 많이 나오게 된다. 인간과 노동력에 대한 가치가 올라가면서 인문주의와 르네상스 시대가 개막하게 된다.

르네상스는 유럽 문명사에서 14세기부터 16세기 사이 일어난 문예 부흥과 문화 혁신 운동을 말한다. 르네상스Renaissance는 원래 재생再生, rebirth이라는 뜻으로, 그리스 · 로마 시대의 고전 텍스트를 재발견하고 이를 통해 유럽 문화에 다시 생기를 불어넣는 것을 말한다. 르네상스는 일종의 시대적 정신운동이라고 말할 수 있다. 인간을 중심으로 하는 인문주의와 더불어 과학과 합리주의가 태동했으며, 중세를 근세와 이어주는 토대가 되었다. 르네상스가 시작된 장소는 이탈리아 피렌체이지만 이후 알프스를 넘어 유럽의 다른 국가, 즉 프랑스, 네덜란드, 영국, 독일, 스페인 등지로 퍼져 나갔다.

부가 차곡차곡 쌓여가던 이탈리아

르네상스 운동이 일어날 수 있었던 배경에는 십자군 원정을 통한 다른 세계와의 교류와 소통도 있었지만, 흑사병 이후 유럽을 재건하면서 생겨난 경제 성장과 부의 축적도 중요한 원동력이 되었다.

십자군 원정으로 유럽 세계는 동방에 접촉할 수 있었고 이는 중세의 닫혔던 세계를 다시 여는 계기가 되었다. 십자군 전쟁 이후 지중해를 중심으로 유럽 및 인도와 동남아시아를 연결하는 중개무역인 레반트 무역이 성행하였으며, 상업혁명이 일어나면서 12세기 이후 유럽의 경제는 크게 성장했다.

이에 따라 유럽의 남북을 잇는 물류 네트워크가 구축되었다. 북쪽 도시 뤼베크를 중심으로 한 한자동맹, 그리고 안트베르펜 등 플랑드르의 교역권은 북해와 발트해를 무대 삼아 교역과 상업의 중심지로 번영하였다. 특히 이탈리아의 베네치아가 중심이 된 롬바르디아 지역권은 지중해교역과 상업의 중심지였다. 이런 경제권이 뉘른베르크와 아우크스부르크 등 독일 도시로 이어지고, 나아가 이집트 등 오리엔트 경제권까지 연결되었다.

점차 부가 쌓이고 사람이 교류하면서 13세기 이후 이탈리아의 교역 중심지들은 개방된 도시국가 형태로 발전하게 되었다. 그러면서 유력한 도시 제후를 탄생시켰다. 대표적인 것이 르네상스의 든든한 지원자였던 피렌체의 메디치 가문, 그리고 독일 아우크스부르크의 푸거 가문이다. 이들 도시에서는 특유의 시민문화가 형성되었는데 도시국가라는 특성상 고대의 도시국가와 유사한 점이 많을 수밖에 없었다. 때문에 점차 고대 그리스 · 로마의 문화와 제도에 관심을 두게 되었고, 르네상스의 예술품에도 이런 점들이 크게 반영된다.

거기다 비잔티움제국의 쇠퇴는 르네상스의 확산을 가속화했다. 이슬람과의 오랜 싸움으로 어수선해진 비잔티움제국과 그리스에서 학자들과 기술자들이 전쟁을 피해 이탈리아로 들어왔기 때문이다. 그들의 학식과 함께 그들이 들고 온 그리스 · 로마의 문헌들, 그리고 이후 그 책자의 번역물 및 출판물들이 르네상스의 확산에 큰 영향을 주었다. 이들은 이탈리아에 새로운 에너지를 주었고, 이런 에너지가 유럽 각지로 퍼지면서 오래된 종교적 질서는 무너지기 시작했다.

최강의 금융가문 메디치가의 등장

르네상스 하면 빼놓을 수 없는 것이 피렌체의 금융가문 메디치 가문이다. 우선 피렌체에 대해 잠깐 이야기해 보자. 피렌체는 베네치아, 제노바와 함께 중세의 유럽을 이끌었던 도시이다. 피렌체의 영어식 표현은 플로렌스Florence였고 피렌체에서 제조된 금화의 이름도 플로렌이었다.

피렌체의 산업은 13세기 샹파뉴 정기시定期市에서 구입한 모직물을 염색하는 것으로 시작했으나 차차 자국에서 모직물을 생산하여 정기시에 팔았다. 시간이 지남에 따라 점차 산업의 중심이 제조업에서 금융업으로 이동하였다. 14세기 로마 교황청이나 아비뇽의 교황을 위해 자금을 모집하면서 금융이 발달했고 그러다 보니 토스카나 지방에는 페루치, 바르디 등 유명한 은행가들이 많았다.

이전에도 몇몇 금융가문들이 있었으나, 14세기 후반에 등장한 메디치 가문은 대부업을 금융업으로 한 단계 끌어올렸다. 사업의 규모를 키우고 다각화하는 한편 당시 권력자들이었던 교황 및 황제들과 결탁함으로써 사업적으로나 권력 획득 면에서 모두 성공했다. 마키아벨리가 메디치 가문에 관해 집필했을 정도로 당대 최고의 가문이었다. 약과 약물을 나타내는 메디슨medicine이란 단어도 메디치에서 나왔다. 그들의 위대한 건축 유산은 지금까지도 피렌체에 수많은 관광객을 불러들이고 있다.

메디치가는 100년 이상 금융의 최강자로 위세를 떨쳤고 예술과 학문을 후원하여 르네상스의 든든한 후원자로 찬사를 받았다. 하지만 조반니 메디치 이전에는 보잘것없는 가문이었다. 조반니는 스물다섯 살이던 1385년 부터 삼촌이 운영하는 대부업 회사의 로마지점 관리자로 일하며 외환거래인으로 부와 명성을 쌓았다. 바티칸 교황의 금고로 들어오는 유럽 각지의 화폐들을 환전해 주는 것이 주요 역할이었다.

37세가 되던 해 삼촌 회사에서 나와 고향 피렌체로 돌아온 그는 환전상조합에 가입하고, 당시의 유력한 금융가문이었던 바르디 가문과 합작으로 메디치은행Banco Medici을 설립했다. 이미 국제적 규모의 은행을 소유한 바르디 가문의 딸을 며느리로 맞이하며 바르디로부터 정계 인맥과 금융 노하우를 전수받는다.

처음에 조반니는 정치권에 대한 대출에 아주 신중했다. 그러나 사세가 커지면서 권력층과 일하지 않을 수 없었다. 교회법을 우회하는 재량예금 방식에 대해서도 배우게 되면서 교황청이나 성직자들과의 거래를 확대했다. 이를 통해 헨리 4세의 이복동생인 윈체스터 주교 헨리 보퍼트, 교황 마르티노 5세, 드베르크 추기경 등이 메디치 은행의 고객이 된다. 신도들에게는 이자 수취를 금지하면서 자신들은 그들이 낸 십일조로 배를 불리고 있었으니 정말 기가 막힐 노릇이었다.

메디치 가문은 교황 후보였던 발다사레 코사 추기경을 후원했다. 교황은 추기경 가운데에서 선거로 뽑히는데 여기에는 상당한 자금이 필요했다. 발다사레 코사 추기경은 메디치 가문의 자금 지원 덕분에 교황으로 선출되어 요한 23세가 되었다. 덕분에 메디치 가문은 교황청의 재무 업무를 맡게 되면서 많은 부를 얻게 된다. 메디치은행은 이를 통해 유럽 전역으로 사세를 확대해 나갔다. 베네치아, 로마, 제노바, 피사, 런던, 아비뇽에 지점을 세워 환전과 환어음 업무를 확대했다. 메디치 가문의 금융업무는 점차 체계적인 은행 조직으로 발전해 갔다.

경쟁에서 앞서기 위해서는 대규모 자본 확충이 필수적이었고, 안정적으로 지급 결제를 하는 법인 형태 조직이 필요했다. 이제 메디치은행은 소규모 고리대금업 수준을 뛰어넘어 은행업으로 성장했다. 메디치은행은 바르디 가문과 결별한 뒤 상인들에게 자금을 대출하는 분야에 집중했고 여기서 발생하는 예대금리 차이(예금 금리와 대출 금리의 차이)를 수익의 원천으로 삼았다. 약 100년(1397-1494) 동안 메디치 은행은 전성기를 누렸다.

메디치가의 전성기는 곧 르네상스의 전성기

르네상스를 꽃피운 것은 1420년 조반니의 뒤를 이은 큰아들 코시모 때였다. 당시의 피렌체공국은 뒤숭숭한 상황이었다. 인근 도시국가와 전쟁을 치르는 과정에서 상인들에게 거액의 부채를 졌고, 이에 따라 상인들의 입김이 세졌다. 급기야 소수의 상인 가문이 국정을 좌지우지하는 과두체제가 되었다.

1433년 리날도가 이끄는 알비치 가문이 코시모 메디치를 반역 혐의로 체포한다. 하지만 주위의 도움으로 코시모는 사형을 면하고 10년 유배형을 받게 된다. 코시모는 사업수완이 좋았고 또 주도면밀했다. 유배에서 돌아온 코시모는 피렌체 국정을 장악하고 리날도 가문을 제거했으며, 이후 공직자들을 자기 사람으로 뽑으면서 최고 권력자로 등극했다. 코시모는 정치, 군사, 외교, 조세 등 모든 문제를 막후에서 통제했다.

어렸을 때부터 고급 인문 교육을 받은 코시모는 적어도 겉으로는 대단히 우아한 사람이었다. 최고의 건축가와 예술가를 불러 피렌체를 예술의 도시로 만들었다. 산타마리아 델 피오레 대성당과 가문의 저택인 메디치궁을 건축했다. 그의 물질적인 후원으로 르네상스는 피렌체에서 찬란하게 꽃을 피웠다. 1464년 그가 사망했을 때 피렌체 정부는 그에게 국부國父라는 뜻의 파테르 파트리이에Pater Patriae라는 칭호를 추서했다.

코시모에게 메디치 가문을 물려받은 피레오 메디치는 병으로 5년 만에 사망했고, 그의 뒤를 이은 사람이 '위대한 로렌초'라 불리는 로렌초 데 메디치였다. 로렌초는 15세기 최고의 시인이자 정치가이자 협상가였다. 전쟁을 치를 때 혼자 몸으로 적진에 들어가 철군을 협상하고 올 정도로 배포가 컸으며, 미켈란젤로와 교우할 정도로 예술에도 조예가 깊었다. 그는 르네상스의 든든한 후원자였다. 로렌초는 차남을 교황 레오 10세로 만드는 등 메디치 가문의 전성기를 이어갔다.

로렌초는 상업이나 금융보다는 국가경영과 르네상스의 후원에 몰두하였고, 메디치은행의 관리를 프란체스코 사세티에 위임했다. 하지만 사세티는 해외 대리인들을 제대로 관리하지 않았고 이들이 각국 군주들에게 지나치게 대출을 많이 해줌으로써 메디치은행은 경영상의 어려움을 겪게 된다. 게다가 메디치 가문에 의해 피렌체공화국의 민주정치는 어느새 독재정치로 바뀌었고 시민들의 원망은 깊어 갔다. 이러한 상황에서 로렌초는 통풍으로 고생하다가 43세의 나이로 눈을 감았다.

르네상스가 저물고, 중세도 저물고

피렌체의 민주정치가 몰락하고 시민들의 원성이 깊어갈 때 기독교 원리주의자인 지롤라모 사보나롤라가 등장한다. 그는 1494년 프랑스 샤를 8세가 이탈리아 원정을 시작하여 피렌체를 침공해 왔을 때 프랑스와 손을 잡고 메디치 가문을 끌어내렸다. 이때 메디치은행도 문을 닫는다. 메디치 가문은 1512년 다시 피렌체로 복귀했지만, 메디치은행은 15세기 말 역사의 뒤안길로 영영 사라졌다.

이후에도 메디치 가문의 영향력은 쉽게 사라지지 않아서 1513년 교황 레오 10세가 된 조반니, 1523년 교황 클레멘스 7세가 된 줄리오, 그리고 1559년 프랑스 앙리 2세의 왕비가 된 카트린 등의 유명인들을 배출한다. 하지만 레오 10세는 면죄부 판매로 루터의 종교개혁을 불러왔고, 클레멘스 7세는 우왕좌왕하는 외교로 1527년 카를 5세의 로마 약탈을 불러왔으며, 카트린은 1572년 위그노 학살을 일으키는 등 셋 다 역사에 오점을 남겼다.

130년간 지속된 르네상스는 1530년경 끝이 났다. 여기에는 몇 가지 이유가 있는데, 1492년 신대륙의 발견 이후 이탈리아의 전성시대가 쇠퇴하기 시작했다는 점이 첫 번째 요인이다. 여기에 1517년 수도사 마르틴 루터가 종교개혁을 단행하면서 서유럽 교회는 로마 가톨릭교회와 개신교로 분열되었다. 이는 납부금과 세금의 형태로 이탈리아를 풍요롭게 했던 돈줄이 고갈됨을 의미했다. 16세기 전반에 발생한 이탈리아 전쟁까지 겹치면서 이탈리아는 쇠퇴했고, 르네상스도 함께 막을 내린다.

그럼에도 역사적인 측면에서 르네상스는 기나긴 중세 시대가 서서히 저물기 시작함을 보여준 상징적 운동이었다. 르네상스가 전성기를 지나면서 유럽은 근세 시대로 접어들게 되었다.

중세의 끝,
동로마제국의 멸망

콘스탄티노폴리스 함락과 근세의 시작

비잔티움제국이 본격적인 쇠퇴의 길로 접어든 것은 1204년 난데없이 침공한 십자군에 의해 콘스탄티노폴리스를 점령당하면서부터다. 베네치아와 손을 잡은 제4차 십자군 원정에서 이들은 같은 기독교 도시인 콘스탄티노폴리스를 점령했고 엄청난 파괴와 학살을 자행했다. 십자군 원정 자체가 이슬람과 싸우는 비잔티움제국을 돕기 위해 일어났던 것임을 생각하면 비잔티움제국 입장에서는 황당하기 짝이 없는 일이다. 십자군을 이끌던 베네치아와 라틴계 지휘관들은 그리스를 중심으로 하는 비잔티움제국 영토를 군인들에게 나누어주고, 베네치아는 동지중해 해안에 식민국가를 세웠다.

하지만 다시 비잔티움제국의 잔존세력이 니케아를 중심으로 봉기했고, 1261년 미하일 8세의 지휘 아래 콘스탄티노폴리스를 탈환하여 팔레올로고스 왕조(1261-1453)를 세웠다. 그러나 비잔티움제국은 다시 여러 왕국으로 분할되었고, 콘스탄티노폴리스만이 거대한 성벽으로 둘러싸인 도시국가로 남게 되었다. 이름뿐인 제국이었다. 엎친 데 덮친 격으로 13세기부터는 몽골의 침입에도 시달려야 했다.

콘스탄티노폴리스가 함락되다

이슬람 세계에서는 오스만 1세가 아나톨리아에서 건국한 오스만제국(오스만튀르크)이 주도권을 잡았다. 14세기 수도를 부르사에서 아드리아노폴리스로 옮긴 오스만제국은 몽골의 침입으로 쇠약해진 비잔티움제국을 공격했다. 1365년에는 발칸 반도가 침략당했고, 1389년에는 북부 마케도니아 왕국, 세르비아, 불가리아가 오스만제국의 봉신 국가로 전락했다.

비잔티움제국은 교황청에 도움을 요청했다. 결국 1439년 피렌체 공의회에서 콘스탄티노폴리스를 로마의 감독교구에 종속하기로 했고 폴란드, 헝가리 등 동유럽 국가들이 십자군을 모집해 비잔티움제국을 지원했다. 그러나 1444년 바르나 전투에서 오스만제국에 패배했다. 그리고 1453년 오스만튀르크의 술탄 메흐메트 2세는 난공불락의 요새라 불렸던 콘스탄티노폴리스 성을 20차례나 맹공격하여 마침내 함락시켰다. 이로써 콘스탄티누스 11세를 마지막으로 비잔티움제국은 이름뿐인 간판을 내리게 되었다.

1,000년 동안 비잔티움제국을 지킨 난공불락의 테오도시우스 성벽과 금각만金角灣, Golden Horn의 철쇄를 가진 콘스탄티노폴리스의 함락은 유명한 이야기다. 메흐메트 2세는 수륙 양동 작전으로 콘스탄티노폴리스를 공격했다. 육상으로는 외성인 로마누스성의 외벽을 무너뜨리고 테

오도시우스 성벽에 도달했지만 해자와 비잔티움 군대의 강한 저항으로 인해 성벽을 뚫지 못했다. 이슬람의 거대한 우르반 대포의 공격에도 성은 함락되지 않았다.

금각만의 철쇄 때문에 함선들이 만 안쪽으로 진입할 수가 없자 메흐메트 2세는 기름칠한 통나무를 이용하여 배를 육지 쪽으로 들어 금각만 안으로 다시 옮겼다. 이는 두 가지 면에서 비잔티움 군대의 전력을 약화시켰다. 하나는 이슬람군이 금각만을 장악함으로써 콘스탄티노폴리스가 고립되어 후방으로부터 물자 지원을 받지 못한 것이다. 또 하나는 해안이 뚫림에 따라 비잔티움 군대가 테오도시우스 성벽을 지키던 수비군 일부를 만 쪽으로 돌려야 해서 전력이 분산된 것이다.

이슬람 군대의 공격은 점점 강해졌고, 끊임없는 공격으로 뚫린 성벽을 넘어 성안으로 진입한 군대가 가장 높은 성벽에 오스만 깃발을 꽂자 비잔티움의 군대는 전의를 상실했다. 비잔티움제국의 마지막 황제 콘스탄티누스 11세도 이 전투에서 전사한다. 천 년의 비잔티움제국은 이렇게 멸망했다.

그럼에도 비잔티움제국 황제의 이름은 계속 이어졌다. 비잔티움제국이 멸망하자 얼마간 황제의 자리가 비었지만, 1490년 러시아의 모스크바 대공 이반 3세가 스스로 후계자를 자처하고 나섰다. 그의 아들 이반 4세 때 황제 계승이 대내외적으로 인정되면서 비잔티움제국의 황제 자리는 러시아에서 계승된다. 17세기부터는 러시아에 로마노프 왕조가 들어서면서 그 황제들이 비잔티움제국을 계승하게 된다.

비잔티움제국의 국교인 동방정교회도 마찬가지였다. 아직 비잔티움제국이 건재했을 시절, 러시아정교회는 동방정교회 콘스탄티노폴리스

대주교의 관할 하에 있었다. 그러나 비잔티움제국이 멸망하면서 콘스탄티노플이 이슬람의 지배를 받게 되었고, 러시아정교회가 동방정교회의 구심점인 대주교구로 격상됨에 따라 모스크바는 콘스탄티노폴리스를 대신하는 제3의 로마로서 동방정교회의 중심적인 존재가 된다.

유럽 세계에 가져온 충격

비잔티움제국, 즉 동로마제국의 멸망은 유럽인들에게 엄청난 충격을 주었다. 이슬람 문화권이 무력으로 유럽의 한 축을 무너뜨린 것이다. 동방과의 무역으로 번성했던 이탈리아 도시국가들에는 더욱 충격이었다. 베네치아공국 등 이탈리아 도시국가들이 콘스탄티노폴리스를 지키려고 그렇게 싸웠던 것도 지중해의 패권을 오스만 제국에게 넘기지 않으려는 것이었다.

하지만 비잔티움제국의 멸망으로 이제 콘스탄티노폴리스는 더 이상 유럽의 도시가 아니었다. 오스만제국은 콘스탄티노폴리스의 이름을 이스탄불로 바꾸고, 성 소피아성당은 이슬람의 성전으로 바꾸며 이슬람의 문화를 이식했다.

오스만제국이 동방으로의 무역로를 막고 높은 통행세를 요구하자 유럽 국가들은 이를 피해 인도로 가는 새로운 무역로를 찾을 수밖에 없었다. 포르투갈의 동인도항로 개척과 콜럼버스의 아메리카 신대륙 발견은 이러한 상황 속에서 필연처럼 이루어졌다.

통상 서로마제국이 멸망한 476년부터 동로마제국이 멸망한 1453년까지의 약 1,000년 간을 유럽의 중세로 본다. 일부 학자들은 콜럼버스가 신대륙을 발견한 시점인 1492년까지를 중세로 보기도 한다. 어찌

되었든 동로마제국의 멸망으로 유럽은 중세를 마감하고 근세로 접어든다. 근세는 그 이전과는 완전히 다른 세상이었다.

제4장

근세 편

"For whosoever commands the
sea commands the trade,
whosoever commands the
trade of the world
commands the riches of the world,
and consequently the world itself."

"바다를 지배하는 자가 무역을 지배하고,
세계의 무역을 지배하는 자가
세계의 부를 지배하며, 마침내 세계 그 자체를 지배한다."

– 월터 롤리 경Sir Walter Raleigh

HISTORY ON THE MONEY-PERSPECTIVE

근세는 중세와 근대 사이의 기간,
즉 종교개혁과 대항해시대가 시작된 15세기 말부터
산업혁명이 시작된 18세기 중반까지의 기간을 말한다.

신 중심에서 인간 중심으로 세상이 바뀌고,
교회는 분열되며 세속 정치에서 떨어져나오기 시작했다.
군주정체의 절대왕권 시대가 열린다.

신대륙의 발견은 이전과 전혀 다른 세상을 펼쳐놓았다.
국가가 자국 산업을 보호하는 중상주의가 번성하고,
부富의 중심에는 금과 은이 부상한다.
영토와 노동력은 여전히 중요했지만
모두가 금과 은을 숭상하고 사랑했다.

이때까지 세계의 변방이었던 서유럽 국가들은
무기와 군사의 혁신 덕분에
경제적으로나 군사적으로나 세계의 중심에 우뚝서게 된다.
이제 서유럽을 이길 수 있는 세력은 없었다.

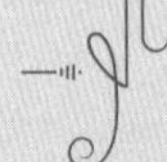

신의 나라에서 왕의 나라로

군주 정체와 절대왕권의 등장

중세와 근대의 중간 시대를 보통 근세近世, early modern period라고 부른다. 보통 중세를 서로마제국이 멸망한 476년부터 동로마제국이 멸망한 1453년까지로 보고, 근세를 1453년부터 산업혁명이 일어난 18세기 중반까지로 본다. 하지만 일부 학자들은 콜럼버스가 신대륙을 발견한 1492년부터 근세가 시작된다고 주장하기도 한다.

어쨌든 15세기 말부터 16세기 초, 그러니까 중세가 문을 닫고 근세가 태동하던 시기는 정치 · 경제면에서 거대한 변혁기였을 뿐만 아니라 정신적으로도 커다란 혁명이 일어난 시기였다. 르네상스가 유럽 각국으로 퍼져 나갔고, 인문주의가 싹트고, 그로 인해 세계관이 크게 바뀌었다. 신과 종교 중심의 세계관에서 인간과 과학 중심의 세계관으로 바뀐 것이다.

무엇보다도 16세기를 지나면서 세계사의 중심축이 서유럽으로 바꿔기 시작했다. 패트릭 와이먼의 『창발의 시대』는 바로 이 시기, 세상을 뒤바꾼 반세기의 역사를 너무도 생동감 있게 들려준다.[24] 책의 목차를 보면 그 시대의 키워드를 그대로 알 수 있다. '크리스토퍼 콜럼버스와 탐험', '카스티야의 아시벨라와 국가의 부상', '야코프 푸거와 은행업', '괴츠 폰 베를리힝엔과 군사혁명', '알두스 마누티우스와 인쇄술', '존 헤리티지와 일상의 자본주의', '마르틴 루터, 인쇄술, 그리고 교회의 분열', '쉴레이만 대제와 오스만제국', '카를 5세와 보편적 통치' 등등. 독자들도 이 책을 꼭 한 번 직접 읽어보시기를 권한다.

이 책은 특히 1490년에서 1530년까지의 40년의 기간에 주목한다. 서유럽이 세계의 변방에서 세계의 중심부가 되는 단초를 제공한 기간이었다. 신대륙의 발견, 군사 혁신, 종교개혁이 모두 이 시기에 일어났고 항해술의 발달, 화약을 사용한 무기 개발, 인쇄술의 발전 등 기술 혁신이 이를 뒷받침해 주었다. 나침반, 화약, 종이 등 동양의 발명품들이 오히려 유럽이 동양을 앞서가는 데 결정적인 역할을 했다는 점은 정말 역사의 아이러니다.

세계 역사를 뒤바꾼 40년

40년 동안 대변혁의 바람이 동시다발적으로 몰아쳤다. 1492년 콜럼버스가 카디스 근처 작은 항구에서 출항한 지 한 세대 만에 아즈텍과 잉카제국이 몰락하고, 신대륙의 금과 은이 유럽으로 쏟아져 들어왔다. 1494년 이탈리아 전쟁 이후 끊임없이 계속된 전쟁은 화약 무기와 군사 혁신을 통해 유럽의 전투력을 비약적으로 성장시켰다. 마르틴 루터의 사상은 몇 년 만에 유럽의 변두리까지 전파되었다. 이 기간 동안 전쟁에서는 수많은 유럽인이 죽었고, 신대륙에서는 수많은 원주민이 학살당했다.

40년간 일어난 다양한 사건들이 복잡하고 예측할 수 없는 방식으로 충돌하고 상호작용한 결과 서유럽은 세계의 중심지가 되었다. 크리스토퍼 콜럼버스, 수도사 루터, 카스티야의 이사벨라 여왕, 오스만제국의 술탄 술레이만 1세 등 시대의 영웅은 세상의 대변혁을 이끌었다.

그러나 평범한 서민들에게 대변혁의 40년과 그 이후의 시대는 너무도 가혹했다. 대항해 시대는 흑인의 노예화와 대량 학살을 수반한 정복과 약탈을 초래했다. 부상하는 국가들은 전쟁을 치르기 위해 국민을 쥐어짜서 궁핍하게 만들거나 혹은 전쟁에 동원하였다. 인쇄술은 정보 혁명을 유발했지만, 인쇄술의 도움을 입은 종교개혁은 여러 세대에 걸친 격렬한 종교 전쟁과 헤아릴 수 없는 죽음으로 이어졌다. 설사 혁신과 진보를 위하여 어느 정도의 파괴가 필요하다는 점은 인정하더라도 이 시기에 새로운 세계가 태동하기 위한 파괴와 혼란은 너무도 심각했다.

『창발의 시대』는 이 모든 것의 뒤에 돈이 있다고 당당하게 이야기한다.[25] 실제로 돈이 없었다면 이 모든 과정은 불가능했을 것이다. 이윤에 대한 욕망이 콜럼버스를 항해하게 했고, 괴츠 폰 메를리힝엔 같은 남부 독일의 군사기업가를 전쟁으로 내몰았고, 알두스 마누티우스의 인쇄술 개발을 가능하게 했다. 이러한 일들은 대규모의 선행투자와 미래의 수익을 추구하는 대출 및 선수금이 없다면 진행될 수 없었다. 그들은 이윤을 위해서 기꺼이 모든 것을 걸고 대항해와 화약 전쟁, 인쇄기까지 모든 것에 투자했다.

유럽은 신용이라는 네트워크로 거미줄처럼 연결된 사회였다. 그 형태가 오늘날과 완전히 똑같지는 않지만, 중요한 것은 신용과 금융이 사회의 모든 곳에서 발생했고 돈을 지불할 수 있는 능력이 그 사람과 조직의 사회적 가치를 대변했다는 점이다.

도시국가와 중앙국가의 경쟁, 최종 승자는?

중세 말기, 유럽 전역의 통치자들은 더 큰 권력을 쟁취하려고 노력했다. 전쟁에 들어가는 천문학적 비용을 감당하기 위해 유능한 관리들이 새로운 세금을 발굴했고, 국채 발행 등으로 자금을 조달하면서 국가의 재정은 복잡해지고 전문화되었다. 이제 전쟁을 위해 훨씬 더 많은 자원을 동원할 수 있었고, 용병으로 충원된 전문적인 군대가 값비싼 대포까지 갖추게 되었다.

15세기 서유럽의 국가들은 지금의 국가와는 달랐다. 여러 가지 형태의 영토가 뒤섞인, 아직 국가라는 정체성이 명확히 확립되지 않은 그런 상태였다. 국왕은 영토의 소유뿐 아니라 왕국의 통치권을 주장했다. 하지만 동시에 영주나 주교 등 다른 통치자들도 크고 작은 권리, 즉 과세, 독점 판매권, 재판권 등의 권리가 있었다. 그 권리가 모두에게 인정받는 것도 아니었다. 부르고뉴 공국과 아키텐 공국은 둘 다 프랑스에 속해 있었지만, 프랑스 국왕에게 부르고뉴 공국을 통치할 권리가 있다고 해서 아키텐 공국도 통치할 권리가 있는 것은 아니었다. 영주나 지역 귀족들은 자신들의 특권을 지키기 위해 국왕과 싸웠다.

이렇듯 15세기 유럽은 경쟁적으로 주장되는 권리들이 난무하는 그런 정치구조였다. 귀족, 대주교, 자치도시, 그리고 왕들 모두가 자기 몫을 차지하기 위해 끊임없는 갈등과 마찰을 일으켰다. 누군가의 권리 주장은 다른 사람의 권리를 침해했다. 주로 세금 징세권, 사업 수입, 재판

관할권 등 돈에 관련된 것들이 다툼의 핵심이었다.

왕이 국가를 다스리는 형태를 군주 정체君主 政體, monarchy라고 부른다. 군주 정체는 쉽게 말해 왕국이었고 그 통치자는 국왕이었다. 그러나 당시에는 도시국가도 아주 유력한 통치 형태였다. 상인 엘리트 계층이 운영하는 베네치아 같은 도시국가는 발전한 정부 조직과 재정체계를 가지고 있었고 실제로 오스만제국에 맞서 전쟁을 할 정도로 강력한 힘을 가지고 있었다. 한자동맹die Hanse, 스위스연방과 같은 도시동맹도 또 하나의 행태였다. 그러나 결국 승리한 것은 군주 정체였다.

군주 정체가 잘 나가던 도시국가들과 도시동맹들을 꺾은 것은 결코 당연한 일이 아니었다. 15세기부터 군주 정체가 주도권을 잡기 시작했는데 이는 내부적 · 외부적인 통합의 결과였다. 내부적으로 국왕은 자기 영토 안의 다른 세력들을 누르고, 더 많은 권력을 휘두르고, 더 많은 자원을 확보했다. 외부적으로는 왕국의 통치자들이 정복 전쟁이나 결혼을 통해 서로 통합되면서 소수의 통치자가 점점 더 넓은 영토를 차지했다.

반면 도시국가와 도시동맹은 이러한 통합과 확장에 한계가 있었다. 결국 중세에서 근세로 넘어가는 과정에서 군주 정체가 경쟁에서 승리했다. 절대 왕권의 시대가 열린 것이다.

인쇄술이 낳은 배다른 형제, 면죄부와 종교개혁

루터의 종교개혁

1517년 수도사 마르틴 루터는 교회의 직속 상사인 마인츠의 알브레히트 대주교에게 분노에 찬 편지와 95개의 논제를 보낸다. 성경에는 면죄부에 대한 근거가 없으며, 교황은 죄를 용서할 권한이 없고, 오직 성경만이 신앙생활의 근거라는 내용이었다. 이는 당시 교회의 부패와 권위에 대한 도전이었다.

루터는 마인츠의 주교 외에도 여러 사람에게 95개 논제의 사본을 보냈는데 이는 뉘른베르크에서 인쇄되어 많은 사람에게 퍼져 나갔다. 학자 에라스무스는 다시 바젤에서 인쇄된 논제를 영국의 인본주의자 친구인 토머스 모어에게 보냈다. 이런 식으로 불과 몇 달 만에 유럽의 주요 지식인들이 면죄부에 반대하는 마르틴 루터의 논제를 읽고 토의하게 되었다. 종교개혁이 시작되고 있었다.

알브레히트 대주교는 대체 왜 면죄부를 사면 천국에 갈 수 있다고 설파한 것일까? 역시나 돈 때문이었다. 그는 신성로마제국의 선제후 중 하나인 마인츠의 대주교가 되기 위해 푸거 가문에 돈을 빌려 교황 레오 10세에게 뇌물을 줬고, 그가 빌린 돈을 갚을 수 있는 가장 쉬운 방법은 면죄부 판매였다. 이런 상황에서 알브레히트 대주교가 루터의 주장을 받아들일 리가 만무했다.

때마침 로마의 성베드로대성당을 건축하기 위한 면죄부 판매 캠페인이 진행되고 있었다. 그는 판매액의 절반은 푸거 가문의 대출금 상환에 쓰고 나머지 반은 로마로 송금했다. 이 일을 맡은 면죄부 판매왕 요한 테첼 수도사도 논제를 읽은 후 자신의 인쇄물을 만들어 루터에게 대응했다.

그러자 루터는 다시 일반 독자층을 겨냥해 「면죄부와 은총에 관한 설교」라는 글을 썼다. 정말 많은 사람이 이 글을 읽었다. 1520년까지 루터는 유럽에서 가장 많은 독자를 확보한 베스트셀러 작가가 되었다. 이를 가능하게 한 것은 바로 인쇄술이었다. 16세기 초는 인쇄본이 필사본을 추월하고 주요 매체로 자리 잡은 거대한 변혁의 시기였다.

고도로 구조화된 면죄부 판매 사업

이 시기의 다른 많은 일과 마찬가지로, 그 모든 것의 뒤에서 금융과 신용이 작동했다. 광산업으로 돈을 번 아버지의 루터에 대한 교육열, 국제 금융 세력인 푸거 가문과 손을 잡은 교황 레오 10세와 알브레히트 대주교, 면죄부 증서는 물론 루터의 논제 수백만 부를 출판한 인쇄기, 그리고 그 인쇄기를 운용했던 인쇄업자들의 복잡한 신용거래까지 이 모든 것의 뒤에는 공통적으로 금융과 신용, 즉 돈이 있었다.

루터가 비판한 면죄부는 나쁜 일만 하는 것은 아니었다. 면죄부 판매 수익은 가난 구제부터 십자군에 이르기까지 좋은 일에 다양하게 자금을 댔고, 면죄부를 구매한 사람 입장에서는 고통스러운 세상에서 영적인 위안을 주는 안식처가 되었다. 면죄부 한 장이면 자신의 영혼뿐만 아니라 사랑하는 사람의 영혼이 연옥을 벗어나 천국으로 직행할 수 있었다.

면죄부 판매는 유럽 전역에서 실행 가능할 뿐 아니라 효과가 검증된 자금조달 방법이었다. 에스파냐에서는 면죄부가 10년 동안 100만 두카트 이상의 수입을 올리면서 그라나다 정복 전쟁의 자금으로 들어갔다. 면죄부가 없었다면 이런 장기간의 전투를 지속하기는 쉽지 않았을 것이다. 면죄부 판매수익은 1492년 콜럼버스의 1차 원정 자금으로도 사용되었다.

사람들은 인쇄술이 루터의 종교개혁에 중요한 역할을 했다는 점은 많이 알고 있지만, 면죄부가 성행하는 데에도 마찬가지 역할을 했다는 점은 잘 알지 못한다. 인쇄술의 확산은 일반 대중이 돈을 내고 살 수 있는 면죄의 증표를 종이로 대량 생산해 내는 데에 큰 역할을 했다. 인쇄기가 면죄부를 대량으로 생산하면서 교회의 주요 수입원이 된 것이다.

면죄부 판매는 고도로 구조화된 사업이었다. 면죄부 판매자는 사전에 인쇄업자와 계약하여 수만 장에 달하는 면죄부 증서를 만들어냈다. 죄 사함의 개요가 미리 인쇄되어 있고 구원받을 영혼의 이름만 공란으로 남겨둔 종이 인쇄물이었다. 덕분에 오스트리아에서는 1490년 초기 캠페인 동안 5만 장의 면죄부가 배포될 수 있었다. 인쇄업자는 면죄부를 사랑했다. 면죄부 인쇄는 확실한 돈벌이가 되는 장사였다. 교회도 면죄부를 사랑했다. 면죄부로 교회 사업도 하고 개인 치부도 했다.

교회는 기독교인들에게 십일조라는 교회세를 강제적으로 거두었다. 거기에다 추가로 면죄부를 팔아 돈까지 뜯어갔으니 사람들이 교회에 불만을 품는 것은 당연한 일이었다. 이런 상황에서 마르틴 루터가 교회의 면죄부 판매를 강하게 비판하자 교인들의 분노는 폭발할 수밖에 없었다. 종교개혁의 도화선이 된 것이다.

종교개혁 이후 분열된 교회와 유럽 세계

면죄부 판매와 종교개혁의 모든 과정에서 인쇄술과 인쇄소가 관여했다. 인쇄물을 통해 지식인은 물론이고 일반 대중들까지 참여하면서 종교개혁이 촉발될 수 있었던 것이다. 교회 개혁에 대한 오랜 대중의 염원이 당시의 신매체인 인쇄술을 만나면서 숨겨져 있던 엄청난 파괴력을 가진 화약통에 불을 붙인 것이다. 열정적이고 비범한 재능을 갖춘 마르틴 루터가 바로 그 불씨였다.

이어진 폭발은 유럽 대륙의 미래를 바꾸었다. 그 뒤의 세계는 이전과 완전히 달랐다. 종교개혁으로 생겨난 개신교 교회에는 교회세가 없었고 자신이 낼 수 있는 범위에서 헌금할 수 있었다. 이 때문에 십일조에 시달리던 많은 사람이 개신교로 개종했다.

1521년 가톨릭교회는 루터를 파문했으나 그의 생각에 동조하는 제후와 성직자들도 많았다. 가톨릭교회에서 이탈하여 자신의 영내에 개신교를 받아들이는 제후들도 점차 늘어났다. 결국 종교개혁은 교회의 분열을 일으켰다. 교회의 분열은 30년 종교 전쟁의 서막이었다.

특히 16세기 유럽의 국제정세가 극도로 불안해진 데에는 에스파냐의 국왕이자 신성로마제국의 황제였던 카를 5세의 영향이 컸다. 스승인 에라스무스는 그에게 문화의 다양성을 가르쳤지만, 카를 5세의 가톨릭에 대한 신앙심은 너무 독실해서 다른 것들을 인정하지 않았다.

그에게 가장 큰 장애물은 루터의 종교개혁이었다. 종교개혁의 확산은 기독교 세계의 분열과 보편제국의 붕괴를 의미하는 것이었다. 그것이 카를 5세가 그렇게 끊임없이 전쟁을 계속한 이유였다. 이후 한 세기에 걸쳐 종교적 열정과 정치 권력 투쟁이 혼재된 종교전쟁이 유럽인 수십만 명의 목숨을 앗아갔다. 재미있는 사실은 이 모든 과정에도 인쇄기에서 쏟아져 나오는 선동적인 인쇄물들이 함께 했다는 점이다.

인쇄술의 발전이라는 똑같은 사건에 의해 면죄부와 종교개혁이라는 완전히 상반된 결과가 나타났다는 사실은 시사하는 바가 크다. 경제와 역사에서 무엇이 옳고 그른지를 분명하게 나누기란 어렵고, 시간이 지남에 따라 처음에 의도했던 내용과 전혀 다른 내용으로 변질되기도 한다. 루터 역시 그랬다. 루터는 종교개혁 당시 유대교 장로들을 설득했다가 거절당한 후 강력한 반유대주의자가 되었다. 그는 자신의 책에서 "유대인의 집들을 모조리 파괴하고 판잣집이나 마구간에서 살게 하라. 유대인의 재산을 몰수하고 안전한 통행에 대한 보호를 취소하라"라고 말했다.

훗날 나치 독일은 루터의 주장을 그대로 실천한다. 나치의 고위관료였던 율리우스 슈트라이허는 종전 뒤 국제 군사재판에서 "나에게는 죄가 없다. 나는 오직 루터가 시켜서 그 일을 했을 뿐이다. 만약 내게 죄가 있다면 루터를 이 자리에 불러 먼저 재판해라"라고 말하기도 했다.

루터의 사례에서 보듯이 아무리 좋은 것도 교조주의로 빠지면 위험하다. 오늘날 한국에서는 개혁을 부르짖었던 개신교가 오히려 보수의 대표 세력이 되었고, 보수의 온상이었던 가톨릭이 오히려 진보적 가치를 더 많이 대변하는 듯하다. 누구나 돈과 권력을 가지면 이후의 행보는 비슷해진다. 어느 당이든 여당이 되면 하는 행태가 똑같아지는 것도 그런 이치가 아닐까 싶다.

서유럽, 돈과 군사 혁신으로 세계를 제패하다

화약 무기와 용병 시스템

15세기에 일어난 무기와 군대의 발전은 혁신적이었다. 화약을 사용하는 대포와 총기가 전쟁의 승패를 좌우하는 가장 중요한 요소가 되면서 전쟁의 양상은 과거와 완전히 달라졌다. 1453년 백년전쟁을 끝낸 것도 프랑스 샤를 7세의 포대가 영국군을 프랑스 땅에서 몰아내면서였다. 같은 해 오스만제국의 대포는 난공불락이었던 비잔티움제국의 콘스탄티노플 성벽을 뚫었다.

15세기 말부터 16세기 초까지의 단 몇십 년 동안 무기와 군사 분야에 엄청난 변화가 일어났다. 장창, 총기, 대포를 중심으로 전쟁을 수행하는 방식이 개발된 것이다. 소총을 든 보병이 기마 중기병을 즉시 대체하지는 못했지만, 눈에 띄게 보병의 숫자가 많아졌다.

결정적인 계기가 된 전쟁은 1494년 샤를 8세의 이탈리아 전쟁이었다. 아라곤의 페르디난드 국왕이 참전함으로써 그의 아내인 이사벨라 여왕이 다스리는 에스파냐(스페인)도 전쟁에 뛰어들었다. 당시 에스파냐는 국토회복 전쟁의 완성으로 강력해진 상태였다. 신성로마제국의 황제 막시밀리안도 영토적 보상을 기대하면서 참전을 했고, 베네치아 공국은 이탈리아를 지키기 위해 참전했다. 샤를 8세의 야심으로 시작된 분쟁이 유럽 전체를 재앙으로 몰아넣은 것이다.

피레네산맥에서 헝가리의 대평원까지 수많은 군대가 진군했고 그 길에 있던 불운한 마을과 주민들을 짓밟았다. 1494년부터 1559년까지 65년 동안 전반적인 평화가 유지된 최장기간은 5년에 불과했다. 서유럽 밖에서도 크고 작은 전쟁과 전투가 끊이지 않았다. 헝가리와 지중해에서는 오스만제국에 맞선 전투가 있었고, 에스파냐 해안 지역을 습격한 바르바리 해적과의 충돌도 극심했다.

전쟁터에 벌어지는 살육과 포위전은 끔찍했지만, 군사기업가의 혁신을 위해서는 더없이 좋은 환경이었다. 왕과 황제들의 돈이 모병 지휘관, 용병, 대포 제작자, 갑옷 제작자, 물자 조달자 그리고 필요한 자금을 제공한 금융업자의 주머니로 흘러들어갔다. 반면 국왕 등 통치자는 약속된 금액을 비슷하게라도 맞추려면 자원을 최대한 쥐어짜야 했다. 군대의 규모는 갈수록 커지고 오랜 기간 유지되었다.

이제 전쟁은 하나의 비즈니스가 되었다. 전쟁은 돈이 된다는 것이 군사 혁신의 본질이었다. 『돈의 역사』 2권과 『창발의 시대』는 무기와 군사의 혁신에 대해 너무도 흥미롭게 설명하고 있다.[26] 15세기까지만 해도 군사력에서 동방이 유럽을 압도했다. 1241년 발슈타트 전투에서 폴란드와 독일의 기사단은 몽골의 기병대에 처참하게 패배했다. 몽골의 수장 오고타이가 갑작스레 사망하지 않았다면 아마 유럽 전역이 몽골

군에게 수난을 당했을 것이다. 1453년에는 오스만제국이 동로마제국의 수도 콘스탄티노폴리스를 함락했고, 1470년에는 베네치아가 지배하던 그리스 남부 네그로폰테마저 차지했다.

그러나 불과 백 년도 채 지나지 않아서 상황은 완전히 역전된다. 1509년 포르투갈은 다우 해전에서 인도양을 제패하던 오스만 해군을 격파했고, 1571년 신성동맹도 레판토 전투에서 오스만제국의 함대를 격파했다. 육상전에서도 마찬가지였다. 1529년 술탄 쉴레이만 1세가 지휘하던 오스만 군대가 오스트리아의 수도 빈을 공격했으나 실패했다. 그후 오스만제국은 유럽 국가와의 전쟁에서 일방적인 우세를 점하기가 어려워졌다.

중장갑 기마병을 압도하는 소총수의 등장

유럽의 군사력이 갑자기 강해진 것은 화약 무기 덕분이지만, 사실 화약은 유럽에서 만들어진 것이 아니다. 중국 당나라 말기에 연단술사들이 불로장생의 묘약인 단약을 제조하는 과정에서 우연히 발견된 것으로 알려져 있다. 이것이 13세기 몽골 제국의 정복 전쟁을 통해 아시아와 유럽 전역으로 퍼져 나간 것으로 추정된다. 이것이 유럽에서 무기로 발전했고, 나중에는 다시 동방으로 역수입된다. 명나라 말기의 장수 척계광이 왜구를 무찌를 때 조총과 불화살 등 화약 무기를 사용했으나 이는 중국이 만든 것이 아니라 유럽으로부터 역수입한 것이라고 한다.

유럽에서 화약 무기가 빠르게 발전한 것은 15세기 말 군사 혁신 때문이다. 1483년 프랑스 국왕이 된 샤를 8세는 기독교 세계를 위협하는 오스만제국을 꺾고 유럽을 제패하겠다는 야망에 불타 있었다. 이를 위해 강력한 군대를 육성하고, 동맹의 수장이 되기 위해 이탈리아 남부를 정복하기로 결심한다. 마침 이탈리아 남부를 지배하던 나폴리 왕국의 국왕 페르디난도 1세가 사망하자 자신이 나폴리 왕국의 계승할 권리가 있다고 선언하면서 1494년 전쟁을 일으킨다.

샤를 8세의 군대는 고대 로마 이후 처음 창설된 상비군常備軍으로, 용병이 아닌 프랑스인들로 구성되어 있었다. 이들의 주력부대는 중기병이 아니라 포병이었다. 14세기 유럽에 화약이 처음 전파되었을 때만 해도 화약은 전쟁에 별 영향력이 없었지만, 백년전쟁을 치르는 과정에서 대대적인 혁신이 이루어졌다. 프랑스 왕실의 대포 제작자들이 가볍고 기동성이 향상된 청동대포를 만드는 데 성공한 것이다. 대포 양 측면에 포이砲耳가 있어 수레 위에 대포를 올려놓을 수 있었고, 전투 중에 좌우로 돌려 사격할 수도 있었다. 또한 코닝이라는 화약 처리 과정을 통해 불발탄 비율을 낮추고 대포의 화력을 크게 올렸다.

샤를 8세는 이 대포를 통해 6개월도 채 안 되는 짧은 기간 동안 이탈리아 전역을 제패했다. 이탈리아인들은 엄청난 수의 대포와 그 성능에 놀랐다. 이미 1453년 콘스탄티노폴리스 성벽의 붕괴에서 보았듯이 잘 훈련된 포대에게 중세의 요새는 무용지물이었다. 15세기 말 대포는 전쟁에 꼭 필요한 무기가 되어 있었다.

대포와 더불어 화약을 이용한 총기도 등장했다. 화승총이다. 초기의 총기는 화약에 성냥불을 붙이는 방식으로 발사되는 단순한 금속관으로, 부정확할 뿐만 아니라 사용자에게도 위험한 무기였다. 15세기 중반 이후 화승총에는 중요한 개량이 있었다. 총을 발사하는 격발장치에 잠금장치가 연결되었고, 총을 지지하고 표적을 겨냥하기 위한 개머리판이 추가된 것이다. 총신의 길이가 1미터 정도로 늘어남에 따라 정확도도 개선되었다. 무엇보다 화승총은 저렴하고 생산하기도 쉬웠다. 화승총은 유럽 전쟁의 양상을 완전히 바꾸었다.

1503년 체리뇰라 전투는 최초로 총기가 승패를 결정지은 전투로 알려진다. 1499년 샤를 8세의 후계자인 루이 12세가 다시 이탈리아를 침략했지만, 이번에는 양상이 크게 달라졌다. 그라나다 전쟁에서 풍부한 경험을 쌓은 에스파냐군이 프랑스군에 맞서 대승을 거둔 것이다.

당시 에스파냐군은 에스파냐의 화승총 부대와 독일 용병(란츠크네히트 부대)의 장창 부대로 구성되어 있었고, 프랑스군은 기마 중기병과 스위스 용병으로 구성되어 있었다. 제방 뒤에 포진한 독일의 장창 부대가 프랑스 기병대의 돌격을 저지하는 동안 에스파냐의 화승총 부대는 탄환을 퍼부었고, 이로써 프랑스군과 스위스 용병군이 건너올 수 없는 30~40미터 너비의 살상 지대가 형성되었다. 이것이 바로 창병과 총병을 조합한 에스파냐의 테르시오Tercio 방진이다. 테르시오 방진의 최종판은 1534년에 완성된 것으로 알려지지만, 이미 1503년에 시도되었던 것이다.

이로써 프랑스의 무적 신화는 10년도 못 가서 막을 내렸다. 프랑스가 패권을 잃게 된 데엔 여러 요인이 있지만 무엇보다 에스파냐가 프랑스의 혁신적인 전술을 모방하고 그와 함께 화승총을 효과적으로 사용하는 테르시오 방진을 개발한 것이 주효했다. 그후 에스파냐군은 1525년 파비아 전투에서 귀족들로 구성된 프랑스군의 중장갑 기병대에 맞서 소총수와 기병, 장창병의 연합 공격으로 대승하였다.

이러한 변화는 양성과 유지에 돈이 많이 드는 중장갑 기병이 한낱

소총수의 저격으로 사라지는 시대가 열린 것을 의미하고, 나아가 중장갑 기병에 의지하고 있던 귀족들의 특권이 사라지는 계기가 된다.

돈이 전쟁을 만들고, 전쟁이 돈을 만든다

서유럽 국가들의 재정 능력은 강력한 군대를 조성하는 데에 큰 역할을 했다. 화약 무기를 개발하는 것뿐만 아니라 상비군을 유지하고 용병을 고용하는 데에는 엄청난 돈이 들어갔다. 다행히도 프랑스는 백년전쟁 이후 강력한 내부 통합으로 세금을 늘릴 수 있었고 세금의 80퍼센트 이상을 전비에 쏟아부었다. 에스파냐는 신대륙의 발견으로 16세기에 엄청난 금과 은이 유입되면서 용병 부대를 고용하고 화약 무기로 무장할 수 있었다.

돈을 받고 전쟁에 참전하는 용병 계약은 15세기에 일반적인 일이었다. 1500년경에는 대체로 귀족인 모병 지휘관이 국왕 등의 고용주와 계약을 맺고, 계약을 이행하기 위해 병사를 찾아 나섰다. 용병과 상비군의 차이점은 왕과 모병 지휘관의 관계, 그리고 선급금의 지급 여부였다. 이 당시의 전쟁은 상비군에 기반을 둔 국가의 공공사업이기보다는 오히려 통치자가 군사 기업가에게 하도급을 주는 민간사업이었다. 상비군이 많은 프랑스도 중요한 전투를 치르기 위해서는 용병이 필요했다.

이러한 군사 비즈니스의 핵심은 신용이었다. 모병 지휘관의 토지와 재산, 군인으로서의 명성이 지급을 보증했다. 용병들은 모병 지휘관이 약속된 돈을 줄 것이라 믿고 싸웠고, 제때 보수가 지급되지 않으면 폭도로 변했다. 카를 5세 때 용병들이 로마를 약탈하고, 16세기 후반 안트베르펜에서 용병들이 폭동을 일으킨 것은 모두 보수가 제때 지급되지 못했기 때문에 일어난 일이었다.

남부 독일은 전쟁 사업의 발원지이자 가장 국제화되어있는 용병 시장이었다. 그것은 남부 독일의 풍부한 신용 덕분이기도 했지만, 작은 분쟁과 전투가 끊이지 않는 지역 특성 때문이기도 했다. 독일을 중심으로 명맥을 유지해온 신성로마제국은 분권화된 연합국가 형태로, 영주와 도시들이 영토와 교역로를 놓고 늘 싸웠다. 이 지역의 끊임없는 분쟁은 용병에 대한 수요를 창출해냈다. 유럽에서 남부 독일보다 용병 시장이 발달한 곳은 없었다.

특히 유명한 것은 남부 독일의 란츠크네히트Landsknecht였다. 이들은 어깨를 맞댄 밀집 대형으로 싸우는, 발로 뛰는 장창병들이었다. 그들의 장창은 중기병의 돌격까지 격퇴할 수 있었고, 밀집된 사각형 대형은 전진하면서도 적군의 보병을 깔아뭉갤 수 있는 추진력을 제공했다. 전진하는 장창 대형은 엄청난 중량과 놀라운 속도, 그리고 단합력을 갖추고 있었지만 그런 수준의 훈련과 전문성에는 많은 돈이 필요했다.

이런 전쟁 수행방식은 원래 스위스 연방에서 처음으로 나타났다. 신성로마제국에 굴복할 의향이 없던 알프스의 주들은 상호 지원과 방어를 위한 동맹을 맺었다. 이들은 신성로마제국의 주축이었던 합스부르크 왕가와 부르고뉴 공국의 공격을 물리치고 독립을 지켰다. 이들은 스스로 지키는 민병대 시스템이었다.

약 200년 동안 그들은 무적이었다. 1474년 부르고뉴의 공작 샤를 공이 프랑스 국왕과 싸우는 부르고뉴 전쟁이 일어났다. 이때 프랑스를 지원한 스위스 용병들의 놀라운 실력으로 스위스 동맹이 승리했고, 샤를은 전사한다. 스위스 용병은 그라나다 전쟁 초기에 카스티야의 여왕이사벨라를 위해서 싸우기도 했으며, 1494년 이래로 발생한 이탈리아 전쟁 때도 대단한 활약을 보였다. 본래 스스로를 지키기 위해 조직된 민병대 시스템은 계약에 따른 용병 제공에도 유용했다.

스위스의 바로 이웃이 남부 독일이었다. 부러운 마음으로 스위스 용병을 바라보고 있던 오스트리아의 왕 막시밀리안은 1470년대 말부터 스위스 군대를 모방하여 독일 장창보병을 육성했다. 이것이 바로 란츠크네히트 부대였다. 1493년 신성로마제국 황제가 된 막시밀리안은 란츠크네히트에 대한 권리를 가지게 되었지만, 정작 뼛속까지 용병이었던 그들은 황제에게 충성심이 없었다. 왕이나 영주와 계약한 지휘관은 누구든지 신병을 모집할 수 있었다.

돈 때문에 하는 전투였기에 그들은 받아야 할 돈을 요구하는데 거리낌이 없었다. 군인은 동경의 직업이었고 용병에 대한 수요는 늘 차고 넘쳤다. 16세기 초에는 란츠크네히트가 스위스 용병보다 많았다. 민병대의 부산물이었던 스위스 용병과 달리 란츠크네히트는 순수한 시장의 산물이었기 때문이다.

이처럼 용병을 중심으로 한 군사 비즈니스는 무기의 혁신과 함께 16세기 이후 전쟁의 양상을 완전히 바꾸었다. 돈이 화약 무기와 막강한 군대를 만들었고, 계속된 전쟁 과정에서 군사 전략과 기술이 끊임없이 개발되었다. 이것이 17세기 이후 서유럽의 군대가 다른 군대에 패배하지 않은 이유였다. 군대를 통해 강력한 힘을 보유한 왕이 더 많은 재정력을 얻게 되는 선순환이 일어나면서 강력한 군사국가가 등장했다. 이제 서유럽의 군대는 세계 최강이었다.

콜럼버스라는 이름의 벤처사업가

신대륙 발견과 대항해 시대의 개막

이 시대에 유럽 사람들은 왜 목숨을 걸고 대항해를 시작했을까? 이 질문에 대한 답은 생활 수준의 향상 때문이라고 할 수 있다.[27] 흑사병이 수그러진 이후 서유럽의 생활 수준은 가파르게 개선된다. 인구는 3분의 1 이상 줄었는데도 농업기술이 향상된 덕분에 생산량은 크게 줄지 않았다. 1인당 소득 수준은 흑사병 창궐 이전과 대비해서 약 백 년 동안 두 배 이상 늘어났다.

1인당 소득이 늘어나면서 전체 소비 금액 중에서 식료품 비중이 감소하고, 대신 사치성 소비재에 대한 수요가 늘어났다. 지금의 사치성 소비재는 고급 자동차나 명품가방이지만, 15세기 유럽에서 최고의 사치품은 후추와 설탕 등의 향신료였다. 수요가 늘어나니 가격이 오르는 건 당연한 이치였다. 향신료를 사기 위해 많은 금과 은이 필요했다.

그런데 향신료는 대부분 수입품이다. 수입품을 구입하기 위해 금과 은이 계속 해외로 유출되어 국내에 돈이 없어지면 경제 전반에 디플레이션 압력이 높아지게 된다. 금과 은 같은 금속화폐의 가치가 상승하는 대신 농산물과 같은 소비재의 가격은 하락하는 것이다. 당시 서유럽의 소비재 가격은 1400년부터 백 년 사이에 20~50퍼센트까지 내려갔다.

사람들이 모두 금과 은의 가격이 상승할 것이라고 예상하는 순간 시장에서 금과 은은 자취를 감추기 마련이다. 귀족이나 부유한 상인의 금고로 사라져버리기 때문이다. 시장에는 금 함유량이 낮은 저품질의 금화나 위조된 화폐만이 거래되었다. 그러자 사람들은 화폐 거래를 피하고 물물교환이 성행하게 되었다. 디플레이션이 장기간 지속되자 화폐경제가 흔들리기 시작한 것이다. 그 와중에 1453년에는 오스만제국의 술탄 메흐메트 2세가 비잔티움제국의 수도 콘스탄티노폴리스를 점령함으로써 지중해 동쪽으로 가는 무역 길까지 막혀버렸다. 수요는 계속 늘어나는데 공급은 줄어드니 향신료의 가격은 더욱 오를 수밖에 없었다.

대항해 시대는 이러한 시대적 배경 속에서 출현했다. 귀금속과 향신료를 얻어 돈을 벌기 위한 인간의 욕망이 목숨을 건 대항해를 가능하게 했고, 그 결과가 신대륙의 발견이었다. 이를 최초로 이루어낸 국가는 국토회복 전쟁으로 강력한 군대를 가지고 있고 대서양과 접해 있어 항해술이 발달한 이베리아반도의 두 나라, 포르투갈과 에스파냐였다.

신대륙, 세계 경제 흐름을 바꾸다

리들리 스콧 감독의 1992년 작 영화 「1492 콜럼버스」는 콜럼버스의 신대륙 발견 500주년을 기념하여 미국, 영국, 에스파냐 등이 합작하여 만든 대작이다. 제라르 드빠르디유가 콜럼버스역을 맡았고, 콜럼버스의 신대륙 발견 이후 물밀듯 들이닥친 에스파냐 군인들에 의해 파괴되어 가는 아메리카 원주민들의 모습을 사실적으로 묘사한 작품으로 평가받는다.

아직 지구가 평평하다고 여겨지던 그때, 유럽 사람들은 서쪽 바다로 계속 항해하면 낭떠러지 같은 폭포 아래로 영원히 추락한다고 믿었다. 하지만 스페인왕국(에스파냐)으로 이민 온 이태리 출신의 탐험가 콜럼버스는 지구가 둥글다고 믿었고, 그래서 서쪽 바다로 계속 나아가면 인도에 도착할 수 있다는 것을 증명하고 싶어했다.

당시 유럽은 마르코 폴로가 쓴 『동방견문록』이 인기를 끌면서 아시아에 대한 동경으로 가득 차 있었지만, 동쪽 바다를 통해 아시아로 가려면 멀리 아프리카 대륙을 돌아가야 하기 때문에 새로운 길을 찾고 있었다. 콜럼버스의 꿈에 날개를 달아준 것은 당시 카스티야 왕국과 아라곤 왕국이 합병된 에스파냐의 통치자 이사벨라 여왕이었다.

『창발의 시대』는 콜럼버스의 신대륙 발견을 재미있게 소개하고 있

출처 : IMDB(imdb.com)

영화 「1492 콜럼버스 1492: Conquest of Paradise」(1992)는 콜럼버스의 신대륙 발견 500주년을 기념하여 미국, 영국, 에스파냐 등이 합작하여 만든 대작이다. 리들리 스콧 감독이 연출했고, 제라르 드빠르디유가 콜럼버스 역을, 시고니 위버가 이사벨라 여왕 역을 맡았다.

다.[28] 콜럼버스는 신항로 개척을 위한 자금을 후원받기 위해 유럽 왕실을 떠돌다가 이사벨라 여왕을 만났다. 어찌 보면 사기꾼 같기도 한 콜럼버스에게 이사벨라 여왕이 자금을 대기로 한 것은 역사적인 일이었다. 이러한 과감한 결정 덕분에 에스파냐는 세계적인 강국으로 역사의 전면에 부상하게 된다.

콜럼버스는 세 척의 배를 이끌고 에스파냐 안달루시아의 작은 항구에서 출항했다. 그들은 먼저 아프리카 해안을 따라 남쪽으로 카나리아제도까지 항해했다. 여기까지는 콜럼버스가 잘 알고 있는 바다였다. 이제 대서양을 가로질러 서쪽으로 가려면 서쪽으로 부는 바람을 찾아야 했다. 콜럼버스는 카나리아제도 부근에서 부는 바람이 인도로 자신들을 데려가 줄 것이라 확신했다.

콜럼버스와 부하 선원들은 미지의 서쪽으로 항해를 계속했다. 1492년 10월, 드디어 육지가 보였다. 그들은 오늘날의 카리브해의 어딘가에 상륙했고, 3개월 동안 신대륙의 해안을 탐험했다. 그들은 틀림없이 그곳이 아시아 해안이라고 확신했다. 그래서 그곳 원주민들을 인도 사람이라는 뜻의 인디언Indian이라 불렀던 것이다. 완전히 헛다리를 짚은 셈이긴 했지만, 결과적으로 그의 항해는 세계사의 흐름을 완전히 바꾸었다.

콜럼버스에 투자한 벤처투자자들

지금 생각해보면 별 것 아닐 수 있지만, 당시에 서쪽 바다로 끝없이 항해한다는 것은 끝없이 추락하는 지옥으로 스스로 들어가는 것이나 마찬가지였다. 꼭 그렇지 않더라도, 목적지가 정말로 존재하는지조차 알 수 없는 미지의 바다로 나아간다는 것은 그 자체로 목숨을 건 일이었다. 제노바의 선원 콜럼버스를 이렇게 위험한 대서양으로 내몬 것은 정말 환상적인 모험정신이었을까? 그보다 더 큰 이유가 있었다. 바로 이윤, 즉 돈에 대한 욕망이었다.

콜럼버스의 항해가 가능했던 것은 군주와 상인 투자자들 덕분이었다. 배를 마련할 돈, 선원들의 급료, 갑판에 설치된 대포 등 모든 것에는 돈이 들었고 그 돈은 왕실과 상인 투자자들로부터 나왔다. 정확히는 상인 투자자들이 자금을 대고, 왕실은 그들이 요구하는 특혜를 제공할 수 있었다. 말하자면 그들은 오늘날의 벤처투자자였다. 콜럼버스는 항해 중에 이사벨라 여왕과 페르디난드 그리고 금융업자 산탕겔에게 편지를 보냈다.

"우리 신께서 우리의 걸출한 왕과 여왕, 그리고 그들의 왕국이 이토록 고귀한 업적을 성취하도록 허락하셨다. 모든 기독교인은 성 삼위일체께 감사 기도를 드리면서, 그렇게 많은 사람을 우리의 거룩한 믿음으로 개종시킨 것과 우리에게 새로운 활력과 이익을 가져다줄 물질적 혜택에 대하여 경축해야 할 것이다."

그들의 이윤추구 행위 앞에 하나님의 영광이 빠질 수 없었다. 그들의 원정은 물론 원주민에게 행해진 모든 악행도 하나님의 이름으로 정당화되었다. 그러나 실제로 콜럼버스와 왕실 사이에 작성된 계약서에 종교 이야기는 없었고, 오직 무역의 권리와 지역의 통제권에 대한 내용만 들어있을 뿐이다.

콜럼버스가 소량의 금을 비롯해 귀중한 상품들을 들고 돌아옴에 따라 후속 원정을 위한 자금이 쏟아졌다. 2차 탐험 준비를 마친 선박 17척이 아메리카 대륙으로 출항했다. 콜럼버스는 아메리카 대륙의 동해안을 빈틈없이 탐험하고 조사했지만, 정글이나 황량한 대지만 있을 뿐 금·은 광산이나 향신료 등 진귀한 농산물은 발견하지 못했다. 결국 몇 년 만에 빈손으로 돌아간 콜럼버스는 이후 두 번의 탐험을 더 했지만, 그의 후원자인 이사벨라 여왕이 죽은 후에는 지위와 명예를 잃은 채 쓸쓸하게 죽음을 맞이해야 했다.

포기 직전이던 에스파냐에 기쁜 소식이 전해졌다. 1513년 탐험가인 발보아가 파나마 지협을 발견한 것이다. 지협을 넘으면 신대륙의 서해안과 연결되었다. 덕분에 에르난 코르테스는 멕시코 아즈텍왕국을 발견했고, 이어 프란시스코 피사로가 잉카왕국을 발견했다. 거기에는 그들이 사랑하는 금은보화가 산더미처럼 쌓여 있었다.

그들은 아즈텍문명과 잉카문명을 완전히 파괴했다. 1532년 피사로는 잉카제국에 쳐들어가서 단 168명의 군사로 8만 명의 잉카 군대를 상대해 승리를 거두고, 잉카제국 황제 아타우알파를 사로잡았다. 에스파냐 군대에는 무기의 혁신으로 탄생한 총 등의 화약 무기가 있었고, 이는 다른 대륙의 무기를 완전히 압도했다.

그 뒤 탐험가 마젤란이 남아메리카 대륙 남단의 마젤란 해협을 통과해 태평양으로 나왔고, 동남아시아의 어느 섬에 도착한다. 마젤란은 현지의 부족장에게 죽임을 당했지만 그 부하들은 에스파냐에 귀환했다. 마젤란 일행의 귀환으로 이 지역의 존재가 알려졌고, 에스파냐는 해군을 보내 섬을 정복했다. 이 섬은 황태자 펠리페의 이름을 따서 필리핀이라고 명명되었다.

펠리페 황태자는 카를 5세의 뒤를 이어 에스파냐 왕에 올랐고, 1571

년 마닐라를 건설하여 태평양의 거점으로 삼았다. 에스파냐는 이렇게 아메리카와 태평양에 식민지를 건설하면서 '태양이 지지 않는 제국'이 되었다.

원주민의 피와 눈물로 이뤄진 최초의 세계화

콜럼버스의 신대륙 발견은 인류 역사상 최초로 세계화의 시작을 알린 사건이지만, 원주민들 입장에서는 비극의 씨앗이었다. 콜럼버스와 부하들이 탐험 과정에서 벌인 원주민에 대한 착취 등 많은 악행은 이후 에스파냐가 신대륙에서 벌인 잔혹한 만행들의 표준이 되어버렸다.

이후 에스파냐 군인들의 만행은 국토회복 전쟁에서 이교도들을 척살했던 잔인성에 물질에 대한 탐욕까지 더해지면서 더욱 심해졌다. 탐험과 신앙의 이야기로 포장되기는 했지만 사실상 상인들의 철저한 손익계산, 금융과 벤처 투자, 그리고 탐욕스러운 약탈자의 이야기다.

게다가 선원들과 함께 들어온 구세계의 질병은 수십 년 안에 신세계의 원주민들 대부분을 몰살했다. 주민의 90퍼센트 이상이 천연두 등의 질병으로 죽었다. 덕분에 에스파냐의 정복자들은 잉카제국과 아즈텍제국을 쉽게 무너뜨리고 신대륙의 금과 은을 유럽으로 가져갔다.

이들의 비도덕적이고 비인간적인 악행에도 불구하고, 콜럼버스의 신대륙 발견은 기존 세상의 틀을 완전히 바꾸었다. 그것은 서유럽인들에게 신의 축복 같은 일이었다.

후추와 황금을 위해 목숨을 걸었다

포르투갈의 부흥과 동인도 항로 개척

우리가 지금은 일상적으로 쓰는 것들이 과거에는 사치품인 적이 있다. 예를 들어, 내가 어릴 때 바나나는 아무나 먹을 수 있는 과일이 아니었다. 그때는 바나나 한 개 값이면 자장면을 몇 그릇이나 먹을 수 있었다. 소금도 그렇다. 지금은 몸에 좋지 않다며 나트륨을 줄이려고 별짓을 다 하는 시대이지만 중세 유럽에서 소금은 매우 귀한 것이었다. 저지대 국가인 네덜란드에서는 대서양 연안에서 나오는 천일염으로 청어를 염장해서 팔았는데, 이후 소금의 유통에 나서면서 네덜란드인들이 부자가 되었다는 것은 다 알려진 이야기다.

설탕은 어떠한가? 지금은 백해무익하다며 섭취를 줄이자는 운동이 일어나고 무설탕 식품이 인기를 끌지만, 근세에는 아무나 먹을 수 없는 사치품이었다. 설탕은 흑인 노예의 눈물이었다. 설탕의 원료인 사탕수수의 원산지는 인도 갠지스강 유역이라고 알려져있지만, 이후 쿠바와

브라질 등 남아메리카로 이식되어 플랜테이션 농업으로 대량 생산되었다. 여기에는 아프리카에서 노예무역으로 팔려 간 흑인들이 투입되었다. 설탕은 복잡한 과정을 통해 노동집약적으로 만들어지기 때문에, 설탕 때문에 머나먼 타지에 팔려간 흑인들은 노예보다 못한 생활을 했다.

비슷한 맥락에서, 우리가 상상하는 것 이상으로 경제사에 중요한 역할을 차지하는 것이 바로 향신료, 특히 후추다. 대항해 시대의 개막과 식민지 획득 경쟁은 금·은 등의 귀금속과 함께 바로 이 향신료를 얻기 위한 것이라 해도 과언이 아니다.

대체 향신료가 무엇이길래 유럽인들은 향신료를 찾기 위해 목숨을 걸었을까? 당시에는 냉장고가 없었기 때문에 고기를 신선하게 보관하기는 쉽지 않았다. 그래서 보통 소금에 절여 놓는데 그러면 맛이 별로 없었으므로, 고기의 맛을 즐기고 싶어 하는 부자와 귀족들에게는 후추나 육두구 등 동방의 향신료를 쳐서 먹는 것이 일종의 유행처럼 번졌다. 이후 유럽에서는 육류의 맛을 내는 데 동양의 향신료가 필수적인 것이 되었다.

금보다 귀했던 향신료의 가치

향신료 중에서도 인도의 후추, 스리랑카의 계피, 반다 제도의 육두구, 몰루카제도의 정향이 유럽에서 인기를 끌었다. 특히 인도에서 실크로드를 따라 전해진 후추는 그리스·로마 시대부터 귀하게 여겨졌던 물품이다. 14세기 초 실크로드를 보호해 주던 원나라의 힘이 떨어진 틈을 타 오스만제국이 발흥했고, 유럽과 동방의 무역로를 차단했다. 향신료는 더 귀해졌다. 유럽에서는 후추 등 향신료의 가격이 폭등해서 원산지 가격의

100배는 보통 수준이었다.

육두구는 그보다 심해서 원산지 가격의 600배까지 치솟았다고 한다. 육두구는 너트메그nutmeg라고도 불리는 검은색 종자로, 캔 음료의 맛을 내는 첨가제로 사용하거나 과일껍질로 잼, 젤리, 버터를 만들어 먹기도 한다. 중세에는 아랍 상인들이 베네치아에서 고가로 판매하였다는 기록이 있고, 17세기에 들어서면 네덜란드가 육두구 무역을 독점하면서 종자반출이 금지되어 유럽 시장에서 매우 비싸게 거래되었다고 한다.

인도네시아 몰루카제도의 향신료인 정향도 엄청나게 귀했다. 약간 매운 듯하면서 향기를 내는 정향은 키 큰 나무에서 피는 분홍꽃이 원료다. 꽃이 피기 바로 직전에 꽃봉오리를 따서 햇볕이나 불을 지펴 말리는데, 말린 꽃봉오리가 못을 닮았다고 해서 정향丁香이라 불렀다. 영어 이름인 클로브clove 역시 못을 뜻하는 클루clou에서 유래했다. 정향은 향기가 좋을 뿐 아니라 부패방지와 살균력이 뛰어나기 때문에 햄, 소스, 수프 등 서양요리에 필수적으로 사용된 향신료이다.

여담이지만, 1770년 몰루카제도에서 정향나무 씨앗을 훔쳐 달아난 프랑스인은 동아프리카에서 재배에 성공했고, 오늘날 탄자니아는 전 세계 정향의 90퍼센트를 생산한다. 반면 과거 정향의 수출국인 인도네시아는 현재 수입국으로 바뀌었다니 역사의 아이러니가 아닐 수 없다. 인도네시아인들이 담배와 정향을 혼합한 크레텍Kretek이라는 담배를 좋아하기 때문에 소비량이 많아서란다. 오늘날 인도네시아인들이 연기로 날려버리는 정향은 세계 생산량의 절반이다.

향신료와 금을 위해 바다로 나서다

다시 말하지만, 포르투갈과 에스파냐가 신항로를 개척한 것은 향신료와 금 때문이었다. 당시 유럽 국가들은 아시아에서 들어오는 향신료가 필요했다. 요리에 다양한 변화를 주신 향신료는 유럽의 상류층에게 필수적인 식자재였고, 살균작용을 가진 향신료는 약의 원료로도 사용되었다.

당시 아시아의 물품을 유럽에 들여오기 위해서는 반드시 오스만제국을 거쳐야만 했다. 그러나 오스만제국은 기독교 국가들과 적대 관계였다. 오스만제국은 수입에는 5퍼센트, 수출에는 2~5퍼센트의 관세를 부과했는데 비이슬람 국가의 상인에게는 최고 세율인 5퍼센트가 부과되었다. 중계무역 상품의 경우 오스만제국에 일단 수입되었다가 다시 수출되기 때문에 최소한 10퍼센트의 관세가 부과되는 셈이다.

게다가 식량 원료 등의 수출에는 높은 관세를 부과했고 특히 향신료 같은 사치품은 더 높은 관세를 매겼다. 그래서 향신료 1그램이 은 1그램, 심지어 금 1그램과 맞먹는다는 말이 있었을 정도로 관세가 높았다. 유럽의 국가들은 오스만제국을 거치지 않고 아시아와 교역할 방법을 찾아야 했다.

이런 상황에 불을 붙인 것이 마르코 폴로의 『동방견문록』이었다. 마르코 폴로는 1271년에 아버지를 따라 동방무역에 나섰고 그 후 원나라의 관리가 되어 1295년 고향 베네치아로 돌아올 때까지 17년간 원나라에 머물렀다. 그 경험으로 후일 『동방견문록』을 썼는데, 여기에는 "중국보다 동쪽에 황금의 나라가 있으며 그곳 사람들은 후추를 물 쓰듯 한다"라고 적고 있다. 이것이 동인도 항로 개발에 불을 붙인 것이다.

에스파냐보다 더 일찍 대항해 시대의 서막을 연 것은 포르투갈이었다. 포르투갈은 대서양에 접해 있다는 지리적 이점을 제외하고는 다른 강점이 없는 나라였다. 중세 이래 포르투갈은 계속해서 이슬람 세력과의 전쟁터가 되어왔기 때문에 경제가 매우 피폐해진 상태였다. 이렇게 궁핍한 포르투갈에 희망을 걸고 거금을 투자한 사람들은 북이탈리아와 독일 도시국가의 상인 및 제후들이었다.

이들은 몇 세기 동안 지중해 무역을 통해 많은 돈을 벌었고 거대한 자본이 축적되어 있었다. 그런데 오스만제국 때문에 지중해 무역이 점차 쇠퇴하자 이들은 축적된 자본의 새로운 투자처를 찾아야 했고, 그들의 눈에 들어온 국가가 대서양에 접한 포르투갈이었다. 이러한 이해관계 때문에 북이탈리아와 독일 도시국가의 대상인들은 포르투갈에 큰 자금을 투자하여 조선업을 일으켰고 포르투갈 국왕을 설득해 포르투갈인들과 함께 신항로 개척에 나섰다.

백여 명의 희생으로 개척한 동인도 항로

포르투갈은 15세기 전반에 자국 해안을 벗어나 해외로 진출함으로써 부국의 길을 밟기 시작한다. 그 시작에는 '항해왕자Navegador'라 불렸던 엔히크 왕자가 있었다. 그는 '죽음의 곶'이라 불리던 서아프리카의 보자도르곶을 개척하여 금과 노예를 얻었다. 이후 주앙 2세 때에는 아프리카를 개척하여 엄청난 금을 확보하는 등 막대한 수익을 냈다. 이런 와중에 1488년 탐험가인 바르톨로메우 디아스는 아프리카 서해안을 돌아서 최남단인 희망봉에 도달했다.

1495년 주앙 2세 사망 후 왕이 된 마누엘 1세는 묵시론적 메시아

사상에 심취해서 인도로의 항해가 이슬람 성전의 열쇠가 될 것이라고 생각했다. 전설로 전해지는 가상의 기독교 영웅인 사제왕 요한을 찾아 동맹을 맺을 수 있다는 공상에 사로잡힌 것이다. 이런 상황 속에서 1497년 리스본의 타구스강 어귀에서 왕의 지원을 받은 탐험가 바스쿠 다 가마의 선단이 출발했다. 이 원정은 네 척의 배와 170명 정도의 인원으로 구성되어 있었다. 항해를 둘러싼 왕과 귀족들 간의 분쟁으로 규모를 키우지 못했지만 대서양 항해와 무역 경험을 갖춘 사람으로 가득 찬 원정대였다. 피렌체 상인들이 자금을 댔다. 금융과 신용, 즉 돈의 욕망이 빠질 리 없었다.

1498년 콜럼버스가 세 번째 항해에 나섰을 때, 비슷한 시기에 바스쿠 다 가마는 희망봉을 넘어 인도 서해안에 있는 향신료의 도시 캘리컷(오늘날의 코지코드)에 도착했다. 콜럼버스가 아메리카 대륙을 인도라 생각하며 탐사하고 있을 때, 포르투갈인에게는 '진짜 인도'의 엄청난 수익이 눈앞에서 기다리고 있었다.

그 당시 인도는 유럽보다 훨씬 풍요로운 국가였다. 후추 이외에도 갖가지 수공업이 발전해 있었다. 캘리컷의 고급스런 무명 옷감은 유럽인들이 한눈에 반할 만했고, 유럽인들은 이 직물에 캘리코라는 이름을 붙였다. 영국의 산업혁명은 이 캘리코에 자극받아 만들어진 면직물 산업에서부터 시작되었다.

1499년, 다 가마와 그 선원들이 2년 만에 리스본으로 돌아왔다. 출항한 170명 가운데 생존자는 55명에 불과했지만, 포르투갈 상인들은 인도에서 온 상품들에 환호했다. 이들의 발견은 단기적으로는 콜럼버스의 원정보다 훨씬 큰 수익을 낳았다. 다 가마는 인도로 가는 직항로, 즉 세계에서 가장 돈이 되는 무역길을 열었다. 서유럽 국가가 이슬람 상인이나 이탈리아 중개상을 거치지 않고 동방으로 바로 가는 직항로가 생겼다. 서구의 동양 진출 시대가 열린 것이다.

귀족과 상인들, 항해 투자로 하나가 되다

정향, 계피, 생강, 후추, 금, 진주, 비단 등 인도양을 건너온 사치품들은 유럽에서 열광하는 상품이었다. 이에 반해 유럽이 교역할 것은 양모 직물, 모자, 설탕, 버터, 꿀벌 등 변변치 못한 것이었지만 다 가마는 항해의 수지타산을 맞출만큼 충분한 향신료를 확보할 수 있었다. 그의 항해는 초기 투자금의 60배에 달하는 수익을 돌려주었고, 덕분에 이탈리아의 투자자들은 상당한 이익을 얻었다. 다 가마가 돌아온 지 불과 6개월 뒤에 출발한 2차 원정대는 13척의 선박과 1,500명 이상의 인원으로 구성되었다. 이들 역시 절반이 넘는 선원을 잃었지만 어쨌든 1501년 후추와 정향을 비롯한 향신료를 가득 싣고 귀환했다.

투자자들은 즉시 다른 벤처사업의 지원에 나섰다. 포르투갈 왕실은 해마다 규모가 확대되는 선단을 파견했고, 상인 투자자들도 이들 항해에 대한 투자를 계속했다. 결혼을 통한 동맹과 장기적인 상업적 유대로, 귀족들과 상인 투자자들은 리스본에서 하나가 되었다. 과거에는 토지에 기초해서 만들어졌던 귀족들의 부가 16세기에 들어오면서 해외 항해에 대한 투자자본으로 전환되었다. 이것은 당시의 일상적인 현상이었다. 1505년 유럽에서 가장 부유하고 영향력 있는 은행업자 푸거 가문도 항해에 투자했으며, 같은 해 독일의 상인투자자 컨소시엄도 거액의 자금을 투자했다.

포르투갈 선단은 인도양의 이슬람 상인과 교역 도시를 겨냥한 해적질에도 관심이 있었다. 다 가마는 바다에서 나포된 이슬람 상선에 불을 지르며 신앙의 이름으로 악행을 저질렀다. 1505년에는 인도 남서부에 위치한 도시 고아에 총독을 두고 이곳을 중심으로 식민지 개척 전략을 폈다. 1517년에는 중국의 마카오를 점령하고 상관商館, factory을 설치하였다.

1515년 포르투갈은 페르시아만 입구에 있는 호르무즈 해협을 점령했다. 베네치아의 향신료 루트를 차단하여 향신료 무역을 독점하려는 의도에서였다. 이때까지 베네치아로 들어오는 향신료는 호르무즈 해협까지 배로 와서 그 이후는 낙타와 함께 짐을 수송하는 카라반들을 통해 시리아나 알렉산드리아로 옮겨졌고, 여기서부터 베네치아까지는 지중해를 통해 갤리선으로 수송되었다. 포르투갈은 호르무즈를 점령하여 베네치아의 향신료 루트를 끊음으로써 아프리카 희망봉 항로를 개척한 자신들이 향신료 교역을 독점하려 한 것이다.

그러나 포르투갈의 계산은 일부는 맞고 일부는 틀렸다. 기존 베네치아의 동방무역이 타격을 받긴 했지만, 카라반들은 페르시아만의 다른 주인인 페르시아 왕국에 돈을 지불하고 17세기까지도 향신료들을 수송했다. 이제 베네치아는 동방으로부터 나오는 무역의 이익을 포르투갈과 나누고 이후에는 에스파냐, 네덜란드, 영국 등과 나눠야 했다.

포르투갈의 짧은 영광

포르투갈은 어떻게 가장 먼저 식민지 열강이 되었을까? 아프리카의 금과 노예, 아시아의 향신료를 수송하는 장거리 무역에서 가장 먼저 두각을 나타낸 것도 포르투갈이고, 동방에서 대서양의 섬들을 거쳐 브라질로 사탕수수를 이식한 것도 포르투갈이다. 홍해 입구에 있는 예멘의 항구도시 모카의 커피도 포르투갈을 통해 인도네시아 자바섬과 브라질로 이식되었다. 모카항을 통하여 유럽 등지로 보급된 예멘산 커피에서는 자연스러운 초콜릿 향이 났다. 다른 커피들도 예멘산 커피를 모방하여 초콜릿 향을 첨가했는데 이를 모카커피라고 부르기 시작한 것이다.

포르투갈의 장거리 항해는 정말 놀라운 성공이었다. 학자들은 이러한 성공의 원인을 포르투갈인들의 강인한 도전정신과 그들의 현지화 성향에서 찾는다. 포르투갈의 도전정신은 지도 제작에도 잘 나타난다. 새로운 항로와 영토를 발견하기 위해 포르투갈 상인들은 지도 제작에 큰 힘을 쏟았으며 이를 통해 해양 탐험을 지원하였다. 또한 식민지로 진출할 때는 현지 언어를 배우고 주민들과 소통하는 등 현지 문화를 존중하고 수용하는 태도를 보였다. 이러한 접근 방식은 포르투갈이 지리적 이점을 활용하여 식민지 열강으로 성장하고 그 영향력을 세계적으로 확장하는 데 큰 도움이 되었다.

아시아에 처음 진출한 포르투갈 사람들의 이해관계는 각기 달랐다. 개인 정착민들은 중국, 일본, 인도 등에 정착하여 현지 무역에 전념했고 국왕과 귀족은 각각 관세수입과 투자수익에, 가톨릭교회는 기독교의 전파에 관심을 가졌다.

포르투갈의 동인도 항로에 경쟁자 에스파냐가 등장했다. 에스파냐의 마젤란은 후일 자신의 이름이 붙여진 남미의 마젤란 해협을 지나 1521년 필리핀 제도에 닿았다. 에스파냐는 지구 반대 방향으로 동방에 도달한 것이다. 신대륙에서 헤매던 에스파냐가 '진짜 인도' 항로를 찾게 되자 포르투갈과 에스파냐 간의 경쟁이 본격화되었다. 곳곳에 두 나라의 중개기지와 식민지가 생겨났다.

이제 1494년 교황 알렉산드르 6세가 선언한 토르데시야스 조약도 더 이상 유효하지 않았다. 토르데시야스 조약이란 유럽 국가들의 해외 영토분쟁을 해결하기 위해 에스파냐와 포르투갈 사이에 체결된 조약이다. 이 조약에 따라 동경 46도 37분을 기준으로 서쪽의 모든 지역은 에스파냐의 영토로, 동쪽의 모든 지역은 포르투갈의 영토로 삼게 되었다. 이에 따라 브라질은 포르투갈의 영토가 되었고 아메리카대륙의 나머지 대부분은 에스파냐의 영토가 되었다.

하지만 동방에서 포르투갈과 에스파냐 두 나라가 다투는 기간도 그리 오래가지 않았다. 1500년대에 포르투갈은 유럽의 젊은이들이 성공을 위해 리스본으로 몰려들 정도로 번성했다. 리스본에 도착한 향신료는 플랑드르의 안트베르펜으로 수송되어 그곳에서 유럽 곳곳으로 판매되었다. 그러나 16세기 중반 이후 에스파냐의 침략으로 안트베르펜이 쇠퇴하기 시작했을 때 안트베르펜 상인들의 대부분은 암스테르담으로 이주했고 일부는 리스본으로 돌아갔다.

1580년 에스파냐의 펠리페 2세가 포르투갈을 합병하면서 포르투갈의 국운이 쇠하기 시작했다. 1640년 에스파냐로부터 독립한 포르투갈은 잠깐 부흥하는가 싶더니 점차 네덜란드와 영국과의 무역 전쟁에 뒤처지면서 쇠퇴했다. 그렇게 포르투갈은 조용히 세계사의 중심에서 내려왔다. 어쩌면 인구 200만에 불과한 서유럽 끝자락의 작은 나라 포르투갈이 아시아에서 1세기 동안, 브라질에서 2세기 동안이나 제국을 유지한 것이 오히려 기적이었는지도 모른다.

이러한 운명은 에스파냐도 마찬가지였다. 1588년 에스파냐의 무적 함대가 영국과 네덜란드 연합군에게 패한 이후 16세기 말부터 네덜란드와 영국도 동인도 항로에 뛰어들게 된다. 17세기에 들어서면서 점차 동인도 항로와 호르무즈의 지배권이 네덜란드에 넘어갔고, 카리브해 연안에서 네덜란드인과 영국인들이 사탕수수와 담배를 경작하기 시작했다.

해가 지지 않는 나라, 무적함대 에스파냐

카를 5세의 전쟁 사업

그라나다 언덕 위에 자리한 알함브라궁전은 에스파냐의 대표적인 명소로 꼽히지만, 사실은 이슬람 세력이 이베리아반도에 남긴 건축물이다. 그 배경에는 레콩키스타Reconquista가 있다. 레콩키스타는 다시 정복한다는 뜻의 에스파냐어로 이슬람에게 빼앗긴 국토를 되찾기 위한 에스파냐의 국토회복 전쟁을 말한다. 이 전쟁은 711년에 시작되어 1492년 이슬람 왕국의 마지막 수도였던 그라나다의 지배권을 빼앗을 때까지 계속되었다.

이슬람 세력은 그라나다를 떠나면서 알함브라궁전을 파괴하지 말아달라고 당부할 정도로 알함브라궁전을 아꼈다고 한다. 그러한 당부 때문인지 아니면 에스파냐인들도 알함브라의 매력에 빠진 것인지 오늘날까지 궁전은 비교적 온전하게 남아있다. 다만 이슬람교의 색채는 상당 부분 지워졌다.

레콩키스타 당시 가톨릭의 정신적 지주 역할을 한 것은 이베리아반도에서 선교 활동을 한 예수의 제자 야고보(산티아고)였다. 그가 묻힌 곳은 현재 '산티아고 데 콤포시텔라'라 불리며, 이곳을 목적지로 한 산티아고 성지순례길은 오늘날까지 많은 사람의 사랑을 받고 있다.

레콩키스타가 완성된 것은 에스파냐의 전성기였던 15세기였지만 그 역사는 8세기까지 거슬러 올라간다. 때문에 이전의 에스파냐와 이슬람의 관계에 대해 이해할 필요가 있다.

에스파냐는 게르만족의 이동으로 서로마제국이 쇠락을 겪고 있던 415년경 서고트족이 로마로부터 아키텐 지방을 정식으로 양도받아 건설한 서고트왕국에서 비롯되었다. 서고트왕국은 에우리크 왕 때에 전성기를 이루며 오늘날의 에스파냐 지역 대부분을 정복했다. 그러나 507년에 알라리크 2세가 프랑크왕국의 클로비스에게 아키텐의 땅을 빼앗기자, 동고트의 테오도리쿠스 왕은 서고트를 병합하여 왕국 전체를 그의 후견 아래 두었다. 테오도리쿠스 왕이 죽은 후 알라리크의 후계자들은 에스파냐를 다시 통일하고 가톨릭으로 개종하였다.

서고트왕국은 711년 이슬람을 지배했던 우마이야 왕조에 의해 멸망한다. 그러나 그 사이에 중동에서는 아바스 왕조가 반란을 일으켜 칼리프의 지위를 빼앗았다. 이때 칼리프의 지위를 빼앗긴 우마이야 왕조의 압드 알라흐만은 750년 이베리아반도로 들어와서 코르도바 지역에 정착하고, 756년 후우마이야 왕조를 세우고 자신을 압드 알라흐만 1세라 칭했다. 이후 이슬람의 지배를 받게 된 이베리아반도는 한동안 '알안달루스'로 불렸다.

알안달루스의 수도인 코르도바는 이후 유럽에서 가장 번영하는 도시로 발전하고, 이와 함께 에스파냐의 문화와 경제도 번창하게 된다. 그러나 시간이 지나면서 알안달루스왕국은 내분으로 흔들렸고, 1031년 칼리프의 시대가 끝나면서 지역마다 군주가 난립하는 소왕국으로 분열되었다.

에스파냐의 중심부에서 이슬람 소왕국들이 난립하고 있는 동안 북부의 프랑스 접경에서는 힘을 키운 가톨릭 세력들이 남하했다. 이들은 각각 레온, 카스티야, 아라곤, 나바라, 카탈루냐 등의 왕국으로 발전하면서 이슬람 세력과 전투를 벌이기 시작했다. 이것이 레콩키스타의 시작이었다. 오랜 갈등의 시간을 지나 14세기 초, 결국 이슬람 세력은 카스티야 왕국을 중심으로 한 가톨릭 연합군에 대패하여 그라나다 왕국을 제외한 모든 왕국의 지배권을 잃었다.

'해가 지지 않는 제국'의 등장

레콩키스타의 중심에는 카스티야왕국이 있었다. 1469년 이베리아반도에서 가장 영향력이 큰 두 왕국이 혼인 동맹을 맺는데, 카스티야왕국의 이사벨라 여왕과 아라곤왕국의 페르난도 2세였다. 그들의 결혼으로 이베리아반도의 가톨릭 세력이 하나로 통합된다.

이들은 1479년 '가톨릭 공동 왕'이라는 칭호를 부여받고, 1492년에는 이베리아반도에 남아있던 마지막 이슬람 세력을 그라나다에서 몰아내며 800여 년에 걸친 레콩키스타를 완성한다. 그해 이사벨라 여왕은 가톨릭 왕국의 통일을 확고히 하기 위해 가톨릭으로 개종하지 않은 이교도들을 이베리아반도에서 몰아내는데, 이때 이슬람교도와 함께 유대인들도 에스파냐에서 추방되었다. 이제 에스파냐는 프랑스를 제외한 서

유럽 대부분과 바다 건너 아메리카 대륙까지 아우르는 '해가 지지 않는 제국'이 되었다.

이사벨라 여왕 부부에게는 영토 복은 있었지만 자식 복은 없었다. 외아들 후앙이 사망하면서 이사벨라 여왕은 왕위를 딸 후아나에게 물려주고 1504년에 사망한다. 그리고 1516년 페르난도 2세까지 사망하자 에스파냐의 국왕 자리는 후아나가 부르고뉴 공작 필리프 1세와 결혼하여 낳은 아들이 계승하게 되었다. 그가 바로 에스파냐와 합스부르크 왕조의 전성기를 이끈 카를 5세(카롤루스 1세)다.

카를 5세는 당대 최고의 학자인 에라스무스에게 교육을 받아 인문적 소양을 갖추었고 신앙심도 두터웠다. 네덜란드에서 나고 자란 탓에 외국인 왕이라는 곱지 않은 시선을 받았지만, 에스파냐 교회의 법령을 준수하고 귀족들의 특권을 해치지 않겠다는 맹세를 한 후에 국왕으로서 권리를 행사할 수 있었다.

카를 5세의 야망은 외할머니 이사벨라 여왕 못지않았다. 1519년에는 할아버지 막시밀리안 1세의 뒤를 이어 신성로마제국의 황제로 즉위했다. 그 과정에는 치열한 왕권 경쟁이 있었지만, 유럽 최고 금융가문인 푸거 가문이 막강한 자금력으로 도운 덕분에 선제후들의 지지를 얻을 수 있었다.

당시 신성로마제국 황제 자리를 놓고 경쟁했던 프랑스 발루아 왕가의 프랑수아 1세는 카를 5세의 매형이자 어릴 적 친구였다. 하지만 황제 경쟁 이후 둘의 관계는 매우 악화되어 급기야는 전쟁으로까지 번진다. 당시 프랑스는 카를 5세의 지배령으로 에워싸여 있어서 프랑스가 지중해로 나가는 방법은 이탈리아를 통한 길밖에 없었다. 그들은 이탈리아의 밀라노 공국을 둘러싸고 전투를 벌였지만, 1525년 파비아 전투에서 카를 5세가 프랑수아 1세를 꺾었다.

1530년대에 접어들면서 신성로마제국 합스부르크 왕가와 프랑스 부르봉 왕가의 대결은 새로운 국면을 맞이한다. 프랑스가 오스만제국과 연합한 것이다. 1529년 오스만제국이 오스트리아 빈을 공격한 이후 기독교 세계는 이슬람을 더 두려워하게 됐다. 그래서 1532년 카를 5세와 독일 제후들은 뉘른베르크에 모여 당분간 신 · 구교 간의 종교 갈등을 접고 오스만제국에 대항하여 공동전선을 펴기로 했는데, 그 와중에 프랑스가 오스만제국과 손을 잡은 것이다.

독실한 가톨릭 국가인 프랑스조차 종교보다 왕실의 이익이 중요했다. 에스파냐가 유럽 세계를 차지하는 모습을 프랑스는 절대로 용납할 수 없었다. 이로써 카를 5세는 오스만제국과도 싸워야 했는데, 두 왕가의 오랜 갈등은 결국 프랑스가 1599년 이탈리아에 대한 권리를 모두 포기하는 것으로 일단락되었다.

전쟁에는 신앙심도 소용없다

에스파냐는 그야말로 전방위적으로 전쟁을 했다. 그중에서도 1527년에 벌어진 카를 5세의 로마 약탈Sacco di Roma은 역사에 남을 무도하고 잔인한 전쟁이었다. 당시 로마를 거점으로 삼았던 교황 클레멘스 7세는 가톨릭의 영향력을 확대하기 위해 이탈리아의 도시국가 및 프랑스와 손을 잡고 반反 합스부르크 동맹인 코냑 동맹을 만들었다.

카를 5세가 깊은 신앙심을 가졌다고는 해도 이를 가만히 두고 볼 만큼은 아니었다. 카를 5세는 신교도인 독일 용병들을 고용하여 로마 교황청을 공격했다. 게오르그 폰 프룬츠베르크가 2만여 명의 용병을 이끌고 로마로 쳐들어갔다.

시민의용군과 바티칸을 지키는 스위스 용병은 용감하게 싸웠으나 이들의 상대가 되지는 못했다. 공격 중에 두 지휘관이 전사하였고, 용병들은 무차별 약탈과 학살을 자행했다. 임금 체불로 인해 불만이 쌓인 용병들이 약탈을 통해 그들의 욕구를 해소한 것이다. 반년 가까이 이어진 약탈과 학살로 로마 인구는 5분의 1로 줄어들었다. 이 사건으로 로마는 쇠퇴하고 가톨릭교회의 권위와 교권도 추락했다.

클레멘스 7세는 로마 약탈 시기에 산탄첼로에 피신해 있었고, 카를 5세의 마음을 돌리기 위해 스스로 출신지인 피렌체를 공격해야 했다. 이때 분노한 피렌체의 시민들이 메디치가를 공격했는데 이때 가까스로 살아남은 어린 소녀가 카테리나 드 메디치였다. 이 어린 카테리나가 후일 프랑스 앙리 2세의 왕비가 되고 세 아들 프랑수아 2세, 샤를 9세, 앙리 3세의 섭정을 하면서 성 바르톨로메오 축일의 대학살을 일으키는 바로 그 카트린 드 메디시스다.

독실한 신앙심으로 유명했던 카를 5세의 가톨릭 국가가 교황청을 공격한 것도 역설적이지만, 신교도를 용병으로 고용한 것은 더욱 이해하기 어려운 일이다. 그 배경에는 정치와 종교, 국가의 이익 등이 서로 복잡하게 얽혀있었지만, 하나 분명한 것은 모두 자신들의 이익을 위하여 싸웠다는 것이다. 교황은 주변 국가들과 함께 거대해진 신성로마제국을 견제하려 했고, 카를 5세는 프랑스와 손을 잡은 교황청에 본때를 보여주려 했으며, 독일의 용병들은 제때 돈만 받으면 되었다. 눈앞의 이익을 위해서는 종교와 사상 따위도 별로 중요하지 않다는 것을 다시 한

번 보여준 사건이다.

하지만 유럽의 절반을 통치했던 최고의 권력자 카를 5세도 역사의 도도한 흐름은 바꿀 수 없었다. 그는 다양성을 바라는 세상과 싸우다가 스스로 지쳐버렸다. 말년에 삶에 대한 회의와 체념에 빠진 카를 5세는 아들 펠리페 2세에게 부르고뉴 공국을 물려줬고 그 이듬해에는 에스파냐와 해외 식민지의 지배권을 양위했다. 신성로마제국의 황제 자리는 동생 페르디난트 1세에게 물려주었다. 조용히 노후를 보내기 위해 에스파냐로 돌아간 카를 5세는 지방의 수도원에서 여생을 보내다가 1558년 병에 걸려 58세의 나이로 쓸쓸하게 사망했다.

전방위적인 전쟁의 시대

1556년 카를 5세의 아들 펠리페 2세가 에스파냐 왕으로 즉위했지만, 재위하고 십 년도 채 되지 않은 1568년 네덜란드가 반란을 일으켰다. 네덜란드 독립을 위한 80년 전쟁의 시작이었다.

1571년에는 오스만제국과 레판토해전이 벌어졌다. 레판토해전의 승리에 고무된 펠리페 2세는 네덜란드를 루터의 신교도들로부터 되찾아오겠다는 결심을 한다. 마침 신대륙으로부터 은이 유입되며 국가 재정이 넉넉해진 것도 이 결정에 결정적 역할을 했다. 이 전쟁은 명분만 종교전쟁이었지 사실 자신들의 속령이었던 플랑드르 지역이 독립하는 것을 막기 위한 전쟁이었다.

하지만 이 결정은 크나큰 실책이었다. 네덜란드와의 전쟁은 1648년 베스트팔렌조약이 체결될 때까지 약 80년간 계속되었다. 중간에 12년 동안(1609~1621) 휴전하기도 했으나 그 기간 중 네덜란드가 부강해지고 있는 것을 알자 바로 다시 전쟁을 시작했다.

그뿐만 아니라 에스파냐는 1580년에 포르투갈을 병합하고, 1588년 네덜란드를 지원한다는 이유로 영국과도 전쟁을 벌였다. 이때 벌어진 것이 유명한 칼레해전이다. 이 전투에서 에스파냐의 무적함대는 엘리자베스 1세가 이끄는 영국의 군대에게 격파당하고 만다. 에스파냐 함대의 피해는 상당히 빨리 회복되었지만 이로써 영국까지 정복하지는 못하게 되었다.

전쟁으로 흥한 자 전쟁으로 망하다

에스파냐의 쇠퇴와 푸거 가문

푸거Fuger 가문은 15세기에서 16세기에 무역, 금속 채굴 및 금융업으로 성장한 유럽의 최고 부자 가문이다. 푸거 가를 일으킨 야코프 푸거는 아우크스부르크의 상인 출신으로, 신성로마제국 황제와 로마 교황과 관계를 맺으면서 유럽 최고의 금융가로 부상했다.

1452년 합스부르크 왕가 출신의 프리드리히 3세가 신성로마제국 황제에 즉위했다. 그다음 해인 1453년 비잔티움제국이 오스만제국에 멸망하면서 그는 허울뿐이지만 유럽의 유일한 황제가 되었다. 그는 재정적 어려움을 해결하기 위해 1477년 아들 막시밀리안을 부르고뉴 샤를 공의 딸 마리와 결혼시킨다. 이 둘 사이의 아들 필리프가 바로 카를 5세의 아버지이다. 이때 성대한 결혼식의 비용을 대겠다고 나선 상인이 야코프 푸거였다. 당시만 해도 다른 금융 가문에 뒤처져 있던 푸거 가는 합스부르크 왕가와의 인연을 통해 도약을 꾀하고자 했던 것이다. 프리드리히 3세는 이에 대한 감사의 표시로 합스부르크 왕가의 문장을 마음껏 쓰도록 허락했다.

이후 푸거 가문은 은광 등 광산업에 진출했다. 오스트리아 티롤 지방의 귀족인 지기스문트에게 무이자로 돈을 빌려주면서 그의 은광에서 나오는 은을 현물로 받았던 것이다. 푸거 가는 이후 이 은광을 차지했고, 신대륙의 은 광산에도 투자했다. 은 정제에 필요한 수은도 독점하여 막대한 수익을 남겼다. 아프리카와 신대륙 간의 노예무역에도 참여했고, 스칸디나비아반도에서 이탈리아까지 유럽 전역에 펼쳐진 사업망을 통해 돈이 되는 일이라면 모두 했다.

메디치를 이은 최고의 금융 가문

15세기 말 메디치 은행이 문을 닫으면서 푸거 가는 본격적으로 금융업에 진출했다. 교황청 영업을 통해 많은 자금을 로마 교황과 신성로마제국 황제에게 대부했고, 유럽 전역에 지점을 두고 교회에서 면죄부를 판 돈을 교황에게 송금하는 업무 등을 처리했다. 1506년 교황청은 스위스 용병으로 구성한 근위대의 설립 및 운용 비용을 푸거 가에 맡겼고, 1509년에는 베네치아의 조폐국인 제카Zecca의 관리도 맡겼다. 푸거 가는 교황의 얼굴이 새겨진 주화를 찍으면서 뒷면에는 자기 집안의 상징인 삼지창과 반지를 넣었다.

푸거 가의 진정한 능력은 1519년 막시밀리안 황제가 사망했을 때 발휘되었다. 신성로마제국의 후계자를 뽑는 선거가 시작되자 영국의 헨리 8세와 프랑스의 프랑수아 1세가 야심을 밝혔고 프랑수아 1세는 교황의 지지까지 받아냈다. 그러나 푸거 가는 에스파냐의 카롤루스 1세를 밀기로 했다. 부르고뉴 지방을 상속받은 데다 아메리카 신대륙까지 소유하고 있는 카를루스 1세의 가능성을 본 것이다.

푸거 가는 엄청난 뇌물을 뿌리면서 신성로마제국의 선제후들이 카를로스 1세를 지지하도록 설득했다. 결국 1520년 에스파냐의 카를루스 1세는 아헨대성당에서 신성로마제국 황제 카를 5세로 즉위한다. 돈의 힘이 정치를 압도한 것이다. 이런 노력은 충분한 결실로 돌아왔다. 1523년 푸거 가문의 독점사업이 법정에서 추궁받게 되었을 때에는 카를 5세가 직접 나서서 소송을 무마시켜주기도 했다.

푸거 가는 구교와 신교가 대립할 때 철저하게 가톨릭을 지지했고, 교황청의 면죄부 판매도 적극적으로 도왔다. 1524년 독일에 농민 전쟁이 일어나자 영주 측에 진압 자금을 대부하기도 했다. 그러나 이것은 독실한 신앙심 때문이라기보다는 교황과 대주교에게 꿔준 돈을 돌려받기 위해서 어쩔 수 없는 일이었다. 야코프 푸거는 돈을 위해서라면 어떤 일이라도 할 수 있는 사람이었다.

하이 리턴, 하이 리스크

푸거 가의 흥망성쇠는 에스파냐의 흥망성쇠와 뗄 수 없는 관계다. 그도 그럴 것이 에스파냐의 막대한 전쟁 비용은 대부분 푸거 가에서 책임지고 있었기 때문이다. 문제는 고수익 사업이었던 만큼 리스크도 너무 컸다는 점이다.

에스파냐는 15세기 이후 유럽 최강의 군사력을 보유했다. 피사로가 이끌던 원정대가 고작 200명으로 잉카제국을 무너뜨린 것에서 알 수 있듯이, 테르시오 방진으로 무장한 에스파냐 육군은 공포의 대상이었다. 에스파냐는 15세기에서 17세기 내내 전쟁을 일으켰다. 오로지 전투에서 이김으로써 힘으로만 협상하려 했고, 지면 수치를 되갚아주기 위해서 싸움을 계속했다. 양보나 타협없이 더는 할 수 없을 때까지 전쟁을 계속했다. 돈을 대는 사람 입장에서 이것은 밑 빠진 독에 물 붓기나 다름없는 일이었다.

1525년 야코프 푸거는 자식 없이 사망하고 그의 조카 안톤 푸거가 뒤를 이었다. 안톤 푸거는 1546년 독일에서 가톨릭과 신교가 슈말칼덴 전쟁을 치를 때 카를 5세의 전쟁 비용을 댔다. 황제는 전쟁에서 이겼지만, 6년간 전쟁 비용을 댄 푸거 가의 희생은 너무나 컸다. 황제는 돈을 갚지 않았고, 담보로 받은 자산의 가치도 점점 떨어졌다. 푸거 가문에 대한 일반 시민들의 불만도 점차 커졌다.

푸거 가의 사업은 안톤의 사망과 함께 쇠퇴의 길을 걸었다. 카를 5세의 후계자인 펠리페 2세는 전쟁에 있어서 아버지보다 더 진심이었다. 오스만제국은 물론 영국과 네덜란드와도 기나긴 전쟁을 시작했다.

문제는 돈이었다. 1556년 펠리페 2세는 카를 5세로부터 에스파냐와 신대륙의 광활한 영토를 물려받으면서 막대한 국가부채까지 함께 물려받았다. 그럴 수밖에 없는 것이 에스파냐가 용병들에게 지급한 돈은 실로 상상을 초월하는 것이었다. 1575년 에스파냐 용병은 보수가 제때 지급되지 않자 안트베르펜을 약탈하고 7,000여 명의 시민을 살상하는 만행을 저질렀다. 이 때문에 펠리페 2세는 1557년, 1560년, 1575년에 걸쳐 세 차례나 파산을 선언했다. 각지의 상인으로부터 빌린 돈을 갚을 수 없다는 채무불이행 선언을 한 것으로, 현대적 의미의 첫 국가 파산으로 볼 수 있다.

채무불이행 선언을 했다는 것은 다음에 돈을 빌리기가 쉽지 않아진다는 것을 의미했다. 새로운 빚을 내기 위해서는 이자를 더 주거나 구미가 당길 만한 담보를 제공할 수밖에 없었다. 펠리페 2세의 뒤를 이은 펠리페 3세가 왕위를 계승할 당시의 국가부채는 국가 수입의 여덟 배에 달했다.

에스파냐가 기울자 푸거 가문도 기울었다

결국 에스파냐는 전투에서는 이겼지만 전쟁에서는 패할 수밖에 없었다. 에스파냐는 17세기 중반까지 네덜란드의 독립을 막는 데 온 힘을 쏟지만 성공하지 못했다. 무적의 테르시오 방진도 네덜란드 군사 천재 마우리츠 백작이 제식훈련을 통해 양성한 보병에게는 고전을 면치 못했다. 1648년 베스트팔렌조약 체결로 네덜란드가 독립을 선언하면서 에스파냐의 번영은 막을 내렸다.

18세기에도 전쟁이 일어났다. 에스파냐 왕위 계승 전쟁(1702~1713)은 표면적으로는 왕위 계승권 다툼이 원인이었지만, 실제로는 에스파냐의 신대륙 무역 독점을 깨려는 유럽 강대국들의 욕심 때문에 발생한 것이었다. 이 전쟁의 결과로 프랑스는 루이 14세의 손자 필리프 앙주 공이 에스파냐의 왕 펠리페 5세가 되었고, 영국도 신대륙에서 노예무역을 할 수 있는 권리와 지브롤터라는 전략적 요충지를 얻었다. 에스파냐만 얻은 게 없었다.

왕위 계승 전쟁은 이미 쇠퇴의 길을 걷고 있는 에스파냐의 상황을 더욱 악화시켰다. 무모하게 전쟁에 몰두하면서 에스파냐의 재정과 경제는 파탄이 났다. 산업에 종사해야 할 젊은이들은 전쟁터로 갔고, 에스파냐의 채무불이행 선언이 이어졌다. 신대륙으로부터 들어온 금과 은도 막대한 전쟁 비용을 감당하기에는 역부족이었다. 돈이 들어오자마자 바로 국외로 나가니 국내 산업에 필요한 자본이 형성되지 않았고 항상 해외의 산업과 금융을 이용할 수밖에 없었다.

에스파냐의 영광은 전쟁에서 시작되었지만, 쇠퇴의 가장 큰 주범도 역시 전쟁이라고 볼 수 있다. 이는 푸거 가문도 마찬가지였다. 펠리페 2세는 유럽 최강의 군주로 군림했지만, 전쟁과 함께 에스파냐의 재정은 파탄지경에 이르렀고 이로 인해 합스부르크와 에스파냐의 돈줄이였던 푸거 가문도 몰락의 길을 걷는다. 결국 1627년 푸거 가는 파산했고 이후 제노바의 금융가들이 푸거 가를 대체했다.

국왕이 종교에 집착할 때 벌어지는 일

가톨릭 우선주의와 세금 문제

『경제 강대국 흥망사 1500-1990』을 쓴 찰스 킨들버거는 에스파냐의 전성기를 합스부르크 가문의 국왕 카롤루스 1세(카를5세)와 펠리페 2세가 통치했던 16세기라고 말한다.[29] 1479년 이사벨라 여왕과 페르난도 왕의 결혼부터 1598년 펠리페 2세의 죽음까지의 시기를 에스파냐의 황금시대로 보는 것이다.

에스파냐의 쇠퇴 시점에 대해서는 의견이 분분하다. 펠리페 2세가 죽은 1598년을 시작으로 30년 전쟁에 휘말리며 재정적 어려움을 겪기 시작한 1620년, 카탈로니아 반란과 포르투갈의 독립전쟁이 시작되어 정치적 · 군사적 어려움을 겪게 되는 1640년, 프랑스 등 다른 강대국의 부상으로 유럽 내 권력을 상실해 가는 1680년 등 다양한 시점들이 제시된다. 분명한 것은 17세기의 어느 시점부터 쇠퇴가 시작되었다는 것이다. 그 이유가 펠리페 2세의 뒤를 이은 국왕들의 힘이 약했기 때문이라는 주장도 있지만, 오히려 그 반대라는 주장도 있다. 펠리페 2세가 자기의 힘을 현명하게 사용하지 못한 것이 더 큰 원인이라는 것이다.

우리에게 중요한 것은 에스파냐가 언제 쇠퇴했느냐가 아니라 왜 쇠퇴했느냐는 것이다. 일찍이 1600년에도 에스파냐의 학자들이 자국의 쇠퇴와 역사의 순환에 관해 연구한 바 있다. 그들은 장자 상속제, 산림 황폐, 성직자의 비대, 육체노동과 공예에 대한 경멸, 화폐 혼란과 강압적인 징세 등을 침체의 원인으로 보았고 이를 극복하기 위해 기술교육, 장인들의 유입, 화폐 안정, 관개사업의 확장 등을 제안했다. 나중에 시카고 대학 경제사학자 해밀턴의 표현에 의하면 역사상 그처럼 훌륭한 진단도 없었지만, 또 그런 좋은 진단이 그처럼 철저히 무시된 적도 없었다.

이런 연구를 종합하여 에스파냐가 쇠퇴한 원인을 들자면 잦은 전쟁과 그로 인한 재정 부담, 은의 유입, 해상패권의 상실, 국내 산업의 부재, 상업과 노동에 대한 경시, 유대인과 무어인 추방, 사회통합 실패, 빈부격차의 심화 등을 들 수 있다. 한마디로 말하면 오직 전쟁에만 몰두하느라 다른 것은 등한시했다는 것이라고 요약할 수 있다. 물론 강대국이 되기 위해서는 전쟁이 필요하지만 이렇게 줄기차게 전쟁만 한 나라를 찾는 것도 쉽지 않다.

반란까지 불러일으킨 소비세 문제

어떤 학자들은 에스파냐 쇠퇴의 또 다른 원인을 가톨릭 교리에의 지나친 집착과 세금에서 찾기도 한다.[30] 카를 5세나 펠리페 2세도 가톨릭에 너무 집착한 나머지 전쟁을 시작했으니 당연히 맞는 말이지만, 여기서는 세금에 좀 더 초점을 맞추고 있다. '가톨릭의 수호자'로 나선 에스파냐가 교회세를 거부할 수 없었고 이 교회세가 에스파냐의 몰락을 가져왔다는 것이다.

전성기인 펠리페 2세 때도 에스파냐는 심각한 재정위기를 겪고 있었는데 그 와중에도 교회세의 굴레에서 벗어날 수 없었던 것이 재정위기의 원인을 제공했다. 국왕은 가톨릭교회로부터 교회세를 빼앗아 올 수 없었지만 그렇다고 직접세를 거둘 수도 없었기 때문이다. 이 때문에 알카발라Alcabala라고 하는 소비세로 재원을 보충하려 하였는데, 이것이 에스파냐를 쇠퇴시킨 원인의 하나였다.

알카발라 소비세는 중세 무렵 이슬람권으로부터 도입되었다가 대항해 시대부터 에스파냐 세수의 주축이 되었다. 그러나 16세기 후반 재정문제가 심각해지자 국왕은 알카발라의 세율을 대폭 인상하고 식료품 등 필수품에도 알카발라를 부과하였다. 이는 국민의 강한 반발을 불러왔다. 거래할 때마다 소비세가 부과되었기 때문에 식료품의 가격이 계속 올라갔다.

평민들은 세금을 내느니 돈을 내고 하급 귀족의 지위를 샀다. 귀족은 세금을 면제받았기 때문이다. 이 시기에 카스티야 지방의 귀족은 60만 명에 달할 정도로 증가했다. 이들은 세금을 내지 않았다. 결국 이로 인해 세수의 기반이 줄고 국가는 쇠약해져 갔다.

펠리페 2세는 알카발라 세금을 네덜란드에도 도입하려고 했다. 그동안 에스파냐는 네덜란드에 특별세를 징수하고 있었는데 거기에 더해 알카발라까지 도입하려 한 것이다. 네덜란드 사람들은 이에 반발하여 봉기를 일으켰다. 포르투갈도 같은 이유로 1640년 무장봉기를 일으켰다. 무리한 세정이 반란을 초래하고, 그 반란을 진압하느라 또 돈이 들어가면서 재정 파탄의 악순환은 멈출 줄을 몰랐다. 결국 교회세 때문에 직접세를 부과하지 못하고 소비세를 도입한 것이 네덜란드와 포르투갈의 독립까지 불러일으킨 것이다.

세계 최강국의 허술한 경제구조

17세기 에스파냐의 수출품은 원재료든 공산품이든 모두 다른 나라 제품에 밀려나고 있었다. 에스파냐산 양모는 아일랜드산에 밀려났고, 빌바오산 철은 스웨덴산에 밀려났다. 여기서 드는 의문은 강대국 에스파냐에 어떻게 이렇게 산업이 발달하지 않았느냐는 것이다.

여기에는 상업과 산업에 대한 에스파냐인의 기피 성향이 한몫했다.[31] 에스파냐 상인의 아들들은 극소수만이 가업을 물려받아 산업에 뛰어들었을 뿐 대부분은 귀족적인 일을 선호했다. 그래서 에스파냐의 산업은 에스파냐인이 아니라 외국인들에 의해 지탱되었다.

에스파냐는 외국 자본가와 금융가는 물론이고 외국 노동자들에게도 매력적인 곳이었다. 독일의 광부와 기술자들은 세고비아에 조폐공장을 건설하고 운영했으며, 제노바 조선공들은 카탈루냐의 조선업을 소생시켰다. 직물업에는 플랑드르인, 유리 제조업에는 프랑스인들이 들어왔다. 1702년 에스파냐에 부르봉 왕가가 들어서기 전까지 에스파냐 남서부 카디스에는 84개의 상사가 있었는데 이중 12개 만이 에스파냐 소속이었고 나머지는 제노바, 네덜란드와 플랑드르, 프랑스, 영국, 함부르크 소속이었다. 에스파냐의 산업은 외국인들이 다 장악했다고 해도 틀린 말이 아니었다.

심지어 징세 청부도 외국인의 손에 넘어갔다. 에스파냐에는 메스타

Mesta라고 하는 목양업자 조합이 있었다. 이들은 정부로부터 광범위한 특권을 얻었고, 금융중심지인 메디나 델 캄포에서 모직물 수출품과 연관된 환어음을 관리했다. 네덜란드에서 싸우는 에스파냐 용병들의 보수와 관련된 특별 어음도 이들의 거래 품목이었다. 그러나 메스타는 에스파냐의 전성기인 카를 5세 때 제노바 상인들에게 인수된다. 더 놀라운 것은 펠리페 2세는 아예 이들에게 수출관세의 징세 청부를 맡긴 것이다. 쇠퇴기도 아니고 최고의 전성기에 그랬다는 것이 더 놀랍다.

여기에는 에스파냐 국내에 부르주아 계층, 즉 상인과 금융가 계층이 형성되지 못한 데 근본적인 원인이 있었다. 왜 그렇게 되었을까?

종교적 집착이 경제를 망쳤다

그 발단은 레콩키스타 시기로 거슬러 올라간다. 이베리아반도를 통일한 이사벨라 여왕은 가톨릭에 집착해 유대인과 이슬람인들은 물론 기독교로 개종한 이슬람교도인 모리스코Morisco까지도 추방했다.

문제는 그들이 그동안 에스파냐 경제의 중추를 담당하고 있었다는 점이다. 당장은 이교도들의 재산을 몰수하여 재정을 보충할 수 있었으나 이는 황금알을 낳는 거위의 배를 가른 격이었다. 가톨릭에 경도되어 다양성을 아우르지 못한 에스파냐는 차별정책으로 국가 발전에 중요한 인재들을 몰아냈다. 이후 그들을 대체할 국내 상인 계층과 제조업자들이 형성되지 않았으니 국내 산업이 발달할 수가 없었다. 자업자득이었다.

가톨릭 교리에 대한 집착은 금융산업의 발전을 막았다. 고리대금업을 금지하는 교황령 때문에 국내 환어음의 결제가 금지되자, 세비야 상인들은 식민지로 출항하는 함대에 물품을 조달하기 위해 자금을 융통하는 것도 힘들었다. 어음이 작동하지 않으니 거래를 위해서 금을 선적해야 했다. 얼마 남아있지 않았던 에스파냐의 자본가들도 은 시장이나 네덜란드 전쟁을 위한 자금 시장 등으로 주의를 돌렸다. 금융이 일어나지 않으니 국내 산업이 발달할 수가 없었다.

농업도 문제였다. 에스파냐는 건조한 기후이기 때문에 무어인들은 관개사업을 해서 아라곤, 그라나다, 안달루시아의 땅을 경작하였고 공동체집단에 의해 관리했다. 그러나 레콩키스타 이후 개종한 이슬람교도인 무어인들이 추방되면서 에스파냐의 하급귀족들이 무어인들 대신 땅을 차지했다. 이들은 관개 사업을 등한시했다.

이런 상황에서 카스티야 건조지대의 양 목축은 땅을 빠른 속도로 황폐화시켰다. 양들은 곡물의 성장을 방해했고 산림도 파괴했다. 이에 따라 에스파냐의 농업은 점차 쇠퇴했다. 1590년에는 에스파냐에 기근이 일어났고, 자국에서 식량을 구하지 못해 발트해로부터 식량을 수입할 수밖에 없는 지경에 이르렀다.

국내 관세의 부과도 상업을 위축시켰다. 바르셀로나는 지중해 국가들과 거래하는 주요 항구였으나, 목양업자 조합인 메스타의 압력으로 에스파냐 정부는 카탈루냐인들이 양모나 모직물을 수출하는 것을 금지했다. 모직물을 부르고스에서 세비야를 거쳐 식민지로 수송하는 것도 세금 때문에 기피되었다. 금융시장인 메디나 델 캄포에서도 해외 사업가들은 카스티야인들과 동등한 자격으로 거래할 수 없었다.

에스파냐에서 상인, 금융인, 농업인은 인기 없는 직업이었다. 모두가 귀족만 되고 싶어 했다. 흘러간 유행어처럼, 그럼 소는 누가 키우나? 결국 부르주아 계층이 제대로 형성되지 못했고, 그로 인해 제대로 된 산업이 발달하지 못한 상태에서는 신대륙으로부터 들어오는 금과 은, 아니 그 무엇도 무용지물이었다. 그렇게 에스파냐는 유럽 최강대국의 지위를 신흥국인 네덜란드에 넘겨줄 수밖에 없었다.

넘쳐나는 은은 어떻게 에스파냐를 망쳤을까

유럽의 가격혁명

세르반테스의 풍자소설 『돈키호테』는 펠리페 2세가 죽고 에스파냐가 전성기가 지나가고 있는 시점인 1605년에 에스파냐에 풍미하던 기사도를 풍자하기 위해 쓰인 소설이다. 이 소설은 세상의 부정과 비리에 맞서기 위해 시골의 하급귀족인 돈키호테가 로시난테라는 늙은 말을 타고 농부인 산초 판사를 데리고 무사 수업에 나서면서 겪는 모험 이야기를 그렸는데, 전편이 3만 부가 팔릴 정도로 당시 기준으로 초대박을 쳤고, 해외로 번역되어 전 세계인들에게 사랑받았다.

작가인 세르반테스는 실제로 전쟁에 나가 왼쪽 팔을 잃었고, 귀국 도중 해적의 포로가 되어 5년간 노예 생활을 했던 경험이 있었다. 그러한 경험 덕분인지 작품 곳곳에는 그 당시의 적나라한 사회상이 잘 그려져 있다. 작품의 배경은 16세기에 일어난 가격혁명 이후의 시대다. 가격혁명은 유럽의 경제발전에 큰 역할을 했다. 무엇보다 통화가 충분히 공급되면서 은에 의한 화폐 경제와 시장 경제가 살아나고, 다시 중세의 물물교환 경제로 회귀할 가능성이 사라졌다. 인구가 늘어나고 수요가 확대되는 상황에 딱 맞춰 화폐의 공급까지 늘어나자 경제가 원활하게 굴러가는 데 큰 도움을 주었다.

이에 따라 유럽의 경제 규모는 비약적으로 확대된다. 적당한 물품 가격의 상승은 기업가들에게 사업의 동기를 제공하면서 신흥 부르주아 계층이 늘어났다. 이들은 점점 정치적인 힘을 형성해 나간다. 그 와중에 중세 시대를 풍미했던 기사 계층은 격동하는 시장 경제의 흐름 속에서 도태되어 봉건시대의 유물이 되었다.

신대륙 발견이 불러온 가격혁명

돈키호테와 중세 기사들을 퇴물로 만들어버린 돈의 힘, 즉 가격혁명은 어떻게 일어났을까? 그것은 은銀의 축복이자 저주였다. 유럽은 수백 년 동안 돈 부족에 시달리고 있었다. 금과 은의 가격이 올라서 부자들과 귀족들이 금화와 은화를 시장에 내놓지 않았기 때문에 거래와 무역이 위축되었다. 시장에서 돈이 사용되지 않는 이유는 고대 로마의 데나리우스처럼 은 함유량을 너무 줄여 아무도 받으려 하지 않아서 발생할 수도 있지만, 반대로 돈의 가치가 갈수록 올라갈 때 아무도 돈을 시장에 내놓지 않아서 발생하기도 한다. 후자를 디플레이션deflation이라고 한다.

중세와 근세는 금과 은 자체로 화폐를 찍어내는 금속화폐 체계였기 때문에 금과 은이 꾸준히 유입되지 않으면 화폐 부족이 일어나서 경제 전반이 침체되는 것이다. 15세기가 그런 시기였다. 유럽 내부의 금 산출량은 4톤을 넘지 않았는데 거기에다가 향신료 등 동방의 사치품 교역으로 유럽의 금과 은이 계속 유출되고 있었다.

그런데 1492년 콜럼버스 대항해 이후 16세기에 아메리카 대륙으로부터 금과 은이 대량으로 유입되자 상황이 달라졌다. 경제학자들은 이 시기를 '16세기의 가격혁명'이라고 부른다. 인플레이션을 넘어 '혁명'이라고 부를 만큼 물가가 폭등했다. 물론 이 시기의 물가 인상은 오스만제국으로 인해 무역로가 막히면서 수입 물품들의 가격이 인상되고, 흑사병이 진정되면서 인구가 늘어난 데에 기인한 면도 있다. 하지만 가장 큰 영향을 미친 것은 역시 막대한 양의 은 유입이었다.

1492년 콜럼버스가 신대륙을 발견한 이후 약 백 년 동안 신은 에스파냐의 편이었다. 잉카와 마야제국에서 금과 은을 약탈할 수 있었고, 이것이 고갈될 무렵인 1545년 포토시에서 사상 최대 규모의 은광이 발견되었다. 일 년 후에는 멕시코 사카테카스에서 은광이 또 발견되었다. 1540년에는 이탈리아의 기술자 바노초 비링구초가 수은을 이용해서 은을 추출하는 공법을 개발하면서 캘리포니아 시에라모레나산맥 알마덴에서 채취되는 풍부한 수은을 활용해 은을 대규모로 생산했다.

에스파냐의 은 유입은 에스파냐 경제와 사회에 어떤 영향을 미쳤을까? 에스파냐의 은 이야기는 거의 모든 세계사 책에 나오는 단골 메뉴지만 그중에서도 『경제 강대국 흥망사』와 『돈의 역사』는 은이 유럽 사회와 에스파냐에 미친 영향에 대해 알기 쉽게 설명하고 있다.[32] 당시에는 은 자체가 화폐로 쓰였다. 일반적으로 화폐의 유입은 그 경제의 성장과 발전에 도움을 준다. 그러나 에스파냐의 경우에는 반대였다.

우선, 은의 유입은 지도자의 눈을 흐리게 했다. 펠리페 2세를 자만하게 했고, 잘못된 판단으로 시작한 네덜란드와의 전쟁은 에스파냐를 깊은 수렁에 빠뜨렸다. 에스파냐는 플랑드르에서 싸우는 용병들에게 어마어마한 양의 은을 지급해야 했다. 그렇게 많은 은이 유입되었음에도 전쟁 때문에 은은 계속 부족했고 결국에는 국가파산을 가져왔다. 이런 식의 파산은 1576년, 1596년, 1607년, 1627년, 1647년, 1653년 이렇게 여섯 차례나 일어났다. 합스부르크 가문의 파산으로 푸거 가와 제노바의 은행가들이 도산했다.

에스파냐 국왕은 더 많은 은을 확보하기 위해 은 수출 허가를 취소하고 법정 관세보다 더 많은 은을 세금으로 거두었다. 심지어 상인이나 은행이 보유한 은화도 압류했다. 지금 기준으로 보면 완전히 신용불량 깡패 국가라 할 만하다. 이렇게 거둬진 은은 전쟁 외에 생산적인 방법으로 쓰일 여유가 없었다.

유럽 전역의 은행가들은 식민지로부터 은을 실은 에스파냐 함대가 도착하기를 초조하게 기다렸다. 은은 에스파냐에 도착하자마자 바로 플랑드르, 발트해, 동아시아, 레반트 등지로 빠져나갔다.

엄청난 부가 모든 것을 바꾸었다

은을 에스파냐 쇠퇴의 원인으로 드는 것은 언뜻 이해하기 어려울지 모른다. 보통의 경우 자원의 발견이 경제를 풍요롭게 해주지만 특정한 상황에서는 경제를 망칠 수도 있다. 경제학에서는 이를 네덜란드병Dutch Disease이라고 한다. 천연자원에 의존해 급성장한 국가가 통화가치 급등, 물가 인상, 급격한 임금 상승으로 인해 제조업의 경쟁력을 잃고 극심한 경제침체를 맞는 상황을 말한다. 소위 '자원의 저주'라 불리는 현상이다. 20세기 북해에서 발견된 천연가스로 인해 오히려 장기 불황을 겪은 네덜란드의 경험을 따서 이렇게 이름이 붙여졌다.

한 역사가는 은 때문에 유발된 에스파냐의 사회변화에 대해서 "엄청난 부를 소유하게 되자 모든 것이 바뀌었다. 농민은 쟁기를 내려놓고 비단옷을 입었다. 상인은 귀족의 풍모를 갖추었고 책상 대신 말안장에 올라타고 길거리를 오르내리며 퍼레이드에 참여했다. 자기 과시와 왕실의 사치가 극에 달했고 오히려 부채가 늘어 갔다"라고 말했다. 에스파냐의 한 학자는 "우리 왕국은 아메리카에서 유입된 금과 은으로 세상에서 가장 부유한 왕국이 될 수 있었지만, 금과 은을 우리의 적인 다른 왕국으로 보내는 징검다리로 전락한 까닭에 우리는 가장 가난한 존재가 되고 말았다"라고 한탄했다.

에스파냐가 네덜란드 독립전쟁에서 싸우고 있는 용병들에게 지급한 은이 어떻게 본토에서 플랑드르 지방으로 전달되었는지 살펴보자. 단순히 생각하면 그냥 해상으로 은을 전달하면 될 일이다. 그러나 영국의 군함과 사략선(국가가 공인한 해적선)이 지키고 있는 도버해협을 건너는 것은 불가능한 일이었다. 다른 경로를 생각할 수밖에 없었다.

첫 번째 대안은 알프스 경로였다. 일단 바르셀로나로 가서 제노바로 이동한 다음 알프스를 넘어서 플랑드르로 가는 길이었다. 이 경로의 문제점은 길이 매우 험난하고 오래 걸릴 뿐만 아니라 적대적 주민이나 도적의 공격에 노출될 위험이 크다는 점이다. 또 다른 길은 프랑스의 통행증을 발부받아 낭트에서 파리로, 다시 파리에서 플랑드르로 전달하는 경로였다. 문제는 프랑스에 통행세로 은의 3분의 1을 주어야 한다는 것이다.

마지막 대안은 국제금융인이 끼는 아시엔토Asienato라는 단기채 방식이다. 아시엔토는 계약 또는 청부 약속이라는 뜻이다. 이것은 플랑드르나 안트베르펜, 프랑크푸르트의 은행가들이 에스파냐 정부에 어음을 발행하고 이 어음을 받은 용병 대장이나 용병 회사가 현지에서 은을 받는 구조이다. 세 가지 방법 중에서 가장 효과적이었다.

국제금융인들은 그 대가로 에스파냐로부터 은을 받아서 국외로 거래할 수 있는 특권을 얻었다. 하지만 문제는 펠리페 2세, 3세, 4세를 거치면서 이 아시엔토를 너무 남발하다 보니 나중에 어음을 결제해줄 은이 없었다는 것이다.

이제 무적함대는 없다

아메리카 식민지도 에스파냐 국내에는 오히려 부정적인 요인으로 작용했다. 16세기에만 약 10만 명의 에스파냐인이 신대륙으로 이주하였는데, 그들 중 상당수는 정력적이고 창의적인 인재들이었다. 절반은 지주계층이었고 나머지는 농부, 기술자, 상인, 장교, 성직자들이었다. 에스파냐인 중에 도전적이고 혁신적인 계층은 대부분 군인이 되거나 신대륙으로 이주했다. 국내 산업에 몸담을 젊은 인재는 부족할 수밖에 없었다.

많은 역사가들은 에스파냐 쇠퇴의 다른 원인으로 해운업과 조선업의 쇠퇴를 들고 있다. 당시는 해군력과 상단이 중요한 시대였다. 그러나 에스파냐의 국제수지와 재정의 악화는 해운업에도 심각한 영향을 미쳤다. 비스케이만灣에 접한 북쪽 해안 빌바오 항구는 에스파냐 해운업의 중심이었다. 빌바오는 목재가 풍부했고 철과 인력도 풍부한 조선업 중심지였다. 그러나 사략선 업자들과 해적들의 공격, 해전 등으로 선박은 계속 줄었다. 지중해의 무역항구 바르셀로나는 갤리선을 건조하는 조선소가 있었지만, 목재와 노수가 부족해지면서 에스파냐는 조선업의 상당 부분을 제노바에 의존했다.

16세기 후반까지 에스파냐의 상선은 영국과 프랑스의 두 배에 달했으나 17세기에 들어서자 선박 수가 급격하게 줄고 에스파냐의 항구는 외국의 배들로 가득 찼다. 반면에 북해를 다니는 선단, 대서양 선단, 호위함대 등으로 선박에 대한 수요는 계속되었기 때문에 해운업에 투입될 선박 수는 늘 부족했다.

상선은 전시에 군함으로 이용되는 경우가 많았기 때문에 해운업과 조선업의 쇠퇴는 곧 해군력의 쇠퇴를 의미하는 것이었다. 에스파냐의 무적함대는 더 이상 무적이 아니었다. 안달루시아의 세비야 지역은 대서양과 지중해에 쉽게 접근할 수 있어서 신대륙으로 가는 에스파냐의 주요 항구였다. 하지만 신대륙과의 독점 무역은 이를 질시하는 주변 국가들로부터 침식당했다.

영국, 네덜란드, 심지어 프랑스의 상선들은 신대륙으로 직항함으로써 세비야의 독점 무역을 잠식했다. 은 수입에 부과된 관세를 피하려고 세비야 대신 리스본에 가서 은을 거래하거나, 카디스에서 네덜란드 동인도회사나 영국 동인도회사에 은을 팔아넘기는 상인들도 많았다. 심지어 영국이나 네덜란드 함선에 약탈당하기도 했다.

에스파냐에는 독이 되었지만, 다른 유럽 국가들에게 은의 발견은 축복이었다. 빠르게 유럽으로 유입된 은은 몇 세기 동안 진행되었던 유럽의 화폐 부족을 일거에 해소해 주었다.

은의 대량 공급이 유럽 국가에만 혜택을 준 것은 아니었다. 그 당시에는 중국도 은 부족을 겪고 있었다. 16세기 중엽 일조편법一條鞭法의 시행으로 은이 법정주화가 되었고, 중국 역시 경제발전을 위해서는 은이 절실히 필요했다. 그래서 에스파냐는 멕시코에서 은을 싣고 출항하여 중국에 도착해 은을 사치품과 교환했고, 이 사치품을 유럽으로 되가져와서 팔았다. 이 덕분에 중국의 비단이나 도자기 등 사치품들이 유럽에 대량으로 들어올 수 있었다. 은이라는 보편적 통화로 세계가 연결되면서 동서 간 무역량이 엄청나게 늘어났다. 은으로 인해 전 세계적인 글로벌 교역망이 출현한 것이다.

다양성과 포용주의가 답이다

오스만제국과 유대인을 수용한 국가들

오직 가톨릭만을 중시하느라 나라가 기우는 것도 몰랐던 에스파냐와 완전히 반대되는 사례가 바로 오스만제국이다. 오스만제국은 13세기 말 몽골의 전성기가 지나고 이슬람 세력이 다시 힘을 모으기 시작할 무렵 중앙아시아에서 온 부족의 수장이었던 오스만 1세가 소아시아에 세웠다. 유럽에서는 오스만 튀르크라고 불렸다. 14세기에는 쇠퇴의 길로 들어선 비잔티움제국 대신 발칸반도를 차지했고, 1453년 황제 메흐메트 2세는 급성장한 국력을 바탕으로 콘스탄티노폴리스를 함락시킴으로써 허울뿐이던 동로마제국을 멸망시켰다.

오스만제국은 다민족주의를 취하면서 다양한 민족을 하나로 묶어 통치했다. 이슬람권에는 튀르크인, 이라크 · 아랍인, 쿠르드인, 아르메니아인, 몽골인 등이 있었고 발칸반도와 아나톨리아반도에는 기독교인들이 있었다. 오스만제국은 기독교 신자들에게도 신앙의 자유를 인정해

주었다.

인재 등용에서도 민족 화합의 정책을 폈으나 그 방식은 꽤 강압적이었다. 발칸반도에서 기독교 신자의 자녀들을 강제로 데려와 이슬람교로 개종시킨 후, 영재교육을 해서 이들이 성인이 되면 관료나 군인으로 등용했다. 데브시르메Devsirme라는 이 제도는 기독교인 부모들에게는 가혹한 제도였으나 오스만제국의 군사와 행정을 지탱하는 중요한 제도였다. 그들 중에 고위 관료가 되어 오스만제국 정부의 요직에 앉는 경우가 많았다. 군 지휘권을 행사하는 황제 직속 예니체리Yeniçeri 부대도 영재교육을 받은 기독교 신자 중에서 유능한 자를 뽑아서 만들었다.

이슬람교 신자의 자제가 아닌 기독교 신자의 자제를 군 지휘관으로 선발한 이유는 내부의 반란을 두려워했기 때문이다. 이렇게 기독교 세력을 회유함으로써 두 종교가 균형을 이루게 하여 오스만제국의 권력 구조를 공고하게 했다.

기독교인을 통크게 포용한 오스만제국

오스만제국이 번영했던 또 다른 이유는 세제였다. 오스만제국은 중앙집권제도를 유지했다. 중세 유럽 국가들과 달리 오스만제국은 국가가 모든 지역의 징세권을 가지고 있었다. 덕분에 전 지역에서 거둔 세수로 신식 무기를 갖추고 강력한 힘을 가진 상비군을 길러냈다. 오스만제국의 군인 급여기록을 보면 1609년에 6만6,000명에 달하는 상비군을 보유한 것으로 나와 있다. 유럽에서는 비싼 돈을 주고 용병을 쓰고 있을 때 오스만제국에서는 국가가 급여를 주는 직업군인만 6만 명이 넘었으니 당시 유럽 국가들이 오스만제국을 이기기는 쉽지 않은 일이었다.

이렇게 강력한 군사력은 콘스탄티노폴리스 함락이라는 결과로 이어진다. 비잔티움제국을 멸망시키고 물류의 중심지인 콘스탄티노폴리스를 손에 넣은 사건은 오스만제국 번영의 가장 중요한 분기점이 된다. 당시 동서양 무역은 중국과 중앙아시아를 거쳐 유럽으로 이어지는 육로인 실크로드가 있었고, 동남아시아 쪽에서 말라카해협과 인도양을 거쳐 페르시아만으로 오는 해상경로가 있었는데, 이 두 경로 모두의 중앙 터미널이라고 할 수 있는 도시가 바로 콘스탄티노폴리스였다. 오스만제국은 콘스탄티노폴리스의 이름을 이스탄불로 바꾸고 수도로 삼았다. 이후 오스만제국은 유럽과 아시아를 연결하는 동서교역을 관리했다.

이 무렵 독일에서 오스만제국으로 총이라는 강력한 무기가 전해졌다. 오스만제국의 셀림 1세는 예니체리를 비롯한 군대를 총으로 무장시키면서 군대의 근대화를 적극적으로 추진했다. 이를 바탕으로 셀림 1세는 1514년 이란의 사파비 왕조로부터 이라크 땅을 빼앗았고, 1517년에는 이집트의 맘루크 왕조를 정복하며 이슬람 세계의 패권을 장악했다. 이로써 오스만은 발칸반도, 아나톨리아반도, 시리아, 이집트 등을 차지한 대제국이 되었다.

셀림 1세가 죽고 황제가 된 아들이 그 유명한 쉴레이만 1세이다. 그는 유럽내륙까지 침략해 헝가리를 정복하고 1529년 오스트리아의 수도 빈을 포위했다. 함락에는 실패했지만 유럽 전체에 오스만제국의 힘을 보여준 사건이었다. 쉴레이만 1세는 1538년 프레베자 해전에서 에스파냐-베네치아 연합군에 승리를 거두며 명실공히 지중해의 패자로서 해상권을 장악했다.

그러나 에스파냐와 포르투갈이 신항로를 개척하자 오스만제국의 중계무역은 침해를 받게 된다. 이에 오스만제국은 1535년 프랑스와 특별협정을 맺고 통상특권을 부여했다. 오스만제국에서 장사하는 프랑스 상인에게 치외법권, 영사재판권, 개인세 면제, 재산 · 주거 · 통행의 자유 등 특권을 인정해 준 것이다.

이후 오스만제국은 1580년에 영국과, 1612년에는 네덜란드와 유사한 협정을 맺었다. 강력한 종교 국가이면서도 가톨릭 국가를 배척하는 대신 협력 관계를 유지했던 것이다. 이런 과정을 통해 오스만제국은 서유럽 국가들이 부상하는 와중에도 꽤 오랫동안 세계 무역의 중심 국가로서 위상을 유지하였다.

오스만제국은 14세기부터 600년 이상을 존속한 대제국이었다. 강력한 군대를 갖춘 군사 대국이면서 이슬람교의 번영을 상징하는 종교 국가였다. 오스만제국의 이슬람 상인들은 세계 경제에 큰 영향을 미쳤다. 그중 하나가 오늘날 전세계적으로 사용되고 있는 아라비아 숫자이다. 당시 유럽에서는 로마 숫자를 사용하고 있었는데, 로마 숫자는 단위가 커질수록 알아보기 어렵고 혼동되는 단점이 있었다. 그 와중에 이슬람 상인들로부터 전해진 아라비아 숫자는 중세 이탈리아 상인들이 금전이나 장부 기록에 사용하면서 순식간에 유럽 전역으로 보급되었다.

오늘날 회계의 기준이 된 복식부기 역시 마찬가지다. 복식부기는 당기손익과 자산증감의 양쪽을 분석함으로써 회계 상황을 정확하게 파악할 수 있는 선진기법이었다. 복식부기의 기원에는 여러 설이 있지만, 이슬람 상인이 기본틀을 만들고 피렌체 상인들이 이를 받아들여 사용하면서 유럽 전체로 보급되었다는 설이 가장 유력하다.

유대인, 핍박을 벗어나자 재능을 꽃피우다

오스만제국의 다문화 정책은 유대인들에게도 적용되었고, 덕분에 유대인들은 이슬람의 영토 안에서 다양한 경제활동을 할 수 있었다. 15세기에는 서유럽에서 추방된 많은 유대인이 오스만제국으로 이주했다. 유대인들은 무역이나 금융, 무기 제조 등의 기술을 가지고 있어 오스만제국이 호의적이었기 때문이다. 이곳에서 유대인은 환전상 등 금융 분야에서 두각을 나타내 세계적인 은행가로 성장하기도 했다. 19세기 아편 무역을 장악한 사순 가문도 이 무렵 이라크 바그다드에 정착하여 성장한 가문이었다.

당시 바그다드에는 궁정의 금융과 재정을 담당하는 유대인들이 적지 않았다. 당시의 은행업은 유대 상인들로부터 예금을 모아 아랍인들에게 빌려주는 형태였다. 물론 유대인 금융업자가 사회에 물의를 일으키는 경우도 간혹 있었지만, 서유럽과 비교할 때 오스만제국은 유대인들에게 훨씬 호의적이었다.

과거에 유대인들은 에스파냐의 돈줄 역할을 했었다. 카스티야 왕국은 국토회복 전쟁을 위한 전비 마련을 위해 유대인을 받아들였고, 유대인들의 돈은 이베리아반도에서 이슬람 세력을 몰아내는 데 큰 역할을 하였다. 그 와중에 발생한 14세기 흑사병은 에스파냐 왕국에 유대인을 추방할 좋은 명분을 제공했다. 국토회복 전쟁을 완성한 15세기 말도 마찬가지였다. 결국 이베리아반도를 통일한 에스파냐 왕국은 1492년 유대인을 추방하고 그들의 재산을 몰수하였다. 하지만 이것은 에스파냐의 실수였다. 황금알을 낳는 거위의 배를 가른 것이다. 유대인들이 계속 상업과 금융업에 종사하도록 하고 그들로부터 오랫동안 세금을 걷는 것이 훨씬 이득이기 때문이다.

에스파냐에서 추방된 30만 명의 유대인들은 오스만제국 외에도 플랑드르 지방의 브뤼헤나 안트베르펜 지방에 정착했고, 16세기 후반에 이르자 네덜란드 암스테르담으로 이주했다. 재미있는 것은 유대인들이 에스파냐를 떠나 네덜란드로 간 지 100년도 되지 않아서 유럽의 패권도 에스파냐에서 네덜란드로 넘어갔다는 것이다.

네덜란드는 신교의 나라로 종교에 대한 차별이 없었고 자유와 창의가 번뜩이는 나라였다. 상업, 무역, 금융의 귀재인 유대인들의 시대가 열린 것이다. 암스테르담에는 근대 자본주의가 발아하면서 최초의 주식회사인 동인도회사, 그리고 최초의 근대식 은행과 증권거래소가 세워졌다. 암스테르담은 유럽의 경제 중심지로 부상하기 시작했다. 네덜란드가 에스파냐와의 전쟁에서 승리하고 1648년 독립하게 된 데에는 이렇게 만들어진 부가 바탕이 되었다.

유대인들에게 자유가 주어지자 실로 엄청난 성과가 생겨났다. 그동안 핍박과 억압에 시달려 능력을 펼치지 못한 유대인들에게 기회가 온 것이다. 과거 유대인들의 상황이 얼마나 좋지 않았는지는 윌리엄 셰익스피어가 쓴 희곡 『베니스의 상인』을 보면 잘 이해할 수 있다. 1596년경의 작품으로 1600년에 초판이 발행되었고, 중세 유럽에서 가장 부유했던 도시인 베네치아를 배경으로 하고 있다. 셰익스피어가 영국인이라서 '베니스'라는 영어식 지명이 사용되었다.

내용은 이렇다. 바사니오는 사랑하는 연인 포시아에게 청혼하기 위해 돈이 필요했고, 친구이자 상인인 안토니오에게 돈을 빌려달라는 부탁을 한다. 그러나 안토니오도 무역에 전 재산을 투자한 상태라 당장 수

중에 돈이 없었고, 두 사람은 유대인 고리대금업자 샤일록을 찾아간다. 샤일록은 그동안 유대인이라고 자기를 무시했던 안토니오에게 기한 내에 돈을 갚지 못하면 안토니오의 가슴에서 살 1파운드를 베어낸다는 조건을 내건다. 안토니오는 이를 수락하고 그렇게 빌린 돈으로 바사니오는 포시아의 결혼 승낙을 받아내지만, 안토니오는 자신의 화물을 실은 배가 난파되어 모든 재산을 잃게 된다. 샤일록의 빚을 갚지 못해 안토니오가 목숨을 잃을 위험에 빠지자, 바사니오의 약혼녀 포시아가 재판관으로 변장하여 법정에 나가 "살은 베어 가더라도 피는 한 방울도 흘리면 안 된다"라고 판결하였다. 이에 따라 안토니오는 위기에서 벗어나고, 샤일록은 재산 몰수와 기독교 강제 개종 명령을 받는다.

당시 유대인에 대한 혐오가 고조되었던 유럽의 상황을 반영하여 셰익스피어는 샤일록을 악랄한 고리대금업자로 창조한 것 같다. 하지만 당시의 시대상을 좀 더 현실감 있게 느껴보고 싶다면 마이클 래드포드 감독의 2004년 작 영화 「베니스의 상인」을 보는 것이 더 낫다. 영화는 그 당시 유대인의 상황을 잘 보여준다. 유대인을 특정한 거주지역에 강제 격리하기 위한 게토Ghetto가 처음으로 생겨난 곳이 바로 베네치아였다. 유대인은 낡은 벽으로 둘러싸인 게토 지역에서 살며, 해가 지면 게토 밖을 나오지 못했다.

이렇게 유대인들을 학대하면서도 자기들이 필요할 때는 돈을 빌려달라고 찾아가는 기독교인들의 모습은 언뜻 이해가 가지 않는다. 이 영화에 달린 댓글만 봐도 "샤일록이 뭘 잘못한 건지", "기독교의 횡포에 당한 유대인", "불쌍한 유대인 알 파치노"라는 글들이 남겨져 있다. 오늘을 사는 우리의 기준으로 보면 유대인이나 기독교인이나 크게 달라 보이지

출처 : IMDB(imdb.com)

마이클 래드포드 감독은 「베니스의 상인The Merchant of Venice」(2004)의 원작을 유대인 샤일록 중심으로 재해석했다. 영화는 편견과 모욕 속에 살아야 하는 샤일록의 고통을 나아가 유대인의 고통에 중점을 둔다. 영화는 그 당시 유대인의 상황을 잘 표현하고 있다. 알 파치노가 샤일록 역을 맡았고, 제러미 아이언스가 안토니오 역을, 조셉 파인즈가 바사니오 역을, 그리고 린 콜린스가 포시아 역을 맡았다.

않지만, 당시만 해도 유대인들의 삶이 순탄치 않았던 것만은 분명하다.

필연인지 우연인지, 어느 국가든 유대인들이 들어와서 경제활동을 하면 그 국가의 경제는 발전했다. 이후 벌어진 독일의 30년 전쟁은 유대인에게 새로운 기회를 주었다. 전쟁물자와 자금을 지원할 사람들이 필요했고 유대인들이 그 역할을 성공적으로 수행한 것이다. 이것은 근대 군수산업의 효시가 되었고, 이를 통해 유대인들은 점차 유럽의 최하층민에서 경제의 큰 축을 담당하는 집단으로 부상하게 되었다.

영국에서도 유대인들은 시민으로 인정받았다. 1290년 에드워드 1세는 유대인을 영국 땅에서 추방했지만, 17세기 중반 청교도혁명으로 권력을 잡은 올리버 크롬웰은 유대인의 이민을 다시 허용했다. 이제 유대인들이 박해받지 않고 일할 수 있는 땅이 생긴 것이다.

네덜란드의 오렌지공 윌리엄 3세가 영국 왕으로 추대되면서 우수한 인적 자원인 유대인들이 윌리엄을 따라 대거 영국으로 이주한다. 이것은 네덜란드의 선진적인 금융시스템과 제도들이 영국에 도입되는 계기를 만들어 주었다. 그리고 17세기 말부터 영국은 유럽에서 강대국으로 부상하기 시작했다.

조금 다른 이야기긴 하지만, 제2차 세계대전 후 미국은 나치 독일의 과학자들을 비밀리에 미국으로 이주시킨 적이 있다. 이 프로그램은 '페이퍼클립 작전Operation Paperclip'으로 불렸는데 나치 독일의 과학적 · 군사적 성과를 미국이 활용하고, 동시에 이러한 자원이 소련에 넘어가는 것을 막기 위한 것이었다. 역사적으로 옳고 그름을 떠나 베르너 폰 브라운 등의 나치 독일 과학자들이 미국으로 넘어가서 로켓, 항공우주, 의학, 화학무기 등 미국의 과학기술 발전에 크게 기여한 것은 분명한 사실이다.

이민자와 난민을 종종 경제적 · 사회적 문제의 원인으로 보는 시각은 오늘날까지도 흔하게 존재한다. 그러나 역사적으로 이민자와 난민을 받아들여 경제적 번영을 이룬 사례는 아주 많이 찾아볼 수 있다. 미국은 19세기 후반부터 20세기 초에 걸쳐 유럽 및 다른 대륙에서 온 수많은 이민자를 받아들였으며 독일은 제2차 세계대전 이후 경제 재건을 위해 이탈리아, 그리스, 터키 등의 노동자들을 유치하였다.

역사를 돌이켜보면 특정 민족이나 국가에 대해 배타적 태도를 취한 국가들은 장기적으로 번영하지 못한 반면, 다양성과 포용력을 발휘한 국가들은 오랫동안 번성했다. 고대 로마제국, 오스만제국은 물론 미국의 이민자 수용까지, 개방성과 포용력을 보여준 국가는 장기적으로 번영했다. 반면 나치 독일의 인종 정책, 20세기 후반 남아프리카 공화국의 인종 분리 정책 등 배타적이고 차별적인 태도를 보여준 국가는 결국 장기적인 피해를 입는 결과를 초래했다.

뉴욕은 원래 네덜란드 땅이었다

네덜란드 동인도회사의 활약

네덜란드 독립전쟁은 좁게 보면 에스파냐의 식민지였던 네덜란드 북부 7주가 1572년부터 1609년까지 항쟁을 통해 독립을 쟁취한 전쟁이다. 넓게 보면 베스트팔렌 조약을 이끌어낸 30년 간의 종교전쟁(1618~1648)까지 포함하기도 한다.

중세 이후 네덜란드 지방은 모직물 산업과 중계무역으로 번영했다. 하여 도시는 광범한 자치권을 소유하며 자유의 바람이 넘쳐 있었고, 종교개혁 이후에는 북부 여러 주에 칼뱅파 신교도가 급증하였다. 그러나 1556년 에스파냐 왕에 오른 펠리페 2세가 가톨릭교회의 수호자임을 선언하면서 네덜란드 지방을 압박하기 시작했다. 게다가 왕실의 채무불이행이 계속되자 유럽에서 가장 부유한 지방인 네덜란드에 과도하게 세금을 부과했다.

1566년 네덜란드에는 반란의 불길이 타올랐다. 1567년 네덜란드의 총독으로 부임해온 알바 공작은 정예병 1만 명을 인솔하여 신교도를 탄압했고 지도자인 에흐몬트 백작과 호른 백작 등 신교도들을 종교재판으로 처단하였다. 알바 공작은 상류귀족과 부유한 시민계급의 재산을 몰수하고 무역에 과중한 과세를 하기도 했다.

제식훈련과 화승총이 만든 강력한 군대

1572년에 들어서면서 네덜란드인의 저항운동은 독립전쟁의 양상으로 발전하였다. 처음에는 신교도들이 해상에서 에스파냐의 은 선단을 습격하더니, 급기야는 오라녜공公 빌럼 1세(오렌지공 윌리엄)를 지도자로 하여 귀족, 상공업자, 농민들이 합세한 독립운동을 전개하였다. 홀란드를 비롯한 네덜란드의 북부 7주는 1581년 독립을 선언하고 빌럼 1세를 초대 총독으로 하여 네덜란드 연방공화국을 세웠다. 1584년 빌럼 1세가 가톨릭교도에 의해 암살된 뒤에도 항전은 계속되었다.

전쟁 초기에는 테르시오 방진과 독일 용병을 앞세운 에스파냐가 압도적으로 강세를 이어갔다. 에스파냐가 승리하는 것은 시간문제로 보았다. 그러나 1587년부터 네덜란드 독립전쟁을 지도한 마우리츠 백작이 새로운 전술을 내놓으며 반전의 계기를 만들었다. 마우리츠는 테르시오 방진을 깨기 위해서 화승총을 적극 활용했다. 당시 사용하기 너무 복잡한 화승총의 사용법을 체계화해서 각각의 동작마다 이름을 붙이고 동작에 해당하는 구령까지 정했다.

또한 훈련병들이 싫어하는 제식훈련을 개발한 사람도 마우리츠 백작이었다. 보병들이 전후좌우로, 종대에서 횡대로 열을 짜서 싸우도록 했다. 이 진형을 선형진線型陣이라 한다. 총을 발사한 병사가 자연스럽게 후열로 가서 재장전하는 동안 두 번째 열의 병사가 총을 쏨으로써 마치 기관총처럼 연속적인 사격을 가능하게 했다. 전투 과정에서 병사의 탈영을 막기 위해 부대의 규모를 줄이고 하사관 제도를 도입하기도 했다. 이렇게 계속되는 훈련을 통해 병사들 간의 유대가 강화된 강력한 군사 공동체를 만들었다.

이러한 군사 혁신 덕분에 네덜란드 군대는 1600년 니우포르트 전투에서 2,500명의 에스파냐 군인을 사살하고 500명을 포로로 잡는 전과를 올렸다. 이후 에스파냐는 이전과 같은 압도적 우위를 점할 수 없었고, 독립전쟁이 장기전으로 가면서 에스파냐의 전투력은 급속도로 약화되었다. 1609년 네덜란드는 에스파냐와 12년간의 휴전조약을 체결하였다. 휴전이 만료된 이후 전쟁은 재개되었으나 결국 1648년 베스트팔렌 조약을 통해 네덜란드 독립이 국제적 승인을 얻게 되면서 전쟁이 종식된다.

마우리츠 백작의 군사적 성공 뒤에는 동인도회사의 독점적 이윤이 자리하고 있었다. 승리에 가장 큰 역할을 한 것은 바로 네덜란드의 돈이었다. 상비군을 훈련하고 유지하며 무기를 개발하는 데는 엄청난 돈이 들어가는데, 중계무역과 가공산업 등을 통해 창출된 네덜란드의 부가 결국 전쟁의 승리를 가져온 것이다.

회사라 부르지만 사실은 군대였다

16세기 내내 포르투갈과 에스파냐가 나누어 가졌던 동방 해상무역의 판도에도 변화가 찾아왔다. 포르투갈을 병합하여 하나의 나라가 된 에스파냐의 무적함대가 1588년 영국과 네덜란드 연합군에게 패한 것이다.

『유대인 이야기』와 『돈의 역사』 2권에는 네덜란드의 해상권 장악에 대하여 자세한 설명이 나와 있다.[33] 포르투갈의 리스본이 에스파냐에 병합되고 에스파냐가 안트베르펜을 공격하자 저지대 국가들의 중계무역 기반이 흔들리기 시작했다. 이들은 직접 동방과 교역할 수 있는 직항로 개척에 적극적으로 뛰어들었다. 네덜란드도 그중 하나였다.

네덜란드는 인도네시아 본토를 위주로 무역을 했다. 그러다가 마르코 폴로에 의해 인도네시아 동부 몰루카 섬들이 향료의 섬이라는 사실이 알려지자 네덜란드인들은 직접 원산지를 찾아 나섰다. 1595년 네덜란드인들은 향료 무역의 중심지인 바타비아(지금의 자카르타)에 근거지를 세우고 포르투갈 사람들을 몰아내기 시작했다.

동방무역은 이윤이 많이 남지만 다른 열강들과 경쟁해야 하는 위험한 사업이기도 했다. 무엇보다 군사적으로 강해야 했고, 식민지를 개척하고 운영할 줄 알아야 했다. 그래서 1602년에는 주식회사와 국가가 결합한 형태인 네덜란드 동인도회사VOC, Vereenigde Oost-Indische Compagnie를 설립했다.

동인도회사는 삼각무역에 주력했다. 인도네시아의 향신료, 인도의 후추와 무명을 본국에 실어다 팔고, 그 대가로 받은 은을 가지고 인도로 돌아가서 후추와 무명을 샀다. 이를 다시 인도네시아의 향신료와 바꾸고, 일본에 가서는 은과 구리로 바꿨다. 그리고는 중국에 가서 일본의 은을 금과 비단으로 바꿨다. 이러한 형태의 삼각무역은 오랫동안 계속되었다.

그중에서도 동인도회사가 집중한 품목은 향신료인 육두구와 정향이었다. 후추는 광대한 열대지역에서 비교적 잘 자랐기에 독점공급이 어려웠지만 육두구와 정향은 재배지역이 한정되다 보니 독점공급이 가능했고 그만큼 유통마진도 엄청나게 컸다.

그 과정에서 동인도회사는 많은 악행을 저질렀다. 회사라고 하지만 이들은 기본적으로 무장 집단이었으며 독점적 이윤을 위해 무자비한 행동을 서슴지 않았다. 대표적인 것이 1621년 반다 제도의 학살이다. 얀 쿤 총독은 정향을 독점하기 위해 인도네시아 반다 제도의 주민 1만 5,000천 명을 모두 학살했고, 아프리카와 중국 등지에서 수입한 노예들을 이용해 대규모로 농사를 짓는 플랜테이션 농업을 시작했다. 1619년에는 자바 섬 서쪽 수마트라 섬을 침략했다. 포르투갈로부터 몰루카 제도를 빼앗은 후에는 말라카와 실론까지 점령했다. 후추보다 이득이 많이 남는 육두구와 정향을 독점 판매하게 된 것이다.

1622년에는 동인도회사에 중요한 전기가 도래한다. 포르투갈이 점유함으로써 이용이 불가했던 페르시아만 어귀의 호르무즈 항구를 영국과 페르시아가 탈환한 것이다. 호르무즈가 중요한 이유는 여기를 통과할 경우 아라비아 대상과 거래한 동방의 상품을 본토로 나르기 위해 인도양을 지나 아프리카를 한 바퀴 도는 수고를 하지 않아도 되기 때문이다. 아프리카 항로는 길기도 길지만 무역풍 때문에 항해가 쉽지 않았다. 반면 인도나 동남아에서 호르무즈까지 오는 항로는 해안을 이용하기 때문에 안전하고 무역풍으로부터 자유로웠다.

아시아에서 유럽으로 귀환하는 선박 수는 17세기 초에 50척에 불과했으나 17세기 말에는 150척으로 늘었고, 동인도회사의 주가도 17세기 상반기에 네 배 상승했다. 17세기에 이르러서는 일본에까지 해상교역을 넓혔다. 1609년 일본 히라도平戶에 최초의 네덜란드 무역관(상관)을 설치하여 차, 도자기, 비단, 은, 구리를 취급했다. 1641년에는 포르투갈 상인들이 추방된 데지마出島로 무역관을 옮기게 된다. 이렇게 네덜란드는 17세기 중엽까지 곳곳에 식민지를 세우고 20여 개의 무역관을 개설했다.

뉴암스테르담에서 뉴욕으로

네덜란드는 신대륙 아메리카에도 상선을 보냈다. 동인도회사의 헨리 허드슨은 1609년 맨해튼섬을 발견했고 1612년 그곳에 뉴암스테르담(지금의 뉴욕)을 건설했다. 이후 북아메리카와의 교역이 활발해지자 1621년에 서인도회사를 설립했다.

서인도회사는 신대륙 무역과 식민지 활동을 독점 수행하는 회사였지만, 은을 싣고 유럽으로 가는 에스파냐 상선대를 습격하는 일도 서슴지 않는 사실상의 전쟁기업이었다. 이 회사는 브라질 북부와 베네수엘라 연안 군도를 무역기지로 삼으면서 모피 거래, 노예 무역, 사탕수수 무역에 뛰어들었다. 브라질과 카리브해 지역에서 사탕수수 농장과 원목 벌채사업을 직접 운영하기도 했다.

1630년 유대인들은 네덜란드 서인도회사와 손을 잡고 브라질 레시페에서 사탕수수를 본격적으로 재배하기 시작했다. 여기에 유대교 회당인 시나고그를 세우고 유대교를 재건했지만, 이는 오래가지 않았다. 포르투갈이 다시 브라질에서 주도권을 잡자 네덜란드가 1654년 레시페를 포르투갈에 넘겨준 것이다. 그러자 그곳에 살던 유대인 1,500명은 서인도제도로 옮겨가서 사탕수수 농장을 대규모로 시작했다.

농장에는 많은 노동자가 필요했는데 이미 원주민들은 유럽인이 몰고 온 전염병으로 대부분 사망한 상황이라 그 숫자가 많지 않았다. 그래서 아프리카의 노예를 실어다가 대규모 플랜테이션 농업을 시작한 것이다. 유럽으로 가는 설탕과 럼주의 원료인 당밀의 규모는 급속히 증가했다.

1665년에 카디스와 도버해협에서 네덜란드 국적 수송선이 영국으로부터 공격을 당하면서 2차 영란전쟁(1665~1667)이 발발했다. 영국 왕 찰스 2세(재위 1660~1685) 때의 일이다. 공식적인 선전포고는 1665년에 했지만 1664년에 이미 영국이 네덜란드 영토인 북아메리카의 뉴암스테르담을 공격했다.

영국은 해군력에서 우위였지만, 영국에서 흑사병이 터지고 런던에 대화재가 발생한 데다 프랑스까지 네덜란드 편에 가담하면서 상황이 불리하게 전개되었다. 결정적으로 1667년 네덜란드 해군이 템스강을 따라 런던으로 돌진하여 조선소의 전함 열세 척을 모조리 침몰시키자, 전쟁은 네덜란드가 우세한 상황에서 끝이 난다.

두 나라는 1667년 7월 브레다 조약을 체결했다. 네덜란드는 향신료가 많이 나는 인도네시아의 룬섬과 남아메리카의 수리남을 가져가는 대신 북아메리카의 뉴암스테르담을 영국에 넘기기로 한다. 이 도시가 바로 오늘날의 뉴욕이다. 지금의 기준으로 보면 네덜란드가 손해를 본 것 같지만, 그때 기준으로는 달랐을 것이다. 당시에 돈이 된 것은 동인도의 향신료 시장이었으니 말이다.

사실은 체불임금 청구서였던 하멜표류기

일본과 조선의 뒤바뀐 운명

1543년 일본 큐슈 남단에 있는 다네가시마 해안에 한 척의 배가 표류했는데, 이 배에는 100명이 넘는 중국인과 함께 포르투갈인이 타고 있었다. 다네가시마의 영주 도키타카는 포르투갈인이 가져온 길쭉한 막대 무기에 관심을 보였고, 두 자루를 은 2,000냥에 사들인다. 200명의 군대를 1년간 유지할 수 있는 거액이었다. 조총이라고 불렸던 이 무기는 개머리판이 있었고, 불을 붙이는 화탄을 화승이나 금속용품으로 대체하여 방아쇠를 당겨 점화할 수 있었다.

일본은 전국시대戰国時代가 끝나면서 조총으로 무장한 채 조선을 침략했다. 임진왜란(1592~1598)이 터진 것이다. 조총 등 화약 무기를 앞세운 일본군을 재래식 무기가 주축인 조선군이 이길 수는 없었다. 대량의 조총부대를 중심으로 군대를 편제하고 집중사격 방식을 고안한 것은 유럽의 군사 혁신에 못지않은 획기적인 일이었다. 이전까지 섬나라

오랑캐 취급을 받던 일본은 이 총 덕분에 동북아의 강국으로 부상했다.

대항해 시대 이후 포르투갈은 이미 동남아와 중국 마카오까지 진출해 있었다. 그리고 포르투갈 선박이 표류한 것을 계기로 일본과의 교류도 시작하였다. 16세기 후반에는 일본에 기독교를 전파했고 기독교 신자가 50만 명 수준에 달했다.

도쿠가와 이에야스와 네덜란드의 거래

그러나 1609년 일본 히라도에 무역관을 먼저 개설한 것은 네덜란드였다. 어떻게 일본에 먼저 들어온 포르투갈과 에스파냐를 물리치고 네덜란드가 그 자리를 차지했을까? 처음에 일본이 포르투갈의 가톨릭을 받아들인 것은 포르투갈 상인들의 이해관계와 일본의 이해관계가 맞아떨어졌기 때문이다.

그 당시 로마 교황청은 개신교의 출현으로 신도의 숫자가 대폭 감소하면서 십일조로 벌어들이는 수익이 줄어들었고, 이를 만회하기 위해 새 신도를 확보하기 위한 포교를 해야 하는 상황이었다. 그래서 인도, 일본, 중국 등 동방 국가들의 선교에 열을 올리고 있었다.

일본은 명나라의 왜구 소탕으로 해외 무역에 어려움을 겪고 있었다. 명나라가 왜구를 소탕하는 데 도움을 준 나라가 마침 이때 아시아에 등장한 포르투갈이었다. 16세기 중반 포르투갈은 왜구 소탕을 돕는 대가로 마카오를 할애받고 일본을 포함한 동남아 일대에서 무역을 했다. 이를 남만南蠻 무역이라고 부르는데, 일본은 이전의 왜구 무역을 이 포르투갈의 남만 무역으로 대체하려 했던 것이다.

남만선은 기독교 포교를 허가하는 항구를 골라서 입항했으므로 교역이 필요했던 일본의 다이묘들은 포르투갈에 기독교 포교를 허가했다. 여기에는 당연히 프란치스코 하비에르 등 선교사들의 조력이 있었다. 하비에르는 일본 다이묘들에게 화승총과 대포 등 진귀한 물건들을 선물하고, 다른 한편으로는 '기독교를 믿지 않으면 지옥에 떨어진다'는 반 협박을 하면서 기독교 포교를 허가해 줄 것을 종용했다. 교역과 선물을 가톨릭 포교와 맞바꾼 것이다.

그런데 뜻밖의 사건이 발생한다. 1609년 일본의 새 지배자인 도쿠가와 이에야스는 다이묘 하루노부에게 베트남으로 가서 침향나무를 수입해 오라고 명했다. 그런데 마카오에서 일본 선박이 포르투갈 선박 데우스호와 싸움이 벌어지면서 일본 측 가신과 선원들이 죽는 사건이 발생했다. 하루노부는 이에 대한 보복으로 나가사키에 입항한 데우스호를 격침시켰다. 막부의 관리인 다이하치는 하루노부에게 이를 막부에 보고해 포상받게 해주고 이웃 지역과의 영토분쟁도 해결해 주겠다고 하면서 거액의 뇌물을 받고는 입을 씻어 버렸다.

하루노부와 다이하치는 둘 다 가톨릭 신자였다. 기독교인이 같은 기독교인을 속인 것이다. 나중에 이 사실을 알고 격분한 이에야스는 1612년 다이하치를 처형하고 이날부터 기독교를 금했다.

도쿠가와 이에야스의 기독교 금지령은 뜻밖에 발생한 사건인 것 같지만, 실제로는 철저한 계산 속에 결정된 것이었다. 원래 이에야스는 기독교 포교에 대해 관대한 입장이었다. 서양과의 외교 관계를 중요하게 생각했기 때문이다. 포르투갈과 척을 지게 되었지만, 이에야스한테는 복안이 있었다. 십여 년 전 일본에 표착한 네덜란드 선박 리프테호를 조사하면서 네덜란드 상인들을 알게 되었고, 이들은 신교도로서 가톨릭교도인 포르투갈 상인이나 예수회 선교사들과 사이가 좋지 않다는 사실도 알게 되었다.

결국 이 사건을 계기로 이에야스는 네덜란드를 선택했다. 이어 1639년 쇄국령을 내려 포르투갈 사람들을 추방하고 에스파냐와 단교를 한다. 그 후 네덜란드는 1855년까지 200여 년 동안 일본의 유일한 유럽 창구가 되었다.

전 세계 최대의 무역흑자국 중국

17세기 중국은 명·청조 교체기였다. 마카오 섬은 포르투갈의 조차지였지만 새로 중국을 차지한 청나라는 상선들의 연안 정착을 금지하는 해금정책海禁政策을 펴서 유럽인들과 직접 교역하지 않았다. 그랬던 청나라를 1656년 네덜란드 상인들이 뚫었다. 청나라 순치황제에게 세 번 절하고 아홉 번 조아리는 삼배구고三拜九叩의 수치를 마다하지 않고 무역의 길을 연 것이다.

17세기 네덜란드 동인도회사의 주된 수입원은 향신료, 도자기, 견직물과 더불어 금과 은 등의 귀금속 화폐 거래였다. 귀금속 거래가 오히려 상품거래보다 많았다. 네덜란드 동인도회사가 1660년에서 1720년 사이에 아시아에 판 상품의 87퍼센트가 은이었다.

서양은 수메르 문명 이후 금과 은의 교환 비율이 대략 1 대 12였다. 이것은 수메르 천문학에 기초한 양력과 음력의 비율이었다. 이러한 전통이 내려오면서 로마 시대에도, 그리고 17세기에도 교환 비율은 크게 벗어나지 않았다. 이와는 달리 중국은 금과 은 교환 비율이 1 대 6으로, 유럽에 비해 은이 두 배나 비쌌다.

중국에서 은이 비쌌던 이유는 1560년대에 일조편법一條鞭法를 시행하면서 모든 조세 수입을 은으로 통일했기 때문이다. 이 때문에 은의 수요가 갑자기 증가하면서 은이 부족해졌다. 반면 유럽과 일본은 은이 상대적으로 쌌다. 유럽에서는 그때 마침 에스파냐가 개척한 신대륙 아메리카에서 은광이 발견되었고, 일본에서는 연은분리법鉛銀分離法이라는 제련 기술의 발달로 은이 대량으로 생산되었다.

돈과 환전에 능한 유대인들이 포진해있던 동인도회사가 이런 눈감고도 돈 벌 수 있는 좋은 기회를 놓칠 리 없었다. 유럽이나 일본에서 은을 사들여 중국에 가서 팔면 그것만으로 100퍼센트의 이익이 실현되는 상황이었다. 더구나 당시 중국의 해금정책으로 중국과 일본 사이의 교역은 금지되어 있었다. 네덜란드 상인들은 상품 교역을 하면서 동시에 유럽과 일본의 은을 중국에 가져가서 금으로 교환하고, 다시 그 금을 유럽과 일본에 가지고 가서 은으로 교환하는 일을 반복하였다. 금과 은의 국가 간 시세 차익, 즉 환차익 거래를 통해 돈을 번 것이다. 17세기 중엽부터는 중국과 유럽 간에 금과 은의 교환 비율 차가 줄었지만 그래도 그만한 장사가 없었다.

일본에서 은이 대량으로 생산된 것은 연은분리법이라는 제련 기술 덕분이었다. 은은 다른 금속과는 달리 제련 방법이 까다로워 세계적으로 발전이 가장 늦은 분야였다. 그 무렵 유럽이 사용하던 수은아말감 공법은 수은을 사용해 은을 정제하는 것이었는데 수은의 독성은 인간에게 위험했다. 일본은 수은을 사용하지 않고 불에 녹는 온도 차를 이용해 납과 은을 분리하는 기술을 이용해서 은을 대량 생산할 수 있었다.

그런데 이 연은분리법은 사실 조선 연산군 때 만들어진 기술이 일본으로 전수된 것이었다. 양인 김검불과 노비 김검동이 개발한 제련 기술이었는데, 중종이 반정으로 정권을 잡고 은광을 폐쇄하면서 사장된 기술이 1553년 일본으로 전수된 것이다.

이 기술로 일본은 은을 대량생산하여 유럽과 교역하면서 아시아의 경제 대국으로 부상하는 발판을 마련했고, 이를 이용해 일본을 통일한 사람이 바로 도요토미 히데요시였다. 이후의 역사는 한국인이라면 모두가 알고 있다. 조선의 기술이 조선을 공격하는 칼이 된 것이다.

조선땅에 나타난 푸른 눈의 상인

조선도 네덜란드와의 접촉이 있었다. 1653년 네덜란드 동인도회사 소속 선원이었던 헨드릭 하멜 일행이 상선 스페르베르호를 타고 일본 나가사키로 가던 중 제주도에 표류한 것이다. 당시 조선의 왕이었던 효종의 명으로 하멜은 한양으로 압송된다. 이때 통역을 맡은 사람이 같은 네덜란드 출신으로 조선에 귀화하여 훈련도감에서 근무하던 박연, 네덜란드 이름으로는 얀 반스 벨테브레였다.

하멜 일행은 귀국을 원했으나 허락되지 않았고 조정의 감시를 받으며 한양에 억류되었다. 효종이 죽은 뒤 현종 때 하멜 일행은 남원, 순천, 좌수영 등으로 보내지면서 조선에 13년 동안 억류당했다. 학대에 시달리던 하멜 일행은 1666년 어선을 타고 조선을 탈출하여 일본 나가사키 데지마에 도착한다. 이들은 일본 관리에게 심문받은 후 1년간을 체류하다가 1668년 바타비아를 거쳐 네덜란드에 귀국했다.

하멜은 조선에 억류되느라 받지 못한 임금을 청구하기 위해 「1653년 바타비아발 나가사키행 스페르베르호의 불행한 항해 일지」라는 긴

제목의 보고서를 동인도회사에 제출했는데, 말하자면 체불임금을 요구하기 위한 경위서였다. 이것이 우리가 『하멜표류기』라고 부르는 책이다.

『하멜표류기』가 유럽인들에게 읽히면서 조선에 대한 호기심이 높아졌다. 특히 동인도회사는 조선 도자기에 관심을 가졌다. 그 무렵 자기를 생산할 수 있는 나라는 전 세계에서 중국과 조선뿐이었다. 자기 생산을 위해서는 1,300도 이상으로 불 온도를 끌어올려야 하는데, 이런 기술을 중국과 조선만 가지고 있었던 것이다.

유럽은 800도 안팎에서 구워지는 토기와 1,000도 안팎에서 구워지는 도기pottery는 생산할 수 있었지만 1,300도 이상에서 구워지는 자기porcelain는 생산하지 못했다. 토기나 도기는 두드리면 둔탁한 소리가 나고 물에 젖기 때문에 사용이 불편했다. 하지만 자기는 정제된 고급점토에 유약을 발라 구웠기 때문에 표면에 유리막이 생기므로 두드리면 맑은 금속 소리가 나고, 물도 흡수되지 않아 품질면에서 확연히 차이가 났다. 중국의 도자기는 이미 8세기부터 여러 지역에 수출되었지만, 무겁고 깨지기 쉬운 물건이라 수출량이 많지는 않았다.

원나라 때 이슬람인들이 중국에 들어오면서 가지고 온 페르시아의 코발트는 푸른 색깔을 내는 염료로, 페르시아에서 왔다고 해서 회청回靑 또는 회회청이라고 불렀다. 중국인들이 페르시아를 '회회'라고 불렀기 때문이다. 이것이 백자와 결합하면서 '청화백자'라는 도자기가 탄생했다. 1,300도 이상의 고온에서 견딜 수 있는 염료는 코발트뿐이었다. 그러니 청화백자가 귀할 수밖에 없었다.

도자기가 한국과 일본의 역사를 바꿨다

중국산 도자기는 당시 유럽 상류층 사회에서 부를 상징하는 보물 같은 것이었다. 특히 청화백자의 가격은 같은 무게의 금값과 비슷했다고 전해진다. 당시 유럽 암스테르담으로 수입된 중국 자기 수를 보면 1612년에는 4만 점에서 1639년에는 36만 점으로 늘어났다.

그러나 명·청 교체기에는 도자기를 수입할 수 없었다. 청화백자 생산지인 징더전景德鎭은 오삼계의 난으로 파괴되었고, 청나라가 해금령을 선포하자 상선 무역이 금지되었다. 네덜란드 동인도회사는 새로운 도자기를 찾으려고 고심했다. 그런데 그 귀한 청화백자가 조선에서도 15세기 중엽부터 본격적으로 생산되고 있었다는 것이 『하멜표류기』를 통해 알려진 것이다.

동인도회사는 조선과 도자기 교역을 하기 위해 1,000톤급 상선까지 준비하고 '꼬레아호'라고 명명했다. 1669년 꼬레아호는 네덜란드를 출발해 인도네시아 바타비아에 도착하였고 여기서 조선으로 출항할 준비를 하고 있었다. 그러나 이때 갑자기 일본의 막부가 거세게 반대했다. 만약 네덜란드가 조선과 통상하면 일본 내 네덜란드 무역관을 폐쇄하겠다고 반 협박을 한 것이다. 결국 네덜란드와 조선의 교역은 일본 막부의 압력 때문에 성사되지 못했다.

일본으로서는 네덜란드와 조선의 교역을 그렇게 극구 반대한 것이 당연한 일이었다. 당시 일본은 동인도회사로부터 수입한 무명과 후추 등을 조선에 팔아 엄청난 폭리를 취하고 있었다. 거기다가 조선이 유럽에 도자기를 판매하면 앞으로 일본의 도자기 사업에 손해가 될 거라는 것은 불 보듯 뻔한 일이었다. 일본은 조선 도자기 대신 자신들의 도자기를 동인도회사를 통해 유럽으로 수출했다.

일본은 임진왜란 때 붙잡아 온 조선의 도공을 통해 조선의 도자기 기술을 전수하여 수준 높은 도자기 생산능력을 갖추고 있었다. 일본은 끌고 간 조선의 도공들을 잘 대접했다. 그들의 기술력을 높이 산 것이다. 이삼평李參平도 그런 도공들 중 한 명이었다. 이삼평은 1616년 일본에 가마를 설치하고 도자기를 구웠다. 그가 창시한 가마의 도자기는 '아리타有田 도기'라고 이름 지어졌고 이는 일본 도자기 역사상 가장 획기적인 사건이었다. 아리타에서 12킬로미터 떨어진 이마리伊萬里 항구를 통해 일본 전국으로 퍼져 '이마리 도기'라는 별칭도 얻었다. 현재에도 아리타 시에는 많은 도자기 회사가 있으며, 아리타 시는 이삼평이 가마를 연 300주년인 1916년 비를 세우고 1917년부터 도조제陶祖祭를 열고 있다.

안타까운 일은 정유재란이 터졌을 때 일본에 끌려갔던 도공들이 조선에 다시 와서 "일본에 가면 노비를 면하고 사람답게 살 수 있다"며 상당수의 도공들까지 데리고 간 것이다. 기술자를 우대하는 선진의식이 일본을 최고의 도자기 생산국으로 만든 것이다. 조선의 기술로 큰돈을 번 일본은 유럽과 무역으로 연결되어 후일 아시아의 강대국이 되는 발판을 마련했다.

청어잡이는 어떻게 은행업으로 발전했을까

암스테르담은행과 근대 자본주의

유럽의 패권은 점차 네덜란드로 넘어갔고, 네덜란드 무역의 중심은 북부의 도시 암스테르담이었다. 그러나 이곳이 처음부터 풍요로운 곳도, 상업이 번창한 곳도 아니다. 그랬던 암스테르담은 어떻게 발전하게 되었을까?

당시 이들에게 가장 중요한 산업은 청어잡이였다. '암스테르담은 청어 뼈 위에 세워졌다'라는 말이 있을 정도였다. 매년 여름이면 1만 톤의 청어가 잡혔다. 당시 네덜란드의 인구가 100만 명 정도였는데 그중 청어잡이와 관련한 인구만 30만 명이었다. 한 번은 암스테르담에 갔을 때 폴렌담Volendam이라는 어촌마을에 간 적이 있다. 그곳은 여전히 청어잡이 배들의 항구로 한때 번성했던 흔적이 남아있다.

14세기 중엽 네덜란드의 한 어부가 청어의 배를 갈라 내장과 머리를 없앤 다음 소금에 절여 통에 보관하는 염장법을 개발했다. 바다에서 잡은 청어를 잡는 즉시 소금에 한 번 절이고 육지에 돌아와서 한 번 더 절임으로써 1년 넘게 보관할 수 있게 된 것이다. 냉장고가 없던 당시 소금에 절인 청어는 전 유럽에 불티나게 팔려나갔다. 값비싼 고기를 먹을 수 없는 일반인들에게 청어는 단백질을 보충할 수 있는 최고의 식품이었다.

청어산업이 해운업과 소금산업으로

청어잡이가 호황을 누리면서 관련된 산업들도 자리 잡기 시작했다. 그 중 하나가 조선업이다. 16세기 중반부터 네덜란드 선박은 경량화와 표준화에 승부를 걸었다. 경쟁국인 영국의 배가 중무장한 채 사람을 많이 태울 목적으로 튼튼하게 건조하는 데 중점을 두었다면, 네덜란드의 선박들은 최소의 선원으로 최대의 경제 효과를 얻는 데 초점을 맞추었다. 선박용 밧줄, 톱, 조선소용 기중기 같은 첨단 장비와 기계가 이때 발명되었다. 근대식 조선소가 탄생한 것이다.

네덜란드의 선박은 건조비용이 영국의 60퍼센트에 불과했다. 가볍고 표준화된 화물선인 플류트선Fluyt을 네덜란드에서 제작하면 800파운드밖에 들지 않는 반면 영국에서 제작할 경우 1,300파운드가 들었다. 대형 선박은 그 차이가 2,000파운드에 달했다. 해운 비용도 3분의 1 수준으로 적었다. 이것이 가능했던 이유는 훨씬 적은 인원으로 운항이 가능했기 때문이기도 했지만, 또 다른 이유는 선원들의 식량을 주로 가격이 저렴한 아일랜드에서 구매했기 때문이기도 하다.

전성기에는 대양을 떠다니는 배의 3분의 2가 네덜란드 상선이었다는 말이 있을 정도였다. 네덜란드 조선업은 당대 최고의 산업이었다. 영국과 프랑스는 네덜란드를 따라잡기 위해 노력했다. 영국 해군장교단은 네덜란드 조선공들의 조언을 구했고, 프랑스 재무상 콜베르도 프랑스 조선업자들이 네덜란드의 건조 기법을 배우도록 했다. 러시아의 표트르 대제도 네덜란드의 조선술을 배우기 위해 신분을 속이고 조선소에 취업했다고 알려져 있다.

청어가 발전시킨 것은 조선업과 해운업뿐만이 아니다. 소금 유통과 정제산업도 함께 발달시켰다. 홍익희의 『유대인 이야기』는 네덜란드의 소금산업을 유대인이 중심이 되어 일으켰다고 주장한다.[34] 브뤼헤와 안트베르펜 등 플랑드르에는 이베리아반도에서 추방된 유대인들이 많았고, 그들이 중심이 되어 이베리아반도의 천일염을 수입하는 소금 무역과 소금 정제사업을 일으켰다는 것이다.

당시 한자동맹이 거래하는 소금은 내륙에서 나오는 암염으로 가격이 비쌌다. 이후 북해 연안 저지대 국가에서 싼 가격에 질 좋은 정제소금이 생산되면서 이들은 발트해 지역의 암염을 제치고 소금 중계무역의 중심지가 되었다. 16세기 중엽에는 북해 지역에 400개의 소금 정제소가 세워졌다. 이후 안트베르펜이 전쟁 등으로 쇠퇴하고 기업가들이 암스테르담으로 이주하면서 소금 산업과 그 노하우가 그대로 전수된다.

소금 정제산업과 더불어 설탕 정제산업도 암스테르담으로 넘어오게 되었다. 이제 암스테르담은 안트베르펜을 대신해 브라질, 카나리아 제도 등지에서 온 설탕의 원료인 원당의 집산지가 되었다. 비싼 가격 때문에 부자들의 사치품으로 사용되었던 설탕은 유럽인들의 소득이 올라가면서 점차 중산층까지 애용하게 되었다. 암스테르담 시정부에서 1602년 사치품 제한령을 내려 설탕의 국내 소비를 막을 정도였다. 이렇듯 설탕은 네덜란드에 부를 가져 준 또 하나의 아이템이었다.

1585년에서 1740년 기간은 세계무역에서 네덜란드가 선두를 차지했던 전성시대였다. 특히 1590년부터 1609년에 이르는 20년 동안 네덜란드는 치열한 경쟁에서 한자동맹을 물리친 후 발트해 무역을 통해 상업 국가로 일어서기 시작했다. 비록 17세기 후반에는 영국의 항해조례 제정(1651), 1차 영란전쟁(1652~1654), 2차 영란전쟁(1665~1667), 3차 영란전쟁(1672~1674)이 발발하는 등 영국과의 갈등이 이어졌지만 세계무역에서 네덜란드는 영국보다 우위에 있었고, 세계의 중심은 암스테르담이었다.

정부가 보증하는 은행의 등장

17세기에 암스테르담은행이 등장하면서 암스테르담은 금융의 중심지로 또 한 번 발돋움하게 된다. 사실 은행은 중세 이래로 계속 존재해 왔다. 피렌체에는 페루치 가문과 바르디 가문의 은행이 있었고 15~16세기를 풍미했던 메디치 가문의 은행과 푸거 가문의 은행도 있었다. 모두 민간기업가가 설립한 은행으로, 대부분 황제와 국왕에게 독점권 등 특혜를 대가로 대출하였다가 파산했다.

근세에 들어 산업이 발달하고 상거래가 늘어나자 상인들은 다양한 통화를 환전해 주고 어음을 할인해 주는 신뢰할 만한 금융기관을 원했다. 실제 16세기 후반부터 제노바, 피렌체, 베네치아, 암스테르담 등 유럽 곳곳에서는 일반인을 상대로 예금, 대출 및 송금 업무를 수행하는 은행들이 국가의 승인 아래 설립되었다. 이는 16세기 들어서면서 가톨릭의 영향이 약해지고 이자 수취가 합법화되었기 때문이다. 이제 국가가 전쟁에 이기기 위해서가 아니라, 상인이 장사를 잘하기 위한 은행이 생겨났다.

1587년 베네치아에는 지급 결제를 전문적으로 수행하는 은행이 탄생했다. 돈을 휴대하거나 돈의 가치를 일일이 확인할 필요 없이 상거래를 하는 사람들이 같은 은행에 예금을 맡긴 뒤, 그 은행의 회계장부에서 예금잔고만 수정하는 지로Giro 거래를 시작한 것이다. 당국이 공식적으로 설립을 허가한 최초의 공공은행public bank였다. 베네치아는 상설시장이 있는 국제무역의 중심지로, 상거래나 선적과 관련한 결제 수요가 어느 곳보다도 많았다. 이런 사정을 고려하여 베네치아 당국은 상인들의 예금 범위 내에서 은행권을 발행하는 은행을 세운 것이다.

당초 이 은행은 대출은 안 하고 오직 예금 범위 내에서 은행권만 발행하는 독점은행이었지만, 베네치아는 1619년 독점체제를 깨고 두 번째 은행의 설립을 허가한다. 이름은 결제은행Banco del Giro이었지만 사실 정부에 대출을 해주는 은행이었다. 1637년 이 은행은 첫 번째 공공은행을 흡수하고 정부 대출을 점점 늘려갔다.

상인들의 금융적 수요, 즉 환전과 어음할인, 지급결제의 기능을 제대로 충족시켜 준 은행은 1609년 네덜란드에서 등장했는데 이것이 바로 암스테르담은행이었다. 전 세계의 다양한 통화가 네덜란드에서 유통되는 탓에 불량화폐, 환율 등 여러 가지 문제가 발생했고, 그에 대한 해법으로 암스테르담 시정부가 설립한 은행이다. 당시 네덜란드에는 서로 다른 조폐국이 열네 군데나 있었고, 유통되는 외국통화의 종류와 규모도 어마어마했다. 암스테르담은행은 상인들이 표준화된 예금계좌를 개설하도록 하여 600길더 이상의 환어음 거래는 반드시 이 계좌를 통하도록 했다. 이 때문에 암스테르담은행은 환은행Wisselbank으로도 불렸다. 이 방법이 자리 잡자 상업 거래는 점차 실물주화 없이 계좌 간 결제를 통해 이루어졌다. 수표와 자동이체 제도의 선구자 격이었다.

무엇보다 시당국이 세운 은행의 존재는 그 자체만으로 상거래의 편리성을 극도로 높였다. 망하지 않는 은행에 계좌가 있고, 여기서 발행하는 은행권을 활용해 상거래를 하고, 환어음을 할인받으며, 다양한 통화를 믿을 수 있는 조건에 환전할 수 있다는 것은 무역상들에게 정말 환영받을 일이었다.

세계의 돈이 암스테르담으로 모이다

암스테르담은행은 은행권 사용을 상인들에게 일반화시켰다. 상인들은 믿을 수 없는 각종 주화보다 암스테르담은행권을 선호했다.

은행권이 사용되기 전인 17세기에는 은괴를 잘라내어 주화 대신 지급하거나, 주조기관이나 일반 금세공업자에게 은괴를 가져가서 주화로 주조해 사용했다. 이럴 경우 10킬로그램짜리 은괴를 갖다주면 9.5킬로그램을 은화로 만들어주고 0.5킬로그램, 즉 5퍼센트는 금세공업자가 갖는 것이 일반적이었다.

그런데 암스테르담은행은 고객들이 가지고 온 금괴와 은괴를 수수료 없이 전액 동등한 무게의 길더 주화로 바꿔 주었다. 원하는 경우 제노바의 두카트 주화나 피렌체의 플로린 주화로도 환전해 주었다. 당시로서는 정말 획기적인 일이었다. 그 뒤 암스테르담은 물론 네덜란드 인근의 거의 모든 금괴와 은괴들이 암스테르담은행으로 몰려들었다.

또한 암스테르담은행은 금화와 은화 등 경화硬貨의 무게 및 순도를 분석하여 예금 가치를 정확하게 평가해서 은행권과 교환해 주었다. 그러자 불량화폐는 사라지고 은행권이 경화보다 프리미엄을 누리게 된다. 은행권의 편리함을 안 뒤로 사람들은 점차 인출할 때 일부만 주화로 바꿔 가고 나머지는 은행권으로 받아 갔다. 뿐만 아니라 갖고 있던 주화도 가져와 은행에 맡기고 은행권을 사용했다. 이렇게 해서 은행권이 널리 쓰이게 된 것이다.

이후 유럽의 자금은 암스테르담은행으로 몰려왔다. 당시에는 돈을 은행에 맡기면 이자를 받는 것이 아니라 보관수수료를 물어야 했음에도 불구하고, 암스테르담은행의 예금은 1634년 400만 플로린을 넘더니 1640년에는 800만 플로린을 돌파했다. 암스테르담은행이 성공하자 다른 네덜란드 주와 독일에서도 유사한 은행들이 설립되었다.

암스테르담은행은 처음에는 대출 기능을 수행하지 않았다. 예금이 들어오면 이를 금 · 은으로 바꿔 대부분 지급준비금으로 보관해 두었다. 1760년 예금액이 1,900만 플로린이었을 때 보유한 지급준비금은 무려 85퍼센트에 육박하는 1,600만 플로린이었다. 아무리 시 당국이 보증하는 은행이라도 언제든 돈을 인출할 수 있다는 확신이 없으면 사람들은 돈을 예치하지 않았기 때문에 언제든 돌려줄 수 있는 형태로 자금을 보유하는 것은 무척 중요했다. 에스파냐와 전쟁을 치르는 과정에서도 암스테르담은행은 절대 금으로 받은 예금보다 은행권을 초과하여 발행하지 않음으로써 태환 요구를 성실히 지켰다.

그러나 네덜란드의 상권이 나날이 커지자 시 당국은 대출 기능을 하는 새로운 은행을 설립했다. 암스테르담은행은 발권과 지급결제 업무만 담당하도록 하고, 대출업무를 별도로 수행하는 암스테르담여신은행Huys van Leenin을 1614년에 설립했다. 처음에는 암스테르담시와 동인도회사에만 대출을 해주었지만, 이후에는 일반인을 대상으로도 대출을 했다. 이 은행은 진성어음이 아닌 융통어음까지 취급했다.

상업이 발달한 네덜란드에서 발권은행과 대출은행을 분리해 운영하는 것은 굉장히 획기적인 발상으로, 주변국에 많은 영향을 미쳤다. 스웨덴은 1668년에 세계 최초의 중앙은행이라고 알려진 릭스방크Riksbank를 설립했는데 이는 네덜란드의 시스템을 받아들인 것이다. 이 은행은 발권과 대출업무를 모두 취급하긴 했지만, 발권 조직과 대출 조직이 각각 별도의 회계장부를 운영하면서 마치 독립된 은행처럼 일했다.

은행이 처음 생긴 곳은 이탈리아였지만, 금융업의 개척자 역할을 한 것은 암스테르담은행이라는 데에 모든 역사가의 의견이 일치한다. 메디치나 푸거 등 금융 가문이 교황이나 황제와 연계된 권력을 이용해 일세를 풍미했다면, 암스테르담은행은 시스템을 만듦으로써 은행업의 수준을 한 단계 올려놓았다. 암스테르담은행은 후일 영란은행의 모델이 되었고 나중에는 미국 연방준비제도Federal Reserve System에 영향을 미쳤다. 17세기 세계 경제의 패권을 네덜란드가 잡은 배경에는 이와 같은 금융 혁신이 있었다.

최초의 주식회사였던 네덜란드 동인도회사

이번에는 최초의 주식회사인 네덜란드 동인도회사에 대해서도 알아보자. 대항해 시대가 시작될 무렵 네덜란드 선주들은 자체적으로 새로운 항로를 개척해 원양항해에 나섰다. 이런 회사들이 몇 년 사이에 열 개가 넘게 늘어났다. 하지만 지나친 경쟁으로 선단의 수가 많아지자 이익이 두드러지게 감소하기 시작했다. 게다가 에스파냐와 영국 등과 경쟁하기 위해서는 규모가 크고 강한 회사가 필요했다.

이 문제를 해결하기 위해 네덜란드 정부와 의회가 나서서 이들을 하나의 회사로 합병했고, 그 결과 탄생한 것이 네덜란드 동인도회사이다. 네덜란드 동인도회사가 설립된 것은 영국의 동인도회사보다 2년 늦은 1602년이었지만, 주식회사의 형태는 네덜란드 동인도회사가 최초였다.

대항해 시대를 시작한 것은 에스파냐와 포르투갈이었는데 왜 네덜란드에서 최초의 주식회사가 출범하게 되었을까? 동양 탐험에는 엄청난 자본이 필요했다. 그러나 강력한 국왕이 존재했던 다른 나라들과 달리 네덜란드에는 큰 규모의 돈을 댈 국왕이나 귀족, 영주들이 없었다. 땅이 척박해서 장원이나 봉토가 형성되지 못했기 때문이다.

네덜란드 상인들은 안트베르펜 시절에 시도했던 '주식회사'라는 기발한 개념을 다시 꺼냈다. 창의적이고 실용주의적인 네덜란드인의 사고가 한몫한 것이다. 종교개혁 당시 마르틴 루터의 반박문을 인쇄하여 배포한 곳도, 에라스무스를 비롯한 사상가들이 적극적으로 의견을 펼친 곳도 이곳 암스테르담이었다.

동인도회사 설립에 필요한 자본은 해상 무역을 주도하던 선주들의 투자로 충당했다. 동인도회사의 초대 주주로 등록한 사람은 1,000명이 넘었지만, 81명의 선주가 자본금의 절반 이상을 조달했다. 이 가운데 과반수가 에스파냐에서 추방당한 세파르디계 유대인들이었다. 이 가운데 최소한 1만 길더, 즉 금 100킬로그램 이상을 투자한 사람들 60명으로 다시 주주위원회를 구성했고, 나중에는 열일곱 명으로 수를 줄였다. 이들 중 유대인이 여덟 명이었다. 그렇게 약 645만 길더, 즉 금 64톤이 모였다. 자본주의의 꽃이라 일컫는 근대적 의미의 주식회사는 이렇게 탄생했다.

주식회사가 만들어지기 이전에는 사업을 시작하려면 그야말로 인생을 걸어야 했다. 부채에 대해 무한책임을 져야 했기 때문이다. 메디치 가문도, 푸거 가문도 그렇게 쇠퇴했다. 특히 대항해 시대가 열린 후 수년 혹은 수십 년에 걸친 사업을 진행해야 할 필요성이 생겼지만, 무한책임 원칙이 사업가들에게 걸림돌이었다. 그런 상황에서 자기가 투자한 지분만큼만 책임을 지면서도 오랜 기간 사업을 영위할 수 있는 새로운 제도가 바로 주식회사였다.

네덜란드 정부는 동인도회사에 전권을 주다시피 했다. 아프리카 최남단 희망봉부터 인도네시아 몰루카제도, 아메리카대륙 해안까지 펼쳐지는 광대한 지역에 요새를 쌓고 용병을 고용할 수 있는 군사권도 주었다. 해상교역권뿐만 아니라 식민지 개척과 운영에 필요한 치외법권과 전쟁 선포권도 가지게 되었고 이에 필요한 협상권도 보장해 주었다. 기업이라기보다는 사실상 정부 조직에 가까웠다. 한 손에는 무역, 다른 한 손에는 총을 들고 사업을 했다. 1609년 네덜란드는 동인도 항로 해상교역에 집중하기 위해 전쟁 중이던 에스파냐와 12년간의 휴전을 했을 정도로 동인도회사의 운영에 열정을 쏟았다.

동인도회사는 원래 20년 뒤에 청산될 예정이었다. 장기간 투자를 꺼리는 사람들이 있을 것으로 생각해서 설립한 지 10년이 되는 1612년에 회계장부를 총정리하고, 회사의 운영 상태를 주주들에게 공개한 뒤 투자금 회수를 원하는 사람이 있으면 정산해 주었다. 그러나 동인도회사는 결국 수백 년 동안 유지되었다. 그 사이에 몇 차례 위기를 맞기는 했지만, 배당금을 지급했으며 주가도 꾸준히 상승했다. 기록에 의하면 동인도회사의 주가는 1625년에서 1647년 사이에 거의 네 배 가까이 상승했다.

증권거래소의 탄생

주가가 상승했다는 것은 증권을 거래했다는 뜻이다. 그럼 최초의 증권거래소는 어떻게 탄생했을까? 근대적 의미의 증권거래소는 1608년 암스테르담에 설립된 암스테르담증권거래소Amsterdam Bourse가 세계 최초였다.

증권거래소가 설립된 배경에 대해서는 여러 가지 설명이 있지만, 가장 설득력 있는 설명은 역시나 주식을 사고자 하는 사람과 팔고자 하는 사람의 수요를 충족하기 위해 자연스럽게 생겼다는 것이다. 동인도회사가 성장을 거듭하자 많은 사람이 동인도회사의 주식을 사고 싶어 했다. 처음에는 기존 주주들을 하나하나 찾아다니며 주식을 팔 의향이 있는지 알아보고 가격을 흥정했다. 그러나 이는 매우 불편한 일이었기 때문에 거래소가 만들어졌다는 것이다.

반면 대규모 자본을 조달하기 위해 거래소가 만들어졌다고 설명하는 학자도 있다.[35] 회사의 규모를 키우기 위해 추가 자본이 필요했고, 신주를 발행하여 대규모의 자본을 끌어들이기 위해 상설 증권거래소를 설립했다는 것이다. 어쨌든 사람들은 증권거래소를 통해 이미 발행된 동인도회사의 주식을 거래하였고, 회사는 신주 발행을 통해 막대한 자금을 모을 수 있었다. 회사가 주주들에게 많은 배당을 하자 이를 본 투자자가 줄을 이었다. 외국인들까지 동인도회사에 투자하면서 유럽의 자금이 네덜란드로 몰려들었다.

투자 자금이 몰려들자 해상을 운행하는 동인도회사의 상선은 계속 늘어났고 이들 선박은 동방으로부터 후추, 향신료, 도자기, 섬유 등을 가득 싣고 암스테르담으로 돌아왔다. 동인도회사의 배는 1690년 156척으로 늘어났고 상선 외에 전함 40척과 사병 1만 명이 있었다. 가장 전성기에는 대형 선박이 1,500척까지 늘어났다. 동인도회사는 엄청난 돈을 벌어 주주들을 부자로 만들어 주었다.

경제사적으로 볼 때 네덜란드 동인도회사와 증권거래소의 설립은 엄청난 의미가 있다. 이때부터 근대 자본주의가 본격적으로 시작된 것이다.

튤립 파동은 사실 별다른 충격을 주지 않았다

금융국가가 된 네덜란드의 쇠퇴

네덜란드의 전성기였던 1630년대 벌어진 튤립 파동은 경제사에 관한 책 대부분이 다루고 있다고 해도 과언이 아니다. 튤립 파동Tulip Mania 혹은 튤립 버블Tulip Bubble은 영국의 남해 버블, 프랑스의 미시시피 버블과 함께 근세 유럽의 3대 버블로 꼽힌다.

지금도 튤립 축제를 보기 위해 네덜란드를 방문하는 관광객이 많을 정도로 튤립은 네덜란드를 대표하는 꽃이다. 튤립은 본래 튀르크가 원산지인 원예식물로, 16세기 후반에 네덜란드에 들어와서 1630년대에는 엄청난 인기를 끌었다. 특히 희귀한 빛깔과 모양의 튤립은 부유층들이 앞다퉈 찾는 유행상품이었다. 어떤 튤립은 그야말로 평생 먹고살 만한 가격에 팔리기도 했다. 튤립은 구근球根 형태로 거래되었기에 앞으로 피어날 꽃의 모습과 빛깔을 예측할 수가 없었다. 이러한 점이 더더욱 사행성을 부추겼다.

거래는 술집 같은 곳에서 이루어졌다. 이때 거래에서 현금이나 현물 구근은 필요 없었다. 미래 어느 시점에 특정한 가격에 매매한다는 계약만 하는, 일종의 선물계약으로 거래했고 중도금만으로 선물이 판매되었다. 그러다 보니 돈이 없는 사람도 판에 뛰어들었다. 자본가는 물론이고 농민 같은 일반인들까지 거래에 참여하면서 싼 품종도 가격이 급등했다. 1630년대 중반에는 특이한 뿌리 하나가 숙련공 연소득의 열 배가 넘는 가격으로 거래되었다. 가격상승이 새로운 매수자를 부르는 전형적인 금융 투기가 발생한 것이다.

그러나 1637년 튤립 구근의 가격이 하락세로 돌아서면서 거품은 빠르게 붕괴한다. 어음은 부도가 났고 채무 불이행자가 3,000명에 달했지만 채무자들은 이행능력이 없었다. 의회와 시 당국이 수습을 위해 이행되지 못한 계약들을 무효화시켰다. 수많은 벼락부자와 파산자들을 남긴 채 튤립 파동은 막을 내렸다.

그러나 재미있는 점은 튤립 파동이 실제로 네덜란드 경제에 미친 영향은 별로 크지 않았다는 점이다. 선물계약을 이행 전에 무효화시킴으로써 파산하는 사람들을 최소화했고, 파동이 지나간 후 다시 절제와 금욕을 강조하는 캘빈파 신교도의 교리가 퍼지면서 사회가 빠르게 안정을 찾았기 때문이다.

튤립 파동의 진정한 의의는 현대적 의미의 선물future 및 옵션option 거래의 특징과 그로 인해 나타나는 버블의 특징을 최초로 보여주었다는 점이다. 오늘날에도 고도의 기법으로 불리는 선물 거래와 옵션 거래가 400여년 전 암스테르담의 튤립 시장에서 흔히 사용되었다는 사실은 매우 흥미롭다.

선물과 옵션 거래의 활성화

튤립 파동의 배경은 호경기였다. 네덜란드 동인도회사가 세계 시장을 개척하면서 급성장했고, 많은 돈이 암스테르담으로 유입되었다. 경기는 과열되기 시작했다.

거기에다 종교개혁의 영향으로 이제는 돈을 빌려주고 이자를 수취하는 것이 떳떳한 일이 되었다. 인간의 욕망이 종교의 권위에 억눌려 있던 중세가 끝나고 투자와 이윤추구, 부의 축적은 이제 자연스러운 것으로 받아들여졌다. 이러한 분위기가 과열을 일으켜서 사회를 혼란에 빠뜨렸던 사건이 바로 튤립 파동이다. 1585년 안트베르펜에서 암스테르담으로 피신한 상인-은행가들은 상업과 금융을 긴밀하게 결합하는 이탈리아와 플랑드르의 기법들을 많이 알고 있었다. 1590년부터 1621년까지 네덜란드는 무역을 통해 막대한 이윤을 창출했고, 이것이 저축과 투자를 통해 자본을 형성했다.

네덜란드인들은 금융과 투기를 잘 결합했는데, 이때 나타난 대표적인 것이 선물이다. 선물 거래는 가격 등의 거래조건은 지금 계약을 하면서 정하되, 매매는 미래의 일정 시점에 하는 일종의 선先계약이다. 배가 항구에 들어오기 전에 주식을 팔던 관행이 선물시장으로 발전한 것이다. 물건을 보지도 않은 채 거래한다고 해서 '바람 장사Windhandel'라고 불렀다.

16세기 초 불안정한 기후 등 계절적 영향이나 천재지변으로부터 안정적인 물량을 확보하기 위해 곡물이 수확되기도 전에 거래하던 것에서 처음 시작된 선물 거래는 점차 다른 상품으로 확대되었다. 특히 에스파냐에서 추방된 세파르디 유대인들은 선물 등의 금융기법에 능숙했다.

그들은 이미 소금을 유통하면서 독점에 의한 이익의 극대화를 누구보다 잘 알고 있었다. 나중에는 이탈리아 견직물, 대리석, 설탕, 초석, 구리 등 구하기 힘든 상품을 미리 확보하여 독점 이익을 얻기 위해 선물 거래를 했다. 처음에는 미래의 불확실성에 대한 헤징hedging이 목적이었지만, 점차 이윤 확대를 위한 수단으로 변형된 것이다.

수출과 해운업이 성행함에 따라 보험과 여신 분야도 발달했다. 암스테르담 시의회는 보험 관련 분쟁을 해결하기 위해 보험국을 설치했고 1614년 암스테르담여신은행을 설립하였다. 금융서비스가 좁은 지역에 집중되었다는 점은 암스테르담이 금융을 꽃피우는 데 큰 역할을 했다. 시 청사로부터 몇 블록 안에 증권거래소와 상품거래소가 있었고 그 주변에 보험회사와 무역회사, 해운회사가 밀집해 있었다. 전신이나 전화가 발명되기 전이었기 때문에 이러한 밀집이 금융의 경쟁력을 높였다. 런던의 '더 시티'와 뉴욕의 '월 스트리트'에 금융권이 몰려 있던 것도 같은 이치였다.

16세기 중엽 암스테르담의 상인들은 은행에서 대출을 받던 방식에서 벗어나 부자들에게 직접 채권을 팔기 시작했다. 자금 조달에서 직접 금융으로 넘어가기 시작한 것이다. 이것은 영국보다 100년 이상 앞선 것이고, 미국보다는 300년 이상 앞선 것이었다. 투자 지분은 많은 사람이 투자할 수 있을 정도로 작게 분할되었다. 심지어 간척지에서 작물을 생산하는 농부들의 수익이 플류트선의 자금으로 흘러갈 정도였다. 네덜란드의 자본 시장은 급속히 성장했다.

암스테르담 거래소는 경제계 전반에 중추적인 역할을 했다. 무역, 상거래, 자금알선, 운송 및 상품에 대한 정보의 교환과 공유가 거래소에서 이루어지고 새로운 형태의 금융상품이 개발되었다. 외환거래, 주식, 해상보험 등 온갖 형태의 금융상품이 거래되었다. 주식을 미래 시점에 정해진 가격에 사거나 팔 수 있는 권리 자체를 사고파는 옵션 거래도 성행했다.

증권거래인이라는 새로운 직업도 등장했다. 이들은 새로운 금융기법을 고안해 냈고 금융거래는 자연스럽게 투기로 이어졌다. 17세기 후반에는 액면분할주가 탄생했다. 동인도회사의 주식이 분할되어 10분의 1 가격에 거래되었던 것이다. 또한 유가증권을 담보로 대출해서 다시 주식에 투자하는 차입투자 기법도 개발하여 수익을 올렸다.

무기명 유가증권도 일반화되었다. 무기명 유가증권은 본래 신변의 위협을 느꼈던 유대인들이 증서나 문서에 유대 식 이름 대신 기독교 식의 이름을 쓰다가 결국에는 익명으로 처리되는 유가증권을 통용시켰던 것이었다. 전 세계에 퍼져 있는 유대인 공동체인 디아스포라 네트워크는 유대인을 통한 국제적 자금이동이나 환거래를 쉽게 만들었다. 1700년에는 환율시세표가 정기적으로 발표되었다. 암스테르담이 국제 외환시장의 효시인 셈이었다.

암스테르담은 17세기 유럽 최대의 자금시장이자 금융시장이었고, 국채 시장이면서 국제 외환시장이었다. 이렇게 금융시장이 발달하면서 17세기 후반 네덜란드인들에게는 해외 무역보다 금융투자가 더 선호되었다.

금융업을 선택하고 무역업을 포기한 대가

이렇게 엄청난 강국으로 부상한 네덜란드는 언제부터 쇠퇴하기 시작했을까? 네덜란드의 쇠퇴가 분명해진 것은 7년 전쟁 이후인 18세기 중엽이었지만, 프랑스 루이 14세가 네덜란드를 침공한 1672년을 침체의 시발점이라 보는 견해도 있다.

분명한 것은 17세기 말부터 네덜란드의 기업가와 부자들이 해상 무역에서 손을 떼고 점점 부동산이나 금융사업으로 옮겨가고 있었다는 점이다. 시간이 가면서 바다에서 육지로, 일에서 놀이로, 절약에서 과시 소비로, 기업가에서 지대수취인으로, 부르주아에서 귀족으로의 전환이 이루어졌다. 한 역사가는 그 당시 암스테르담의 부르주아들에 대해 "그들은 더 이상 상인이 아니다. 해상에서의 위험을 감수하는 대신 자신들의 수입을 주택, 토지, 증권에서 얻음으로써 네덜란드가 해상권을 상실하도록 만들었다"라고 꼬집었다.

산업은 전반적으로 쇠퇴했다. 상업, 해운업, 금융업을 제외하면 1640년 이후 네덜란드에서 기업가의 활기를 찾기 어려웠다. 발명특허를 보더라도 1590년부터 1790년까지 200년 동안 나온 특허 중 절반은 초반 50년 동안 나온 것이고 1640년 이후에는 발명이 뜸해졌다. 18세기에 들어서면서 상업은 금융산업에 자리를 내주었고, 해운업은 그나마 상황이 좀 나았지만 이 마저도 오래가지는 않았다.

네덜란드는 왜 이렇게 변했을까? 여러 가지 이유가 있지만, 많은 학자는 중계무역에 기반을 둔 네덜란드가 세계 경제에서 계속 우위를 유지하는 데는 한계가 있었다고 말한다. 사실 네덜란드의 중계무역은 과도기적 현상이었다. 상품의 품질, 가격에 대한 정보가 공유되고 무역량이 증가할수록 중계무역을 통하지 않고 직교역을 하려는 욕구가 생겨났다. 각국은 자신의 상단을 구축하기 시작했다.

18세기에 들어서면서 영국과 독일, 영국과 에스파냐 간 무역은 네덜란드를 끼지 않고 자기들끼리의 직거래 무역으로 대체되었다. 프랑스도 마찬가지였다. 프랑스 와인의 수출량 중 네덜란드가 중계한 거래는 1717년 67퍼센트에서 1789년에는 10퍼센트로 줄어들었다. 암스테르담이 무역업에서 금융업으로 전환한 것은 어쩌면 네덜란드 자체가 무역중계자의 역할을 상실한 데서 기인한 것일 수 있다.

애덤 스미스, 찰스 윌슨 등 저명한 학자들은 네덜란드의 쇠퇴를 생필품 가격에 부과된 소비세 탓으로 돌리기도 했다. 네덜란드 시민은 소득세와 관세에 대한 저항이 심했기 때문에 세수를 충족하기 위해서는 소비세를 부과할 수밖에 없었는데, 이는 임금의 상승을 불러오고 산업의 발달에 장애가 되었다는 것이다. 네덜란드 입장에서는 계속되는 전쟁으로 재정 상황이 어려웠고 세금에 대한 저항도 커서 소비세를 부과하거나 국채를 발행할 수밖에 없었다. 이러한 구조가 전반적으로 경제에 큰 부담이 된 것은 사실일 것이다.

문제는 네덜란드의 금융업 역시 7년 전쟁(1756~1763)이 종료되면서 위기에 직면했다는 점이다. 상품 투기와 독일에 대한 대부로 인해 아렌트요제프사社와 드뇌빌사社가 파산했다. 이후 영국은 암스테르담이 아닌 상트페테르부르크와 직접 외환을 거래하기 시작했다.

더 심각한 문제는 1781년 벌어진 4차 영란전쟁(1781~1784)이었다. 영국과의 전쟁이 터지자 네덜란드인들은 런던에 대한 대부를 중단하고 자신들의 자본을 프랑스로 옮겼는데, 이것이 패착이었다. 몇 년 후 프랑스 혁명이 터지면서 그 자본을 모두 잃게 된 것이다. 그 뒤 바로 이어진 나폴레옹전쟁에서 패배해 프랑스에 배상금까지 물게 되면서 네덜란드 경제는 더 큰 타격을 받았다.

창의력과 도전정신을 잃은 국가는 늙는다

네덜란드가 무너지게 된 원인은 외적인 요인과 내적인 요인으로 구분할 수 있다.[36] 외적인 요인으로는 우선 전쟁, 주변국의 중상주의 정책, 영국이 네덜란드의 기법을 따라잡은 것, 무역에서 암스테르담이 중계지의 지위를 상실한 것, 프랑스혁명으로 프랑스에 빌려준 자본을 잃은 것, 프랑스에 의해 전쟁 배상금이 부과된 것 등을 들고 있다.

네덜란드 역사가들은 외적인 요인이 강하게 작용했다고 주장한다. 그러나 내적인 요인도 무시할 수는 없다. 자본의 흐름이 무역과 산업에서 부동산과 금융으로 이동한 것, 자금 대여의 중심지를 런던에서 파리로 옮긴 것, 높은 소비세를 부과하여 고임금을 초래한 것, 공공부채의 증가와 재정적 어려움, 과소비와 빈부격차의 심화 등이 그것이다.

1585년의 네덜란드 공화국은 창의력과 생명력이 넘치는 나라였다. 에너지를 가진 젊은 국가는 위기에 도전하면서 강해진다. 그러나 17세기 중반부터 네덜란드의 창의력, 도전정신, 혁신은 서서히 식어갔고 18세기에 들어서면서 네덜란드는 생기를 완전히 잃고 다시 살아나지 못했다. 늙은 국가는 위기를 극복할 힘이 없다.

내부적인 생명력이 사라지면서 영국과의 경쟁에서도 밀리기 시작했다. 결국 네덜란드의 대명사와도 같았던 네덜란드 동인도회사가 도산하고 암스테르담은행도 파산했다. 최종적으로는 18세기 말 프랑스에 점령당하면서 네덜란드는 최후의 일격을 맞았다.

네덜란드의 쇠퇴는 어쩌면 필연적인 일이다. 북이탈리아 도시국가들이 그랬고, 에스파냐와 포르투갈이 그랬던 것처럼 모든 강대국은 흥망성쇠를 겪는다. 달도 차면 기울 듯이 말이다. 오히려 인구 200만의 네덜란드 공화국이 100년 이상, 길게는 거의 150년간 유럽의 최강 국가로 군림한 것이 기적이었는지도 모르겠다.

영국, 해적의 나라에서 해상 무역 국가로

절대왕정과 중상주의

섬나라이자 바이킹 노르만족의 유전자를 가진 영국 귀족들은 적을 공격해 당당하게 전리품을 얻는 정복 활동을 찬양하는 문화가 강했다. 반면에 상업으로 이익을 남기는 일은 어딘가 좀스럽고 비열하게 보았다. 산타클로스의 기원이기도 한 성 니콜라스가 영국에서 상인의 수호성인이면서 동시에 도둑의 수호성인이라는 사실은 상업에 대한 영국인의 시각을 잘 보여준다.

실제로 과거의 영국 상선은 해적선과 구별되지 않았다. 영국 왕실은 해적들에게 배에 함포를 적재하고 적선을 나포할 수 있는 사략선私掠船 면허를 내주었고, 이들은 주로 무역선을 공격해 귀금속과 선적된 상품을 약탈했다. 1449년에는 에스파냐에서 1,800톤의 소금을 싣고 오던 한자동맹의 상선대를 약탈했다. 1568년에 에스파냐의 화물선이 해적을 피해 영국 항구에 들어왔을 때 엘리자베스 여왕은 배에 실린 황금을 빼앗았다.

해적으로 유명했던 드레이크가 1573년 한 해에만 영국에 반입한 약탈물의 가치는 60만 파운드에 해당했다. 당시 영국의 양모 수출액이 100만 파운드였으니, 약탈물이 국가 경제에서 차지하는 비중이 얼마나 컸는지 알 수 있다. 해적 드레이크는 나중에 칼레해전 때 해군 부제독이 되어 에스파냐와 싸웠고, 지금도 국민의 영웅으로 칭송받고 있다. 영국의 해적질은 규모 면에서 전투나 다름없었다.

사실 당시의 영국인들에게는 해적질보다 나은 장사가 없었다. 그나마 영국이 내세울 만한 산업은 양모였다. 영국은 양모를 모직물 산업이 활발했던 플랑드르에 수출했는데, 백년전쟁 기간 중 영국이 양모의 수출을 금지하면서 플랑드르의 모직물 산업이 큰 타격을 입었고, 모직물 업자들은 자기 땅에서 벌어지는 전쟁을 피하고 사업에 필요한 양모를 확보하기 위해 영국으로 이주했다. 이로써 영국에 모직물 산업이 발전하기 시작했고, 모직물 산업의 중심은 플랑드르에서 영국의 요크셔로 이동한다.

하지만 여전히 15세기까지 영국의 무역은 플랑드르에서 건너온 상인들과 이탈리아계 롬바르드족族이 주도했다. 양모와 모직물이 영국의 거의 유일한 수출 품목이었는데 이것을 외국인이 장악했다는 것은 아직 상인이나 부르주아 계층이 제대로 형성되지 않았다는 것을 의미한다. 이것이 16세기까지도 영국에서 국가 주도의 해적질이 성행했던 이유이다.

그러나 16세기에 들어서면서 상황은 달라졌다. 15세기 말 튜더 왕조가 들어서면서 왕권을 강화하고 귀족들을 견제하기 위해 국왕이 상인 계층과 손을 잡고 무역 진흥, 자국 산업 보호 등 중상주의 정책을 취하기 시작했다. 서서히 토지소유자 계층인 젠트리gentry와 부르주아 계층이 형성되기 시작했다. 이들은 후일 의회로 들어가서 왕권을 견제하고 정치의 조화와 균형을 꾀하면서 영국의 의회민주주의를 꽃피우게 된다.

하지만 여전히 무역은 후진성을 벗어나지 못했다. 영국의 무역상 가운데 4분의 3은 한 번의 항해로 돈을 버는 모험상인冒險商人으로, 이들의 대부분은 모직물 수출상이었다. 16세기 말 네덜란드 독립전쟁으로 플랑드르의 안트베르펜이 몰락하면서 영국의 모직물 수출이 타격을 받게 되었고, 이 때문에 영국은 해적질과 아프리카 노예무역에 더 매달릴 수밖에 없었다.

부르주아 계층이 형성되면서 무역이 늘어났지만 그렇다고 해적질이 사라진 건 아니었다. 무역과 해적질, 그리고 해적질과 다름없는 노예무역이 각각 성행하면서 영국은 점차 해상 무역 국가로 성장하였다.

절대왕권을 확립한 튜더왕조

백년전쟁과 장미전쟁 이후 1485년 헨리 7세가 튜더 왕조를 열며 국왕에 즉위했다. 그는 전쟁으로 피폐해진 나라를 다시 세우기 위해 상인계층과 손을 잡고 절대왕정을 추진했고, 이로 인해 귀족세력이 힘을 가지는 봉건제는 완전히 무너지게 된다.

헨리 7세가 24년을 통치하는 동안 외국과의 분규는 단 한 건밖에 없었다. 외국과 싸우면서 국력을 소진하는 대신 동맹을 맺어 실리를 취했기 때문이다. 즉위 첫해인 1485년 보즈워스 전투 승리로 장미전쟁을 끝낸 후 적들을 사면하고 상대편 가문의 엘리자베스와 결혼하여 요크

가문과 랭커스터 가문을 튜더 왕조의 장미문양 아래로 통합시켰다.

헨리 7세는 흑자재정을 달성한 최초의 영국 왕이었다. 그는 상인계층의 자유를 보장하면서 강대국으로 부상하기 위한 기초를 쌓았다. 그는 우선 귀족에 대한 과세와 입법으로 귀족들의 권력을 약화시켰고, 사병제를 금지하여 귀족들의 군사력을 빼앗았고, 점점 강해지는 상인계층과 동맹을 맺어 귀족을 견제했다. 그러면서 왕실의 부를 쌓아 나갔다. 세금, 벌금, 사면은 왕의 주요 수입원이었다. 상속세를 신설하고 반역죄라도 재산을 국가에 헌납하면 처형을 면해 주었다.

또한 무역을 증진하기 위해 양모, 가죽, 의류, 와인 등에 관세를 부과하였다. 내수산업을 진작시키기 위해 양모 원사에는 무려 70퍼센트의 수출관세를 부과했다. 1496년에는 영국 최초로 용광로를 설치하면서 영국의 제철 산업이 시작되었다. 재정개혁으로 왕실 비용이 국가 예산에서 분리되었고, 새로운 동전을 발행하여 국가 표준화폐로 삼았다. 도량형도 표준화되었다.

헨리 7세의 수많은 업적은 그의 비즈니스 마인드에서 유래했다. 그는 경제 상황의 변화와 새로운 기술에 저항하지 않고 오히려 이를 권장했다. 헨리 7세의 정책은 헨리 8세와 엘리자베스 1세에게 그대로 계승되어 튜더 왕가는 전성기를 누린다.

1509년에 즉위한 헨리 8세는 헨리 7세의 둘째 아들로, 그의 형 아서가 요절하면서 왕세자가 되었다. 그의 첫 번째 아내는 '아라곤의 캐서린'으로, 에스파냐 이사벨라 여왕의 딸이자 원래는 죽은 형 아서의 부인, 그러니까 형수였다. 헨리 8세와 캐서린은 딸 메리를 두었지만 둘 사이는 좋지 않았다. 헨리 8세는 왕비의 궁녀 출신인 앤 불린과 혼인하려고 하였으나, 피렌체 가문 출신이던 교황 클레멘스 7세가 캐서린과의 이혼을 허락하지 않자 교황과의 갈등을 겪었다. 결국 헨리 8세는 교황과의 결별을 선언하고 1534년 수장령首長令을 내려 영국 교회를 가톨릭교회로부터 분리시켰다.

헨리 8세가 가톨릭교회와 결별한 것은 표면상으로 이혼을 위해서인 것처럼 보이지만, 실제 속을 들여다보면 돈과 권력의 영향이 더 컸다. 16세기 초 영국은 교회세, 즉 십일조를 냈고 그 십일조의 일부는 교황청으로 보내졌다. 세수 부족으로 고민하던 헨리 8세는 대륙에서 종교개혁이 일어나자 십일조를 모두 차지할 궁리를 하게 된다. 그러던 차에 교황이 이혼을 허락하지 않자 기다렸다는 듯이 교황청과의 관계를 끊고 가톨릭교회와 수도원을 해산시킨 후 그들의 재산을 몰수했다.

원래 헨리 8세는 교황 레오 10세로부터 '신앙의 옹호자'라는 칭호를 받을 정도였지만 돈 앞에는 장사가 없었다. 교회로부터 빼앗은 토지는 시민에게 팔았는데 이로 인해 형성된 계층이 후일 산업 자본가와 함께 부르주아를 형성하는 젠트리 계층이었다. 신사를 뜻하는 젠틀맨gentleman은 젠트리gentry에서 유래되었다고 한다.

헨리 8세는 영국이 유럽의 강대국으로 부상하는 데 결정적인 역할을 했지만 「천일의 앤」, 「천일의 스캔들」 등 수많은 영화와 드라마의 소재로 등장할 정도로 기행을 일삼는 왕이었다. 여섯 번이나 결혼을 했지만 그중 두 명의 왕비를 처형하고 두 명의 왕비와 이혼했으며, 왕실에 대해 비판했던 토머스 무어와 토머스 크롬웰 등 철학자와 정치인들을 처형하여 절대왕정을 더욱 강화하였고 웨일즈를 통합했다.

에스파냐 등 유럽 열강들의 위협, 종교전쟁 등으로 혼란스러웠던 상황에서 후진국이었던 잉글랜드를 세계 최강국으로 발전시키는 데 결정적 역할을 한 것은 엘리자베스 1세였다. 그녀는 최대 강대국으로서 영국의 초석을 깔았던, 영국 역사에서 가장 중요하고 위대한 왕 중의 하나였다. 국민들에게 '훌륭한 여왕 베스Good Queen Beth'라고 불릴 정도로 추앙을 받았다. 평생을 독신으로 지냈기 때문에 처녀 여왕The Virgin Queen으로 불리였고, 미국의 버지니아주가 여기에서 이름을 따왔다.

그녀가 독신을 택한 탓에 영국의 튜더 왕가는 그녀를 끝으로 막을 내린다. 여왕의 독신주의는 어린 시절 어머니 앤 불린과 계모가 아버지에 의해 죽임을 당한 것의 영향으로 보는 사람이 많다. 그도 그럴 것이 엘리자베스 1세는 아버지 헨리 8세가 앤 불린을 간통죄로 고발하고 3주 만에 런던 타워에서 참수했을 때 고작 두 살이었다. 공주의 칭호와 왕위계승권이 박탈되는 것은 물론 생존 자체가 위험했던 상황이다. 이후 이복 언니 메리 1세가 왕위에 올랐을 때는 '피의 메리Bloody Mary'라 불릴 만큼 무시무시하게 개신교를 탄압하며 다시 가톨릭교회로 돌아가려 했기 때문에, 개신교였던 엘리자베스는 가톨릭 신도로 위장하기도 하고 죄수로 몰려 런던탑에 갇히기도 하는 등 파란만장한 시간을 보낸다.

1558년 메리 1세가 병으로 죽자 유일한 후계자였던 엘리자베스가 스물다섯 살의 나이에 여왕으로 즉위하였다. 엘리자베스 1세는 귀족들로 구성된 자문기관인 추밀원Privy Council과 관계를 잘 유지하면서 종교분쟁도 지혜롭게 해결해 나갔다. 메리 1세의 탄압정책으로 위협받던 시민들은 엘리자베스의 균형 잡힌 종교정책에 환호했다. 엘리자베스는 헨리 8세의 수장령을 의회에서 통과시켜 성공회를 영국의 국교로 확립했다.

엘리자베스 1세 시대에 영국 국민들은 에스파냐와 같은 강대국과의 대결 속에서 정신적인 결속과 일체감을 키우게 되었고, 이는 국민 문학의 황금기를 만들었다. 윌리엄 셰익스피어의 문학과 프랜시스 베이컨의 경험론은 이 시대의 대표적인 성과였다. 또한 여왕은 영국 동인도회사 British East India Company, EIC를 설립하여 영국이 대영제국으로 발전하는 데 필요한 발판을 마련했다.

후발주자 영국, 칼레해전에서 에스파냐를 꺾다

엘리자베스 1세 시절 영국과 에스파냐의 갈등에 대해 좀 더 자세히 살펴보자. 1570년 후반 에스파냐 왕 펠리페 2세는 엘리자베스 1세에게 청혼했지만 여왕은 "짐은 영국과 결혼했다"라며 거절한다. 영국의 대신들은 전쟁의 불가피함을 주장했지만, 여왕은 직접적인 전쟁보다는 간접적인 방법을 선택했다. 해적을 동원해 에스파냐의 상선을 공격하고 에스파냐의 재산을 약탈한 것이다.

당시 영국의 경제를 지탱한 한 축은 해적질이었고, 이를 주도한 것은 정부였다. 영국은 에스파냐의 아메리카 독점 무역을 깨기 위해 아메리카의 식민지 도시를 약탈하고 선박들을 나포했다. 1587년에는 드레이크와 존 호킨스가 카디스를 급습해 수많은 선박과 함선에 들어가는 목재를 불태웠는데, 이 목재의 소실이 1년 후 칼레 해전 때 영국의 승리에 큰 역할을 한다. 펠리페 2세는 엘리자베스 여왕에게 드레이크의 처형을 요구하지만, 여왕은 이 요구를 무시하고 드레이크에게 오히려 기사 작위를 수여했다. 거기다 1585년 이후 엘리자베스 여왕은 에스파냐와 싸우는 네덜란드 북부 일곱 개 주를 공공연하게 지원했다.

청혼 거절에, 카디스 약탈, 거기에 더하여 적국인 네덜란드까지 지원하자 펠리페 2세의 인내는 한계에 달했다. 영국과 에스파냐 간에 전운이 감돌기 시작했다. 이때 전쟁의 빌미를 제공한 사건이 프랑스의 왕비였고 스코틀랜드의 여왕이었던 가톨릭 신자 메리 스튜어트의 처형이었다. 메리 스튜어트의 참수는 역시 독실한 가톨릭 신자였던 펠리페 2세에게 영국 침공에 대한 명분을 주었다.

펠리페 2세는 1588년 5월 130척의 함대를 영국으로 출격시켰다. 3,000대가 넘는 대포로 무장한 에스파냐의 무적함대가 칼레에서 에스파냐 군대와 합류하기 위해 출항한 것이었다. 그러나 승선 인원만 3만 명이 넘다 보니 식수 문제 등 여러 가지 어려움을 겪었다. 그렇게 출항한 지 두 달이 지난 7월에 드디어 영국해협에 모습을 드러냈다. 영국해협에서 느긋하게 기다리던 영국과 네덜란드 연합군은 에스파냐 해군을 상대로 기습공격을 시작했다.

영국은 이미 대포 혁신에 성공해서 청동대포가 아닌 주철대포를 사용하고 있었다. 에스파냐의 청동대포보다 두 배나 멀리 나가는 장거리포였고 발사 간격도 짧았다. 심지어 영국의 함선은 작지만 빨랐고, 복층 구조라서 장거리 주철대포를 훨씬 많이 배치했다.

계속되는 영국의 공격에 에스파냐 함대는 손실이 늘어났고 인근 칼레에 닻을 내렸다. 이때 영국은 여덟 척의 작은 배에 화약 등 가연성 물질을 잔뜩 실어 에스파냐 함대 쪽으로 보낸 뒤 불을 냈다. 화염에 싸인 영국 배들이 부딪치자 에스파냐 배들은 무참히 침몰했다. 그나마 온전한 배들도 영국 배에 쫓겨 스코틀랜드 방향으로 퇴각하다가 북해에서 폭풍우를 만나 상당수가 침몰했다. 에스파냐는 65척의 전함과 1만여 명의 군사를 잃었다. 이것이 그 유명한 칼레해전이다.

이후 영국은 당시 세계의 제해권을 장악한 무역 대국이자 선진국이었던 네덜란드까지 꺾고 세계 최강의 자리에 오른다. 그것이 어떻게 가능했을까?

양모산업의 발달과 인클로저 운동

영국에서 양모 생산은 여러 세기를 이어온 중요한 산업이었다. 14세기 영국의 고품질 양모는 저지대 국가나 멀리 이탈리아까지 수출되었다. 중세 말에는 에스파냐의 메리노 양모가 저지대 국가의 직물 공급을 지배하게 되면서 영국의 양모 수출이 급감했다. 하지만 비슷한 시기에 영국은 자체적으로 모직물을 생산하면서 국내 모직물업자들의 양모 수요가 늘었기 때문에 양모업자들이 큰 타격을 입지는 않았다. 백년전쟁 중에 플랑드르의 모직물업자들이 영국으로 이주함에 따라 영국 모직물 산업의 기술과 자본이 일정 수준 이상 올라와 있었기 때문이다.

이렇듯 플랑드르의 면직물 업자들이 영국으로 대거 이주하면서 영국의 양모산업이 폭발적으로 발달했다. 이로 인해 인클로저 운동The Enclosure Movement이 일어났다. 봉건제 이후 공동으로 이용하던 공유지나 농민 보유지에 담이나 울타리로 경계선을 쳐서 다른 사람의 이용을 막고 사유지화한 현상을 말한다. 양을 키우기 위해 경지를 목장으로 전환한 것이다. 농지를 사용할 수 없게 되면서 농민들은 직업을 잃었고, 이농離農 현상이 일어나 농가가 황폐해졌다. 농민들의 생활이 궁핍해진 것은 말할 필요도 없었다.

인클로저 운동은 16세기 튜더 왕조 시대에 심각한 사회문제가 되었다. 토마스 무어는 "양이 사람을 먹는다"라고 말할 정도였다. 그렇지만 인클로저 운동을 통해 지주들, 즉 젠트리는 대규모 자본을 형성하게 되었고 영국의 정치나 산업 발전에 큰 역할을 하게 된다. 이렇게 영국 경제는 토지 기반에서 화폐와 산업 기반의 경제로 변화하고 있었다.

설탕 때문에 일어난 영란전쟁

17세기 영국에서는 후사가 없는 엘리자베스 1세가 죽고 처형된 메리 스튜어트의 아들 제임스 1세가 왕위에 올랐다. 튜더 왕조가 끝나고 스튜어드 왕조가 들어선 것이다. 제임스 1세와 그의 뒤를 이은 찰스 1세는 왕의 권력은 신이 내려준 것이라는 왕권신수설王權神授說의 신봉자로서 의회와 대립했다. 특히 찰스 1세의 전횡은 극에 달하여 의회군과 내전이 일어났다. 1645년 올리버 크롬웰이 이끄는 의회군이 승리하고 찰스 1세는 처형되었다. 이를 청교도혁명이라고 부른다. 짧은 기간이었지만, 1653년부터 1660년까지 최초로 영국에 공화정이 실시되었다.

권력을 잡은 크롬웰은 1651년 항해조례를 선언한다. 이 조례는 유럽의 다른 나라들이 영국 및 영국의 식민지와 무역을 하려면 반드시 영국의 배 또는 영국 식민지의 배를 사용해야 한다는 것이었다. 이는 당시 세계의 해상권을 차지하고 있던 네덜란드의 독주에 제동을 건 것이다. 17세기 초까지 네덜란드 독립전쟁을 지원하며 네덜란드와 같은 편에 섰던 영국이 돌아선 것이다. 내전을 끝낸 영국으로서는 더 이상 네덜란드 독주를 두고 볼 수는 없었다.

『유대인 이야기』는 항해조례의 이면에 설탕이 있다고 말한다.[37] 당시 유럽은 서인도제도의 설탕 무역으로 부를 쌓았는데 당시 사탕수수 농장이 있는 서인도제도의 바베이도스섬은 영국령이었다. 하지만 설탕 무역은 네덜란드의 서인도회사가 주도하고 있었는데, 바로 이 설탕 무역의 이익 때문에 항해조례와 영란전쟁이 발생했다는 것이다.

1651년 항해조례가 제정되자 영국은 바베이도스섬을 오가던 네덜란드 상선들을 나포하기 시작했다. 설탕 무역이 타격을 입자 네덜란드 의회는 군함이 상선을 호위하는 법안을 통과시킨다. 이에 따라 1652년 5월, 마르텐 트롬프가 이끄는 네덜란드 함선과 로버트 블레이크가 이끄는 영국 함선이 도버해협에서 맞부딪치면서 제1차 영란전쟁이 시작된다. 초반에는 네덜란드 해군이 기선을 제압했지만 1653년 테셀 해전에서 마르텐 트롬프가 전사하면서 전세는 영국 쪽으로 기울었다. 1654년 웨스트민스터에서 두 나라가 종전 협정을 체결하면서 1차 영란전쟁이 끝났다. 이후 설탕 무역의 주도권은 영국으로 넘어간다. 당시 설탕 산업의 중요성을 감안할 때 이 전쟁은 향후 세계 경제의 주도권을 바꾸는 역사적인 사건이었다.

제2차 영란전쟁은 1차 영란전쟁 종전으로부터 10년 후인 1665년에 발생한다. 영국의 공화정이 막을 내리고 왕정이 다시 시작되면서 새로이 즉위한 왕 찰스 2세가 항해조례를 갱신하는데, 영국 식민지에서 생산된 설탕, 담배, 목화의 주요 상품을 영국이나 영국령으로만 수출하도록 하는 것이 주요 내용이었다.

1663년에 발표한 3차 항해조례는 더 심했다. 유럽 대륙에서 영국령으로 수송되는 모든 화물은 먼저 영국 항구에 들러 내린 후 재선적해야 한다고 규정했다. 식민지와 다른 국가 간의 직접 무역을 막고 영국에 관세를 내게 하려는 조치였다. 영국은 1665년 네덜란드에 선전포고를 했고 2차 영란전쟁이 발발했다. 이번에는 프랑스와 연합한 네덜란드의 승리로 끝났다.

제3차 영란전쟁은 영국과 밀약을 맺은 프랑스의 루이 14세가 네덜란드의 무역 독점을 깨기 위해 시작한 전쟁이다. 엄밀히 말하자면 영란전쟁이라기보다 불란전쟁이라고 보는 게 맞다. 네덜란드가 프랑스의 중죄인 망명자를 보호하자 분개한 루이 14세는 영국, 에스파냐 등과 밀약을 맺은 후 라인강을 건너 네덜란드를 침략했다. 네덜란드는 막강 프랑스 육군을 대적하기 위해 오라녜 가문의 빌럼을 총독으로 추대했다. 그는 전쟁은 전쟁대로 하면서 국가의 위기를 외교적으로 해결하기 위해 영국 제임스 2세의 딸이자 자기 사촌인 메리와 결혼했다.

같은 시기에 영국은 네덜란드 해군에게 계속 밀렸다. 1673년 네덜란드는 신대륙 식민지의 뉴욕을 되찾아 뉴오라녜로 개명한 뒤 1년을 다스렸고, 1674년 웨스터민스터 조약에서 뉴욕을 돌려주는 대가로 수리남의 식민지를 확정했다. 종국적으로는 1678년 프랑스와 네이메헌 화약을 맺음으로써 전쟁이 종식된다. 이 조약에 의해 네덜란드는 모든 영토를 회복하였고 프랑스는 에스파냐 등으로부터 일부 영토를 할양받는 등 이익을 챙겼다. 그리고 그로부터 딱 10년 뒤 1688년 영국의 명예혁명으로 네덜란드의 오라녜공(오렌지공) 빌럼은 메리와 함께 영국의 국왕 윌리엄 3세로 즉위한다.

달콤한 설탕은 흑인 노예의 피눈물이었다

영란전쟁의 원인 중 하나가 될 만큼 17세기 설탕 산업은 유럽에서 가장 중요한 산업이었다. 정제시설에 많은 자본이 투입되지만 높은 수익을 주는 자본주의적 산업으로, 면직물 산업이 발전하기 전까지 세계 자본주의 성장에 가장 중요한 상품 중 하나였다. 설탕은 유럽인의 식생활에 큰 변화를 가져왔고 커피나 홍차 같은 음료의 소비를 촉진했다. 18세기에 접어들면서 영국의 1인당 설탕 소비량은 한 세기 만에 세 배 이상 급등했다. 1650년에 귀중품이었던 설탕은 1750년에는 사치품, 1850년에는 생활필수품이 되었다.

이러한 설탕의 대중화를 가능하게 해준 것은 흑인 노예였다. 설탕 산업은 무척 노동집약적인 산업이었다. 우선 사탕수수 농사에 일손이 대거 필요했다. 아메리카 원주민은 유럽인들의 전염병으로 전멸되었고, 유럽인들은 계약이 끝나면 농장을 떠나는 상황에서 말라리아에 면역력이 있는 흑인만큼 좋은 노동력은 없었다. 18세기에는 자메이카가 바베이도스를 제치고 서인도제도의 제당 산지로 발전했다.

노예무역을 주도한 것은 영국의 유대인들이었다. 그 이면에는 1640년대 교황이 노예무역의 금지를 명한 것이 큰 몫을 했다. 가톨릭 국가인 에스파냐와 포르투갈이 노예무역에서 손을 뗐고, 그와 함께 다른 나라의 가톨릭 상인들도 노예무역에서 자진 철수했던 것이다.

설탕 외에도 면화, 담배, 커피 등 플랜테이션 농장 재배품목이 늘어나면서 흑인 노예에 대한 수요는 더 증가했다. 영국의 노예상인들은 흑인 노예들을 산 가격에 5~10배 가격으로 팔면서 엄청난 이득을 챙겼다. 16세기 포르투갈에서 시작된 노예무역은 19세기 중반까지 300여 년간 유지되었다.

이 기간에 아메리카로 실려 간 아프리카 흑인은 1,500만 명에서 2,000만 명으로 추산된다. 이들 대부분은 중남미와 서인도제도의 사탕수수 농장으로 팔려갔고, 600만 명은 미국 땅으로 끌려갔다. 1860년 미국 인구조사에 따르면 미국인은 40만 명이었지만 그들이 소유한 노예는 400만 명이었다.

노예무역에 가장 적극적인 나라는 영국이었다. 어떤 연구자는 17세기 영국 자본형성의 3분의 1이 노예무역에 의한 것이라고 추산했다. 1771년에는 영국의 노예무역선 수가 190척이나 되었고 연간 4만7,000명을 운반했다. 전쟁도 노예무역에 한몫 거들었다. 영국은 에스파냐 왕위계승 전쟁에서 프랑스를 제압한 후 1713년 위트레흐트 조약을 통해 프랑스로부터 미국 식민지의 일부를 할애받았고, 에스파냐로부터 지브롤터 해협을 양도받으면서 에스파냐령에 대한 노예 수출 독점권을 획득했다. 추후 30년 동안 10만 명 이상의 노예를 노예시장에 공급하는 독점적 권리였다.

아메리카로 팔려간 흑인들은 무덥고 비위생적인 환경에서 하루 17시간의 살인적인 노동에 시달리며 혹사당했다. 설탕 산업은 흑인들의 피눈물 속에서 성장했다고 해도 과언이 아니다. 18세기 중엽 이후 흑인 노예 대부분은 서아프리카에서 벌어진 약탈원정에서 잡힌 사람들이었다. 약탈원정은 보통 아프리카 부족의 왕이나 추장들이 자행했다. 이들은 전쟁포로나 이웃마을에서 납치한 주민을 백인들에게 노예로 팔았고 그 대신 럼주, 화약, 직물 등을 받았다. 노예상들은 노예의 몸에 출신지를 표시하는 낙인을 찍은 후 배에 태워 아메리카로 보냈다. 배 안에서의 상황은 더 열악해서 항해 도중 6분의 1 이상이 배에서 죽었다.

미국인들의 영적인 국가로 불리는 찬송가 「어메이징 그레이스Amazing Grace」는 영국 성공회 사제인 존 뉴턴이 과거 흑인 노예 상인으로 일했을 때 흑인들을 학대했던 것을 참회하며 1772년에 쓴 가사라고 알려져 있다. 그는 노예선의 선장으로 일하다가 1747년 뜻한 바가 있어 종교인의 길을 택했고 1755년 성공회에서 사제 서품을 받았다. 노래의 가사는 'Amazing grace how sweet the sound that saved a wretch like me(나 같은 죄인 살리신 주 은혜 놀라워)'로 시작된다. 당시 흑인들의 처참했던 생활을 돌이켜보면 스스로 죽을 죄를 지은 죄인임을 반성하는 가사가 새삼 다르게 느껴질 것이다.

동전 테두리에 톱니무늬를 넣은 아이작 뉴턴

명예혁명과 영란은행

중세의 유럽에서 일반 백성은 금융과 먼 존재들이었다. 근근히 먹고 살기 바빠 저축할 돈도 없었고, 아주 형편이 어려울 때는 교회나 공동체에서 도와주기도 했다. 재산을 불릴 일은 더더욱 없었다. 반면에 군주들은 사치품을 사거나 전쟁을 치르기 위해 항상 돈에 굶주렸다. 어떻게든 세금을 많이 거두려고 했지만 귀족들이나 백성들의 저항도 만만치 않아 한계가 있었다.

고대나 중세 때 군주가 재정을 보충하기 위해 가장 쉽게 동원한 수법은 불량화폐를 찍는 것이다. 그냥 대놓고 금 · 은 대신에 동을 섞었다. 왕과 군주는 국가적 행사가 있거나 전쟁이 일어나면 자금을 마련하기 위해 불량화폐를 만들어 유통했다. 민간에서도 이득을 얻을 방법을 생각해냈다. 금화와 은화의 가장자리를 조금씩 깎아서 금가루와 은가루를 모으는 것이다. 이것을 깎아내기clipping라고 불렀다. 다른 방법은 금화나 은화를 자루에 넣고 비벼서 떨어지는 금속 가루를 모으는 것이다. 이것을 땀내기sweating라고 불렀다.

절대왕권을 확립한 튜더 왕가의 헨리 8세는 부모에게 받은 유산을 다 쓰고 모자라 여러 차례 돈의 함량을 속이는 방법으로 급전을 조달했다. 이를 건의한 사람은 헨리 8세의 재정고문관이었던 토머스 그레셤이라고 알려져 있다. 왕실의 재정문제를 해결하기 위해 할 수 없이 화폐 타락을 권유했지만, 사실 그는 폐해를 누구보다 잘 알고 있었다.

그래서 그레셤은 헨리 8세의 딸 엘리자베스 1세가 즉위했을 때 "악화는 양화를 구축한다"라고 말하며 악화를 거두어들일 것을 당부했다. 사람들이 순도가 높은 양화는 자기 집에 보관하고 순도가 낮은 악화만 시중에 유통한다는 뜻으로, 그레셤의 법칙Gresham's Law이라고 불리며 화폐 타락의 폐해를 나타내는 대표적인 용어가 되었다. 그레셤은 나라 간 환율이 갑작스럽게 변동하는 경우를 대비해 정부가 환율조정에 개입할 수 있는 환평형계정을 창설하자고 제안했고 은행가, 환전상들이 런던에서 모여 거래를 할 수 있도록 왕립거래소를 설치했다.

금세공업자들이 발행한 최초의 은행권

영국에서 금융업이 어떻게 태동했는지에 대해 살펴보자.[38] 스튜어드 왕조의 두 번째 왕으로 즉위한 찰스 1세는 의회의 간섭이 귀찮았던 나머지 의회를 해산시켰다. 하지만 의회는 왕실의 살림에 대한 승인권을 갖고 있었기 때문에 의회를 해산하는 순간 왕의 지출도 중단되었다. 그러자 찰스 1세는 런던탑에 보관되어 있던 런던 상인들의 재산에 손을 댔다. 왕실의 주조국Royal Mint이 위치한 런던탑은 영국 최고의 보안시설로,

상인들에게는 오늘날 대여금고의 역할을 했던 곳이다. 상인들은 분노했고, 런던탑에 보관했던 금을 빼내서 금고를 갖고 있던 민간 금세공업자, 즉 골드스미스goldsmith들에게 맡겼다. 금세공업자들은 이를 계기로 금융업을 시작했다. 골드스미스 은행이 생긴 것이다.

골드스미스 은행은 처음에 저축 업무로 시작했다. 예금주가 금이나 금화 등을 맡기면 금세공업자는 표준양식의 금교환증을 발행해 주는데 이 영수증이 은행권bank note의 시조였다. 화폐의 발달과정에서 대표화폐代表貨幣라고 부르는 것이다. 금세공업자에게 금화를 맡겨놓은 상인들은 상거래를 할 때 금화 대신 금교환증을 주고받았다. 이것을 골드스미스 은행에 가져가면 즉시 돈을 받을 수 있었다. 이렇게 금교환증이 유통되면서 화폐의 기능 중 하나인 교환 매개의 기능을 담당하게 되었다.

처음에는 언제든지 금교환증을 제시하면 실제 금이나 금화로 교환해 주어야 하는 완전한 지급준비금 체계로 운영되었다. 그래서 골드스미스 은행은 예금주들에게 금 보관 수수료를 받았다. 그런데 시간이 지나면서 금세공업자들은 금교환증을 가져와서 실제 금으로 교환하는 예금주들이 극히 적다는 것을 알게 되었다. 이때부터 금고 안에서 잠자고 있는 황금을 어떻게 활용할 수 있을까 고민하기 시작했다.

점차 골드스미스 은행은 급전이 필요한 사람들에게 돈을 빌려주기 시작했다. 또한 그들은 보관하고 있는 금을 국왕이 압류할까봐 항상 불안해했는데, 대출은 압류에 대한 위험을 줄이는 수단이기도 했다. 이제 골드스미스 은행은 돈이 필요한 사람이 찾아오면 금교환증, 즉 은행권을 발행해서 대출을 해주고 그냥 앉아서 이자 수익을 챙겼다.

은행권을 과도하게 발행하지만 않았다면 예금주들의 의심을 피할 수 있었을 것이다. 그러나 대출이자를 챙기면서 골드스미스 은행은 더 많은 예금을 유치하고 싶어졌다. 게다가 일부 예금주들이 이들의 꼼수를 눈치채게 되었다. 이들을 달래기 위해 골드스미스 은행은 예금주들에게 위탁관리비를 면제해주고 더 나아가 예금이자를 지급해 주기 시작했다. 이런 과정을 통해 골드스미스 은행은 예금 업무와 대출 업무를 동시에 하는 오늘날과 같은 은행업을 시작하게 된 것이다.

영국인들은 이것이 최초의 은행업이며 그래서 골드스미스를 은행의 기원이라고 말한다. 틀린 이야기는 아니지만 이것은 지극히 자국 위주의 생각이다. 영국이 찰스 1세의 폭정에 시달린 것은 17세기 초이지만, 인류 역사에 금융업이나 은행업이 시작된 것은 그보다 훨씬 빨랐다. 유럽에서도 12세기 십자군전쟁 시절에 템플기사단이 대부업을 시작했고, 중국에서는 송나라 때 전장이라는 금융기관에서 예금과 대출 업무를 했다고 기록되어 있다. 어쨌든 골드스미스 은행의 등장은 영국 금융 역사에서 중요한 전환점이 되었다. 이들은 단순히 금을 보관하는 역할에서 벗어나, 예금과 대출을 통해 신용창출 기능을 수행하며 본격적인 은행업의 기틀을 마련했다.

크롬웰 공화정과 시티오브런던의 탄생

청교도혁명을 통해 왕정을 타파하고 공화정을 실시한 올리버 크롬웰에게, 1650년 네덜란드의 유대인 랍비인 마나세 벤 이스라엘은 유대인의 영국 재입국을 청원한다. 1655년에는 아예 영국으로 건너와서 크롬웰을 만나 재차 부탁을 하는데, 그에 따른 화답이었는지 이듬해인 1656년 크롬웰은 유대인의 영국 이주를 허용했다. 1290년 유대인이 추방당한 이후 350여 년 만의 재입국이었다. 네덜란드의 많은 유대인이 도버해협을 건넜다. 이후 유대인들은 영국에서 경제적 동등권과 거주 이전 및 종교의 자유를 누릴 수 있었다.

크롬웰 시대에 영국에서는 실용주의가 대두했고 유대인에 대한 평가도 많이 달라졌다. 그 기저에는 청교도혁명으로 일신된 사회분위기가 주효했다. 개신교인 청교도들 역시 그동안 가톨릭으로부터 종교적 박해를 받아왔기 때문에 다른 종교인들에게 관대했다. 특히 청교도혁명 당시 자기들을 지원했던 유대인들에게는 더 그랬다. 청교도와 유대교는 유사한 점도 많았다. 교리 자체가 구약성경을 중시하고 성실한 노력으로 일군 부를 찬양했다.

크롬웰은 전쟁 때 자기를 도와준 상인들을 위해 중상주의 정책을 시작했다. 상업과 금융업을 장려하기 위해 고대 로마 때부터 형성된 구도심 지역을 경제특구로 지정했다. 이곳이 흔히 '시티'라 불리는 시티 오브 런던City of London이다. 크기는 2.6제곱킬로미터 남짓으로 서울의 중구보다 작지만 이곳은 런던 경제의 중심지가 되었다. 유대인들도 이곳에서 은행가나 무역상인 또는 의사 등의 전문가로 활동했다.

그러나 영국의 금융업이 아직 제대로 자리 잡은 것은 아니었다. 1658년 크롬웰이 사망하고 영국은 11년 만에 왕정으로 복고한다. 이때 프랑스에 망명했다가 돌아와서 1660년에 왕위에 오른 찰스 2세는 선왕들의 실수를 또 한 번 반복한다. 그는 런던의 골드스미스 은행가들로부터 거액을 차입했으며 일정한 양의 금을 정부에 예탁하도록 했다. 하지만 제2차 영란전쟁으로 재정이 궁핍해지자 빌린 돈의 이자와 원금 상환을 위해서 그 돈을 다 끌어썼다. 그러고도 해결이 안 되자 정부채무의 상환 이행을 중지했고, 골드스미스 은행가들이 런던탑에 예치해 놓았던 금을 몰수했다. 이 사건으로 국왕과 거래하던 많은 골드스미스 은행들이 파산하고 영국 왕실의 신용은 크게 손상되었다.

명예혁명으로 세상이 바뀌었다

1672년 프랑스의 태양왕 루이 14세는 네덜란드의 해상 독점을 막기 위해 라인강을 넘어 네덜란드로 쳐들어갔다. 이것이 앞에서 다뤘던 제3차 영란전쟁이다. 영국은 네덜란드 편에 선 에스파냐에 대항하기 위해 프랑스와 동맹을 맺는다. 당시 유럽을 주름잡던 루이 14세의 프랑스, 영국, 독일공국 연합군과 네덜란드, 에스파냐, 신성로마제국 연합군 간의 전쟁이 된 것이다. 막강한 적군에 대항하여 싸운 네덜란드 측 연합군 사령관은 오라녜공 빌럼이었고, 그를 재정적으로 지원한 사람들은 헤이그 세파르디계 유대인 그룹이었다. 6년간의 전쟁 끝에 빌럼은 루이 14세의 야망을 저지하고 1678년 평화조약을 맺었다.

한편 영국에서는 찰스 2세의 뒤를 이어 그의 동생 제임스 2세가 즉위했다. 그는 의회를 탄압하고 전제정치를 했으며 국민에 가톨릭을 강요했다. 이에 반대하여 일어난 것이 명예혁명이다. 영국 의회는 양대 정당인 휘그당Whig Party과 토리당Tory Party의 양당 지도자가 합의하여 1688년 6월 말 네덜란드의 오라녜공 빌럼과 메리 부부에게 '영국의 자유와 권리를 수호하기 위해' 군대를 이끌고 영국으로 오도록 초청장을 보냈다. 빌럼은 영국 찰스 1세의 딸인 메리의 아들이었고, 그의 왕비 메리 스튜어트도 영국 왕실의 적통을 이을 수 있는 제임스 2세의 딸이었기 때문이다.

빌럼은 영국 입성을 준비했다. 용병을 모으는 한편 유대인 은행가 프란시스코 수아소로부터 은화 200만 길더를 빌려 군자금을 확보했다. 심지어 교황 인노켄티우스(인노첸시오) 11세도 숙적 루이 14세를 견제하기 위해 자금을 빌려주었다. 총 군자금 700만 길더 가운데 400만 길더는 국채로 발행되었는데 대부분을 유대인 금융가들이 인수하였다.

1688년 11월 빌럼과 메리는 1만 5,000명의 군대를 이끌고 영국 남서부에 상륙해 영국으로 진격했다. 영국 귀족들이 잇달아 이 진영에 가담하자 제임스 2세는 사태의 불리함을 간파하고 프랑스로 망명했다. 1689년 2월 의회는 빌럼과 메리 부부에게 '권리장전Bill of Rights'을 제출해 승인을 요구했다. 권리장전은 법을 제정하거나 효력을 정지시킬 때, 세금을 거둘 때, 상비군을 유지할 때 등 중요한 결정을 내릴 때 의회의 승인을 받아야 하며 자유로운 선거와 토론을 보장한다는 내용을 골자로 한다.

부부는 이를 승인한 후 공동으로 왕위에 올랐고, 이렇게 오라녜공 빌럼은 영국의 국왕 윌리엄 3세가 된다. 피 한 방울 흘리지 않고 제임스 2세를 하야시켰다고 하여 이 사건을 '명예혁명Glorious Revolution'이라고 부른다.

명예혁명이 성공하면서 영국은 모든 것이 달라졌다. 1689년 영국 의회는 권리장전과 관용법을 통과시켰다. 왕과 의회의 대결, 신교와 구교와의 대결을 종식시키는 조치이자 새로운 시대의 출발을 알리는 신호였다. 당시 윌리엄 3세를 따라 영국으로 건너간 네덜란드인은 3만 명 정도인데 반은 군인이었고 반은 민간인이었다. 그리고 민간인의 절반이 넘는 8,000명이 유대인이었다고 한다. 영국은 그 후 200년이 넘도록 지구상에서 가장 관대한 관용정책을 펼쳤다. 덕분에 유대인들은 어려움 없이 영국 사회로 진입할 수 있었고 이들은 금융과 산업혁명에서 중요한 역할을 담당했다.

그러나 모든 것이 순조로운 것만은 아니었다. 명예혁명이 전례 없는 재정부담을 가져올 것이라고는 아무도 예상하지 못했다. 프랑스로 망명한 제임스 2세는 프랑스 군대를 앞세워 복위를 노렸고, 1690년 영국-네덜란드 연합 함대가 비치헤드 전투에서 프랑스 함대에 패배했다. 해상권을 빼앗기지 않으려면 영국은 강력한 해군의 재건이 시급한 상황이었지만 재정은 이미 고갈된 상태였다.

게다가 영국은 식민지인 미국과 아일랜드를 지키고, 프랑스에 위협을 당하는 네덜란드를 돕기 위해 9년 전쟁(1688~1697)에도 참전했다. 그 과정에서 조세 부담이 가장 낮은 나라였던 영국은 프랑스, 네덜란드와 함께 조세 부담이 가장 높은 나라가 되었다.

영국은 세금을 올릴 수밖에 없었고, 영국 국민들은 높은 세금 부담에 허덕이게 되었다. 왕실을 견제하던 의회조차도 새 왕실이 세금을 거두어들이는 것을 도왔다. 역사학자들은 당시 영국을 '전쟁을 치르기 위한 조세국가'라고 칭하기까지 했다. 이런 재정적 어려움을 말해주는 것이 1696년에 생긴 창문세이다. 시행 초기에는 한 집당 창문 열 개까지 정액으로 2실링이었지만, 시간이 지나면서 점점 금액이 커지자 시민들은 창문을 틀어막기 시작했다. 햇볕을 차단하자 삶의 질이 떨어지고 전염병이 창궐하며 시민들의 건강에 심각한 문제를 초래했지만, 창문세는 19세기 중반까지 유지되었다.

계속 늘어나는 재정수요를 감당하기 위해서는 세금만으로는 한계가 있었고, 재정구조를 획기적으로 바꾸는 혁명적 조치가 필요했다. 왕위에 오른 윌리엄 3세는 화폐 개혁에 착수했다. 우선, 테두리가 깎여 나간 불량주화의 유통과 사용을 금지했다. 한발 더 나아가 낡은 주화의 사용을 아예 금지하고, 대신 옛날 화폐와 새로운 화폐의 교환 시한을 연장해 주었다. 새로운 화폐는 왕립조폐국에서 제조했다. 새로운 주화는 가장자리에 톱니무늬가 있는milled edge 주화였다. 이것은 1696년 왕립조폐국장으로 임명된 유명한 과학자 아이작 뉴턴의 아이디어로, 덕분에 깎아낸 불량주화가 유통되는 것을 막을 수 있었다. 3년 만에 시중의 모든 주화는 새로운 주화로 교체되었다. 이렇게 주화에 대한 신뢰가 높아지자 덕분에 거래가 촉진되고 신용경제의 토대가 마련되었다.

영란은행의 설립과 은행권 발행

금융에 관한 책 대부분이 영란은행에 대해 다루지만 『화폐 이야기』는 특히 흥미롭게 설명하고 있다.[39] 영국 정부는 프랑스와의 전비를 마련하기 위해 1692년 국채발행 제도를 시작했다. 이것은 일종의 재정 혁명이었다. 그간 왕의 변덕에 따라 달라졌던 엉성한 대부 방식을 명확하고 체계적인 정부 채권으로 대체했기 때문이다.

1693년 의회가 국가채무에 대해 지급을 보장하면서 영국 국채의 인기는 높아졌지만 전비 조달에는 충분치 않았다. 1694년에는 복권을 팔아 100만 파운드를 조달했다. 이 복권은 당첨이 되지 않아도 1710년까지 매년 1파운드의 이자소득을 얻을 수 있어 큰 인기를 끌었다. 하지만 복권의 조달 비용이 14퍼센트에 달하면서 이마저도 전비를 조달하는데 충분하지 못했다.

이런 상황에서 대안으로 떠오른 것이 영란은행Bank of England의 설립이었다. 영국 의회는 이전에 런던시티뱅크와 국립신용은행의 설립을 무산시킨 적이 있었다. 하지만 1694년은 사정이 달랐다. 명예혁명으로 왕위에 오른 윌리엄 3세와 의회의 관계가 무척 우호적이었고 재정 상황은 더 심각했기 때문이다. 은행 설립안이 재추진되었고, 1694년 영란은행이 탄생했다.

참고로, 영국의 중앙은행이 '영란' 은행인 이유는 잉글랜드의 중국식 발음 '잉란'을 음차한 중국어 표기가 '英蘭'이고 이것이 우리나라에 그대로 들어왔기 때문이다. 얼마 전 친구들과 이 주제를 놓고 이야기를 했는데, 영란의 란蘭이 네덜란드를 뜻하는 것 아니냐는 황당한 주장도 있었다. 아마도 영란전쟁 때문에 잘못 연상된 듯하다.

영란은행은 첫 번째 대출로 정부에 돈을 빌려주었고, 이 금액의 일부는 은행권 형태로 정부에 지급되었다. 정부는 이 은행권을 이용해 전쟁의 보급품을 사들였고 은행권은 사람들에게 돈처럼 유통되었다. 민간은행의 은행권을 정부가 사용함에 따라 사실상 법정지폐처럼 받아들여진 것이다. 국가는 은행에 영구적 채무를 지기는 하지만, 뒤집어 말하면 영구히 갚을 필요도 없었다. 매년 8퍼센트의 이자만 지급하면 된다. 이자 지급은 선박세와 주세로 담보되었다. 이렇게 해서 국왕은 전쟁에 필요한 자금을 확보했고, 상인들은 정부로부터 이자 수입을 안정적으로 챙기는 은행가로 변신했다.

영란은행의 탄생에는 두 사람이 큰 역할을 했다. 한 사람은 시티에서 활동하던 무역상 윌리엄 패터슨이고, 또 한 사람은 재무장관이었던 몬터규였다. 몬터규는 아이작 뉴턴의 친구로 그를 화폐주조국장에 천거

한 인물이었다. 윌리엄 패터슨은 1691년 상인들을 대표해 영란은행 설립 법안을 주도했으며 의회와의 협상을 성공시켰다. 사실 패터슨 뒤에는 쟁쟁한 시티 상인들로 구성된 신디케이트가 있었고, 여기에는 많은 유대인 상인들이 가입되어 있었다고 한다.

패터슨이 제출한 법안은 몇 차례 수정을 거친 후 1694년 통과되었다. 설립자본금 120만 파운드는 12일 만에 조성되었다. 인당 자본금은 최소 25파운드부터 최대 1만 파운드까지였는데 그중 500파운드 이상을 투자한 사람은 은행의 주요 결정에 투표할 권리를 주었고, 2,000파운드 이상을 투자한 사람은 은행의 이사 자격이 주어졌다. 설립 당시 영란은행의 업무는 오늘날 중앙은행의 역할과는 거리가 멀었고 오히려 골느스미스 은행과 같은 민간은행과 크게 다르지 않았다. 시티의 상인들로부터 자금을 예치받아 은행권을 발행하고, 무역 어음을 할인해서 이윤을 챙겼다.

다만 민간은행과 두 가지 면에서 차이가 있었는데, 하나는 정부에 대출하는 유일한 은행으로서 정부 부채를 관리하는 역할을 부여받은 것이다. 둘째는 설립 형태가 주식회사라는 것이었다. 개인 회사든 파트너 회사든 당시의 민간은행들이 무한책임을 지는 형태였던 것에 반해 영란은행은 투자한 금액의 범위 내에서만 유한책임을 지기 때문에 당시로는 큰 특혜였다. 그래서 의회는 영란은행에 한시적인 면허를 주었다.

화폐가 신뢰를 얻는다는 것

영란은행의 설립은 급속히 성장하는 영국 경제와 정부의 자금 수요를 적극적으로 지원했지만, 그로 인해 국가채무가 급격히 증가하여 국민의 부담이 가중되었다는 부정적인 측면도 있었다. 쑹훙빙은 저서 『화폐전쟁』에서 영란은행의 부정적인 측면을 강조한다.[40] 영란은행의 핵심은 국왕과 왕실의 개인채무를 국가의 영구적 채무로 변환했다는 것이다. 채무에 기반을 둔 화폐를 발행했는데, 그 채무가 국민의 세금을 담보로 했다는 점이 문제였다. 실제로 영란은행이라는 강력한 금융 수단이 생기면서 영국 정부의 부채는 수직으로 상승했다.

쑹훙빙은 영란은행의 정부 대출은 국가 화폐의 발행과 영구적 국채를 묶어 놓는 구조라고 주장한다. 국채를 발행할 때 정부에 은행권을 주기 때문에 은행권과 국채가 동시에 발행된다. 그런데 이자를 갚고 경제도 발전시켜야 하니 정부는 계속 돈이 필요하고, 그 돈을 다시 은행에서 빌려와야 했기 때문에 국채는 계속해서 늘어날 수밖에 없다. 그래서 정부는 영원히 채무를 상환할 수 없다는 것이다.

하지만 이 말은 일부는 맞고 일부는 틀리다. 18세기 동안 영국은 내내 전쟁에 시달렸고 국가채무가 계속해서 늘어난 것은 사실이다. 영란은행 설립 당시 120만 파운드였던 대출금은 1722년 남해회사의 주식을 인수하면서 935만 파운드로 늘어났고, 1746년에는 1,168만 파운드가 되었다. 후반으로 갈수록 국채는 급속도로 늘어서 1783년에 2억 5,000만 파운드, 1815년 나폴레옹전쟁이 끝난 시점에는 8억2,000만 파운드가 되었다. 국민소득의 250퍼센트가 넘는 엄청난 규모였다.

그러나 19세기 중반 이후 영국의 국가채무는 급속도로 줄어들었다. 자유시장주의가 팽배하면서 정부의 지출이 줄어든데다가 소득세 등 새로운 세목을 발굴하면서 정부 수입에서 차지하는 국채의 비중을 대폭 줄였기 때문이다.

어쨌든 영국은 18세기 신뢰도 높은 국채를 대량으로 발행했고 이로 인해 채권시장이 활성화되면서 영국의 금융업은 크게 발전했다. 명예혁명을 통해 입헌군주제가 확립되면서 의회가 국채의 상환을 담보했고, 덕분에 국채의 신뢰도는 올라간 반면 이자율은 하락했다. 풍부한 자금과 낮은 이자를 바탕으로 영국은 세계의 해상권을 장악하고 유럽과 식민지의 전쟁에 참여했으며, 세계 경제사를 바꾼 산업혁명을 일으킬 수 있었다.

화폐의 역사에서 보듯이 국민이 신뢰하는 화폐를 만들고 유지하는 일은 대단히 어려운 일이다. 더욱이 한 국가의 화폐가 기축통화가 되기 위해서는 우선 그 화폐에 대한 신뢰가 무엇보다 중요하다. 이후 오랜 시간 영국의 파운드화가 기축통화가 된 데에는 산업혁명과 식민지 개척을 통해 해가 지지 않는 패권국가가 된 것도 중요했지만, 근간은 영국의 파운드화에 대한 신뢰였다.

항상 강했지만, 항상 2인자였던 프랑스

근세 프랑스의 후진적인 경제 구조

프랑스는 언제나 경제국으로나 군사적으로나 강대국이었다. 유럽에서 가장 비옥한 땅을 가지고 있고, 인구 면에서도 언제나 선두에 가까웠으며, 러시아를 제외하면 국토 크기에서도 뒤지지 않는 국가였다. 역사적으로 보면 고대 로마 때는 갈리아 지방이었고, 중세에는 프랑크왕국의 중심 지역이었고, 분리된 이후에는 서프랑크왕국이었다. 17세기 후반에는 태양왕 루이 14세가 있었고, 18세기 말에는 나폴레옹이 있었다.

그렇다면 프랑스는 유럽에서 일등이었을까? 안타깝게도, 프랑스는 정작 선두 국가가 된 적이 한 번도 없었다. 늘 2인자의 자리만 지켰을 뿐이다. 유일하게 유럽 교역의 중심지 역할을 했던 것은 12세기에서 13세기에 운영된 샹파뉴 정기시 덕분이었다. 프랑스 북동부의 샹파뉴 지방에서 열린 정기시定期市, fair는 브뤼헤, 안트베르펜 등 플랑드르 지방이 부상하기 전 서유럽에서 가장 큰 시장이었다. 이탈리아와 플랑드르, 그리고 독일과 에스파냐를 연결하는 유럽 대륙의 최대 교역지이자 경제 중심지로 번성했다.

상파뉴 정기시는 1년에 6회 열렸는데 플랑드르와 영국의 양모와 모직물, 이탈리아 상인이 가져오는 동방의 향료, 북부 이탈리아의 견직물, 독일의 마직물, 북부 유럽의 모피, 에스파냐의 피혁, 프랑스의 포도주 등이 주로 거래되었다. 역사학자들은 상파뉴 정기시를 세계 최초의 경제 중심지라고 말하기도 한다. 하지만 14세기 이후에는 지중해와 북해 사이의 해상항로가 발달하면서 점차 시장의 기능을 상실했고 백년전쟁으로 완전히 쇠퇴하였다. 상파뉴Champagne의 영어 이름은 '샴페인'으로, 지금은 이 지방 고유의 백포도주 덕분에 더 잘 알려져 있다.

그렇다면 프랑스가 군사적으로 유럽 최강인 적은 있었을까? 1494년 샤를 8세가 이탈리아를 공격했을 때나 1672년 루이 14세가 네덜란드를 공격했을 때, 전쟁에서 완전히 승리를 거두지는 못했지만 유럽 전체를 긴장시킬 만큼 강했다. 18세기 말에서 19세기 초 나폴레옹전쟁이 전 유럽을 휘몰아쳤을 때도 마찬가지였지만, 유럽의 중심이 되는 데는 실패했다.

군사력은 강했지만 경제력은 약했다

프랑스가 2인자의 신세를 벗어나지 못한 가장 큰 이유는 무엇일까? 여러 가지 이유가 있겠지만, 프랑스에는 최강국이 되기 위한 필수적 요소인 풍부한 산업, 경제적 생산, 대규모의 해상무역, 충분한 신용이 없었다. 물론 독특하게도, 일등만 못했을 뿐이지 다른 일등 국가들이 겪는 장기적인 쇠퇴는 없었고 그래서 언제나 2인자에 머물렀다는 것이다.

여기에 대해서 프랑스의 재정이 부실하고 금융이 제대로 형성되지 않은 것이 중요한 이유 중 하나라고 말하는 의견도 있다.[41] 근세 이후 대부분의 유럽 국가들이 전쟁으로 재정이 취약했지만, 프랑스처럼 국가가 채무불이행을 많이 선언한 나라도 없었다. 1559년에서부터 1788년까지 열 차례 이상 채무의 전부 또는 일부를 이행하지 않았다.

프랑스의 재정 개혁 움직임은 18세기 초 존 로와 같은 외국인에 의해, 18세기 후반에는 튀르고 같은 프랑스인에 의해 시도되었다. 그러나 모두 실패했다. 프랑스의 귀족들은 자신들이 전쟁에서 목숨을 건다는 이유를 들어 세금을 내는 것에 크게 반발했다. 이런 특권층의 억지와 사치가 프랑스대혁명의 도화선이 되었고, 혁명을 통해 관리들과 귀족들이 처형되고 나서야 재정개혁이 이루어졌다. 특권계층은 전쟁에서는 살아남았지만 혁명에서는 살아남지 못했다.

재정이 부실했던 이유 중 하나는 금융이 발달하지 않은 것이다. 영국과 비교했을 때 프랑스는 지폐, 은행, 중앙은행, 거래소, 보험회사, 금융시장 등 대부분의 금융 분야에서 100년 정도 뒤처져 있었다. 영란은행이 1694년 설립된 것에 반해 프랑스은행은 1800년에 가서야 설립되었고, 19세기 후반까지도 은행권 사용에 대한 논쟁을 벌였다. 한마디로 금융 후진국이었다.

프랑스에서는 왜 금융이 발달하지 않았을까? 그것은 프랑스 사회의 신용이 최악이었기 때문이다. 그 이유는 역사적 사건에서 찾을 수 있다. 14세기 초 필리프 4세는 교황 보니파키우스 8세를 굴복시키고 아비뇽의 유수를 일으킨 강력한 군주로, 1307년 갑옷 입은 금융업자인 템플기사단을 처형하고 고리대금업자인 유대인들도 탄압했다. 군주가 폭력과 살인으로 채무를 이행하지 않는 나쁜 선례를 남긴 것이다.

프랑스는 종교 갈등이 심한 나라였다. 가톨릭 국가인 프랑스는 신교도인 위그노를 탄압했는데, 혹자는 이 역시도 유대인 탄압과 마찬가지로 그들에게 꾼 돈을 갚지 않으려는 의도에서 비롯된 것이라고 주장한다. 어쨌든 30년 이상 계속된 위그노 전쟁(1562~1598)은 국력을 소진하고 민심을 어지럽혔다. 특히 앙리 2세의 왕비이자 프랑수아 2세의 모후인 카트린 드 메디시스가 자기 딸의 결혼식에 참석한 사돈 집안의 하객과 신교도들을 무참히 살해한 '성 바르톨로메오 축일의 학살'은 유명하다. 카트린의 파란만장한 소설 같은 이야기는 한번 시작하면 멈출 수 없으니 생략하기로 하겠다. 어쨌든 골이 깊은 가톨릭과 신교도 간의 싸움은 1598년 앙리 4세가 신교도들에게 종교의 자유를 허용하는 낭트 칙령을 발표하면서 수습되었다.

1653년 태양왕 루이 14세가 등장하기 전까지 국내 상황은 불안했다. 그의 모후 안 도트리슈가 섭정하면서 매관매직을 일삼았고, 징세청부권을 제한 없이 부여하여 그 폐해가 이만저만이 아니었다. 왕실은 돈만 챙겼을 뿐 백성들의 안위는 안중에도 없었다. 이에 고등법원 법관 등 프랑스 관리들이 반란을 일으켰다. 반란은 파리에서 전국으로 확대되고 귀족, 농민, 파리 시민까지 반란에 참여했는데 이것을 '프롱드의 난La Fronde'이라고 한다. '프롱드'는 새총을 뜻하는 프랑스말로, 섭정 안 도트리슈와 그녀의 고문 마자랭에 대한 공격을 의미했다.

다문화를 배척한 대가

프롱드의 난이 진압되고 루이 14세와 재상 콜베르가 중상주의 정책을 펼치면서 프랑스 경제는 빠르게 성장하기 시작했다. 이때 탄압받았던 위그노들이 경제의 중심 세력으로 등장하면서 금융도 활발해졌다. 마자랭의 재정고문으로 출발했던 콜베르는 1665년 재무총감이 되었고 1669년에 해군 장관이 되었다. 그의 최대의 공적은 산업정책이었다. 보조금과 관세를 통해 국내의 산업을 장려했다. 네덜란드의 조선공, 스웨덴의 광부, 이탈리아 유리제조공, 플랑드르 직물 제조공 등을 프랑스로 데려왔으며 모직물 교역에서 영국 및 네덜란드와 경쟁했다. 해군 관련 분야에서 낭트 외에 브레스트, 로리앙, 로슈포르에 항구도시를 건설하고 지중해에는 레반트와 교역하기 위해 세트 시를 건설했다.

그러나 루이 14세는 바다에 대해 무지했으며 관리들도 바다와 육지 사이에서 늘 육지 쪽을 선택했다. 콜베르는 이에 대해 한탄하며 네덜란드를 부러워했다. 그나마 프랑스가 해상세력을 강화할 수 있었던 것은 위그노들 덕분이었다. 그들은 은행업, 교역, 공업에서의 두각을 나타냈을 뿐 아니라 낭트와 같은 대서양 항구에 사략선을 두고 비스케이 만의 에스파냐 선박을 약탈했다.

위그노에 대한 종교적인 탄압은 계속되었지만 콜베르가 재상인 시절에는 그나마 괜찮았다. 그러나 1683년 콜베르가 죽자 루이 14세는 1685년 낭트칙령을 폐지했고 위그노들은 프랑스를 떠났다. 프랑스는 콜베르가 죽은 시점까지는 서유럽에서 가장 부유하고 인구가 많고 가장 강한 나라였으나 그 이후에 활기를 잃었다. 가톨릭 원칙주의로의 회귀와 그에 따른 위그노들의 이민으로 산업자본과 기술, 그리고 훌륭한 인적 자원을 잃었던 것이다. 이어서 치른 9년 전쟁(1688~1697)과 에스파냐 왕위계승전쟁(1701~1713) 등 두 차례의 패권전쟁은 오히려 프랑스의 쇠퇴를 가져왔다.

영국과 프랑스의 경제발전 정도를 비교해 보면 차이가 분명하게 드러난다. 농업, 어업, 임업 등 1차산업에 종사하는 노동인구 비율이 영국의 경우 18세기 말에 이미 40퍼센트 이하였던 반면, 프랑스는 19세기 중엽까지도 50퍼센트를 넘었다. 1인당 소득에 있어서도 영국이 프랑스에 비해 1.5배 정도 높았다. 프랑스는 분명 강한 국력을 가졌지만, 산업의 고도화나 금융의 발달 측면에서 뒤떨어졌던 것은 분명하다.

18세기 프랑스는 다시 성장했다. 성장의 원천은 무역이었다. 오스트리아 왕위계승전쟁, 7년 전쟁, 미국 독립전쟁 등 세 차례의 전쟁에도 불구하고 무역은 계속 호황이었다. 특히 서인도제도와의 설탕, 담배 교역과 미국 식민지와의 면화, 담배, 목재, 밀가루 교역에서 고수익을 올렸다. 보르도, 낭트, 라로셸 등의 도시는 식민지 산물의 중계지로서 역할을 했다. 18세기에는 지중해의 마르세유 항구의 교역보다는 대서양의 보르도 항구의 교역이 훨씬 많았다.

하지만 프랑스가 대륙의 전쟁에 신경을 쓰는 사이 영국은 아메리카 식민지와의 교역을 잠식해 나갔다. 18세기 중후반 영국에서 산업혁명이 일어나자 프랑스 정부는 영국을 배우기 위해 노력했다. 제철공장 등 영국의 산업현장을 답사하는 기업가들에게 자금을 지원했다. 프랑스대혁명과 나폴레옹전쟁이 영국으로부터의 기술 이전을 방해하기는 했지만 그렇다고 완전히 중단되지는 않았다.

근세의 마지막을 뒤흔든 2개의 투기 사건

미시시피 버블과 남해 버블

근세를 뒤흔든 유럽의 3대 버블이라고 하면 네덜란드의 튤립 버블, 프랑스의 미시시피 버블, 그리고 영국의 남해 버블을 꼽는다. 이중 튤립 버블은 사회적 혼란을 주었을지언정 네덜란드 경제에 치명적인 영향을 주지는 않았다. 하지만 미시시피 버블과 남해 버블은 달랐다. 이 두 사건은 금융이 하나의 산업으로 자리 잡기 시작할 때쯤 발생하며 유럽 사회를 뒤흔들었다.

먼저 프랑스의 미시시피 버블을 살펴보자. 여러 책에서 미시시피 버블에 대한 이야기를 소개하고 있지만 『금융 오디세이』와 『돈의 역사』의 설명은 정말 흥미진진하다.[42] 1715년 루이 14세가 죽은 뒤 루이 15세가 왕위에 오르고 루이 14세의 조카인 오를레앙공公이 섭정을 했다. 1683년 콜베르가 죽고 1685년 낭트칙령이 폐지되면서 200만 명에 달하던 위그노의 상당수가 프랑스를 떠났다. 경제의 주축을 담당하는 위그노의 이주로 세수가 줄어든 상황에서 오를레앙공은 대안을 찾아야 했다.

이때 나타난 사람이 스코틀랜드 출신의 경제학자 존 로였다. 1707년 그는 영국에 국립은행 설립을 제안하지만 거절당한 후 프랑스와 네덜란드를 오가다가 우연한 기회에 오를레앙공을 만난다. 존 로는 왕립은행을 설립하여 외국인들이 차지한 금융업을 독점사업으로 만들어 화폐를 발행하고, 그 은행에 정부 지출을 맡기면 위그노들의 도움 없이도 재정이 개선된다며 오를레앙 공을 설득했다. 돈을 발행하여 돌리면 경제는 활기를 띤다는 획기적인 생각을 한 것이다.

그러나 수차례 채무불이행으로 신용이 땅에 떨어진 왕실이 지폐를 발행한다고 해서 민간이 이를 사용한다는 보장은 없었다. 여기서 존 로가 들고나온 대안이 사설은행인 방크제네랄프리베Banque Générale Privée와 식민지 개발 업체인 미시시피회사Mississippi Company였다. 오를레앙공이 루이 15세를 섭정하면서 실권을 잡고 있었기 때문에 존 로는 1716년에 왕실로부터 은행 허가를 받을 수 있었다. 자본금 600만 리브르 중 4분의 1은 왕실과 자신이 조달하고 4분의 3은 일반인으로부터 조달하기로 했는데, 이를 현금 대신 왕실이 발행한 채권으로 납부할 수 있도록 했다. 이것이 프랑스 최초의 주식공모이자 유한회사였다.

자본금을 채권으로 납부할 수 있게 한 것은 지금의 전환사채와 유사한 선진 금융기법이었다. 일반인들은 불안한 왕실의 채권을 보유하느니 존 로의 은행 주식을 보유하는 것이 나았고, 왕실은 국채를 갚아야 할 부담에서 해방되었으니 더 좋을 것이 없었다. 게다가 존 로는 주주들에게 7.5퍼센트의 배당까지 약속했다. 그 당시 국채 이자가 4퍼센트였다는 것을 감안하면 엄청나게 높은 수준이었다.

미시시피 땅값에 연동하여 발행된 주식

존 로의 은행이 발행한 은행권은 고객이 요구할 때 은화로 교환해 주어야 할 의무가 있었지만, 교환 요구가 많지 않아 큰 문제는 되지 않았다. 게다가 은행이 설립된 지 6개월 뒤 정부가 모든 세금을 이 은행의 은행권으로만 내라고 했으니, 존 로의 은행은 발권은행이 되고 그 은행권은 법정화폐가 된 것이나 다름없었다. 방크제네랄프리베는 은행권 발행을 통한 시뇨리지 이외에 어음할인과 환전 등의 독점사업을 통해 이익을 거두었고, 첫 2년간 15퍼센트 정도의 배당을 했다. 무늬만 민간은행이었던 존 로의 은행은 마침내 1718년 12월 프랑스 왕실 소유의 왕립은행으로 아예 간판을 바꾸었다.

존 로는 금속을 화폐로 쓰는 것은 말이 안 된다고 생각했다. 금속을 화폐로 사용하는 경우 공급량이 제한되므로 경제 활동이 제약되고, 통화의 가치가 변동하기 쉽다고 생각했다. 그래서 그가 생각했던 화폐제도는 일종의 토지본위제도였다. 은행권의 가치를 귀금속이 아닌 토지에 대한 청구권과 연계시키고자 했던 것이다. 이렇게 하면 발행되는 화폐가 실물경제의 그림자 역할을 하므로 화폐 발행액이 언제나 적정 수준에 있을 거라는 생각이었다. 대공황 직전까지 전 세계를 풍미했던 진성어음주의Real Bills Doctrine와 같은 생각이다.

그가 은행권 발행의 근거로 삼으려고 생각한 지역은 미국의 미시시피(오늘날의 아칸소)였다. 이 지역은 프랑스가 개척하기는 했지만 별 용도 없이 그냥 놀리는 땅이었다. 그는 거기에 왕실을 대신하여 이 지역을 개발하겠다며 미시시피회사를 세웠다. 은행 설립 때와 마찬가지로 미시시피회사의 자본금도 국채로 모집되었다. 왕실의 부채는 그대로이지만,

이 지역이 개발되면 세금이 걷히니 왕실로서는 손해 볼 것이 없었다.

왕실은 존 로에게 공작 작위를 주고 그의 사업을 후원했다. 왕실이 가지고 있던 북미 담배농장의 수입도 미시시피회사로 넘겼다. 국가 대신 개인들이 투자해서 재정사업을 벌이자, 국채에 대해 국가가 제공한 일종의 담보물 성격이었다. 나중에 담보의 규모는 국세 수입의 55퍼센트, 아프리카 기니의 노예무역권 등으로 확장되었고 이 회사가 독점권을 갖는 지역도 아칸소에서 세네갈, 중국, 중미까지 확대되었다. 국가와 회사의 구분이 애매해진 것이다.

환상이 깨지자 거품도 꺼졌다

처음에 이 회사의 출범은 만만치 않았다. 먼저 세웠던 은행의 자본금이 600만 리브르였던데 반해 미시시피회사의 자본금은 1억 리브르나 되었기 때문이다. 일반인을 대상으로 한 주식 모집은 1717년 9월에 시작해서 10개월이나 걸렸다. 주식 모집이 부진하자 존 로는 자신의 은행에서 2퍼센트의 금리로 대출을 받아서 주식을 살 수 있게 해주었고, 분할납부도 가능하게 해주었다. 왕실 사업을 독점하는 기업에서 국세수입을 통해 배당을 보장해주고, 게다가 저리로 대출까지 해준다고 하니 마다할 사람은 없었다.

주가가 오르기 시작했고 존 로는 증자를 했다. 2년간 총 다섯 차례 증자했는데, 증자에 참여하려면 기존에 발행된 주식을 가져야 한다는 조건을 내세웠다. 그러니까 다섯 번째 증자에 참여하려면 네 번째까지 발행된 구주를 보유하고 일정 기간을 기다린 뒤, 정해진 가격으로 주식을 살 수 있도록 한 것이다. 이는 단순히 증자를 한 것이 아니라 주식을 살 수 있는 권리, 즉 오늘날의 콜옵션call option을 판 것과 마찬가지였다. 옵션을 산 사람들은 주식이 더 오르기를 바랐고, 실제로 주식은 계속 올랐다. 공모 당시 500리브르였던 미시시피회사의 주가는 1720년 초 1만 리브르까지 상승했다.

그러나 이런 현상이 계속될 수는 없었다. 오래 지나지 않아 북미 식민지를 실제로 다녀온 선원들이 미시시피 지역의 말라리아, 원주민, 모래땅에 관한 이야기를 하면서 대중들의 환상은 한번에 날아갔다. 1720년 5월 미시시피회사의 주식은 급락하기 시작했다. 여름이 되자 미시시피회사의 주가는 3,000리브르 아래로 하락했고 급기야 거래마저 중단됐다. 재무상이던 존 로는 주가 하락을 막기 위해 돈을 찍어내서 주식을 사도록 했지만, 한번 시작된 주가 하락을 막을 수는 없었다. 미시시피회사의 주식은 결국 휴짓조각이 되었다. 존 로는 재산을 모두 몰수당한 채 1720년 12월 국외로 추방되었고 1729년 58세의 나이로 사망했다.

이 사건이 프랑스 국민에게 준 충격은 실로 엄청났다. 돈을 다 날린 국민들은 국가가 주도하는 은행과 그 은행이 발행하는 은행권, 즉 지폐에 강한 불신을 가지게 되었다. 대혁명 이전인 1788년 루이 16세가 재정난을 타개하기 위해 이자를 지급하는 종이돈을 발행하려고 했을 때도 시민들이 일제히 반대하는 바람에 무산되었다. 또한 은행에 대한 불신 때문에 프랑스는 현재까지도 은행Banque이란 말보다는 통상 금고caisse, 신용crédit, 협회société라는 말을 자주 사용한다.

1789년 프랑스는 대혁명으로 또 한 번의 경제적 혼란을 겪었다. 혁명으로 세워진 국민공회는 귀족과 교회로부터 압수한 토지를 근거로 화폐를 발행했는데 이것이 아시냐Assignat였다. 토지본위제도에 근거하여 토지소유권을 할당한 것이지만, 이 돈 역시 남발되어 혼란을 일으켰고 국민공회가 무너지는 데에 일조했다.

국민공회가 붕괴되고 이집트 원정을 마치고 돌아와 정권을 잡은 나폴레옹이 제일 처음 한 일은 1800년 프랑스은행Banjque de France을 설립한 것이다. 발권은행의 중요성을 알았기 때문이다. 나폴레옹과 그의 친인척들이 프랑스은행의 대주주가 되면서 이전에 존 로가 개발하고자 했던 미시시피 땅은 깨끗이 포기하고 신생국 미국에 팔아넘겼다. 미국 땅의 40퍼센트를 차지하는 광활한 지역이었다.

거시경제학의 차원에서 보면 존 로는 화폐금융의 선구자였다. 그러나 그가 만들어낸 미시시피 버블은 금융위기가 한 나라의 경제를 어디까지 망가뜨릴 수 있는지를 보여준 전형적인 사건이었다.

영국의 남해회사, 노예무역 독점권을 얻다

영국의 남해 버블은 근세 유럽을 뒤흔든 세 번째 버블이었다. 남해 버블의 발단은 1701년 시작된 에스파냐 왕위계승 전쟁이었다. 합스부르크 가문 출신의 에스파냐 왕 카롤루스 2세가 후손 없이 죽게 되자 혈통 면에서 후임 왕의 조건에 가장 가까운 사람은 프랑스 왕 루이 14세의 손자 필리프였다. 그러나 프랑스와 에스파냐가 결합하는 것은 이웃 나라들 입장에서는 엄청난 재앙이었다. 이를 막기 위해 영국과 신성로마제국 등이 무력행위를 하게 되는데, 이것이 에스파냐 왕위계승 전쟁이다.

결과적으로 영국은 승전국이 되었지만 눈덩이처럼 불어난 전비를 감당할 방법이 없었다. 당시 영국의 재무장관 로버트 할리는 영란은행의 도움을 얻고자 했지만 영란은행의 반응은 부정적이었다. 1696년 통화개혁 이후 화폐 가치 안정에 예민해져 대정부 대출에 부정적이었던 것이다. 돈줄이 막히면서 영국 정부가 생각해 낸 방법은 남미 식민지의 무역 독점권을 가지는 특별한 기관을 세우는 것이다. 마침 종전조약을 통해 에스파냐로부터 노예무역 독점권인 아시엔토Asienato를 받은 상태였다. 그렇게 1711년 남해회사South Sea Company를 설립했다.

『화폐 이야기』에서는 남해회사의 설립을 영란은행에 대한 도전이라는 시각으로 바라본다.[43] 원래 영국 의회의 토리당은 1696년 영국 국내의 토지를 담보로 은행권을 발행하는 토지은행의 설립을 추진했지만 시티 상인들로부터 투자를 받지 못해 무산되었다. 이런 상황에서 남해회사의 설립은 영란은행이 가지고 있는 국채를 모두 상환한 후 영란은행을 해체하려는 토리당의 또 다른 음모였다는 것이다. 참고로 영란은행은 휘그당 중심으로 만든 은행이었다.

진실이 무엇이었든 간에, 문제는 남해회사의 영업이 생각보다 신통치 않았다는 것이다. 전쟁이 끝난 뒤에도 에스파냐의 방해로 1717년까지는 무역선을 출항조차 시킬 수 없었다. 게다가 해상사고도 터지고 밀무역도 성행해서 무역 독점권이라는 것이 별다른 수익을 가져다주지 못했다. 기껏해야 복권사업을 통해 근근이 파산을 면하는 수준이었다. 그러다가 1718년 에스파냐와 다시 전쟁이 시작되면서 남해회사는 깊은 수렁에 빠졌다.

이런 상황에서 정치인 출신이자 남해회사 대표인 제임스 크레이그는 국채 5,000만 파운드 중 영란은행과 영국 동인도회사의 것을 제외한 3,000만 파운드를 남해회사 주식과 교환하는 것을 추진했다. 정부가 시장에 발행한 연금 형태의 국채 3,000만 파운드를 남해회사가 사들이고,

정부는 이 국채에 대해 기존 금리보다 낮은 이자를 지급하는 방식이다.

재정부담을 줄여야 하는 정부로서는 마다할 리가 없었다. 문제는 남해회사가 어떻게 국채 소유자들을 설득해서 국채를 남해회사의 주식으로 바꾸도록 유도하느냐는 것인데, 이들이 택한 방법은 남해회사의 주식 가격을 띄우는 것이었다. 주가가 계속 오른다면 국채 소유자가 자신들의 국채를 주식과 교환할 경우 배당금 외에도 상당한 자본 이익을 얻게 된다. 정부는 재정부담을 덜고, 남해회사는 절대 부도날 수 없는 국채로 현물을 증자하고, 거기다 일반인들은 주가가 올라 자본 이익을 얻게 되는 것이다. 오늘날이라면 주가조작에 해당하는 위험천만한 일이지만, 당시에는 누구 하나 반대할 이유가 없었다.

이 거래를 제안받은 정부는 경쟁을 유도하기 위해 국채 인수 경쟁자로 영란은행을 끌어들여 분위기를 띄웠다. 영란은행이 경쟁자로 참여하자 남해회사는 정부 사례금을 처음의 300만 파운드에서 750만 파운드로 올렸고 결국 거래를 따냈다. 남해회사가 거래를 따내자 1720년 1월 남해회사의 주가는 바로 100파운드에서 200파운드로 뛰었다.

남해회사는 기회를 놓치지 않고 주당 300파운드에 신주를 모집했다. 1차 모집 목표는 총 200만 파운드였는데, 모집은 성공적이었다. 이어서 2차, 3차로 신주를 모집했고 청약가는 계속해서 올라갔다. 주가가 하늘 높은 줄 모르고 오르자 사람들은 남해회사의 주식을 서로 사려고 난리였다. 1720년 6월에는 주가가 1,050파운드까지 치솟았다.

남해회사는 당초 예상보다 훨씬 적은 수의 신주를 발행했는데도 3,000만 파운드 이상의 국채를 남해회사의 주식으로 전환할 수 있었고, 국채를 보유함으로써 안정적인 이자 수입까지 확보했다. 초기 전환에

응했던 개인들도 엄청난 투자이익을 얻었다.

이 소문이 퍼지자 남해회사 주식에 대한 '사자 열풍'은 영국을 넘어 프랑스, 네덜란드까지 퍼졌다. 남해회사는 주식을 사겠다는 사람들에게 대출까지 제공하면서 매번 모집이 완료될 때마다 주가가 당초 약정 금액을 초과하도록 주가를 조작했다.

폰지사기와 주가조작의 결과

남해회사는 신규 투자자의 투자금으로 기존 투자자에게 이자나 배당금을 지급하는 폰지사기Ponzi scheme의 구조였다. 이 과정에서 투자자들의 환상을 부추기기 위해 유명 작가들을 선전에 활용했는데, 『로빈슨 크루소』를 쓴 대니얼 디포와 『걸리버 여행기』를 쓴 조너선 스위프트 같은 저명한 작가들도 동원되었다. 영국 최대 기업인 영란은행과 영국 동인도회사보다도 국채를 많이 가졌으니, 남해회사는 절대로 망할 수 없을 것처럼 보였다.

그러나 이러한 광기는 오래갈 수 없었다. 에스파냐와의 노예무역 독점권이 회사에 큰 이익을 가져다주지 못하는 것이 알려지면서 사람들은 이 회사의 장밋빛 전망에 의문을 가지기 시작했다. 마침 경기과열을 막기 위해 1720년 7월 제정된 버블법The Bubble Act은 시장에 찬물을 끼얹었다. 당시 남해회사는 경쟁회사를 견제하기 위해 법 제정에 찬성하며 힘을 실었는데, 예상과 달리 법이 통과되자 다른 회사의 주가는 물론이고 남해회사의 주가도 폭락했다.

게다가 9월에 소드블레이드 은행이 무리한 투자로 파산하자 시장은 완전히 얼어붙었다. 남해회사의 주가가 지나치게 올랐다고 생각한 사람들이 앞다투어 남해회사의 주식을 팔기 시작했다. 1,000파운드를 넘었던 남해회사의 주가는 12월이 되자 100파운드까지 곤두박질했다. 1년 만에 주가가 제자리로 돌아온 것이다. 뒤늦게 주식 투기에 뛰어든 사람들과 신용으로 주식을 매입한 사람들은 모두 파산했다.

사람들은 당시의 소동을 남해 버블South Sea Bubble이라고 불렀다. 이 사태로 손해 본 사람 중에는 유명인들도 많았다. 『로빈스 크루소』의 저자 대니얼 디포는 알거지가 되었고, 천재 과학자이자 화폐주조국장이던 아이작 뉴턴도 2만 파운드를 날렸다. 뉴턴은 "천체의 운행은 계산할 수 있지만, 인간의 광기는 예측할 수 없다"는 유명한 말을 남겼다.

당시 영국 사회는 남해 버블의 엄청난 후폭풍에 시달렸다. 남해회사의 운영에 관여한 사람들의 전 재산이 압류되었고, 남해회사의 주식을 뇌물로 받은 수많은 정치인이 투옥되었다. 상당수의 뇌물성 주식이 왕실의 애첩들에게 들어간 정황이 밝혀지면서 막 출범한 하노버 왕조를 뿌리째 흔들었다. 이 사건 때문에 영국에서는 이후로 약 100년 동안 주식 발행과 투자가 거의 이루어지지 않았다.

돌이켜보면 투기와 버블이 인류 역사에 기록된 것은 종교개혁 이후다. 인간의 욕망을 종교의 권위로 통제하던 시절에는 사회 전체가 투기에 빠지는 일은 있을 수 없었다. 부를 추구하는 인간 본능이 표출되고 부의 축적이 정당화되면서 자연스럽게 나타난 현상이 투기와 버블이었던 것이다. 신교도들의 땅 네덜란드가 첫 번째 희생자였고, 신교도들이 경제권을 잡았던 프랑스가 두 번째, 그리고 남해회사 버블을 겪은 영국이 세 번째다.

제5장

근대 편

"We are in a world of irredeemable paper money – a state of affairs unprecedented in history."

"우리는 역사상 유례가 없으며 되돌릴 수도 없는 종이 화폐의 세계에 살고 있다."

– 존 엑스터John Exter

✣ HISTORY ON THE MONEY-PERSPECTIVE ✣

일반적으로 근대는 산업혁명이 시작한 18세기 후반부터
제1차 세계대전 이전까지의 150년을 뜻한다.

경제는 금본위제도와 파운드화를 중심으로 움직였다.
부의 개념은 공장 등 산업시설과 혁신기술,
즉 생산력으로 확장되었고
식민지를 기반으로 한 제국주의가 팽배한다.

근대는 대영제국의 전성기와 거의 일치한다.
'군림하되 통치하지 않는다'는 하노버 왕조의 철학은
선진기술과 자본으로 산업혁명을 이끌었고,
자유방임주의를 신봉하는 자유무역의 시대를 꽃피우며
강력한 2인자 프랑스를 따돌렸다.

그러나 19세기 후반 영국은 산업국의 지위를
서서히 미국과 독일 등 신흥국에 넘겨준다.
식민지를 둘러싼 선진국과 신흥국 사이의 갈등은
세계를 전쟁의 소용돌이 속으로 몰아넣는다.

왕실 지출장부 공개가 불러온 엄청난 변혁

프랑스혁명과 나폴레옹전쟁

프랑스혁명은 1789년에서 1799년 사이에 프랑스에서 일어난 시민혁명이다. 정확히 말하면 프랑스혁명은 1830년 '7월혁명'과 1848년 '2월혁명'도 포함하지만, 대개는 1789년의 혁명만을 말한다. 1789년의 혁명을 다른 두 혁명과 비교하여 '프랑스대혁명'이라고 부르기도 한다.

루이 16세는 전임 국왕들의 전쟁 수행과 미국의 독립전쟁 지원 등으로 당시 30억 리브르에 달하는 빚을 지고 있었다. 수차례 채무 불이행을 선언했던 프랑스는 신용을 잃었기 때문에 높은 이자를 지급해야 국채발행이 가능했다. 당시 프랑스 국가수입은 2억6,000만 리브르였는데 부채 이자만 2억 리브르에 달했으니 대부분의 국가 수입을 이자 갚는 데 쓴 것이다.

루이 16세는 귀족과 성직자에게도 세금을 부과하려고 하였다. 그러나 막강한 힘을 가진 그들의 반발로 세금 부과는 번번이 실패했다. 2퍼센트에 불과한 특권계층이 90퍼센트 이상의 부를 차지하고 있었지만 정작 세금은 면제받고 있었다.

루이 16세는 1777년 스위스의 은행가 자크 네케르를 재무장관에 발탁했다. 네케르를 등용하여 스위스로부터 금융 지원을 받고, 회계 개혁을 통해 귀족과 교회가 가진 특권도 폐지하려 했던 것이다. 이에 귀족과 성직자들은 격렬하게 반발하며 네케르를 프랑스의 돈을 유출시키는 돈에 눈먼 스위스 은행가라며 비난했다. 네케르도 이에 질세라 국가의 세입과 세출 내용을 공표함으로써 해명하려 했다.

그런데 이것은 엉뚱하게 민중의 비판을 왕실로 향하게 만들었다. 국가 세입 중 왕가에 대한 지출이 10분이 1이나 된다는 것을 알고 프랑스 시민들이 오히려 충격에 빠진 것이다. 왕비 마리 앙투아네트가 빵을 달라고 외치는 민중에게 "빵이 없으면 케이크를 먹으면 될 게 아니냐"라고 말했다는 이야기는 사실이 아니라는 설이 유력하지만, 어쨌든 왕실에 대한 당시 민중들의 불신과 분노를 잘 보여준다.

경제는 더 나빠졌다. 인플레이션과 함께 불황이 계속되었고 흉작까지 발생했다. 이런 상황에서 1789년 루이 16세는 네케르를 파면했다. 이 사건에 분노한 시민들이 바스티유 감옥을 습격하면서 프랑스대혁명이 일어났다. 민중들은 '베르사유 행진'을 통해 베르사유 궁전에 머무르던 왕가를 파리로 이동시킨다.

혁명 이후에도 의회가 계속 뒤집힌 이유

『너무 재밌어서 잠 못드는 세계사』는 혁명 이후 탄생한 국민의회가 완전한 공화정이 아닌 입헌군주제를 시행한 것이 왕실의 채권 때문이라고 말한다.[44] 처음 구성된 국민의회는 귀족과 부르주아 등 부유층이 실권을 장악했다. 부유층들은 부르봉 왕정이 발행한 채권을 소유하고 있어 어떻게든 부르봉 왕정을 유지해야 원금을 회수할 수 있었던 것이다. 의회는 또한 아시냐 지폐를 발행했다. 성직자들의 토지를 몰수하여 국유화하고 이를 근거로 새로운 화폐를 발행한 것이다. 의회는 아시냐 발행을 엄격히 관리하고 인플레이션을 진정시키려고 하였지만, 인플레이션은 멈추지 않고 경제는 계속 혼란스러웠다. 시민들은 재정적자는 해결하지 못한 채 아시냐만 계속 찍어내는 의회를 신뢰하지 않았고, 신뢰를 얻지 못한 아시냐 지폐의 가치는 계속 폭락했다.

외부적으로는 오스트리아 및 프로이센과의 전쟁 위험이 커지는 가운데, 화난 민중의 폭동은 전국으로 번졌다. 결국 1792년 부르주아와 귀족이 중심이 된 입법의회는 힘을 잃고 민중과 서민층을 대표하는 자코뱅파가 중심이 되어 국민공회를 구성했다. 그들은 왕정을 폐지하고 공화정을 선포했다. 1791년 만들어진 입헌군주제가 1년 만에 폐지된 것이다. 루이 16세가 외국 세력을 끌어들여 복위를 꾀한다는 소문이 돌면서 국민공회는 루이 16세와 마리 앙투아네트를 단두대에서 처형했다. 이로써 부르봉 왕조에 대한 부유층의 채권도 없어졌다. 빌려준 돈을 돌려받지 못하게 된 부유층은 자코뱅파에 저항했지만, 국민공회의 지도자 로베스피에르는 반대파마저 말살시키면서 독재를 행사했다. 공포정치가 시작된 것이다.

1793년 로베스피에르는 최고가격령으로 인플레이션을 억제한다. 왕과 채권자들의 처형으로 재정적자가 없어진 상황에서 최고가격령이 효과를 거두며 일시적으로 인플레이션은 잦아들었고 아시냐는 안정을 찾았다. 그러나 1794년이 되면서 인플레이션은 다시 기승을 부렸다. 산업을 담당하고 세금을 많이 내는 부유층이 다 처형되면서 국가경제가 불황의 늪에 빠진 것이다. 로베스피에르가 이끄는 자코뱅 정권은 노동자들로부터 지지를 얻었지만, 부르주아와 농민들은 혁명이 더 진행되는 것을 원치 않았다. 결국 1794년 반대파의 쿠데타로 로베스피에르는 처형당했다.

로베스피에르가 처형된 후 1795년에 합의제를 중심으로 한 총재정부가 수립된다. 다섯 명의 총재가 행정권을, 원로원과 500인회가 입법권을 행사하는 체제였다. 총재정부는 자유주의를 시장에 도입하여 경제회복을 꾀했다. 하지만 1795년에 초인플레이션이 발생하면서 경제는 다시 무너졌다. 정부는 화폐단위를 리브르에서 프랑으로 바꾸는 디노미네이션을 단행했다. 그러나 경제와 사회의 혼란은 그치지 않고 계속되었다.

프랑스혁명이 발생한 배경은 왕정의 실책도 있었지만 어려운 경제적 상황, 그리고 미국의 독립전쟁으로 고취된 시민들의 자유의식도 한몫했다. 프랑스혁명은 유럽에 민족주의와 자유주의를 확산시키는 역할을 했다. 유럽의 군주국가들은 프랑스혁명의 불씨가 혹시라도 자기 나라로 번지지는 않을지 전전긍긍했다.

총재정부가 발족하자마자 반란이 일어났다. 이 반란을 진압한 사람이 바로 나폴레옹 보나파르트 장군이었다. 나폴레옹은 이후 이탈리아 원정과 이집트 원정을 통해 국민 영웅으로 부상했고, 1799년 쿠데타를 일으켜 총재정부를 전복시키고 통령정부를 수립하여 제1통령의 자리에 올랐다. 나폴레옹 정권은 군대가 뒷받침했지만, 국민의 압도적인 지지도 함께 받았다. 그는 국가 재정을 확보하기 위해 대외적으로 군사 침략을 강행했다. 군사정권의 장점을 살려 국민의 최대 걱정거리였던 인플레이션을 해결한 것이다.

1804년 나폴레옹은 '나폴레옹 법전'이라고 불리는 민법전을 만든다. 근대적인 각종 권리관계를 규정한 이 법전의 핵심은 소유권의 절대성, 계약 자유의 원칙 등 부르주아의 재산권을 보장하는 것이었다. 과거 자코뱅파에 의해 부르봉 왕정 채권이 무효화되고 사유재산이 몰수당하는 사건 이후 부르주아들은 열심히 일해서 재산을 모을 이유가 없어졌고, 외국인들도 프랑스에 투자하는 것을 주저했다. 그런 상황에서 나폴레옹이 사유재산의 불가침을 명시적으로 법문화했으니 투자가 늘어나고 경제가 살아났다. 나폴레옹은 중앙은행에 해당하는 프랑스은행도 설립했다. 경제가 성장하고 국민 생활도 안정되기 시작했다. 실업자들은 군대에 들어왔고, 그들의 사기는 하늘을 찔렀다.

영국은 어떻게 트라팔가르에서 나폴레옹을 이겼을까

1804년 7월 국민투표를 통해 나폴레옹은 프랑스 황제가 되었다. 이에 긴장한 유럽 국가들은 1805년 대對프랑스 동맹을 결성했다. 나폴레옹군은 오스트리아군을 격파하고 영국 본토 상륙작전을 계획한다. 나폴레옹에게 가장 위협적인 적은 영국이었다. 영국은 프랑스를 견제하기 위해 동맹을 주도했을 뿐만 아니라, 에스파냐와 포르투갈의 반란도 뒤에서 지원했다. 영국은 해상을 통해 군량과 화약 등 전쟁물자를 보급했다.

1805년 10월 영국의 넬슨 제독이 이끄는 27척의 전열함과 프랑스의 빌뇌브 제독이 이끄는 33척의 프랑스-에스파냐 연합함대가 에스파냐 남단 트라팔가르 앞에서 격돌했다. 이것이 그 유명한 '트라팔가르 해전'이다. 전투의 내용을 간략하게 설명하면 이렇다. 프랑스-에스파냐 함대는 일시적으로 영국의 해상봉쇄를 돌파하는 데 성공한다. 하지만 오히려 이로 인해 영국은 프랑스-에스파냐 함대를 대양으로 끌어내 해전을 벌일 수 있게 되었다. 이 해전에서 영국군은 두 줄로 함대를 배치한 후 적 함대를 향해 돌진하여 전열을 끊고, 다시 뱃머리를 돌려 접근전을 펼쳤다.

넬슨 제독은 눈부신 작전 지휘로 프랑스-에스파냐 함선 33척 가운데 21척을 나포하거나 침몰시켰고, 영국 함대는 한 척도 잃지 않았다. 프랑스 빌뢰브 제독도 포로로 붙잡혔다. 하지만 넬슨은 치열한 접근전을 벌이던 중 프랑스 소총수의 총탄을 맞고 전투가 끝나기 전에 죽는다. 넬슨 제독은 조선의 이순신 장군의 모습과 너무도 닮았다. 트라팔가르 해전은 살라미스 해전, 칼레 해전, 한산도대첩과 함께 세계 4대 해전으로 꼽힌다.

당시의 전함은 전열함戰列艦이다. 일렬로 늘어서서 상대를 향해 포격을 가할 수 있는 전투함으로, 100채 이상의 주철대포를 배치한 당대 기술의 총화였다. 트라팔가르 해전에서 넬슨 제독이 탑승했던 HMS빅토리아호는 104문의 대포를 장착하고 있었다.

영국은 어떻게 이런 거대한 함대를 창설하고 유지할 수 있었을까? 노벨경제학상 수상자인 더글러스 노스와 배리 와인개스트는 영국의 명예혁명으로 국채금리가 하락하면서 다른 나라와의 경쟁에서 우위를 점할 수 있었다고 주장한다. 명예혁명 이전 영국 국채금리는 10퍼센트를 넘었다. 스튜어트 왕가가 빈번하게 파산 선언을 하는 바람에 위험 프리미엄이 높았기 때문이다. 그러나 명예혁명으로 왕위에 오른 윌리엄 3세가 네덜란드에서 영국으로 올 때 수천 명의 금융인을 데리고 오면서 선진 금융제도와 자본주의가 런던으로 이식되었다. 230년 동안 번창했던 베어링스 은행Barings Bank도 이들의 후예였고 굴지의 보험그룹인 포르티스Fortis에도 암스테르담 호프 가문의 흔적이 남아있다.

명예혁명 이후 영국 의회는 국채의 지급보증을 해주며 원금과 이자를 연체하지 않고 지급하였다. 위험 프리미엄이 없어지자 국채 이자율은 점차 하락했다. 이러한 변화에 금융시장이 가장 먼저 반응했다. 1690년까지만 해도 10퍼센트에 거래되던 영국의 국채가 1702년 6퍼센트로, 1755년에는 3퍼센트로 떨어졌다. 영국은 어떤 국가도 꿈꿀 수 없었던 저금리로 자금을 조달할 수 있었고, 이를 통해 해군과 육군의 전투력을 강화하였다.

워털루전투에서 프랑스군을 패퇴시킨 웰링턴 공작의 사례처럼, 보급에서 이기자 영국군의 신화가 시작되었다. 프랑스군이 에스파냐 국민을 약탈하면서 식량을 보충할 때 영국군은 국민들에게 오히려 먹을 것을 나눠줌으로써 프랑스군을 게릴라전의 늪에 빠뜨렸다. 이렇게 영국군이 승리했다.

범선 시대 최후의 해전에서 영국은 프랑스 해군을 상대로 완벽한 승리를 거두고 제해권을 장악했다. 윌리엄 터너의 명화 「전함 테메레르의 마지막 항해」에 그려진 함선은 바로 트라팔가르 해전의 함선이다. 전열함의 상징이자 대영제국 건설의 일등 공신인 테메레르 전함이 산업혁명으로 증기선에 밀려 역사의 뒤안길로 사라지는 순간을 담은 작품이다. 이 그림은 후일 윌리엄 터너의 초상이 들어가는 20파운드 신권 지

<그림> 윌리엄 터너 초상이 들어간 20파운드 지폐 출처 : 플리커(flicker.com)

폐의 배경 그림으로 삽입되었다.

나폴레옹전쟁 이후 프랑스 산업의 변화

그래도 육지에서는 여전히 나폴레옹이 연전연승이었다. 1806년 나폴레옹은 독일 전선에서 오스트리아-러시아 동맹군을 격파하고 이들 국가와 라인동맹을 결성하여 신성로마제국을 해체했다. 이어 대륙봉쇄령을 선언하여 영국과의 통상을 금지했다.

1810년 1월, 나폴레옹은 아내 조세핀과 이혼하고 오스트리아 공주인 마리 루이즈와 결혼한다. 이는 프랑스 국민의 반감을 샀다. 그녀가 마리 앙투아네트와 같은 합스부르크 가문 출신인데다 이름도 같았기 때문이다. 나폴레옹이 날이 갈수록 혁명정신을 잃어가자 뮐러 장군과 측근들이 그를 떠났다. 이런 상황에서 1812년에 그는 수많은 반대를 무릅쓰고 러시아 원정을 강행한다. 유능한 참모가 없는 상태에서 편성된 원정군은 준비가 부족했다. 게다가 러시아군은 정면으로 맞서지 않고 지구전으로 대응했고, 혹독한 겨울이 오자 나폴레옹군은 철수할 수밖에 없었다. 러시아군은 철수하는 프랑스군의 배후를 습격하여 전멸시킨다.

행운은 더 이상 나폴레옹 편이 아니었다.

1814년 프로이센, 오스트리아, 영국으로 구성된 연합군이 파리를 점령했다. 나폴레옹은 퇴위를 당해 지중해의 작은 섬 엘바에 유배되고 루이 16세의 동생인 루이 18세가 황제로 즉위하면서 왕정복고가 이루어졌다. 1815년 2월 나폴레옹은 엘바섬을 탈출하여 부하 1,000명과 함께 파리로 쳐들어간다. 루이 18세가 보낸 진압군은 오히려 나폴레옹에 합세하였고, 나폴레옹은 다시 권력을 잡는다.

1815년 6월 나폴레옹은 웰링턴 장군이 지휘하는 영국-프로이센 연합군과 전투를 벌인다. 나폴레옹은 리니에서 프로이센군을 격파하고, 워털루 전투에서 영국군에 대한 총공세를 펼쳤다. 팝가수 아바의 「워털루」라는 히트곡이 있을 정도로 역사상 유명한 전투다. 전투는 프랑스군의 승리로 기우는 듯했지만 퇴각했던 프로이센군 6만 명이 다시 합류하는 바람에 전세는 역전된다. 프랑스군은 패배하고, 나폴레옹은 6월 22일 영국 군함 벨러로폰호에 실려 대서양의 외딴 섬 세인트헬레나섬에 유배된 후 그곳에서 51세의 나이로 사망한다. 나폴레옹이 죽기 전 남겼다는 "프랑스, 군대, 조제핀"이라는 세 단어는 많은 회한을 남긴다.

나폴레옹의 대륙봉쇄로 외국 상품의 수입이 막히면서 프랑스의 제조업은 오히려 촉진되었다. 하지만 프랑스대혁명 이후부터 나폴레옹전쟁 동안 프랑스 산업이 성장하기는 했어도 산업혁명이 한창일 때 영국의 경제 성장과는 비교가 되지 않았다.

나폴레옹전쟁이 끝나고 프랑스의 기업가와 기술자들은 영국을 방문했고 특히 제철소에 많은 관심을 보였다. 프랑스의 한 학자는 "파리에서는 철로에 관해 이야기하지만 런던에서는 그것을 만든다. 노동과 생산, 그리고 금융에 대해서 우리는 영국으로부터 많은 것을 배워야 한다"라고 말하기도 했다. 이후 프랑스인들은 화학, 유리, 자동차 분야에서 두각을 나타냈다.

나폴레옹이 실각한 후 루이 16세의 동생들, 즉 루이 18세와 샤를 10세가 차례로 왕으로 등극하며 다시 부르봉 왕가가 복구되었다. 그러나 1830년 7월혁명으로 루이 필리프의 입헌왕정이 들어서면서 부르주아 체제가 갖추어졌다. 1848년에는 2월혁명으로 제2공화국이 들어서면서 나폴레옹의 조카인 루이 나폴레옹이 대통령으로 선출되지만, 쿠데타를 일으켜 제2제정을 선포하며 1852년 황제로 즉위하여 나폴레옹 3세가 되었다. 그는 산업혁명과 자본주의 경제 체제를 확립하고 식민지 팽창에 노력하였으나 1870년 프로이센과의 전쟁에서 패배한 후 폐위당한다. 이후 들어선 제3공화국은 2차 세계대전이 발발할 때까지 이어졌다.

프랑스혁명은 엄청난 변혁을 일으킨 사건임에는 분명하지만, 이후에도 구체제의 귀족적 가치는 오랫동안 프랑스를 지배했다. 부르주아들은 예술, 살롱에서의 대화, 의복과 음식에서의 세련미 등을 추구했으며 성을 소유하고 귀족 신분으로 상승하기 위해 돈을 벌고 부를 쌓았다. 이들은 사업을 하면서도 기업의 성장보다는 가족의 소유권과 영향력을 확장하는 데 더 집중했다. 그러다 보니 은행대부, 기업공개, 합병, 전문경영인 활용 등은 기피되었고, 이러한 것들이 자본주의 성장에 부정적인 요소로 작용했다.

19세기 생시몽주의가 프랑스를 휩쓸었다. 생시몽주의Saint-Simonianism는 인간 해방 사상을 실천하기 위한 사회개혁 운동으로 아돌프 티에르, 프랑수아 기조 등의 정치인들에게 영향을 주었으며, 제2공화국 건립에도 영향을 주었다. 생시몽주의자들은 1824년 파리 정치신문인 「글로브Globe」를 창설했고, 유럽 전역으로 파급되어 하이네, 조르주 상드, 위고 등 당대 최고의 예술가들에게 영향을 미쳤다. 이후 근대 사회주의의 성립과 프랑스 산업혁명에 영향을 주었다.

돌이켜보면 프랑스는 항상 유럽의 강자였다. 하지만 언제나 최강은 되지 못한 채 영국, 미국, 심지어 독일 등 강대국에 한 끗발 뒤졌다. 그 때문인지 다른 강대국들이 겪는 깊은 추락도 겪지 않았다. 1등은 아니었지만 꾸준히 2등을 유지했던 자존심 강한 국가였다.

세계 금융위기에 영국이 유독 강했던 이유

19세기 영국의 금융위기와 영란은행

유럽의 18세기와 19세기는 영국의 시대였다. 영국은 선진산업 자본주의 국가였으며 민주주의 국가인 동시에 제국주의 국가였다. 약소국을 무력으로 침략하여 전 세계에 식민지를 세움으로써 '해가 지지 않는 나라'로 불렸다. 명예혁명 이후 입헌군주제와 의회 민주주의가 성공적으로 정착하면서 정치적 안정과 함께 영국의 경제도 비약적으로 성장하기 시작한다.

18세기를 연 영국의 군주는 앤 여왕이다. 스튜어트 왕가의 마지막 군주였던 앤 여왕은 군주로서의 인지도는 높지 않지만 예술과 문학에 관심이 많았고, 휘그당과 토리당 중 어느 쪽에도 치우치지 않고 적절하게 균형을 맞춘 왕으로 평가받는다. 앤 여왕 치세에 영국은 군사 강국이 되었고 문화적으로 번성했다. 앤 여왕은 재위 기간 내내 선왕 때 시작한 에스파냐 왕위계승 전쟁을 치렀지만, 전쟁 후 지브롤터 등의 영토를 확보하면서 막강한 해군력을 길렀다. 스코틀랜드와 아일랜드의 반란을 진압했고, 1707년 스코틀랜드 왕국을 통합하여 그레이트 브리튼 왕국Kingdom of Great Britain을 세웠다.

2018년 영화 「더 페이버릿 : 여왕의 여자」는 앤 여왕을 둘러싼 소문과 당시의 시대상을 사실적으로 파헤친다. 앤은 왕위에 오르기 전부터 말버리 공작부인인 사라 처칠을 가까이했다. 그러나 사라는 휘그당 편에 서서 국정에 영향력을 행사하다가 양당 간 균형을 추구했던 앤의 눈밖에 나서 실각했다. 이후 앤이 자신의 시녀였던 애비게일을 가까이하자 사라는 두 사람이 레즈비언이라는 소문을 퍼뜨려서 여왕의 평판을 떨어뜨렸다. 앤 여왕은 집권 말기에 건강이 악화되어 병상에서 국정을 돌보다가 1714년에 사망한다.

앤 여왕 사후, 육촌인 조지 1세가 영국 왕으로 즉위함으로써 하노버 왕조가 시작된다. 하노버 왕조는 초기에 남해버블 등 위기가 있었으나, 의회민주주의를 정착시키는 등 정치적 안정을 기초로 유럽을 넘어서 전 세계의 패권국으로 성장하기 시작했다. 18세기 전반기에는 해군력

출처 : IMDB(imdb.com)

요르고서 란티모스 감독의 영화 「더 페이버릿 : 여왕의 여자The Favourite」(2018)는 스페인 왕위계승전쟁 중 영국의 앤 여왕을 둘러싼 이야기를 그려냈다. 올리비아 콜맨이 앤 여왕 역을, 엠마 스톤이 애비게일 역을, 레이첼 와이즈가 사라 처칠 역을 맡았다. 제75회 베네치아 국제 영화제(2018) 심사위원 대상, 볼피컵 여자연기자상, 제91회 아카데미상 여우주연상 수상작이다.

을 바탕으로 전 세계의 해상권을 장악하면서 네덜란드를 제치고 세계 최대의 무역국이 된다. 17세기 해양무역의 패권을 장악했던 네덜란드는 18세기에 들어오면서 점차 영국과 프랑스에 해상권을 빼앗겼다. 무역 규모도 크게 뒤졌다. 영국의 모직물 제품을 전 유럽에 팔면서 성장한 네덜란드였지만, 영국이 독자적인 무역망을 구축하고 직접 판로를 개척하자 쇠퇴할 수밖에 없었다. 중계무역의 한계였다.

영국이 해상권을 장악하고 아메리카에서 우위를 점할 수 있었던 데에는 유럽 대륙의 상황도 한몫했다. 영국과 식민지를 놓고 경쟁을 벌이던 프랑스가 식민지 상황에 신경 쓸 겨를이 없었던 것이다. 1740년의 오스트리아 왕위계승전쟁과 1756년부터 벌어진 7년전쟁 때문이었다. 프랑스가 유럽 내 전쟁에 눈이 팔려있는 사이 영국은 북아메리카 대륙으로 진출했고, 18세기 후반에는 전군을 투입하여 아메리카에서 프랑스를 몰아냈다.

팍스 브리태니카의 시대

팍스 브리태니카Pax Britannica는 라틴어로 '영국에 의한 평화'를 의미한다. 대영제국이 세계의 주요 무역로 대부분을 관리하면서 유럽이 상대적으로 평화로웠던 100년간의 시기(1815~1914)를 가리킨다. 이 시대의 대부분을 빅토리아 여왕이 통치했기 때문에 '빅토리아 시대'라고도 부른다.

빅토리아는 하노버 왕가의 마지막 국왕으로 1837년부터 1901년까지 무려 60년이 넘는 시간을 통치했다. 하노버 왕가는 1714년 조지 1세의 등극부터 1901년 빅토리아 여왕의 서거까지 187년 동안 여섯 명의 왕을 배출했으며 영국과 아일랜드, 인도를 비롯해 세계 전역의 식민지를 통제했다. 하노버 왕가의 통치기는 영국의 전성기와 거의 일치한다. '군림하되 통치하지 않는다'라는 영국 입헌군주제의 전통을 확고히 한 왕조였다.

하노버 왕가의 뿌리는 독일 하노버 공국이다. 스튜어트 왕가의 마지막 군주인 앤 여왕 시절, 의회는 종교적 분쟁의 소지를 없애기 위해 앤 여왕이 자식 없이 사망할 경우 왕권이 하노버 공국으로 시집간 소피아 스튜어트와 그녀의 신교도 자녀들이 왕위를 계승하도록 왕위계승법에 명시해 놓았다. 그런데 소피아가 일찍 사망하면서 그의 아들 조지 1세가 영국의 왕으로 등극했고, 이후 영국의 왕은 독일 하노버 왕국의 왕위를 겸하게 된다.

네 명의 국왕을 거쳐 윌리엄 4세가 서거했을 때, 영국의 왕위는 조카인 빅토리아가 물려받았고, 독일 하노버의 왕권은 남자에게만 승계된다는 신성로마제국의 왕위계승법에 따라 여왕의 삼촌 에른스트 아우구스트가 물려받았다. 빅토리아 여왕은 조지 3세의 넷째 아들의 장녀였기 때문에 왕위에 오르기 힘든 상황이었지만, 왕위서열 앞순위인 공주와 왕자들이 모두 사망하면서 왕위에 오르게 됐다.

그녀의 어머니 켄트 공작부인은 어린 빅토리아 대신 섭정을 하려 했기 때문에 빅토리아에게 제왕 교육을 하지 않았다. 그러나 빅토리아는 왕위에 오른 후 어머니와 존 콘로이를 정치에서 배제하고 휘그당의 멜번 경을 수상에 임명했다. 어머니를 비롯한 모두가 어린 빅토리아를 이용하려고 했지만, 남편 앨버트 공은 유일하게 그녀의 든든한 편이 되어 주었다. 여왕 부부는 20년 동안 아홉 명의 자녀를 두어 유럽의 왕실과 모두 혼인시켰다.

18세기 후반기에 들어서면서 자본이 축적되고, 면직물을 중심으로 산업혁명이 일어나면서 영국은 경제 최강국으로 부상했다. 산업혁명 Industrial Revolution이란 18세기 중후반 영국에서 시작된 사회경제적 변화와 기술혁신, 그리고 이에 영향을 받아 변화한 인류 문명의 총체를 가리킨다. 독일의 경제학자이자 역사학자였던 프리드리히 엥겔스는 1780년에서 1840년대까지 진행된 제조업 및 공업의 기계화와 공장화를 '산업혁명'이라고 지칭했는데, 역사학자 토인비가 이 표현을 사용하면서 일반화되었다. 방적기의 개량을 시작으로 한 기술혁명은 영국에서 시작되어 18세기 중반에서 19세기 중반 사이에 유럽 여러 나라로 퍼졌고, 이어서 북미와 아시아까지 확산되었다.

이 시기에 수공업에 기초한 작업장들이 기계설비를 갖춘 큰 공장으로 전환되면서 자본주의 경제가 확립되었다. 근현대의 많은 성취와 문제점이 산업혁명을 계기로 시작되었다는 것에 반대하는 역사가는 아무도 없을 것이다. 실제로 영국의 영광은 하층민과 약소국의 희생으로 가능한 것이었다. 빛나는 성취의 이면에는 아동 노동, 식민지 노예의 강제 노동 등 잔혹한 착취가 있었다.

영란은행의 기능이 의심받기 시작하다

산업의 발전과 함께 영국의 금융도 발전했지만, 영국의 금융시스템은 19세기 초반에 한 차례 큰 시험대를 통과해야 했다. 1825년의 금융위기와 영란은행에 대한 개혁이다. 나폴레옹전쟁이 끝나고 평화가 찾아오자 영국 정부는 더 이상 전비 마련을 위해 영란은행에 끌려다닐 필요가 없었다. 정부는 오히려 과도해진 영란은행의 특권을 규제하려고 했다. 또한 영국 금융기관인 베어링사社가 나서서 프랑스 정부의 영국에 대한 전쟁배상금 700만 프랑을 대출해주었다. 프랑스의 배상금도 런던 자금시장에서 꿔 준 것이다.

1825년 금융위기의 원인은 신흥시장 남미에 있었다. 에스파냐 식민지에서 반란이 일어나면서 에스파냐제국이 무너지고 콜롬비아, 칠레, 멕시코, 페루, 과테말라 등 남미 국가들이 서서히 독립하기 시작했다. 1822년부터는 이들도 런던에서 채권발행에 성공하면서 영국의 남미 투자가 대폭 확대되었다. 그러나 1825년까지 대부분의 남미 국가들이 부도를 냈고, 돈을 댄 영국의 투자자들은 파산했다.

이때 영란은행에 대한 비판이 제기되었다. 대출을 확대해서 투기를 조장하다가 정작 경기가 위축될 때는 은행권 발행을 축소하면서 은행들을 파산시켰다는 것이다. 금융위기가 닥치면 영란은행은 시장의 채권을 사주면서 돈을 풀어야 하는데, 영란은행은 사익을 우선시함으로써 채권을 비싸게 사려 하지 않았다. 여기에는 금본위제에 따른 문제도 있었다. 은행권을 많이 발행하면 향후 금 부족 사태가 발생하여 금태환 중지 사태에 빠질 수도 있기 때문에 영란은행도 쉽게 나설 수 없는 상황이었다. 실제로 영란은행은 나폴레옹전쟁 때 정부 국채를 계속 인수하여 외국에서 싸우는 군대에 금을 보내주었는데, 프랑스군이 영국을 침략할 것이라는 소문이 돌면서 뱅크런이 발생하여 결국 금태환을 중단한 경험이 있었다.

금융위기를 겪으면서 영국 정부는 사익을 추구하는 영란은행에 신용 공급을 전적으로 의지하는 것은 문제라고 생각했다. 오히려 영란은행 중심의 특권구조가 금융시스템의 안정을 해치고 있다고 판단한 영국 의회는 영란은행의 독점적 지위를 런던 반경 65마일 이내로 축소하고, 그 이외의 지역에서 다른 은행들도 은행권을 발행할 수 있도록 하였다. 또한 지방은행이 긴급자금을 구할 수 있도록 영란은행이 런던 이외의 지역에 지점을 설치하도록 강제했다. 1833년에는 영란은행의 면허를 연장해주되, 런던 내에서 다른 민간은행의 설립도 허용했다. 다만 이들에게는 은행권 발행을 허용치 않고, 영란은행의 은행권에 법정통화의 지위를 부여해 금융위기에 적극적으로 대처하도록 했다.

1844년 다시 영란은행 면허 연장 논의가 있었을 때에도 개혁조치는 계속되었다. 의회는 총리 로버트 필 경의 주도로 '필 은행 조례Peel Banking Act'를 제정하여 영란은행의 구조를 바꾸고 민간은행을 규제하는 조항을 만들었다. 이때는 반대로 소규모 민간은행들의 과도한 은행권 발행이 문제가 된다는 인식 때문에 오직 영란은행만이 은행권을 발행할 수 있도록 규정했다.

동시에 영란은행의 과도한 은행권 발행을 통제하기 위한 개편도 단행했다. 영란은행을 두 개의 부서로 나누어 하나는 은행권 발권을 담당하도록 하고, 다른 하나는 대출 등 상업은행 업무를 담당하도록 하였다. 그러니까 영란은행의 발권부서는 중앙은행의 역할을 하게 하고, 대출부서는 일반은행과 함께 경쟁하도록 한 것이다. 또한 은행권 발행은 1,400만 파운드까지만 승인하고 이를 초과하는 금액에 대해서는 100퍼센트 금을 보유하도록 의무화했다.

그러나 이러한 조치는 금융위기 시 영란은행이 적극적인 유동성 확대에 나설 수 없도록 막아서 오히려 위기 극복을 방해했다. 그래서 실제

1847년, 1857년, 1866년 금융위기 때마다 정부는 영란은행에 "필 은행 조례를 어겨도 된다"는 면책서한을 보내는 웃지 못할 일이 벌어졌다. 이러한 상황은 필 은행 조례의 한계를 드러내는 것으로, 엄격한 규제는 금융시스템의 안정성을 위해 필요할 수 있지만 위기 상황에 효율적으로 대응하기 위해서는 유연성을 가져야 함을 잘 보여준다.

중앙은행의 대부 원칙을 정리한 배저트 법칙

1830년대는 국내 철도채권이 호황을 누렸다. 1840년대 베어링사는 프랑스의 로스차일드 철도에 투자했다. 이후 런던 시장은 외국 정부에 대한 투자와 철도 투자에 집중했다. 그러다가 1848년 프랑스 2월혁명으로 유럽 대륙의 상황이 불안해지자 런던은 점차 유럽을 벗어나서 아시아와 아메리카 등의 국외투자로 전환했다. 엄청난 규모의 자본이 유럽 밖으로 나갔는데 특히 미국과 아르헨티나가 주요 대상국이었다.

이런 상황에서 1857년 세계 최초의 글로벌 금융위기가 발생했다. 영국 자본이 주도한 미국 철도의 거품이 꺼진 것이다. 이로 인해 먼저 영국의 글래스고와 리버풀에서 무역이 급감하면서 종합상사들이 타격을 입었고 이들에게 자금을 빌려준 어음할인회사들이 무너지기 시작했다. 위기는 유럽 대륙 전체로 번져 파리, 함부르크, 코펜하겐, 빈을 휩쓸었다.

위기가 터지자 영란은행은 어음할인회사에 자금을 공급해주며 위기를 넘기게 도왔다. 하지만 이번에는 영란은행의 개입으로 금융회사들이 도덕적 해이에 빠졌다는 비판이 나왔다. 영란은행은 향후 신중하게 개입하겠다고 했고, 「이코노미스트」의 편집장인 월터 배저트도 은행들이 현금준비금을 늘려야 한다고 지적했다.

1866년에 대형 어음할인회사인 오버런드거니Overend, Gurney & Co가 위기에 빠졌다. 오버런드거니는 영란은행에 지원을 요청했지만 영란은행은 거절했고 결국 파산했다. 오버런드거니의 파산은 시장을 공황으로 몰고 갔다. 금융회사들은 연쇄적으로 파산했고 영란은행의 창구는 자금을 구하려는 어음할인회사, 소형 은행들로 장사진을 이루었다. 이때 영란은행 총재였던 헨리 홀랜드는 금융회사들의 채권을 담보로 은행권을 발행하여 시장에 자금을 공급했다. 3개월 동안 시장에 공급된 자금은 4,500만 파운드에 달했다.

「이코노미스트」 편집장 배저트는 이번엔 영란은행이 유동성을 확대한 것을 잘한 일이라고 평가했다. 그러면서 위기 시 유동성 공급의 3대 원칙을 말했는데 '무제한 자금 공급, 담보 확보, 징벌적 이자율 부과'가 그것이다. 이는 오늘날 '배저트 법칙Bagehot Rule'으로 불리며 중앙은행이 최종 대부자의 역할을 할 때 따라야 할 원칙으로 받아들여지고 있다. 배저트는 위기 시 자본이 잠식되지 않고 단기유동성 부족일 경우라면, 상업자본가이든 은행이든 양질의 담보만 있다면 누구에게나 자금을 빌려주어야 한다고 주장했다.

1890년에는 로스차일드상사와 함께 영국의 대표적인 금융회사였던 베어링사가 위기에 처했다. 미국의 가능성에 투자해서 큰 성공을 거둔 베어링사는 남미를 제2의 미국으로 보고 전 투자금의 4분의 3에 달하는 거금을 아르헨티나와 우루과이에 투자했다. 그러나 1890년 아르헨티나의 경제가 파탄나면서 아르헨티나 채권이 폭락했다.

베어링사가 영란은행에 도움을 청하자 영란은행의 총재인 윌리엄 리더데일은 런던 시티의 은행가들을 소집하여 영란은행이 100만 파운드를 내놓을 테니 다른 은행들도 자금을 내놓으라고 반 협박을 하여 1,700만 파운드의 기금을 마련했다. 베어링사는 그동안 쌓아온 명성 덕에 파산을 면할 수 있었다.

일찍 위기를 겪은 덕분인지 영국은 이후 다른 나라에 비해 은행 위기가 적은 편이었다. 다른 나라들이 심각한 위기를 겪었던 1920년대 초와 대공황 당시에도 비교적 안정적이었다. 19세기에 10년 주기로 금융위기를 겪었던 영국은 위기를 극복하는 과정에서 두 가지 중요한 원칙을 세우게 된다. 하나는 배저트 법칙으로 알려진 최종 대부자의 기능이고, 다른 하나는 필요할 경우 중앙은행이 위기대응 부담을 다른 은행들과 나누는 것이었다. 배저트 법칙과 구조기금의 마련은 추후 금융위기 극복 과정에 단골로 등장하는 정책수단이 되었다.

은에서 금으로, 세계 통화의 기준이 바뀌다

영국의 금본위제와 파운드화의 확장

금본위제는 기본적인 경제의 계산 단위가 금의 양에 의존하는 화폐 시스템을 말한다. 쉽게 말하면, 금이 많으면 돈이 많은 것이고 금이 적으면 돈이 적다는 의미다. 그 때문에 중세 · 근세 국가들은 열심히 상품을 수출하면서 동시에 금광과 은광을 개발하여 금과 은을 많이 가지려고 노력했다.

금본위제도는 고전적 금본위제도인 금화본위제도, 금화의 유통이 없는 금지금(금괴)본위제도, 그리고 금환본위제도로 나뉜다. 금화본위제도金貨本位制度, Gold Specie Standard는 말 그대로 금화가 유통되는 것이다.

금지금본위제도金地金本位制度, Gold Bullion Standard는 중앙은행에 금괴를 두고 지폐를 유통하되 지폐를 금괴로 태환해달라는 요구에 은행이 응하는 제도를 말한다. 중앙은행의 금괴는 주로 국제수지 잔고의 결제를 위해서 사용된다. 각국의 은행권과 금의 태환이 무제한으로 이루어지는 시스템이다. 제1차 세계대전 이후 전쟁으로 중지된 금본위제를 재개하면서 금지금 본위제가 채택되었다.

금환본위제도金換本位制度, Gold Exchange Standard는 각국의 화폐를 특정한 기축통화(예를 들면 달러)와 연결하고 그 기축통화만 금괴와 바꿀 수 있는 시스템이다. 그러니까 무역을 할 때는 기축통화인 달러를 사용하고, 프랑이나 파운드는 금과 안 바꿔 주지만, 기축통화인 미 달러로 바꿔서 미국 연방준비은행에 가져가면 금괴를 받을 수 있는 시스템이다. 브레턴우즈 체제 하에서의 금본위제도를 말한다.

역사적으로 살펴보면 금보다는 은을 기준으로 삼는 은본위제도, 그리고 금과 은을 동시에 기준으로 삼는 금은복본위제도가 금본위제도보다 일반적이었다. 이것은 어쩌면 당연한 일이다. 금은 너무 비싸서 작은 거래에는 사용될 수가 없다. 양 한 마리가 12펜스(1파운드는 240펜스)에 불과한데, 그보다 훨씬 금액이 적은 하루 인건비와 식량 구매 등에는 은화와 빌론(하급 은화)이 훨씬 편리하게 쓰였다. 그래서 유럽에서 일반적으로 사용되던 화폐는 은본위제에 근거한 주화였다. 고대 로마의 데나리우스, 8세기 때 샤를마뉴가 도입한 페니(데니어), 에스파냐 달러, 그리고 19세기에 존재한 독일의 탈라 등이 모두 은 주화였다. 금 주화는 고가의 국제무역에서나 사용되었다.

은화의 대체품으로 등장한 영란은행권

금본위제도는 어떻게, 또 왜 시작이 되었을까? 가격이 비싼 금이 화폐로 통용되기 위해서는 금을 대신해서 일상의 거래에 유통될 수 있는 신뢰성 있는 화폐, 그러니까 지폐라든지 토큰 주화token coinage가 있어야 한다. 물론 영국에서는 영란은행의 설립으로 다른 나라보다 지폐의 사용이 빨랐지만, 유럽 대륙에서 지폐를 받아들이게 된 것은 나폴레옹전쟁 이후였다.

영국의 금본위제의 기원에 대해 살펴보자. 800년대에 도입된 영국의 파운드 스털링은 20은 실링銀 shilling 또는 240은 페니銀 penny를 기준으로 하는 은본위제였다. 파운드 실링은 처음에는 324그램의 순은이었는데, 1601년 111그램의 순은으로 가치가 하락했다. 가장자리가 갈려나가고, 기준보다 중량이 적은 은 페니의 문제는 17세기 말부터 19세기 초까지도 풀리지 않는 숙제였다.

1717년 화폐주조국 국장이던 아이작 뉴턴은 금 1기니(순금 7.69그램)를 은 21실링에 고정시켰다. 그러나 대륙에서는 21실링보다 적은 은으로 금 1기니를 살 수 있었다. 영국에서 은이 저평가된 것이다. 그러면 당연히 대륙에서 금을 사서 영국에 팔면 은화가 남게 된다. 사람들은 은화를 더 비싸게 쳐주는 대륙으로 가져갔으므로 이런 상황에서는 영국에 은화가 없어지는 것이 당연했다. 이렇게 되니 영국은 더 흔하고 믿을 수 있는 금화에 의존할 수밖에 없었다.

19세기에는 금본위제로 가는 데에 중요한 역할을 한 몇 가지 사건이 발생했다. 하나는 18세기에 브라질 금광에서 발견된 금이 대규모로 포르투갈과 영국으로 유입되었다는 것이다. 포르투갈의 금 주화는 영국에서도 통용되었다. 두 번째는 중국 청나라와의 무역에서 계속 적자가 나서 영국의 은이 중국으로 계속 유출된 것이다. 여기에다 영란은행에서 발행하는 지폐(영란은행권)에 대한 신뢰가 높아지면서 금화의 아바타인 은행권(지폐)이 시장에서 유통되기 시작했다. 이에 더해 산업혁명으로 동전 제조 기술이 발달하면서 1816년 주조개혁으로 왕립조폐국(화폐주조국)에서는 소액거래에 쓸 수 있는 보조 동전을 만들었다.

이런 사건들을 배경으로 19세기에 영국은 여러 단계를 거치면서 금은복본위제도에서 금본위제도로 전환했다. 첫 번째 조치는 21실링 기니를 7.32그램의 순금을 가진 20실링 금 소버린으로 대체한 것이다. 빅토리아 시대, 브리튼 금 소버린(1파운드)은 고전적 금화본위제 시절에 가장 많이 유통되던 주화였다. 두 번째 조치는 1816년 주조개혁으로 법정화폐인 보조화폐를 영구 발행한 것이다. 세 번째는 1819년 현금지급조례를 제정해 1823년부터 영란은행권을 소버린 금화로 교환할 수 있게 한 것이다. 네 번째는 1844년 '필 은행 조례'를 제정하여 영란은행이 보유한 금 보유량과 영란은행이 발행할 수 있는 은행권 총량 사이에 비율을 정하고, 다른 은행들의 지폐 발행을 금지한 것이다.

이러한 네 가지 조치들을 통해 영국은 금본위제를 정립했다. 1850년까지는 영국과 몇몇 영국의 식민지만이 금본위제를 채택했고 다른 국가 대부분은 은본위제를 운용하고 있었다. 그러나 영국에서 시작한 금본위제도는 1870년대가 되면서 전 세계의 표준이 되었고, 중간에 불가피한 이유로 중단되기는 하였으나 1971년 닉슨 쇼크 때까지는 유지되었다.

화폐발행 독점권을 얻기 위한 노력

영국 주화가 영란은행이 아닌 왕립주조국에서 발행되었다는 것을 알고 놀란 기억이 있다. 영란은행은 은행권 지폐를 발행할 뿐, 주화는 왕립주조국이 발행하는 것이다. 한때 예외적으로 영란은행이 은화 코인을 발행한 적도 있다. 1946년부터는 영란은행이 국유화되었으니 지폐나 주화나 다 정부가 발행하는 셈이 되었지만, 영란은행이 민간은행이던 시절에는 좀 혼란스러웠을 것 같다.

최초의 파운드 스털링 지폐는 1694년 영란은행이 설립된 직후에 발행되었다. 당시의 영란은행법에는 은행권 발행에 대한 언급이 전혀 없었다. 은행의 설립자들이 의회의 반대 가능성 때문에 언급하지 않은 것이다. 하지만 120만 파운드 한도 내에서는 공식 인장이 찍힌 은행권을 발행했고, 예금에 상응해 발행하는 은행권은 공식 인장 없이 현금출납인의 사인만으로 자유롭게 발행했다. 최초의 은행권은 액면가를 손으로 써넣어서 한정된 상인들 사이에서만 고액권으로 유동되었다. 중세 때부터 상인들이 사용한 금 보관증과 유사한 것이었다.

1742년에 이르러 영란은행은 법에 의해 잉글랜드 지역에서 은행권을 발행할 수 있는 권한을 부여받았다. 1745년부터는 손으로 써넣는 것이 아니라 20파운드부터 1,000파운드 사이의 단위로 인쇄되었다. 1759년에 10파운드 지폐, 1793년에 5파운드 지폐가 추가되었고 1797년에는 1파운드와 2파운드가 추가되었다. 나폴레옹전쟁으로 주화가 사라지자 이를 대체하기 위해 1파운드와 2파운드 지폐를 발행한 것이다. 그러나 전쟁이 끝나자 가장 낮은 두 개의 지폐는 폐지되었다. 1825년에는 아일랜드에서도 파운드 스털링 지폐를 발행하기 시작했다.

1694년부터 1791년까지는 외부의 인쇄공들이 영란은행권을 찍었다. 은행이 한 달 치 용지를 공급한 다음 매일 새벽에 인쇄판을 가져다주고 저녁에 수거하는 방식이었다. 1791년부터는 인쇄판 반출에 따른 위조 위험을 방지하기 위해 인쇄공들을 은행 안으로 불러들여 은행권을 찍었다. 당시의 인쇄술은 형편없었고 심지어 은행의 감식관조차 진짜 은행권과 가짜 은행권을 구별하지 못할 정도였다. 일반인들은 지폐에 대한 지식도 부족했고 문맹인 사람도 많아서 더 심했다. 1793년부터 1815년까지 무려 600여 명의 위조범이 체포되었고 그중 절반이 교수형을 당했다.

영란은행은 언제부터 은행권 발행의 독점권을 가지게 되었을까? 영란은행 설립 후 계속된 전쟁은 영국 정부를 빚더미에 앉게 했고, 국채를 인수한 영란은행의 위상은 날로 커졌다. 그러다가 나폴레옹전쟁 이후 극심한 인플레이션을 겪게 되자 영국은 독점적인 발권력을 갖고 화폐가치를 안정시킬 중앙은행의 필요성을 절감했다.

영란은행의 화폐 발행의 독점권은 이러한 분위기 속에서 1844년 '필 은행 조례'에 의해 이루어졌다. 이때부터 영란은행을 제외한 민간은행은 화폐를 발행하지 못하게 되었다. 그러나 이러한 독점권은 잉글랜드와 웨일스 지역에 국한된 것이었고, 이것은 지금도 마찬가지다. 스코틀랜드와 북아일랜드에는 법정지폐인 은행권이 없으며 스코틀랜드 세 개 은행, 북아일랜드의 네 개 은행 등 상업은행이 발행한 은행권이 영란은행권과 함께 유통되고 있다.

이들 상업은행이 발행한 은행권은 10억 파운드를 넘어서며, 상업은행이 은행권을 발행하기 위해서는 그만큼의 영란은행권을 영란은행에 예치해야 한다. 현재 영국에서 통용되는 지폐는 다섯 종류로 5파운드, 10파운드, 20파운드, 50파운드, 100파운드 지폐이다. 100만 파운드 지폐인 자이언트Giant와 1억 파운드 지폐인 타이탄Titan도 발행하는데, 이 지폐는 은행시스템 내에서만 사용된다.

금본위제가 세계적 표준이 되다

금본위제는 19세기 무역 및 금융 강국이었던 영국과 프랑스가 제국주의 블록경제를 구축하는 데 일조했다. 국제거래에서 단일 화폐가 쓰이게 되자 국가 간 가격이 안정화되고 국외차입도 촉진되었으며 국제무역과 투자가 크게 늘어났다.

영국에서 금본위제도가 자리잡아 가고 있을 무렵, 프랑스와 미국은 여전히 복본위제도를 운용하고 있었다. 프랑스는 적극적인 조치를 통해 금-은의 교환비율을 안정적으로 운용했고, 미국 달러도 1900년도까지는 복본위제로 운용되었다. 그런데 1849년에는 캘리포니아에서, 1851년에는 호주에서 금광이 발견되면서 금-은의 교환비율이 15.5 미만으로 떨어졌다. 세계 금 공급량이 늘면서 금 프랑, 달러의 주조도 늘어났고 이것은 프랑스와 미국이 금본위제도로 가는 결정적인 요인이 되었다.

1860년대 금은 교환비율이 다시 15.5로 돌아가자 19세기가 끝나기 전에 국가 대부분이 금본위제를 채택하게 되었다. 금본위제 도입 연도를 보면 대영제국이 1816년, 독일제국이 1873년, 라틴통화연합이 1873년, 미국이 1873년, 스칸디나비아 화폐연합이 1875년, 네덜란드가 1875년, 오스만제국이 1881년, 오스트리아-헝가리 제국이 1892년, 러시아가 1897년이다. 1873년 이후 금화본위제가 국제통화시스템의 기준이 된 것이다.

그러나 1860년대 네바다주에서 은맥이 발견되면서 기록적인 은이 채굴되었고 은 가격이 급락했다. 금-은 교환비율은 1860년대 15.5를 넘어 1873년에는 18.0까지 올랐다. 유럽 국가 대부분은 은화를 법정통화로 유지하되 새로운 금화를 액면가로 전환할 수 있도록 하면서 금본위제로의 전환을 생각했다. 여전히 막대한 양의 은화가 사용되는 가운데 금본위제를 도입한다는 것은 어딘지 자연스럽지 않은 일이었다. 이때의 통화체제를 설명하는 말로 '절름발이' 또는 '파행본위제limping system' 라는 용어가 사용되었다. 제도적으로는 금은복본위제도이면서 둘 중 하나는 주조를 금지당하고 있기 때문에, 실질적으로 다른 쪽의 법화만이 가치척도의 기준이 된다는 걸 의미했다.

1880년에는 금-은의 교환비율이 20까지 올라갔고, 몇몇 나라들은 은 가치가 추가적으로 하락하는 걸 막기 위해 파행본위제를 유지하는 수밖에 없었다. 하지만 1890년 이후 은 가격은 더 하락하여 금-은 교환비율이 30을 넘어섰다. 1897년 일본, 1903년 필리핀, 1905년 멕시코에서 금-은 교환비율이 32 수준에서 고정되는 금본위제도가 시행되었다. 일본은 서구 주도의 국제시장질서에 편입하기 위해서 금본위제를 시행했고, 청일전쟁 이후 운 좋게 필요한 금 매장량을 확보할 수 있었다.

고전적 금본위제는 1873년 독일제국이 북독일의 은 탈러와 남독일의 굴덴을 독일의 금 마르크로 전환하기로 결정한 이후부터 1914년 제1차 세계대전이 발발하기 전까지의 시스템을 말한다. 1871년 독일을 통일한 프로이센은 보불전쟁의 대가로 프랑스로부터 배상금 40억 5,000만 금 마르크를 받으면서 1873년 금본위제로 전환했고, 이를 계기로 다른 유럽 국가에서도 금본위제를 채택하게 되었다.

고전적 금본위제도의 마지막 장은 1914년에 제1차 세계대전의 발발로 끝난다. 아시아 국가들도 자국의 통화를 금 또는 서구 제국의 통화에 교환비율을 고정함으로써 금본위제를 도입했다. 네덜란드 동인도회사의 길더는 1875년 금환본위제를 통해 아시아와 연결된 최초의 통화였다.

어쨌든 금화가 실제로 유통되는 방식이었던 당초의 금화본위제는 이제 통용되지 않았다. 중앙은행이 법정통화인 지폐나 주화를 발행하고 국가 전체의 금 공급을 중앙에 집중화하는 한편, 은화의 교환성을 보장하기 위해 예비 자산을 제공하는 방식으로 바뀐 것이다. 또한 금태환은 국제무역에 따른 외부 결제 시에만 가능했다. 이미 말했듯이 각국 통화가 모두 금괴와 태환되면 금지금본위제이고, 기축통화 하나만 금괴와 태환되면 금환본위제라고 부른다. 금환본위제는 1944년 브레턴우즈 체제에서 채택되었다.

미국의 양당제는 중앙은행 덕분에 확립되었다

두 차례의 미국은행 설립과 쇠퇴

미국의 독립전쟁은 1775년부터 1783년까지 8년간 벌어진 대영제국과 13개 식민지 간의 전쟁이다. 미국이라는 신생국을 탄생시켰고 네덜란드의 독립전쟁, 영국의 명예혁명, 프랑스대혁명과 함께 근현대 민주주의 성립의 뿌리가 된 사건이다.

1765년 이후 영국과 식민지인 미국의 관계는 계속 나빠졌다. 영국은 미국에 주둔하는 영국군의 비용을 마련하기 위해 미국 식민지에서 발행된 인쇄물에 영국의 인지를 부착하도록 하는 인지세법을 시행했고, 식민지로 수입되는 차茶에도 차세를 부과했다. 식민지인들은 이에 크게 반발하면서 "대표 없이는 과세도 없다"라고 외쳤고, 1773년 영국에 대항하는 단체인 '자유의 아들들'이 정박중이던 영국 동인도회사 선박에 실려있던 차 상자를 모두 바다에 던져버리는 '보스턴 차 사건'을 일으키면서 영국과 식민지 사이의 갈등이 깊어졌다. 여기에 식민지 안에서 지폐 발행을 금지하고 영국 돈만 쓰도록 강요한 화폐법과 북미에 주둔한 영국군에게 숙식 제공을 의무화한 병영법도 한몫했다. 화폐의 강제는 식민지의 경제 자치를 인정하지 않는 것과 다름없었기 때문이다.

보스턴 차 사건 이후 영국은 보스턴항을 폐쇄하며 강력히 대응했고 식민지는 메사추세츠 민병대를 조직해 저항했다. 1775년 영국군과 민병대 사이에 렉싱턴 전투가 발발했다. 식민지 13개 주가 참여한 대륙회의는 조지 워싱턴을 대륙군의 총사령관으로 임명하고 1776년 7월 미국의 독립선언을 발표했다. 이때 프랑스가 식민지 편에서 전쟁에 참여했다. 독립전쟁은 식민지의 승리로 끝났다. 1783년 파리조약을 통해 미국은 국제사회에서 국가 지위를 인정받았다.

그러나 신생정부의 앞날은 불투명했다. 돈 때문이었다. 식민지는 전쟁 중 전비 마련을 위해서 컨티넨탈 노트Continental Note라는 지폐를 발행했는데, 영국은 전쟁 중 식민지 경제를 혼란에 빠뜨리기 위해 컨티넨탈 노트의 위조지폐를 뿌렸다. 이 지폐에는 1달러가 1스페인달러와 교환될 수 있다고 쓰여 있지만, 전쟁 중에 2억 달러 이상이 과다하게 발행되어 나중에는 1스페인달러가 컨티넨탈 노트 168달러가 될 정도로 가치가 하락했다. 아직도 미국에는 '한 푼의 가치도 없는'이란 의미로 'not worth a Continental'이라는 표현이 남아있다.

연방주의자 해밀턴 vs 지방분권주의자 제퍼슨

건국 이후 미국은 대륙회의를 개최하여 13개 주의 공통 관심사를 논의하였다. 그러나 13개의 주는 독립전쟁 비용 분담에 대해 서로 모른 척했다. 화가 난 상이군인들과 퇴역군인들은 대륙회의가 열리는 곳마다 쫓아다니며 약속했던 연금과 보상금을 요구했지만, 대륙회의 의원들은 묵묵부답이었다. 이런 모습을 보면서 뉴욕주를 대표하는 의원 알렉산더 해밀턴은 크게 실망했다.

새로운 시스템이 필요하다고 느낀 그는 연방정부 구성을 골자로 하는 헌법제정 운동을 펼쳤다. 해밀턴은 13개 주州정부가 권한을 조금씩 양보하여 연방정부를 세워야만 국가가 발전할 수 있다고 주장했다. 대륙회의에는 나중에 미국 2대 대통령이 된 존 애덤스와 3대 대통령이 된 토머스 제퍼슨, 그리고 대문장가이자 석학인 벤저민 프랭클린도 포함되어 있었다. 이들이 뜻을 함께 했으며, 특히 미국의 헌법은 주로 제퍼슨의 손에 의해 만들어졌다.

해밀턴과 제퍼슨은 물과 기름 같은 사이였다. 해밀턴은 카리브해의 작은 섬에서 고아처럼 컸기에 자기의 생년월일도 몰랐다. 반면 제퍼슨은 버지니아주의 유복한 집안에서 출생하여 법학, 철학, 정치학 등에 두루 박식했다. 루소의 만민평등사상을 기초로 "We the people"로 시작하는 헌법을 만들긴 했지만 자기 농장에서는 노예를 부리는 지주 귀족 계급이었다.

두 사람은 정치철학도 완전히 달랐다. 상공업 활동이 왕성한 뉴욕주의 대표 해밀턴은 유치산업 보호론을 주장하면서, 새로 탄생한 연방정부가 수입 규제를 통해 제조업을 육성해야 한다고 주장했다. 반면 농업이 중심인 버지니아 출신의 제퍼슨은 자유무역을 통해 농산물을 많이 수출하는 것이 미국의 미래를 위해 바람직하다고 여겼다. 땅은 넓고 기술은 뒤처진 미국이 유럽 국가들을 상대로 비교우위를 가진 업종은 농업밖에 없었기 때문이다. 실제로 미국의 첫 번째 수출품은 '버지니아슬

림'으로 유명한 담배였다.

제퍼슨은 해밀턴을 근본도 없는 상놈이라 생각했고, 해밀턴은 제퍼슨을 위선자라고 여겼다. 하지만 법률 지식에 관해서는 해밀턴이 제퍼슨의 상대가 되지 않았고, 반대로 경제 실무에서는 경제 활동을 해본 해밀턴이 훨씬 많이 알았다. 미국의 초대 대통령이 된 조지 워싱턴은 해밀턴을 초대 재무장관으로, 제퍼슨을 초대 국무장관으로 임명했다.

미국은 독립 당시 영국, 프랑스, 에스파냐의 외국 화폐와 각 주에서 발행한 화폐들이 혼용되어 사용되었지만, 1785년 7월 대륙회의에서는 "미합중국의 화폐단위는 달러로 지정한다"라고 공표했다. 그럼에도 미국에서 달러가 실질적인 단일 통화로 정착하는 데는 오랜 시간이 걸렸다. 1792년이 되어서야 화폐주조법을 제정하였고 달러를 공식 화폐단위로 지정했다. 그나마 달러가 미국의 법화法貨로 완전히 정착한 것은 연방준비제도가 출범한 1913년 이후이다.

재무장관이 된 해밀턴은 애덤 스미스의 『국부론』을 읽고 영란은행과 같은 중앙은행의 필요성을 더 크게 공감했다. 해밀턴은 현재의 중앙은행 격인 미국은행Bank of the United States을 설립하기 위해 법률안을 만들어서 자본금 범위 내에서 지폐를 발행할 수 있도록 하려고 했다.

그러나 제퍼슨은 지폐 자체를 우려했다. 초대 프랑스 대사를 역임한 그는 존 로와 미시시피 버블을 잘 알고 있었기 때문에 종이는 돈이 아니라고 생각했다. 게다가 북부 자본가들이 세운 금융기관이 발권업무를 통해 정부의 은행 역할까지 하게 되면 연방정부의 힘이 북부로 넘어간다고 생각했다. 중앙은행이 뭐건 간에 소수가 대중을 지배하는 것은 영국을 상대로 미국 시민들이 자유를 쟁취한 것과 배치되는 일이라는 것이 제퍼슨의 정치철학이었다. 제퍼슨은 한 주지사에게 "은행들이야말로 눈앞의 외적보다도 우리의 자유를 더 위협하는 진짜 위험한 존재"라고 말하면서 해밀턴의 미국은행 설립 법안을 결사적으로 반대했다.

해밀턴이 제안한 미국은행 설립 법안은 재무부와 국무부, 북부와 남부, 상공업과 농업, 연방정부와 주정부가 서로 다투는 건국 이후 최대 정치 쟁점으로 부상했다. 이로 인해 미국은 완전히 두 패로 갈렸고, 양당 체제로 빠져들었다. 조지 워싱턴은 이런 싸움을 보면서 낙향을 결심했다고 한다.

제퍼슨이 결사적으로 반대했지만 당시 의회에는 해밀턴을 따르는 연방파가 다수였고 제퍼슨을 따르는 공화파는 소수였다. 워싱턴 역시 해밀턴의 손을 들어주었다. 자유가 위협받을 수 있다는 손에 안 잡히는 제퍼슨의 말보다 영국처럼 부강해지려면 중앙은행이 꼭 필요하다는 해밀턴의 말이 더 끌렸기 때문이다. 그렇게 1791년 미국은행이 설립된다. 하지만 미국은행을 둘러싼 첨예한 대립 때문에 영업허가는 20년으로 제한된다.

『화폐전쟁』을 쓴 쑹훙빙은 미국은행을 설립하려는 해밀턴의 배후에 영국의 국제금융 세력, 즉 로스차일드 가문과 영란은행이 있었다고 주장한다.[45] 국제금융세력이 국제자본으로 미국의 경제를 장악하기 위해서 미국은행의 설립을 뒤에서 조종했다는 것이다. 1811년 첫 번째 미국은행이 문을 닫을 당시 미국은행의 1,000만 주 가운데 외국자본이 700만 주였고, 그중 많은 부분이 로스차일드와 영란은행의 것이라고 주장한다. 이는 미국의 중앙은행 논쟁을 영란은행과 같은 '민간은행의 법정화폐 발행'을 옹호하는 세력과 이를 반대하는 세력 간의 싸움으로 본 것이다. 일반적으로 우리가 알고 있는 연방주의자와 지방분권주의자의 싸움이라는 시각과는 조금 색다른 해석이다.

최초의 미국 중앙은행이 겪은 시련

어찌 됐든 이렇게 탄생한 미국은행은 민간 소유였던 영란은행이나 정부 소유였던 스웨덴의 릭스뱅크와 달리, 자본금 1,000만 달러 중 80퍼센트는 일반인에게 공모하고 20퍼센트는 정부가 소유하는 정부와 민간의 지분공유 구조였다. 민간 주주들은 대부분 법안에 찬성한 의원들과 상공인들이었다.

미국은행의 본부는 당시 수도였던 필라델피아 워싱턴의 집무실 바로 뒤에 세워졌고 뉴욕, 보스턴, 볼티모어 등에 지점이 세워졌다. 미국은행은 정부의 출납대리인으로 세금(대부분 관세)을 걷고, 국채에 대한 이자를 지급하고, 연방정부에 대출을 해주는 등 정부를 상대하는 정부의 은행이었다. 일반인을 상대로 예금과 대출을 취급하긴 했지만 외국인 대상 거래는 제한했다. 대출이자는 법에 의해 6퍼센트로 제한했고, 은행 경영은 재무장관의 감독을 받았다.

미국은행은 공식적으로는 통화 및 신용 공급 등 금융정책에 대한 권한도 없었고 주법은행 등 다른 은행에 대한 감독 권한도 없었다. 그러나 정부의 은행이고 가장 큰 기업이었기 때문에 미국은행의 결정은 다른 은행에 영향을 줬다. 미국은행권은 발권의 독점력은 없었으나 금태환이 가능했고 세금 납부에 사용할 수 있었기에 다른 주법은행이 발행하는 은행권과 비교할 때 가치가 안정적이었다. 또한 대출 수준을 조절하는 방식으로 경제 전반의 자금 사정과 신용을 조절했고, 이자율 결정에도 영향을 미쳤다. 미국은 주법은행이 발행한 은행권을 확보하고 있다가 미국은행의 지점을 활용해 경제 전체의 신용을 조절하는 통화신용정책을 구사했다.

그러나 미국은행을 설립하자마자 금융위기가 닥쳤다. 1792년에 금융공황이 발생한 것이다. 미국은행의 과다한 은행권 발행과 대출도 하나의 원인을 제공했다. 주가와 채권가격이 하락하고 이에 따라 공매도까지 일어나면서 공황은 걷잡을 수 없이 확대된다.

해밀턴은 금융위기를 탁월한 능력으로 극복한다. 금융공황이 확산되자 뉴욕의 금융시장에서는 누구 할 것 없이 채권을 파는 데 혈안이 되어있었다. 채권의 급매가 자산가격을 더 떨어뜨리는 악순환(부채 디플레이션)이 시작된 것이다. 해밀턴은 이를 막기 위해 이들이 채권을 팔지 않고 유동성을 확보할 수 있도록 은행들이 채권을 담보로 자금을 공급하게 했다. 이를 위해 재무부 소유의 국채 100만 달러를 상인과 채권거래인에게 빌려주고 이를 담보로 자금을 차입하도록 한다. 다만 금리를 6퍼센트보다 1퍼센트 올린 7퍼센트로 물리도록 했다. 이후에 '배저트 법칙'으로 알려진 조치를 더 일찍 시행한 것이다.

1792년의 위기는 오늘날 금융시스템에 큰 공헌을 했는데, 바로 뉴욕증권거래소 설립이다. 공황을 겪은 뉴욕시는 전문가가 아닌 이들이 채권 거래에 참여하는 것이 문제라고 판단하고 일반인들의 증권거래를 금지했다. 이에 따라 24명의 증권거래인이 월가의 버튼우드 아래서 거래 모임을 만들었는데, 이것이 뉴욕증권거래소의 전신이다.

위기를 겪는 가운데서도 미국의 금융산업은 경제 발전과 함께 급속하게 성장했다. 1791년 미국은행 설립 당시 불과 다섯 개에 불과하던 주법은행은 1811년 110개로 늘었고, 그 뒤 5년 동안 다시 두 배로 증가했다. 은행권의 증가는 말할 것도 없었다.

미국은행 설립 이후 정치적으로도 많은 일이 생겼다. 1800년 선거에서 미국은행의 설립을 반대했던 제퍼슨이 대통령에 당선되었고, 1804년에는 해밀턴이 에런 버와의 권총대결 끝에 사망했다. 1808년에는 제퍼슨의 정치적 후계자인 제임스 매디슨이 제4대 대통령에 당선되었다. 매디슨 대통령 역시 미국은행에 부정적이었다. 1811년 미국은행은 영업허가를 연장하지 못한 채 문을 닫았다.

일부 학자들은 이 사건을 발단으로 1812년 영미전쟁이 발생했다고 주장한다.[46] 미국은행의 영업허가 연장이 의회에서 논의될 때 런던의 나탄 메이어 로스차일드는 "미국은행의 발행권을 연장하지 않으면 미국은 심각한 전쟁을 치러야 할 것"이라고 위협했고, 실제로 연장안이 부결되자 "미국인들을 확실히 손봐서 식민지 시대로 돌아가게 할 것"이라 말했다고 전해진다. 그리고 얼마지 않아 1812년 영미전쟁이 터졌고 이 전쟁은 3년 동안 계속되어 백악관이 전소될 정도로 미국에 타격을 주었다.

매디슨 대통령 역시 얼마 되지 않아 미국은행을 없앤 것에 대해 후회했다. 1812년 영국과 전쟁을 치르면서 중앙은행이 없다는 것이 어떤 것인지 뼈저리게 실감한 것이다. 전쟁이 끝나자 그가 제일 먼저 한 일은 불탄 백악관을 새로 짓는 것과 제2미국은행을 설립하는 것이었다. 제2미국은행의 지분 구조는 이전과 같았지만 자본금이 3,500만 달러로 늘었다. 여기서도 로스차일드 가문이 제2미국은행의 지분을 상당히 보유하고 영향력을 행사했다는 주장도 있다.[47]

그런데 설립을 논의하는 과정에서 웃기는 일이 벌어졌다. 과거 해밀턴을 따랐던 연방파가 야당이 된 이번에는 오히려 중앙은행 복원에 반대하고 나선 것이다. 금융에 무지한 여당이 덩치만 큰 은행을 만들었다가 실패할 거라는 것이 표면적인 이유였지만, 진짜 이유는 따로 있었다. 미국은행이 문을 닫은 후 야당 의원들은 북부에 생긴 민간은행들로부터 정치후원금을 받고 있었기 때문이다. 이념과 사상보다 이해득실이 더 중요하다는 것은 이번에도 여실히 드러난다. 여야의 입장이 완전히 뒤바뀐 가운데 이번에도 영업허가를 20년만 내주는 쪽으로 타협이 이루어졌다. 이렇게 하여 1816년 제2미국은행이 설립되었다.

두 번째 중앙은행이 세워졌지만

그러나 은행이 출범한 지 얼마 안 돼서 미국 경제는 전후 특수로 인해 과열되었다. 제2미국은행의 초대 은행장 윌리엄 존스는 은행에 대한 지식과 경험이 없어 제대로 대응하지 못했고 미국은행은 파산 직전까지 갔다. 의회는 미국은행의 면허 취소를 검토했지만, 미국은행 주식을 보유하고 있던 의원들의 반대 때문에 존스가 사임하는 것으로 상황은 일단락되었다. 존스의 뒤를 이어 은행장이 된 랭던 취비스는 하원의장을 지낸 인물이었지만 역시나 상황에 잘 대처하지 못했다.

취비스는 전임 은행장이 과도하게 내준 대출을 회수하면서 신용을 줄여나갔다. 문제는 경제가 고점을 지나서 하강하고 있었다는 것이다. 유럽은 전쟁 이후 미국으로부터의 농산물 수입을 늘렸으나, 유럽의 농업 생산량이 회복하면서부터는 수입을 줄였고 이에 따라 미국 농산물 가격은 폭락했다.

취비스는 불황으로 이미 주법은행이 무너지는 상황에서 대출을 회수하고 지점을 폐쇄하는 긴축정책을 펴서 불황을 더욱 심화시켰다. 신용이 크게 줄면서 농부들의 파산이 이어졌고 이는 은행들의 파산으로 이어졌다. 금융위기는 2년간 계속되었다. 미국은행은 살렸지만 경제는 파멸로 이끈 취비스의 정책은 국민의 공분을 샀고 은행, 은행가 그리고 은행권에 대한 불신을 증폭시켰다. 취비스는 은행장에 재선임되었지만 결국 사임했다.

이런 상황에서 1823년 취임한 은행장이 니콜라스 비들이다. 비들은 필라델피아에서 알아주는 명문가 출신이었다. 삼촌과 형제들은 필라델피아 재계와 금융권의 실력자들이었고, 비들 자신은 열다섯 실에 프린스턴 대학을 최우등으로 졸업한 수재였다. 프랑스 유학 시절에는 제퍼슨 대통령과 나폴레옹 간의 루이지애나 매입에 관여하여 영국 베어링사가 미국 정부의 지급보증을 서도록 하여 계약을 성사시켰고, 미국으로 돌아와서는 변호사가 되어 필라델피아 주의회 의원이 되었다.

그는 그 이전의 어떤 중앙은행에서도 시도하지 못했던 중앙은행의 역할을 정립했다. 경제 상황을 보아가며 통화 공급을 조절한 것이다. 경제가 불황이면 주법은행이 발행한 은행권의 태환 요구를 늦춰서 신용을 확대하고, 반대로 과열이면 즉시 태환을 요구해 신용공급을 줄였다. 또한 미국은행권이 서부에서 헐값에 거래되자 지점 은행권의 디자인을 통일하여 인지도를 높였다.

1828년, 부자와 은행을 대중의 적으로 생각하는 앤드루 잭슨이 대통령에 당선되었다. 잭슨 대통령은 군인 출신으로 고등교육을 받은 사람, 부자, 기득권층을 혐오했고 자신이 서민, 노동자, 농부, 그리고 남부의 대변인임을 자처했다. 그러한 잭슨 대통령이 보기에 필라델피아의 미국은행과 비들은 기득권의 상징이었다. 그는 취임 때부터 "헌법이 의회에 화폐 발행 권한을 준 것은 의회가 직접 그 권한을 행사하라는 것이었지 어떠한 개인이나 기업에 그 권한을 위임하라는 뜻은 아니다"라고 말하는 등 미국은행에 대한 공격적 발언을 서슴지 않았다. 이러한 와중에 1831년 서부를 시작으로 불황이 번졌다. 잭슨은 비들이 자신의 재선을 막기 위해 일부러 경기를 악화시킨다고 생각했다. 거기다 비들이 잭슨 행정부의 저격수인 야당 의원 대니얼 웹스터를 은행의 자문변호사로 위촉하자 크게 분노했다.

웹스터는 대선을 치르느라 모두 정신이 없는 틈을 타 의회에서 미국은행의 면허 연장안을 통과시켜야 한다고 생각했다. 훗날 역사가들이 '은행 전쟁Bank War'이라고 부르는 사건이 시작되었다. 웹스터의 생각대로 연장안은 의회를 가볍게 통과했다. 이제 잭슨에게 공이 넘어왔다. 잭슨이 결의안을 부결시킬 것인가를 두고 한참 의견이 분분할 때 비들은 "잭슨이 결의안을 부결하면 나는 그를 부결할 것"이라고 자신 있게 말한다. 그러나 잭슨은 가차 없이 연장 결의안을 부결시켰고, 방법은 잭슨을 낙선시키는 방법밖에 없었다.

비들과 야당은 잭슨의 거부권 행사를 선거의 주요 쟁점으로 부각시키고, 잭슨이 자기 생각만 하고 민생은 돌보지 않는 대통령이라고 공격했다. 잭슨의 정적인 헨리 클레이가 상대 후보로 나섰다. 그는 미국은행의 옹호자이며 금융가들의 전폭적인 지지를 받는 인물이다. 그러나 이러한 염원과 노력에도 불구하고 1832년 대선에서 잭슨이 압도적인 우세로 재선에 성공했다. 이제 미국은행은 문을 닫는 일만 남았다.

국민적 지지를 확인한 잭슨은 미국은행의 영업종료일까지 기다리지 않고 미국은행에 예치되었던 국고금을 다른 은행으로 돌렸다. 미국은행의 영업이 어려워지자 비들은 그 대책으로 대출을 회수하고 신규대출을 중지했으며, 국제금융 세력도 미국에 대한 대출을 중지하고 금을 통제했다. 이로 인해 경기침체가 왔다. 금융계 원로들이 잭슨을 설득했지만, 전혀 통하지 않았다.

잭슨 대통령과 거리를 두던 은행계는 미국은행에서 인출되는 국고금을 예치하기 위해 점차 잭슨의 말을 듣기 시작했다. 비들은 할 수 있는 것이 없었다. 1836년 면허 만료 시점이 왔을 때 미국은행은 필라델피아시의 군소 민간은행이 되어있었다.

자유은행시대, 난립하는 은행들

잭슨은 '은행을 죽인 대통령'으로 역사에 남았다. 1835년 1월 앤드루 잭슨이 한 의원의 장례식에 참석했을 때 영국 출신 실업자인 페인트공 리처드 로런스가 장례식장을 마치고 나오는 잭슨을 저격했으나 실패했다. 법원은 리처드 로런스를 정신병자로 판정한다. 리처드 로런스가 영국 국제금융 세력의 사주를 받았다는 의혹이 제기되기도 했으나, 어디까지나 '믿거나 말거나'이다.

다음 해인 1837년 미국에 공황이 찾아왔다. 공황의 원인은 미국은행의 영업 정지도 있었지만, 1836년에 발동한 통화에 관한 긴급조치 때문이었다. 민간인들이 연방정부가 불하한 땅을 은행에서 대출받은 돈으로 사는 일이 만연했는데, 잭슨 대통령이 금이나 은으로만 땅을 사도록 한 것이다. 이 조치로 폭등하던 땅값은 안정을 찾았지만, 토지대금이 금속화폐로만 결제되는 중세 시대로 돌아가면서 불황이 찾아왔다. 직장과 집을 잃은 사람이 거리로 내몰렸다. 비들은 이런 모습을 보면서 통탄했다고 한다.

1841년 미국은행이 문을 닫고 비들은 1844년에 눈을 감았다. 이듬해 잭슨 대통령도 세상을 떴다. 이렇게 해서 은행 전쟁이라는 희대의 사건으로 격돌했던 두 사람은 역사 속으로 사라졌다. 제퍼슨 대통령과 잭슨 대통령은 금속화폐를 신뢰하고 은행권, 즉 지폐를 의심했지만 미국의 2달러 지폐와 20달러 지폐에는 이들의 초상화가 그려져 있었다. 역사의 아이러니가 아닐 수 없다.

미국은행의 소멸 후 미국은 자유 은행 시대free banking era를 맞았다. 정부가 은행에 특허를 주는 방식이 아니라 법적 요건만 갖추면 은행업을 영위할 수 있도록 제도화한 것이다. 1837년 미시간주를 시작으로 1838년 뉴욕주와 조지아주, 이후 은행에 대한 수요가 폭증하면서 알라바마주, 뉴저지주 등 전국으로 자유은행제도가 확산되었다. 은행은 1,500여 개로 늘어났고 은행들이 각각 발행한 은행권들로 인해 경제에 큰 혼란이 발생했다. 은행권들이 액면가보다 낮은 금액으로 유통되었으며 과도한 발행이나 파산으로 위험이 컸고, 위조나 사기로 인한 피해도 적지 않았다. 일부러 태환이 어렵도록 사람의 발길이 안 닿는 곳에 은행을 세우는 '들고양이 은행wildcat bank'도 생겨났다.

은행권 거래의 위험성이 높아지자 은행과 은행권에 대한 보다 많은 정보가 필요해졌고 이에 대한 안내 책자까지 등장했다. 각 주는 은행권의 유통질서를 바로잡기 위해 감독을 강화했지만 수많은 은행을 제대로 관리하기는 어려웠다. 은행권의 유통질서를 잡는 데 큰 역할을 했던 미국은행의 부재는 이후 잦은 금융위기의 원인이 되었다. 1837년 금융위기를 시작으로 1847년, 1854년, 1873년, 1882년, 1893년, 1896년, 1902년, 1907년 등 거의 10년 주기로 금융위기가 발생했고 이 과정에서 수많은 은행이 파산했다.

링컨 암살의 배후는 정말 금융세력이었을까

그린백 발행과 자본주의의 발전

1861년에 발생한 미국 남북전쟁은 노예제도에 대한 이견 때문에 벌어진 미국 연방정부와 남부연맹 사이의 내전을 말한다. 전쟁 결과 노예제도가 폐지됨으로써 제2의 미국혁명이라 불리기도 한다.

어떤 학자들은 남북전쟁을 미국의 부르주아가 기존 귀족의 세력을 누르고 미국의 근대 공업화를 이룬 시민혁명으로 보기도 한다.[48] 북부의 부르주아 세력이 남부의 지주 세력에 승리함으로써 미국이 근대 공업국가로 변신했다는 말이다. 이에 따르면 남북전쟁은 영국과 프랑스의 근대 부르주아 혁명에 필적할 만한 것이었다. 비록 미국인들끼리 살육전이 벌어지면서 60만 명이 사망했다는 점에서 시민혁명 중 최악의 경우이긴 했지만, 결론적으로 보면 미국은 건국, 즉 식민지 독립 자체가 하나의 시민혁명이었고 그 후 남북전쟁으로 부르주아가 권력을 완전히 잡으면서 시민혁명이 완성된 것이다.

1860년 11월 노예제를 반대하는 공화당의 링컨이 대통령에 당선되자 남부에서는 사우스캐롤라이나주를 시작으로 연방을 탈퇴하는 주들이 생겨났다. 1861년 3월 링컨이 대통령에 취임하기까지 일곱 개 남부주가 연방을 탈퇴하여 남부연맹을 창설했고, 전쟁이 시작되자 네 개 주가 추가로 가입하여 남부연맹은 총 11개 주가 되었다.

전쟁 초기에는 로버트 리 사령관이 이끄는 남부군이 승기를 잡았다. 내전 중인 1863년 1월 연방대통령 에이브러햄 링컨이 노예해방령을 선포하면서 전쟁의 명분을 북군이 가져갔다. 그리고 그해 7월 펜실베니아주 게티즈버그 전투에서 북군이 남부군에 승리하면서 남북전쟁의 전세가 북부에 유리하게 돌아가기 시작했다. 11월 게티즈버그에서 전사한 군인들을 추념하는 기념식에 참석한 링컨 대통령은 전쟁의 목적이 미국 독립선언서에 명시된 평등의 이념을 실현하기 위한 것임을 분명히 밝히고 "국민의, 국민에 의한, 국민을 위한 정부of the people, by the people, for the people"를 세워야 한다는 명연설을 남긴다.

1864년 북부의 사령관으로 임명된 율리시스 그랜트 장군은 적극적인 공세로 남부군을 수세에 몰았다. 1865년 4월 9일 버지니아주 아포메톡스에서 리 장군의 지휘하에 있던 남부군은 그랜트 장군이 지휘하는 연방군에 항복했고 이어서 4월 26일 노스캐롤라이나주에서 남부군의 조셉 존스턴 장관이 연방군의 윌리엄 셔먼 장군에게 항복하면서 남북전쟁이 종식되었다.

노예해방 이면에 숨겨진 전쟁의 진짜 원인

남북전쟁의 표면적인 갈등은 노예제도에 대한 입장 차이였지만 실질적으로 더 심각한 문제는 관세에 관한 것이었다. 1812년 영국과 미국 간의 전쟁이 일어나면서 영국 상인들은 전쟁 중에 쌓아뒀던 엄청난 재고를 전쟁이 끝나자 미국 시장에 풀었다. 저렴하고 품질 좋은 영국산 제품이 들어오자 미국 산업계는 타격을 입었다. 미국 정부는 산업계도 보호하고 전쟁 채무도 상환하기 위해 높은 세율의 관세를 부과했다. 1820년 북부는 기존 관세의 기간 연장을 원했으나 남부의 지원이 없어 연장에 실패한다.

1824년 새로운 관세가 부과되었는데 이전에 5퍼센트에 불과하던 세율이 33퍼센트까지 인상되었고, 1828년에는 수입 품목의 대부분에 38퍼센트의 관세가 붙었다. 북부와 서부가 연합하여 법안을 밀어붙인 결과였다. 남부는 면화를 수출하고 대신 농기계 등을 수입해야 하는데, 제조업이 없어 대부분 영국산을 수입해서 쓰거나 아니면 질이 안 좋더라도 북부의 제품을 써야 했다. 돈이 모두 북부로 흘러가게 되어있었다.

더욱이 면화 가격이 반토막 나면서 남부의 경제 상황은 나빠졌고 사우스캐롤라이나주를 중심으로 연방을 분리하자는 이야기까지 나오고 있었다. 여기에 켄터키, 버지니아, 노스캐롤라이나 등 다른 주들도 가세하기 시작했다. 상황이 험악해지자 의회에서는 세율을 20퍼센트로 내리기로 합의한다. 그러나 1842년 보호주의 정책이 강화되면서 당초 합의와 달리 수입관세율이 40퍼센트까지 인상되었다. 남부는 격렬하게 저항했다.

이러한 갈등은 1844년 대선에서 제임스 포크가 대통령에 당선되어 관세를 25퍼센트의 표준세율로 통일하면서 봉합된다. 1850년대 미국 경제는 호황을 맞았고 관세도 15퍼센트에 불과해 남부 주들도 별 불만이 없었다. 그러나 1857년 불황으로 경제가 파탄이 나자 1860년 또다시 높은 세율의 관세가 의회를 통과했다. 이때 남부 주에서 나온 찬성표는 불과 한 표였다. 더구나 높은 관세를 옹호하는 링컨이 대통령에 당선되자 사우스캐롤라이나를 시작으로 남부의 주들이 연방에서 탈퇴하기 시작했다.

그렇다면 남북전쟁의 원인으로 관세가 아닌 노예 해방이 꼽힌 이유는 무엇일까? 다시 말해서, 남부연맹이 노예 해방에 반대한 이유는 무엇일까? 남북전쟁 직전인 1860년 미국의 지역별 농업생산성을 비교해 보면 노예 수가 압도적이던 남부가 북부보다 생산성이 무려 30~50퍼센트 높은 수준이었다. 그 이유는 남부 농장이 노예를 효율적으로 활용할 줄 알았기 때문이다. 농장주들은 노예라는 자원을 나이별, 성별로 배분하였을 뿐만 아니라 노동조직도 적절하게 설계했다. 조직을 구분하여 조직 간의 경쟁을 유발하게 했고, 결과에 따라 상벌을 했다. 백인보다 훨씬 생산성이 높은 흑인 노예를 거저 쓰다시피 하던 남부 농장주에게 노예 해방은 도저히 받아들일 수 없는 것이었다. 누구든 이유를 막론하고 내 주머니를 건드리는 것은 양보할 수 없는 일이다.

남부가 노예노동을 활용해 농업생산성을 향상시킨 반면, 북부에서는 전혀 다른 형태의 혁명이 진행되고 있었다. 산업혁명이었다. 미국 북부 기업가들은 세계 최고의 공산품을 만들어내고 있었다. 북부는 남부와 달리 흑인노예가 많이 필요하지 않았다. 19세기까지 약 1,000만 명의 아프리카인이 아메리카 대륙으로 건너왔다. 같은 기간 유럽의 이민자 수가 약 300만 명이었다고 하니 유럽 인구의 세 배 가까운 아프리카인이 신대륙으로 온 셈이다. 그럼에도 오늘날 미국에서는 흑인 인구가 전체의 10퍼센트에 미치지 못한다고 하는데, 그 이유는 미국 남부와 달리 북부에는 흑인노예 인구가 적었기 때문이다.

흑인들이 머나먼 아메리카 대륙으로 팔려온 것은 사탕수수 농장, 즉 설탕 때문이었지만, 북미는 겨울철 기온이 낮아 사탕수수 재배에 적합하지 않고 말라리아의 위험도 열대지방에 비해 낮기 때문에 일꾼으로 반드시 흑인을 고집할 이유는 없었다. 그래서 흑인뿐만 아니라 유럽의 다른 이민 계약노동자들이 싼 임금에 노동력을 제공했다. 이들은 계약기간이 끝나면 떠나서 새로운 농장을 가진 자영농으로 변신했고, 자신의 권익이 침해된다 싶으면 총을 들고 언제든지 나설 준비가 된 민주시민으로 성장했다. 북미 식민지 사람들이 영국으로부터 독립을 쟁취한 것도 이런 배경에서 이해되어야 할 것이다.

북부는 기술력 측면에서도 남부를 훨씬 앞서고 있었다. 1853년에 발생했던 크림전쟁의 승패를 가른 것은 총의 성능이었다. 러시아군이 머스킷총을 사용할 때 영국과 프랑스 연합군은 최신 라이플총을 보급받았다. 바로 미국 메사추세츠주의 민간기업들이 생산한 총이었다. 미국식 제조 시스템은 혁신의 혁신을 거듭했다.

북부는 제조업뿐만 아니라 수송 체계에서도 압도적인 우위를 가지고 있었다. 1830년에 볼티모어-오하이오 철도가 부설되는 등 거미줄 같은 철도망으로 연결되고 있었다. 북부의 발달한 제조업과 수송망은 전쟁에서도 유리하게 작용하였다.

그린백의 발행과 국립은행의 설립

남북전쟁 직전 미국의 재정 상황은 그다지 좋지 않았다. 재정 적자로 발행된 국채는 은행에 팔렸다가 다시 로스차일드와 베어링은행이 주도하는 런던 시장으로 되팔렸다. 미국 정부는 이들에게 상당한 이자를 지급하고 있었다. 남북전쟁이 터지자 영국의 국제금융가들은 링컨 대통령에게 자금 융자를 제안했는데 이자가 30퍼센트에 육박했다. 터무니없는 높은 금리에 링컨은 단칼에 거절한다.

그린백Greenback의 발행은 링컨의 이런 고민에서 나온 궁여지책이었다. 그린백은 연방정부가 발행한 최초의 지폐로, 정식 명칭은 연방노트United States Note였지만 뒷면이 녹색을 띠고 있다 하여 그린백으로 불렸다.

의회가 화폐 발행권을 가지고 있으니 재무부가 법정지폐를 발행하고 의회가 승인하면 되는 것이었다. 그러나 그린백의 발행은 의외로 큰 논란을 불러일으켰다. 미국 헌법은 주화의 주조만 규정하고 있을 뿐 지폐에 대해서는 별다른 규정을 하지 않았다. 지폐를 금교환증이나 예금교환증의 연장선상에서 민간이 언제든 발행할 수 있는 사적인 영역으로 보았기 때문이다.

그린백 발행이 합헌임을 주장하는 사람들은 명시적인 규정이 없으니 저촉되지 않는다는 입장이었고, 반대하는 사람들은 독립전쟁 때 발행된 컨티넨털 노트의 폐해를 생각하라는 입장이었다. 하지만 연방정부는 전쟁자금을 마련하기 위해 결국 1862년 2월 '법정통화법Legal Tender Act'을 제정하여 그린백을 발행한다. 2월에 바로 1억5,000만 달러의 그린백이 발행되었고, 세 차례에 걸쳐 총 4억5,000만 달러의 그린백을 발행했다. 이 그린백이 1990년대까지도 유통되었다니 놀랍다.

1863년 전쟁이 중요한 분기점에 이르자 연방정부는 추가 전쟁 자금이 필요했다. 중앙은행 설립은 불가능하니, 연방정부는 그 대안으로 전국 단위로 은행권을 발행할 수 있는 국립은행(전국은행)을 설립하고자 했다.

이 은행은 두 가지 면에서 연방정부의 자금 수요를 해결해줄 수 있었다. 하나는 그린백 발행이 부담인 상황에서 전국 단위로 쓸 수 있는 은행권을 발행함으로써 전비를 조달하게 하는 것이었다. 국립은행에 화폐 발행권을 주는 것이나 다름없었다. 주법은행들이 난립하면서 이들이 발행한 은행권에 대한 불신이 높아진 상황에서, 전국적으로 유통 가능한 믿을 수 있는 은행권을 발행할 수 있다는 것은 엄청난 이권이었다.

두 번째는 국채 인수 문제를 해결하는 것이다. 그 당시에는 연방정부가 전비 조달을 위해 국채를 발행한다 해도 누가 이길지 모르는 상황에서 국채를 사겠다는 사람은 없었다. 그래서 국립은행이 국채를 예치하도록 함으로써 해결하는 것이다.

연방정부는 1863년 '국립은행법The National Banking Act'을 제정하고 국립은행에 면허를 주었다. 또한 발권업무 등을 관리할 연방통화감독청OCC, The Office of the Comptroller of the Currency도 신설되었다. 연방은 주법은행의 은행권에 세금을 부과함으로써 우회적으로 국립은행에 특혜를 주었다. 그러자 국채를 사야 하는 부담이 있었음에도 국립은행을 설립하거나 주법은행을 국립은행으로 전환하려는 이들이 많았다. 1865년까지 1,500개의 국립은행이 등장했고 1870년에는 1,638개까지 늘어났다. 덕분에 연방정부는 쉽게 전쟁 국채를 매각할 수 있었다. 그러나 자유은행업 시대와 국립은행 시대를 거치면서 미국에는 은행이 폭발적으로 증가했고 그로 인해 대형 금융위기가 빈번하게 터지기도 했다.

링컨 암살을 둘러싼 음모론들

유럽 강대국과 국제금융세력들이 남북전쟁을 부추겼다는 주장도 있다.[49] 일리가 있는 이야기다. 미국이 점점 강해지는 것을 두려운 마음으로 바라보고 있던 유럽 국가들에게 남북 간의 분열은 반가운 소식이었을 것이다. 영국과 프랑스 등 유럽의 국가들은 남부를 지지했다. 미국이 독립한 후 영국의 방직산업가들과 미국 남부의 지주계급은 사업상 파트너로서 긴밀한 관계를 유지하고 있었기 때문이다. 그리고 국제금융자본은 로스차일드가가 나폴레옹전쟁에서 그랬듯이 남북 양쪽에 접촉하여 전쟁으로 인한 특수를 노리고 있었다.

남북전쟁이 발생하자 영국은 1861년 말 군대를 캐나다에 파병했고 1862년 영국, 프랑스, 에스파냐 연합군이 멕시코 항구에 상륙했다. 그러나 1863년 링컨이 노예해방 선언을 하자 유럽 국가들은 남부 지지를 철회했다. 사실 영국과 프랑스는 원래부터 남북전쟁 참전을 크게 반기지 않았다. 아프리카, 중동, 아시아 등의 식민지에 신경을 쓰느라 여력이 없었고, 특히 프랑스는 강력한 적수 프로이센이 비스마르크 재상의 부국강병 정책으로 점차 강해지는 상황에서 대규모 병력을 미국으로 빼는 건 너무 위험한 일이었다. 더군다나 북부의 국력이 이미 상당한 수준에 올라와 있다는 것도 유럽 국가들을 주저하게 만들었다. 북부는 전략도 좋았지만 운도 좋았다.

남북전쟁은 북부의 승리로 끝났지만, 전쟁이 끝나고 5일 후인 1865년 4월 14일 링컨 대통령은 포드극장에서 존 윌크스 부스에게 암살당한다. 부스는 배우 출신으로 남부동맹의 열렬한 지지자였는데, 링컨을 비롯한 주요 인사들을 암살하여 연방정부를 혼란에 빠뜨리려고 계획했다는 것이다.

이 암살의 배후에도 국제금융세력이 있었다는 의혹이 있다. 링컨은 로스차일드 등 국제금융가들에게 전쟁 자금을 빌리지 않았고, 최초의 법정 지폐인 그린백을 발행함으로써 금융가들에게 손실을 입혔다. 더욱이 남부동맹에 자금을 댔던 국제금융세력들은 빌려준 돈을 돌려받기 어려워진 상황이었다. 링컨이 암살된 후 그린백의 신규 발행이 금지되면서 이 주장의 개연성이 높아졌다. 물론 부스가 국제금융세력의 사주를 받았다는 증거는 어디에도 없지만, 링컨의 정책이 국제금융 세력에게 부담이었던 것은 사실인 듯하다.

남북전쟁 이후 미국의 대륙횡단철도가 개통되면서 미국의 산업화가 급속도로 진행되었다. 자본주의가 고도화되면서 미국의 경제구조가 재편되고 J. P. 모건이나 록펠러 등의 독점자본이 등장하기 시작했다. 19세기 말 자본이 충분히 축적되자 미국은 새로운 시장 개척을 위해 해외로 진출했다. 미국은 에스파냐와 전쟁을 일으켜서 에스파냐가 지배하고 있던 영토를 장악하면서 카리브해, 라틴아메리카, 필리핀, 괌 등 태평양 지역으로 진출했다. 미국이 세계의 패권국가로 부상하기 시작한 것이다.

『오즈의 마법사』에 담긴 금본위제 이야기

미국 금본위제의 정착 과정

1900년에 발표된 프랭크 바움의 동화 『오즈의 마법사Wizard of OZ』는 오늘날까지도 사랑받는 문학작품이다. 영화나 애니메이션으로 여러 차례 만들어졌으며, 특히 주인공 도로시 역의 주디 갈란드가 부른 노래 「오버 더 레인보우Over the Rainbow」는 많은 사람에게 사랑받고 있다. 브로드웨이 뮤지컬로 패러디된 작품 「위키드Wicked」 역시 인기가 많다.

그 내용은 다음과 같다. 캔자스주에 사는 도로시라는 여자아이가 토네이도에 휩쓸려서 '오즈'라는 나라의 동쪽 끝에 도착한다. 그곳을 다스리던 동쪽마녀가 도로시와 함께 불어닥친 토네이도 때문에 죽고, 도로시는 그 자리에 남겨진 마녀의 은색 구두를 신는다. 도로시는 집으로 돌아가기 위해 소원을 들어준다는 마법사가 산다는 에메랄드의 도시로 향하고, 길을 가다가 세 친구를 만난다. 따뜻한 마음을 갖고 싶은 양철 나무꾼, 지혜를 갖고 싶은 허수아비, 용기를 갖고 싶은 겁쟁이 사자였다.

이들은 다 함께 동쪽 끝에 사는 마법사를 찾아 노란 벽돌길을 따라 여행한다.

천신만고 끝에 마법사의 집에 도착하지만, 마법사는 못된 서쪽마녀를 물리치고 오면 소원을 들어준다고 한다. 도로시와 친구들이 서쪽마녀를 물리치고 돌아왔지만 알고 보니 마법사는 에메랄드로 만들어져 바깥세상이 파랗게 보이는 집에 갇혀 사는 무능한 존재였다. 마법사는 도로시가 신고 있는 은색 구두야말로 소원을 들어주는 마법의 물건이라고 알려준다. 그 말을 듣고 은색 구두를 서로 부딪치며 소원을 비는 순간 모두 소원을 이루고 도로시는 집으로 돌아온다.

어딘가 이상한 반쪽짜리 금본위제

이 소설의 원제는 『온스의 마법사Wizard of Ounce』였다고 한다. 온스는 파운드법에서 사용하는 질량 및 부피의 단위로 흔히 'oz'로 표시된다. 원래는 사우스다코타주의 신문 발행인이자 동화작가였던 프랭크 바움이 신문에 연재한 글인데, 이 동화가 당시 금은복본위제를 주장하는 대통령 후보 브라이언을 간접적으로 지원하기 위해 쓴 것이라는 점은 공공연히 알려진 사실이다. 즉, 『오즈의 마법사』는 금본위제를 금 · 은 본위제로 바꿀 것을 주장하는 동화라는 것이다.

당시 미국에서는 1792년 제정된 화폐주조법The Coinage Act에 의해 은화도 금화와 함께 법정화폐로 인정받고 있었다. 하지만 1851년 이후 러시아, 호주, 캘리포니아에서 대규모 금광이 발견되면서 금의 공급량이 늘어나자 금 가격은 하락하고 상대적으로 은의 가치가 올라갔다. 그러자 은화는 시장에서 자취를 감추게 되었다.

문제는 소액거래에 주로 사용되던 은화가 사라지면서 농민 등 소액거래에 의존하던 사람들이 화폐 부족에 시달리게 되었다는 점이다. 의회는 은화의 은 함량을 줄이면서 은이 사라지는 것을 막으려고 했으나 소용없었다. 그 와중에 남북전쟁의 전비 마련을 위해 발행된 그린백이 소액거래에 사용되면서 은화는 완전히 자취를 감추게 된다. 실질적인 금본위제가 시작된 것이다. 여기에다 세계 경제와 국제금융시장을 주도하는 영국이 금본위제를 시행하면서 미국의 은행가들도 세계적 추세에 동참하려 했다. 1873년 의회는 화폐주조법을 개정하여 은화 달러를 법정화폐에서 삭제하기에 이르렀다.

그런데 하필 이때 네브라스카주에서 은광이 발견된다. 은 가격이 반으로 떨어진 것이다. 이번에는 은화를 만들어 쓰는 것이 유리한 상황이 되었는데, 이미 1873년에 법이 개정되면서 은화 달러를 주조할 수 없게 되어버렸다. 그러자 농민들은 은화 달러를 법정화폐의 지위에서 삭제한 1873년 화폐주조법 개정을 '1873년의 범죄'라고 부르며 1대 16의 비율로 은화의 자유주조를 허락하라는 구호 아래 은화를 다시 법정화폐로 돌려달라는 시위를 시작했다. 그 당시 미국은 금의 부족으로 디플레이션에 시달렸는데, 금은복본위제로 돌아가서 1대 16으로 은화를 주조하면 은화의 액면가격이 실제 가격보다 높아진다. 그러면 은화가 시장에 대량으로 공급되고, 디플레이션에 시달리던 농민들을 구제할 수 있었기 때문이다.

하지만 때마침 1873년 공황이 발생했다. 필라델피아에 근거지를 둔 제이쿡컴퍼니가 파산한 것이다. 제이쿡컴퍼니는 남북전쟁 당시 국채 매각으로 큰돈을 벌었으나 전쟁 이후 철도건설에 투자했다가 철도 주식이 급락하면서 파산했다. 이 여파로 뉴욕 증시는 잠정적으로 문을 닫고, 전국적으로 100개가 넘는 철도회사들이 파산하면서 공황이 5~6년 동안 계속되었다.

공황이 발생하자 정부는 1875년 태환법Special Resumption Act을 통과시켜 그린백을 퇴출했다. 그나마 은화의 역할을 대체하던 그린백마저 퇴출당하자 농민과 도시노동자들은 또다시 반발했다. 이들은 그린백과 은화 달러를 대변하는 제3정당인 '그린백당'과 '인민당'을 만들어 20여 명의 하원의원을 배출했다.

이에 따라 의회는 1878년에 블랜드-앨리슨법Bland-Allison Act을 제정해 미국 재무부에 매월 은 200만~400만 달러 규모를 구매하여 은달러를 제조하라고 요구했다. 재무부는 금 증서와 함께 은 증서도 발행했고, 은 증서 1달러는 은화 1달러와 동등하게 유통되었다. 이어 1890년에는 셔먼법Sherman Silver Purchase Act을 제정해 은 구매 수량을 늘렸다. 이에 따라 금화 달러와 함께 '노먼달러'라고 하는 은달러가 유통되었다. 금본위제를 채택하기는 했지만 사실상 은달러도 사용하는 이런 상황을 사람들은 '절름발이 금본위제limping Standard'라고 불렀다.

최종 승자는 금본위제

은본위제를 복귀시키려는 이런 움직임은 미국에 투자하는 영국 등 외국 자본가들을 긴장시켰다. 이들은 가지고 있는 미국의 은행권을 금으로 태환하기 시작했고 그 결과 1893년 또다시 금융공황이 발생한다. 미국의 금보유고가 급격히 줄어들면서 금본위제 유지가 어려워지자, 1895년 당시 대통령이었던 클리블랜드는 J. P. 모건의 도움을 받아 위기를 모면했다. 그러나 이 사태는 오히려 모건에게 반감이 있던 사람들을 자극했고, 그들은 금본위제 대신 금은복본위제로 완전히 돌아가야 한다고 주장했다.

이들을 대변하면서 1896년 민주당 전당대회에 등장한 인물이 네브래스카의 젊은 하원의원 윌리엄 제닝스 브라이언이었다. 1896년의 대선은 은화의 자유주조를 외치는 민주당 후보 브라이언과 금본위제를 옹호하는 공화당 후보 매킨리의 승부였다. 재정금융 정책이 정면으로 충돌한, 역사상 유례를 찾기 어려운 '본위제 전쟁'이었다.

그리고 이때 브라이언을 돕기 위해 프랭크 바움이 쓴 동화가 앞에서 말한 『오즈의 마법사』였다. 정치적 해석은 이렇다. 주인공 도로시는 캔자스로 상징되는 미국 중부에 사는 시민을 상징한다. 도로시는 경기침체라는 토네이도에 휩쓸려 미국 동부(오즈의 동쪽, 월스트리트)로 날아간다. 그러나 이곳은 이미 경제가 파탄이 난 상황이었다. 그때 미국에서 은광(은색 구두)이 발견된다.

노란벽돌길(금본위제)을 따라가던 젊은이는 공장노동자(양철인형)와 농민(허수아비), 그리고 힘없는 정치인(사자)과 연대한다. 그들은 워싱턴 DC(에메랄드 도시)에 가서 클리블랜드 대통령(마법사)을 만나 부탁해 보기로 하지만, 대통령은 금본위제(노란벽돌길)와 금권정치(에메랄드성)로 인해 아무것도 할 수 없는 무능한 존재였다. 시민과 연대한 동료들은 맥킨리 후보(서쪽마녀)를 물리치고 돌아오지만, 그것만으로 해결되는 일은 없었다. 경제를 살리기 위한 해답은 은본위제(은색 구두)였으며, 은본위제를 시행하자 경제회복이라는 소원이 이뤄진다는 것이다.

바움의 이러한 노력에도 불구하고 선거는 공화당 매킨리의 승리로 끝나면서 1900년 금본위제법The Gold Standard Act이 제정되었다. 우연인지 운명인지, 그때쯤 새로운 금 채굴법이 개발되고 금 생산이 증가하면서 오히려 인플레이션이 발생했다. 그러자 더는 금은복본위제 부활을 외치는 목소리는 들리지 않았다.

19세기 말 미국에서 일어난 금본위제와 은본위제의 갈등은 단순한 화폐 정책의 차이를 넘어서 당시 미국 사회의 경제적 불평등, 정치적 분열, 그리고 사회적 이상에 대한 미국인 간의 시각차를 잘 보여준 사건이었다.

로스차일드의 진짜 재산 규모는 아무도 모른다

유대인 금융제국의 탄생과 성장

미국의 경제사에서 빼놓을 수 없는 것이 유대인, 특히 로스차일드 가문과 J. P. 모건이다. 역사적으로 유대인들은 그들의 경제활동 거점이 된 국가를 세계 최고로 끌어올렸는데 이는 미국도 예외가 아니었다.

독일 프랑크푸르트 게토 출신의 유대인 메이어 암셸 로스차일드가 국제금융업에 뛰어든 것은 18세기 말부터 19세기 초였다. 산업혁명이 시작되면서 국내적으로는 자본에 대한 수요가 증가했고, 국제적으로는 무역 증가에 따른 대금결제가 늘어나는 시기였다.

메이어 암셸은 10대 시절 유대계 은행에서 도제로 일하면서 다양한 유형의 금융업을 습득하고, 1764년 프랑크푸르트로 돌아와서 아버지가 하던 골동품 사업을 물려받아 오래된 동전古錢을 수집하는 부유층을 상대로 장사했다. 독일 내 공국들이 서로 다른 화폐를 쓰는 것에 착안하여 게토 안에 환전소를 열었고, 여기서 얻은 이익금으로 좀 더 진귀한 동전과 골동품을 수집했다. 우연한 기회에 헤센-카셀 공국의 빌헬름 공에게 동전과 골동품을 싸게 대주면서 인연을 맺기 시작한다. 빌헬름은 메이어의 능력을 인정하여 1769년 그를 헤센-카셀 공국의 궁정 상인으로 임명했다. 그 후 메이어는 특별허가를 받아 징세청부업을 하는 동시에 소규모 금융사업도 할 수 있었다. 그는 점점 상인으로서 명성을 얻어가기 시작했다.

메이어는 구텔레를 아내로 얻어 다섯 명의 아들과 다섯 명의 딸을 둔다. 게토 안에 있던 그들의 집에는 적색 방패 간판이 달려 있었는데 나중에 그들의 성이 된 로스차일드Rothschild는 바로 붉은 방패라는 뜻이다. 메이어는 아이들에게 유대인의 역사와 정신, 그리고 장사하는 법을 가르쳤다.

나폴레옹전쟁을 제대로 이용한 로스차일드

18세기 후반기 유럽에선 전쟁이 계속 일어났다. 당시 헤센-카셀 공국은 용병 사업으로 유럽 최고의 부자 나라가 되어있었다. 남부 독일의 용병은 용병기업에 소속된 전문 직업군인으로, 스위스 용병과 달리 경작할 땅이 없어서 전쟁이 끝나도 돌아가지 않고 끊임없이 전쟁터를 찾았다.

1775년 미국에서 독립전쟁이 발발하자 빌헬름 공은 300만 달러를 받기로 하고 영국 쪽에 용병을 파견했다. 그러나 영국에서 받은 어음을 현금화하는 데에 어려움을 겪었고, 메이어는 빌헬름의 어음을 현금으로 먼저 결제해 주었다. 그리고 이 어음으로는 자신이 사업상 맨체스터 섬유업체에 주어야 할 돈을 지급했다. 이런 식으로 빌헴름과 메이어는 은행에 부담해야 할 환전수수료를 절감했고, 이를 계기로 메이어는 국가

간 어음결제 업무를 본격적으로 시작하게 된다.

빌헬름은 1785년 헤센-카셀 공국의 왕위를 승계해 빌헬름 9세가 되었다. 그는 4,000만 달러라는 당대 최대의 유산을 상속받았고 메이어는 아들들을 시켜서 유럽 전역에 있는 빌헬름 9세의 채권을 처리했다. 1789년 메이어는 헤센-카셀 공국의 정식 금융업자로 지명되어 본격적으로 신용과 대부업무를 시작했고, 다섯 아들도 사업에 정식으로 합류했다. 메이어는 다섯 아들을 유럽 각국에 상주시키면서 대출과 어음결제 업무를 맡겼다. 첫째 아들 암셸은 프랑크푸르트에서 자기 사업을 이어받게 하고, 둘째 아들 살로몬은 빌헬름 9세의 재정자문관으로 보냈다가 나중에 국가 간 어음 업무가 중요해지자 빈으로 보냈다. 셋째 아들 나탄은 영국으로 보내고 넷째 칼은 나폴리로, 다섯째 제임스는 파리로 보냈다. 유럽 전역에 다국적 금융망을 만든 것이다. 이로써 로스차일드 가문은 글로벌 금융기업으로 재탄생하게 된다.

18세기 말 나폴레옹전쟁 시기에 메이어의 재산은 엄청나게 불어났다. 1806년 나폴레옹이 헤센-카셀 공국을 점령하자 빌헬름 9세는 처가인 덴마크로 피신하면서 자신의 재산 300만 탈레르를 메이어에게 맡겼다. 메이어는 이 재물을 그의 정원 한구석에 파묻고 자신의 재산인 4만 탈레르는 숨기지 않았다. 나폴레옹 군은 4만 탈레르만 압수한 채 돌아갔다. 이렇게 그는 자신의 재산을 걸고 빌헬름의 재산과 대외 차관장부를 지켜냈다. 전쟁이 끝나고 돌아온 빌헬름 9세가 자신의 재산을 모두 로스차일드에게 맡긴 것은 당연했다. 신용이 그들을 유럽의 최대 금융가로 성장하는 발판이 되어준 것이다.

19세기가 시작할 때쯤 로스차일드 가문은 프랑크푸르트에서 제일

가는 유대인 상인이 되었다. 그들의 정보망과 수송망은 전쟁에서 진가를 발휘했다. 영국은 1793년 프랑스에 전쟁을 선포했다. 영국 정부는 국채 발행을 통해 전비를 조달해야 했지만, 프랑스가 영국을 공격한다는 소문이 돌자 사람들은 은행에서 금을 회수하기 시작했다. 1797년 영란은행은 금 태환을 정지했고 이 조치는 1821년까지 이어졌다.

그 사이에 금 가격은 계속 올랐다. 영국에서 직물 무역업을 하던 셋째 아들 나탄(네이선)은 금융업의 이윤이 훨씬 많이 남는다는 사실을 알고 영국 정부가 전비 마련을 위해 2,000만 파운드의 국채를 팔 때 국채 사업에 뛰어든다. 1804년부터는 본사를 런던으로 옮기고 본격적으로 금융업을 시작했다.

1803년 나폴레옹은 전비 마련을 위해 미국에 루이지애나 땅을 팔고 금을 받았다. 1805년 프랑스와 반反프랑스 동맹의 전쟁이 시작되었다. 1806년 나폴레옹이 대륙봉쇄령을 내리자 싸고 질 좋은 영국산 제품이 수입되지 않으면서 유럽의 공산품 가격이 폭등했다. 그러나 나탄은 이미 멘체스터의 직물을 직거래하기 위한 밀수 루트를 가지고 있었다. 영국은 영국대로 무역 길이 막히면서 면포 가격이 싸진 상태였고, 나탄은 이것을 사서 프랑크푸르트로 보냈다.

나중에는 면포뿐만 아니라 양모, 담배, 설탕, 커피, 식료품 등의 상품은 물론 화폐까지 밀수했다. 에스파냐에서 전투를 치르고 있는 영국군에게 돈을 보내야 할 경우에는 먼저 파운드를 프랑스로 보내서 에스파냐 수표로 교환한 후, 에스파냐에 이 수표를 전달했다. 전시에는 금괴나 현지 통화만 사용했기 때문이다.

1806년 메이어는 런던에 있는 나탄에게 돈을 보내 영국 유가증권에 대한 투자를 일임한다. 그 당시 나탄은 영란은행의 대주주가 되어있었다. 나탄은 영란은행을 통해 반프랑스 동맹에 대규모로 자금을 지원해 준다. 그런 가운데 나폴레옹에게도 접근했다. 에스파냐 침공 자금을 대는 대신 에스파냐의 금을 갖겠다는 협약을 맺은 것이다. 전쟁 때 금은 가장 중요한 국제화폐였다. 1808년 나폴레옹이 에스파냐를 침공할 때 나탄은 파리로 가서 에스파냐의 금을 가져왔고, 1810년 로스차일드 가는 베어링 가를 제치고 런던거래소의 가장 큰 손이 되었다.

"로스차일드가 영국을 샀다"

1814년 1월, 영국 재무장관이 보낸 편지 한 장이 영국군 총사령관 웰링턴 장군에게 도착했다. 나탄을 영국 정부의 법정대리인으로 임명한다는 것이었다. 나탄의 임무는 유럽 대륙에서 금과 은을 최대한 많이 모아 웰링턴 장군에게 전달하는 것이었다. 파리의 금값이 런던보다 비쌀 때는 파리에 있는 다섯째 아들 제임스가 금을 팔아 환어음을 받은 뒤 이를 런던에 보냈다. 그러면 런던의 나탄이 이 환어음으로 더 많은 금을 사는 식이었다. 무위험 차익거래를 통한 환차익 실현이었다. 이제 유럽 금 유통은 대부분 로스차일드 가문의 영향력에 놓이게 되었다.

1815년 세계 역사의 운명을 결정할 워털루 전쟁이 벌어지고 있었다. 만일 나폴레옹이 승리하면 프랑스가 유럽을 제패하게 되며, 웰링턴 장군이 승리하면 영국이 패권을 장악하게 되는 형세였다. 이 전쟁의 승패를 남보다 먼저 알기 위해 로스차일드 가는 유럽 내 모든 정보망을 가동했다.

1815년 6월 18일 브뤼셀 근교의 워털루에서 나폴레옹이 영국군에게 패배했다. 그런데 이 소식은 영국 왕실보다 먼저 나탄에게 입수되었다. 나탄은 영국 국채를 내다 팔기 시작했다. 그것을 본 사람들은 모두 영국이 패배했다고 생각했고, 앞다투어 영국의 국채를 내다 팔았다. 국채와 주식 가격은 폭락하여 순식간에 액면가의 5퍼센트도 안 되는 휴짓조각이 됐다. 그러자 나탄은 채권과 주식을 닥치는 대로 사들였다. 다음 날 영국의 승리 소식이 제대로 전해지자 국채와 주식은 다시 천정부지로 뛰었다. 이날 영국의 수많은 명문 재산가들이 파산했지만, 나탄은 20배가 넘는 매매차익을 챙겼다.

1815년 나폴레옹전쟁이 끝난 직후 로스차일드 일가의 자산은 1억 3,000만 파운드에 이르렀고 그 가운데 나탄의 소유만 9,000만 파운드였다고 한다. 참고로 당시 영국 왕실의 재산이 500만 파운드였다. "로스차일드 가문이 영국을 샀다"는 말이 나올 정도였다. 전쟁이 끝나자 나탄은 영란은행 주식의 대부분을 사들였고, 영국 최고의 채권자로서 영란은행의 공채 발행을 주도하는 실권자로 등극했다. 영국의 화폐 발행과 금 가격을 포함한 중요 결정권이 로스차일드 가문의 수중으로 들어간 것이다.

히틀러의 부상과 제2차 세계대전의 발발은 로스차일드 가에 치명적이었다. 히틀러는 유대인인 로스차일드 가를 탄압했다. 히틀러의 직접 영향권에 있었던 빈의 로스차일드 가는 모든 재산을 몰수당한 채 추방되었고, 프랑스가 나치에 정복되자 프랑스 로스차일드도 같은 운명을 맞았다.

제2차 세계대전 이후 로스차일드 가는 전면에서 물러나 대리인이 회사를 운영하는 방식을 선택했다. 또한 가문의 막대한 부를 여러 형태로 전 세계에 분산시켰다. 미국으로 간 독일계 금융인들은 직간접적으로 로스차일드 가와 관련된 사람들이었고, 일부는 로스차일드 가의 대리인이었다. 골드만삭스 가문을 비롯해 금융에 밝았던 독일계 유대인들은 미국 건국 초기에 금융 및 재정 분야에서 자리를 잡았다. 그리고 오늘날에는 미국뿐만 아니라 전 세계의 금융을 장악하고 있다.

1967년에는 200년 이상 사용했던 '로스차일드상사'라는 상호를 '로스차일드은행'으로 바꾸었다. 현재 로스차일드 가문은 금융업을 기본으로 석유, 다이아몬드, 금, 레저, 와인 등의 분야에서 여전히 위력을 과시하고 있다. 샤토 무통 로쉴드Château Mouton-Rothschild나 샤토 라피트 로쉴드Château Lafite-Rothschild는 세계적으로 유명한 로스차일드의 와인이다. 오늘날 로스차일드 가문의 열 명이 표면적으로 소유한 자산은 약 15억 달러로 알려져 있다. 하지만 실제 자산이 얼마인지는 아무도 모른다. 이들의 국제적 명성과 신용은 여전히 위력을 발휘하고 있으며, 지금도 거대 유대계 자본의 배후에는 로스차일드 가문이 있다.

로스차일드를 등에 업은 J. P. 모건

뉴욕을 중심으로 미국 동부에 정착한 유대인들은 세계 각국의 유대인 커뮤니티를 파트너로 대규모 무역업을 주도하여 큰 자본을 축적했다. 맨해튼에는 월가를 중심으로 제조업과 무역업을 지원하기 위한 금융산업이 빠르게 성장했는데, 여기에서 큰 역할을 한 유대인 중 한 명이 J. P. 모건이었다.

모건 은행의 모태는 영국의 조지 피바디 주식회사이다. 피바디는 원래 미국 볼티모어에서 건제품을 취급하는 상인이었으나 돈이 어느 정도 모이자 1845년 영국 런던으로 가서 금융업에 진출했다. 나탄의 손자인 네이선 로스차일드 남작과의 만남은 그의 인생에 전환점이었다. 로스차일드 가문의 대리인이 되면서 피바디의 회사는 순식간에 런던 사교계의 중심이 되었다. 피바디의 파티에는 런던의 내로라 하는 귀족들과 부자들이 참석했다. 물론 모든 비용은 로스차일드가 댔다.

피바디는 1850년대 경제위기 때 미국의 철도 채권과 정부 채권에 투자했다가 큰 손실을 보고 파산 직전까지 몰렸지만, 로스차일드의 도움으로 영란은행으로부터 대출을 받아 재기에 성공한다. 이때 그가 가지고 있던 미국 채권들은 경기가 회복되면서 그를 엄청난 부자로 만들어 주었다. 1854년 작은 은행가에 불과하던 그는 6년 만에 굴지의 은행가로 변신했다.

슬하에 자식이 없던 피바디는 사업을 물려줄 후계자가 없었기 때문에 능력 있는 청년 주니어스 스펜서 모건을 영입하여 사업을 물려주었다. 주니어스는 회사 이름을 주니어스스펜서모건사社로 바꾸고 런던에서 금융업을 했다. 모건이 후계자였는지 동업자였는지, 또는 사업을 물려받은 것인지 인수한 것인지는 분명치 않다. 중요한 것은 그의 아들이 존 피어폰트 모건, 즉 J. P. 모건이라는 점이다. 아들 존은 미국, 스위스, 독일에서 교육을 받으면서 글로벌 인재로 성장했고 대학 졸업 후 뉴욕으로 돌아와 아버지 회사의 대리법인에서 근무했다. 주니어스는 아들이 금융계에서 일하는 데 필요한 교육과 실습을 시켰고 자본을 대주었다.

1861년 남북전쟁이 일어났을 때 존의 나이는 24세였다. 그는 남북전쟁 동안 북군이 폐기처분하는 칼빈소총을 뉴욕에서 싼값에 사들여 다시 남군에 파는 거래에 뒷돈을 댔다. 금을 매집해 가격을 올리기도 하고, 군수물자를 북군과 남군 양쪽에 조달하면서 돈을 벌었다. 전쟁 중에 투자은행인 제이피모건상사를 설립하고, 런던에 있는 부친의 은행에서 인수한 유럽의 채권과 증권을 뉴욕에서 판매했다. 전쟁이 끝나갈 무렵인 1864년, 그는 27세의 나이에 5만 달러에 이르는 세전 소득을 올릴 정도로 거부가 되었고, 월가에서 금융업자로 이름을 날리기 시작했다.

당시 존이 군수사업을 하면서 만난 군인이 프랑스계 유대인인 듀폰 대령이었다. 후일 듀폰 대령은 존의 지원으로 세계적인 군수화학업체인 듀폰사社의 창업주가 된다. 나중에는 제너럴모터스의 주식을 함께 공유하기도 하고 세계대전 때 존과 손잡고 대량의 무기를 공급하는 등 모건과 동반자 관계를 지속해 나간다.

1869년 모건은 런던에 건너가 로스차일드 가문을 만난다. 조지 피바디의 회사를 물려받은 모건 가는 로스차일드 가문과의 관계 역시 그대로 물려받았을 뿐 아니라 협력 관계를 더욱 돈독히 했다. 존은 로스차일드상사의 미국 지사 격인 노던증권을 설립함으로써 로스차일드 가문의 자금을 대규모로 활용할 기반을 구축하게 된다. 이를 계기로 모건은 거대 자본을 동원해 유망한 기업을 인수합병할 수 있었고, 로스차일드 가문에게는 공식적으로 미국에 투자할 길이 열렸다. 1869년 미국의 대륙횡단 철도가 완성되자, 모건이 설립한 노던증권은 로스차일드의 자금력을 활용해 이들 철도회사들의 지주회사가 된다.

또한 해외금융, 특히 해외채권에 눈을 돌렸다. 1868년 파리 증권사인 드렉셀아르제상사가 필라델피아에 설립되자 동업자가 되어 국공채 사업은 물론 철도건설, 광산 개발, 도시 부동산 등을 전문적으로 취급하며 업무 영역을 확장했다. 이렇게 뉴욕의 제이피모건, 필라델피아의 드렉셀, 런던의 모건-그렌펠, 파리의 모건-아르제컴퍼니, 독일과 미국의 바르부르크가 런던의 로스차일드와 연대를 맺었다.

1901년 모건이 카네기의 철강회사를 5억 달러에 인수함으로써 시가 10억 달러가 넘는 초대형 철강회사인 유에스스틸이 세워졌다. 이로써 모건은 세계 최고의 갑부가 된다. 또한 뉴욕증권거래소는 이 세기의 인수를 기점으로 런던증권거래소를 앞서가기 시작한다.

금융계 인사들, 모건의 서재에 감금되다

19세기 중반 이후 미국에서는 10년 주기로 금융위기가 터졌지만, 1907년의 금융위기는 특히 의미 있는 사건이다. 『화폐전쟁』은 금융위기가 탐욕스러운 금융가들의 음모와 획책에 의해 발생하는 양털깎기Fleecing of the Flock와 같은 것이라고 주장한다.[50] 양털이 자랄 때까지 기다려서 한 번에 양털을 수확하는 것처럼, 시장에 계속 돈을 풀며 자산 가격이 고점을 찍을 때까지 기다렸다가, 갑자기 금리를 올리거나 돈을 빼서 시장을 붕괴시킴으로써 돈을 번다는 것이다. 실제 로스차일드 가가 런던 시장에서 많이 썼던 방법이기도 하다.

중요한 것은 털을 깎는 시기를 아는 것은 금융시장을 움직이는 소수의 금융가문들뿐이라는 것이다. 그럴듯한 이야기이지만 정말인지는 의문이다. 다만 많은 정보를 가지고 있는 소수의 금융가문이 시장의 붕괴를 미리 감지하고 한발 먼저 움직였을 뿐이라 해도, 피해를 본 다수에게는 그렇게 비쳤을 수도 있겠다 싶다.

1906년 샌프란시스코 대지진이 일어나면서 금융시장이 불안해졌다. 첫 번째 위기는 하인즈 형제의 구리회사인 유나이티드코퍼가 파산

위기에 몰리면서 시작됐다. 이후 뉴욕에서 세 번째로 큰 신탁회사인 니커보커트러스트에 적신호가 켜졌다. 신탁회사들의 위기는 어찌 보면 예견된 것이었다. 남북전쟁 이후 급성장한 신탁회사들의 자산규모는 1907년 당시 은행과 비슷한 수준으로 성장했다.

신탁회사들은 은행보다 높은 금리를 제공하면서 수익성 확대를 위해 위험성이 높은 자산에 투자했고, 뉴욕은행 대출의 절반이 신탁회사로 흘러갔다. 하지만 그러면서도 규제의 사각지대에 놓여 있었다. 은행이 예금의 25퍼센트를 준비금으로 보유해야 했던 것과 달리 신탁회사들의 준비금은 5퍼센트에 불과했다. 신탁회사의 무리한 투자로 인해 금융시장이 과열되고 자산에 버블이 형성된 것이다.

니커보커트러스트가 파산할 것이라는 소문이 퍼지면서 예금이 순식간에 빠져나가는 뱅크런Bank-run이 일어났고, 이는 다른 신탁회사로 번졌다. 부도를 막기 위해 신탁회사들이 보유하고 있던 주식과 채권을 시장에 내놓으면서 자금이 급속히 경색되었다. 대출금리는 150퍼센트까지 치솟았고 주식거래는 중단되었다. 위기가 금융시장 전체로 확산하면서 전형적인 부채 디플레이션이 시작되었다.

이렇게 금융시장이 패닉 상태로 빠졌을 때 문제를 해결한 것이 J. P. 모건이었다. 뉴욕증권거래소장은 모건의 사무실로 찾아가서 오후까지 결제를 막지 못하면 50개의 기업이 파산할 것이라며 지원을 요청했다. 모건은 바로 금융인회의를 소집하여 긴급자금을 모은 뒤 10퍼센트 이자로 돈을 풀었다. 하지만 이렇게 모은 긴급 구조자금은 단 하루 만에 바닥이 났고, 금리가 다시 뛰면서 여덟 개의 은행과 신탁회사가 도산했다. 무어앤실리사社도 도산 위기에 처했다. 테네시석탄철강회사의 지분을 가지고 있는 큰 회사였다.

11월 2일 토요일, 모건은 특단의 조치를 취했다. 모건은 금융계 인사들을 자신의 서재로 초청했다. 위기 극복에 필요한 자금을 내놓으라고 강요하면서 액수가 채워질 때까지 아무도 그의 서재를 떠나지 못하게 한 것이다. 결국 새벽 4시에 2,500만 달러가 마련되어 급한 불을 껐다. 후일 사람들은 이 사건을 '서재 사건'이라고 불렀다.

모건이 서재 사건을 벌인 것은 테네시석탄철강회사를 인수하려는 의도였다는 주장도 있다.[51] 모건은 테네시주, 앨라배마주, 조지아주의 석탄과 철강 자원을 보유한 테네시회사를 자신의 회사인 유에스스틸에 합병하고 싶었지만, 루즈벨트의 반독점법 때문에 추진하지 못하고 있었다. 그 와중에 금융위기를 기회로 삼아 대통령을 설득하여 4,500만 달러라는 헐값에 테네시석탄철강회사를 인수하였다는 것이다.

진위가 무엇이었든 J. P. 모건에 의해 뉴욕의 금융 상황이 진정된 것은 사실이다. 그렇지만 뉴욕발 위기는 여전히 전국을 강타하고 있었다. 전국에서 뱅크런이 발생했고 주 정부는 은행 휴업을 선언했다. 1907년에서 1908년 사이에 미국의 국민총생산은 10퍼센트나 줄었고 실업률은 두 배로 뛰었다.

1907년의 금융위기는 중앙은행의 필요성을 강하게 인식시켰다. 과거와 달리 20세기로 들어서면서 금에 대한 선호보다 법정지폐에 대한 선호가 점차 강해지면서 미국 중앙은행의 설립은 점점 현실화되었다.

미국 중앙은행 이름이 '준비제도위원회'인 이유

연방준비제도의 설립

미국의 중앙은행인 연방준비제도의 설립은 1907년 금융위기와 관련되어 있다. 위기 직후 의회는 선물거래를 하는 청산소clearing house들이 위기 시 긴급통화로 사용될 증서를 발행할 수 있도록 조치했지만 근본적인 대책은 될 수 없었다. 금융위기에 대처하려면 1836년 미국은행이 문을 닫으면서 없어진 중앙은행을 다시 개설해야 한다는 목소리가 커지기 시작했다. 그 당시 금융계에 막강한 영향력을 행사하던 상원의원 넬슨 올드리치의 말은 이 같은 생각을 잘 나타내준다.

"선진국 치고 금융위기의 재앙을 막을 기관과 화폐금융 정책을 가지지 않은 나라는 없다. 은행 위기가 있을 때마다 언제나 J. P. 모건이 있는 것은 아니다."

1908년 의회는 올드리치를 위원장으로 국가통화금융위원회를 구성했다. 광범위한 조사활동을 시작했지만 의회 차원에서의 조치는 별다른 진전이 없었다. 이에 실망한 모건의 파트너 헨리 데이비슨은 중앙은행 설립을 위한 비밀회동을 하는데 이것이 1910년 11월 조지아주 제킬섬의 회동이었다. 모건 소유의 휴양지인 제킬섬에서 열린 이 모임에는 데이비슨과 올드리치를 비롯하여 모건의 또 다른 측근인 벤저민 스트롱, 뉴욕내셔널시티은행장 프랭크 벤더리프, 그리고 재무부 차관보였던 피아트 앤드류 등이 참가했고 논의 끝에 소위 '올드리치 플랜Aldrich Plan'이 만들어졌다.

올드리치 플랜은 전국준비금협회National Reserve Association를 만들어 여기에 은행과 대다수 금융회사를 회원으로 가입시킨 다음, 통화발행권과 정부 국고 업무를 담당하게 하자는 내용이었다. 사실상 전국의 청산소를 하나로 묶은 민간기구에 화폐 발행 등 중앙은행 기능을 주는 것이자, 한 마디로 월가의 이익을 대변하는 금융 조직을 만들자는 것이었다.

치열한 눈치작전 끝에 통과된 연방준비제도법

당시 미국의 대통령은 윌리엄 태프트로, 우리에게는 전임 대통령인 시어도어 루스벨트의 특사로서 일본이 조선을 식민지배하는 것을 묵인하는 '가쓰라-태프트 밀약'으로 알려진 인물이다. 태프트 대통령과 금융가들은 올드리치 플랜을 적극적으로 옹호했지만 당시 민주당이 주도하던 의회를 통과하지 못했다. 의원들은 월가의 권력이 한층 강화될 것이라 우려했다. 설상가상으로 1912년 의회는 푸조위원회를 만들어 모건을 조사했다. 금융위기가 중앙은행의 부재 때문이 아니라 모건을 비롯한 금융독점 재벌 때문이라고 판단한 것이다. 이로 인한 스트레스 때문인지 모건은 다음 해 3월 사망한다.

1912년 미국은 대통령 선거에 돌입했다. 올드리치 플랜을 비롯한 금융 개혁이 선거의 쟁점으로 등장했다. 민주당 후보 우드로 윌슨은 월가에 부정적이던 당시의 여론을 활용하기 위해 올드리치 플랜에 반대했다. 올드리치 플랜은 헌법상 정부에 귀속되는 화폐발행권을 민간 은행가들에게 내주는 것이라 강조하면서 태프트를 공격했다. 때마침 푸조 위원회가 월가의 투자은행들을 미국의 금융과 산업 발전을 막는 세력이라고 결론낸 상황이었다. 이때 시어도어 루스벨트가 제3당을 만들어 출마하면서 태프트와 루스벨트가 진흙탕 싸움을 벌인다. 그 덕분에 어부지리로 윌슨이 대통령에 당선된다.

윌슨의 당선으로 폐기될 처지에 놓였던 올드리치 플랜은 하원의 은행금융위원회 위원장으로 취임할 예정이던 카터 글래스 의원 덕분에 부활한다. 글래스는 올드리치 플랜의 수정을 전제로 윌슨의 동의를 구했고, 윌슨도 당선 이후 금융가의 협조가 절실했기 때문에 이를 수락한다. 수정안에서는 대통령이 임명하는 연준 이사회와 민간은행가들의 실질적 권력체인 뉴욕연방준비은행이사회라는 양대 권력을 절충시켜서 타협안이 마련된다. 오늘날 세계 경제에 막강한 영향력을 끼치고 있는 미국 연방준비제도Federal Reserve System는 이렇게 탄생했다. 중앙은행이면서 이름에 '은행'이 들어가지 않은 것은 금융권에 대한 국민의 반감을 의식했기 때문이다.

연방준비제도 안이 의회를 통과하는 과정은 매우 극적이었다. 1913년 6월 글래스 의원이 제안한 법안이 하원회의에 상정되어 9월에 통과되었고, 해당 법안은 글래스-오안 법안으로 바뀌어 상원에 상정되었다. 그러나 12월 20일까지도 상하 양원은 여러 가지 중요한 쟁점에 대해 의견 일치를 보지 못하고 있었다. 이대로라면 크리스마스 전에 이 법안을 통과시키기란 불가능할 게 뻔하므로, 법안에 반대하는 의원들은 크리스마스를 보내기 위해 워싱턴을 떠나고 없었다.

그러나 22일부터 이 법안은 속전속결로 처리되었다. 오후 4시에 연석회의를 열어 저녁 6시에 보고서가 채택되고, 7시 반에 글래스의 연설과 함께 토론이 이루어진다. 밤 11시 하원을 통과하고, 23일 상원을 통과하고, 그날 바로 윌슨 대통령이 정식으로 법안에 서명했다. 자칫 날치기 통과라는 비판을 받을 수 있었지만, 어쨌든 1913년 12월 23일 연방준비제도법Federal Reserve Act이 탄생했다. 이에 따라 연방준비은행이 정식으로 출범한 것은 1914년 11월 16일이었다.

이로써 영란은행과 유사한 시스템이 미국에서도 시행된다. 연방준비제도의 창설로 은행가들이 미국의 화폐 발행권을 장악하면서, 금융가들과 민선정부가 벌인 백여 년에 걸친 치열한 힘겨루기는 금융가들의 승리로 끝이 났다.

연준의 실질적 주인은 누구일까

연방준비제도법은 연준의 역할에 대해 탄력적 통화를 공급하고, 기업어음의 할인 수단을 제공하고, 효과적인 은행 감독 체계를 구축하는 것이라 규정하고 있다. 이때 탄력적 통화공급이란 위기 시 돈을 찍어 금융기관에 긴급자금을 지원할 수 있다는 의미다. 이전의 통화는 금화, 태환이 가능한 증서, 그리고 국립은행권으로 이루어졌다면 이제는 연방준비제도가 연방준비은행권인 달러를 공식적으로 찍어내게 된 것이다. 오늘날 우리가 말하는 미 달러, 즉 중앙은행이 찍어내는 독점적 지폐가 드디어

나온 것이다.

하지만 그 중앙은행의 구성원이 국제금융재벌들의 민간은행이라는 데서 여전히 많은 의혹이 제기되는 건 사실이다. 연준은 다른 나라의 중앙은행과 달리 12개 연방준비은행FRB의 연합체로, 정부로부터 독립적이고 분권화된 중앙은행을 설립하겠다던 원래의 의도는 외형상으로 일단 관철되었다.

그러나 정부가 임명한 연준의 이사는 보수나 대우 면에서 별로 좋지 않았다. 시간이 갈수록 연준 이사회의 역할은 유명무실해졌고, 권한의 대부분은 뉴욕연방준비은행 총재인 벤저민 스트롱이 행사했다.

이전에 설립되었다가 사라진 미국은행의 경우는 정부가 지분을 20퍼센트 가지고 있었지만, 연방준비은행은 민간이 100퍼센트 지분을 소유한다. 연방준비은행의 주축이었던 뉴욕연방준비은행 설립 당시에는 록펠러의 뉴욕내셔널씨티은행, 모건의 퍼스트내셔널은행, 파울 바르부르크의 뉴욕내셔널상업은행을 비롯한 여섯 개 은행이 전체 지분의 40퍼센트 이상을 가지고 있었다고 한다. 1983년 지분 조정을 거쳐 씨티은행 15퍼센트, 체이스맨해튼은행 14퍼센트, 모건신탁 9퍼센트, 하노버은행 7퍼센트, 케미컬은행 8퍼센트 등으로 줄어들긴 했지만 여전히 다섯 개 은행이 전체 지분의 53퍼센트를 가지고 있다. 다시 말해 연방준비은행의 주인은 세계 굴지의 국제금융재벌들이다.

당시에도 연방준비제도에 반대하는 의견이 적지 않았다. 찰스 린드버그 의원은 하원에서 "연방준비제도법은 지구상에서 가장 큰 신용을 부여받았다. 대통령이 법안에 서명하는 순간 금권이라는 보이지 않는 정부는 합법화될 것이다. 국민은 나중에 알게 될 것이다. 이 은행법의 통과는 우리 시대의 가장 악랄한 입법 범죄다. 양당의 지도자들이 밀실에서 담합하여 국민의 권리를 빼앗아 간 것이다"라고 말했다.

연준의 출범으로 국립은행법에 의해 설립된 연방통화감독청은 통화정책 역할을 연준에 넘기고 은행의 감시와 감독 기능만 수행했다. 연준이 생겼지만, 지방의 국립은행과 주법은행은 여전히 공존했다. 국립은행들은 당연히 연준의 의무 회원이었지만 주법은행들도 회원으로 가입하면 연준이 제공하는 혜택을 누릴 수 있었다. 연준이 할인 서비스를 제공하면서 은행인수어음이 거래되는 단기 금융시장이 발달했다. 은행인수어음이란 은행이 발행하는 단기어음으로, 원래는 만기가 정해져 있지만 그 전에 연준에서 할인받을 수 있기 때문에 단기 금융시장의 발달을 촉진한 것이다.

많은 사람은 연준의 설립으로 금융 혼란이 끝날 것이라 기대했고 윌슨을 연준의 설립자로, 글래스를 연준의 수호자로 치켜세웠다. 연준의 본부라 할 수 있는 워싱턴DC의 에클스빌딩 로비에는 윌슨과 글래스의 동상이 세워져 있는데, 특히 글래스 동상 밑에 새겨진 글은 인상적이다.

"연방준비제도법을 통해 우리는 위대하고 활력이 넘치는 은행 시스템을 구축했다. 이 시스템은 단지 주기적인 금융위기를 바로잡고 금융산업에 도움을 주려는 것뿐만 아니라 교역의 비전, 확장성 그리고 안전을 담보하며 국내는 물론 외국에서 산업의 가능성과 능력을 넓히는 데 기여할 것이다."

대영제국의 무게와 혁신의 종말

영국 산업의 쇠락과 후발국가의 부상

우리가 잠시 잊고 있었던 대영제국으로 돌아가보자. 1815년 워털루전투로 나폴레옹이 실각하고 빈 체제Wiener System가 성립된다. 빈 체제는 각국의 혁명과 나폴레옹전쟁으로 이어지는 자유주의와 민족주의 운동을 억압하고 절대왕정을 유지하기 위한 유럽 왕조들의 협력체제였다. 그 가운데에서 대영제국은 강력한 해군력을 바탕으로 유럽 내 힘의 균형을 유지하기 위한 외교적 노력을 계속했고, 경제도 계속 발전시켜 나갔다. 정치적으로는 대외팽창주의를 본격적으로 추구하기 시작한 영국의 제국주의 시대가 도래하였다.

그러나 19세기 후반 빈 체제에 의한 대륙 질서가 무너지면서 팍스 브리타니카 역시 약화하기 시작한다. 떠오르는 러시아와 크림전쟁으로 말미암은 오스만제국의 쇠퇴, 그리고 프로이센-프랑스 전쟁 이후 이탈리아와 독일 등 민족국가의 출현이 국제질서를 요동치게 만든 것이다.

여기에 독일과 미국 등 신생국들이 산업화에 박차를 가하면서 그동안 산업 분야에서 누려왔던 영국의 절대적인 우위는 점차 사라지게 된다.

독주하던 영국 산업이 여러 신흥국가의 도전을 받으며 쇠퇴 징조를 보이기 시작한 것은 1870년대부터였다. 기술이 확산 · 공유되면 후발 국가에서 경쟁적인 산업들과 기업들이 생기고, 저가 상품이 등장하기 마련이다. 이후 서서히 품질이 향상되면서 선진국의 상품에 도전한다. 그러다가 어느 날 선도국가가 후발국가의 제품을 모방하고 있다면 이미 선두의 자리를 내준 것이다. 바로 19세 말 영국의 자동차, 전기 · 화학 분야에서 이러한 현상이 나타났다.

영국이라는 증기기관차를 멈추게 한 걸림돌들

1865년 영국의 적기조례Red Flag Act는 정책 실패사례로 자주 인용된다. 자동차가 나오면서 마차 산업에 기득권을 가진 사람들이 의회를 설득하여 자동차 운행에 관한 규제를 만든 것이다.

구체적으로 살펴보면 자동차의 최고 속도는 교외에서 시속 6킬로미터, 시가지에서 시속 3킬로미터로 제한되었고, 한 대의 자동차에 운전사, 기관원, 기수 등 세 사람을 의무적으로 두어야 하며, 그중 기수는 붉은 깃발이나 붉은 등을 들고 자동차의 55미터 앞을 달리면서 다른 마차에 예고를 해야 한다. 이후 속도제한 등의 규제는 완화되었지만, 이런 규제로는 절대 자동차 산업을 발전시킬 수 없었다. 결국 영국은 독일과 미국에 자동차 산업을 내주게 된다.

조선업도 마찬가지였다. 제1차 세계대전 전에는 세계 선박의 60~80퍼센트를 영국에서 생산했고, 영국은 숙련 기술자들과 건조기술 덕분에 유럽뿐만 아니라 미국과 일본의 체계화된 건조방식과도 경쟁할 수 있었다. 하지만 영국의 장점은 점차 사라졌다. 증기기관과 석탄연료 기관에서의 성공이 석유와 디젤기관에서의 성공을 보장하는 것은 아니었다. 제1차 세계대전 이전부터 디젤이나 석유를 사용하는 동력선박들이 스칸디나비아 국가에서 개발되었고, 일괄작업 건조 방식은 수공업 방식을 대체했다. 목선이 철선으로 바뀌는 상황에서도 영국의 조선 목공들은 보일러 제조공들이 자신들의 노동 독점을 침해하는 것에 저항했고, 보일러 제조공들은 마찬가지로 공작기계의 도입에 저항했다. 기득권 유지를 위해 싸우는 동안 영국의 조선업은 경쟁력을 잃어갔다.

일반 제조업에서도 마찬가지였다. 발명과 기술혁신은 더디게 진행됐을 뿐 아니라 표준화의 실패도 심각했다. 전기 산업에서만 70여 종류의 발전소, 24가지 전압 기준, 10가지의 주파수가 존재했다. 제강 분야에서도 영국에는 122개 종류의 단면이 있었던 반면, 독일에는 34개 종류뿐이었다. 기계산업에서는 생산자와 소비자 사이에 상인층이 너무 많았고, 이들은 소비자와 생산자 사이에 장벽을 만들었다. 제조와 판매 간 수직적 통합이 이루어졌더라면 기계 사용자들의 요구가 제대로 반영되었을 것이고, 기술향상도 이뤄졌을 것이다.

자본주의 문제점도 속속 드러났다. 산업노동자들의 삶은 열악했고, 식민지 확대에 따른 부는 일부 계층에게만 집중되었다. 찰스 디킨스는 『올리버 트위스트』 등의 소설을 통해 영국 사회의 불평등과 산업화의 폐해를 비판했다. 칼 마르크스는 자본주의의 심장 런던에서 사회주의를 주창하는 『자본론』을 썼다. 케인스는 제1차 세계대전 이후 영국 경제가 동맥경화증에 걸렸다고 진단했다. 그는 금융의 중심이 런던에서 뉴욕으로 넘어가고 세계 경제가 미국 중심으로 바뀌는 것에 대해 개탄했다. 19세기 말 영국 경제는 활력을 잃어버렸다. 국가가 늙어버린 것이다.

영국 쇠퇴의 주요 요인을 정리해 보면 이미 쇠퇴한 다른 경제 강대국과 크게 다르지는 않다. 내부적으로는 기득권의 만연, 그로 인한 혁신과 도전정신의 후퇴, 표준화의 실패, 금융산업으로의 지나친 쏠림 현상, 노동조합의 득세 등을 들 수 있겠다. 하지만 외부적으로는 미국과 독일 등 신흥 강국들의 도전도 무시할 수 없는 요인이었다. 내부적인 면과 대외적인 면이 복합적으로 작용하면서 영국의 쇠퇴를 앞당겼다.

합스부르크에서 비스마르크로, 독일의 통일과 발전

19세기 후반에 이르면 미국과 함께 신흥국인 독일이 부상한다. 독일은 과거 중세시대 성립한 신성로마제국의 핵심으로, 15세기 이후 합스부르크 가문과 16세기 카를 5세 시대에 전성기를 맞이하여 에스파냐와 네덜란드를 포함하는 대제국으로서의 모습을 갖춘 바 있다. 그러나 17세기에 가톨릭과 개신교 사이에 벌어진 '30년전쟁'에서 패하면서 합스부르크 가문은 본거지인 오스트리아로 후퇴하고, 신성로마제국이 아닌 오스트리아 제국으로 불리게 된다.

30년전쟁 이후 호엔촐레른 가문이 이끄는 프로이센공국이 부상했다. 프로이센은 발트해 교역권에 있는 교통의 요지였는데, 경제발전과 동시에 꾸준히 군사력을 키우면서 점차 다른 독일 지역을 압도해 나갔다. 그 당시는 유럽 내륙에도 화폐경제가 발달하면서 연안 지역의 경제성장이 내륙으로 확산하는 상황이었다. 상공업자, 즉 부르주아가 자리를 잡으면서 산업자본이 축적되었다. 이들은 영리 추구와 재산 축적을 긍정하는 칼뱅파를 믿었다. 가톨릭 국가인 프랑스의 탄압을 피해 온 위그노 상공업자들도 프로이센에 대거 합류했다. 프로이센은 이들을 적극적으로 받아들여 국가 발전의 주도 세력으로 활용했다. 이때부터 프로이센의 인구는 급증했고 베를린을 중심으로 각지의 상공업 도시가 융성하고 발전했다.

프로이센은 1701년 등극한 프리드리히 1세부터 프리드리히 빌헬름 1세를 거쳐 프리드리히 2세 때 비약적으로 성장하기 시작했다. 프리드리히 2세가 오스트리아와 벌인 왕위계승 전쟁(1740~1748)과 7년전쟁(1756~1763)은 프로이센의 힘을 세상에 알리는 사건이었다.

프로이센은 융커Junker라고 불리는 대지주들이 대규모농장을 경영하면서 프랑스, 러시아 등 비옥한 농업국과 경쟁했다. 융커 중에서 상공업에 뛰어들어 부르주아가 되는 사람들이 많았고, 18세기 후반에는 지주층 대부분이 어떤 형태든 상공업 경영에 투자하고 있었다. 그래서 무기와 탄약 생산, 탄광과 철광 등의 공업이 번창했다. 19세기에 들어서자 프로이센은 영국에서 발명된 증기기관과 제철법 등을 받아들여 생산의 기계화, 공장의 대규모화를 추진했다. 프로이센의 기술자들은 영국의 발명품을 가장 많이 도용했는데 도용한 기술을 바탕으로 독자적인 개량을 거듭하여 공장설비와 시설을 진보시켰다.

나폴레옹전쟁의 여파에서 벗어나면서 프로이센의 근대공업화는 계속된다. 1830년대 프리드리히 빌헬름 3세 때 산업혁명이 본격화되면서 그 여파가 주변의 작센, 하노버공국에도 미쳤다. 그에 따라 1834년 독일 공국들 사이에 관세동맹이 체결되고, 경제적 통일을 이루게 되었다.

이제 독일인들 사이에는 경제적 통일에 더해 정치적 통일을 이루려는 열망이 생겼다. 1848년 프리드리히 빌헬름 4세 때는 지식인들이 프랑크푸르트에 모여 독일 통일의 리더를 프로이센으로 하는 소독일주의를 택하느냐, 오스트리아를 리더로 하는 대독일주의를 택하느냐를 두고 논의했다. 소독일주의자들은 부르주아가 중심이 되어 프로이센 위주의 공업화를 추진해야 한다고 주장했고, 대독일주의자들은 독일 남부의 보수 귀족이 중심이 되어 합스부르크 및 오스트리아를 중심으로 통일하는 것을 지지했다.

결국 소독일주의와 대독일주의 사이의 합의는 실패했다. 남은 방법은 싸움으로 결정짓는 것이었다. 이때 등장한 사람이 '철의 재상' 비스마르크였다. 그는 프로이센의 군사력 강화, 군제 개편을 통해 독일 통일을 위한 전쟁을 준비했고, 1866년 오스트리아와 국내의 보수세력들을 굴복시켰다. 이 전쟁은 프로이센이 근대 독일로 발전하는 결정적인 계기가 되었다.

하지만 바이에른 등의 남부 독일은 나폴레옹 3세의 프랑스와 결탁하여 여전히 프로이센에 대항했다. 이렇게 바이에른의 배후에 있는 프랑스를 치려고 벌인 전쟁이 '보불전쟁'이라고도 불리는 프로이센-프랑스 전쟁이다. 알퐁스 도데의 단편소설 『마지막 수업』의 무대인 알자스-로렌 지방이 이때 독일로 넘어간다. 프로이센은 프랑스를 무찌르고 바이에른 등 남부 독일을 흡수하면서 1871년 독일 통일을 완수했다.

비스마르크가 독일을 통일한 방법은 그의 이미지인 철혈鐵血과는 달랐다. 프로이센에 대항한 귀족과 제후들을 무력으로 직접 제압하지 않고 배후에 있는 외국세력을 굴복시킴으로써 자연스럽게 그들을 복종시켰다. 독일인끼리의 내전을 피함으로써 통일 이후에도 내부 결속이 가능하도록 한 것이다. 이것은 비스마르크의 탁월한 평화주의 전략이었다. 북부 상공업 부르주아와 남부 귀족 간의 피비린내 나는 전쟁을 벌였던 미국과는 대조적이었다.

비스마르크는 산업육성 정책을 과감하게 시행했고, 세제와 재정 등 국가 제도를 정립하면서 경제가 급속히 성장했다. 19세기 말에 가까워지면서 독일의 경제력은 영국을 압도할 수준에 이르렀다. 세계 공업생산 점유율을 보면 1880년 이후 미국은 세계 1위로 부상했고, 1900년부터는 독일이 영국을 꺾으며 세계 2위로 부상했다. 선진국인 영국과 프랑스로서는 후발 신생국인 독일의 부상이 달가웠을 리가 없다.

기득권에 안주하는 나라는 늙는다

너무 과다한 식민지와 제국 운영이 영국의 쇠퇴를 가져왔다는 시각도 있다. 제국의 운영과 방어, 유럽 밖에서의 사업에 몰두하느라 정작 국내산업이 무너지고 있는 것을 간과했고, 후발국 독일이 엄청난 속도로 발전하는 것도 알지 못했다. 국내산업에 쓰일 자본이 모두 외국으로 투자되는 바람에 침체한 국내산업이 부활할 기회를 놓쳤다. 실제로 영국에서는 국내 기업들이 런던에서 자금을 빌리는 데 어려움을 겪었다. 영국의 금융이 너무 돈만 추구하다가 정작 산업의 쇠퇴를 못 본 체했는지도 모른다.

영국은 18세기에 인도를 식민지화했고, 19세기에는 아프리카와 동남아시아도 식민지화했다. 이어서 1842년 아편전쟁으로 중국을 굴복시킨 뒤 홍콩과 상하이 지역을 반식민지로 지배했다. 19세기에 아시아와 아프리카에 진출하여 경쟁을 벌인 프랑스와 함께, 영국은 식민지로부터 목화와 같은 원료를 공급받아 이를 공산품으로 가공한 후 다시 식민지로 수출하여 이익을 얻는 국제 분업체제를 유지하고 있었다. 선진국들 간의 교역보다는 식민지와의 교역에 더 의지하였다.

그러나 신생국가 독일은 달랐다. 식민지 획득 경쟁에서 뒤쳐진 독일은 아프리카 등에 약간의 식민지만을 가졌을 뿐이고, 아프리카는 소득수준도 높지 않았기 때문에 그 시장에 의존할 수도 없었다. 그러나 이것이 오히려 독일에 득이 되었다고 말하는 학자도 있다.[52] 식민지 대신 국내의 중공업 발전에 총력을 기울인 덕분에 단기간에 도약할 수 있었다는 것이다.

독일은 선진국에 기계와 장비를 팔았다. 철강, 전기, 화학 등의 중공업 분야가 급속도로 발전한 이유다. 영국과 프랑스는 식민지에서 얻은 이익으로 독일의 중공업 제품을 대량 구매해서 기반시설과 기계설비 등 산업 인프라를 깔았다. 중공업이라는 가장 수익률 높은 산업을 독일이 장악한 것이다. 영국과 프랑스가 과거의 경공업 비즈니스 모델에 매달려있는 동안 독일은 새로운 산업 프레임을 만들고 장악해 나갔다. 게다가 선진국들이 투자한 식민지들도 경제성장이 어느 정도 궤도에 오르자 철도와 같은 중공업 수요가 생겼고, 경쟁력 높은 독일이 이러한 사업권을 따냄으로써 승승장구했다.

독일과 미국의 거대기업들이 철강, 전기, 화학 분야에서 약진하고 있을 때, 영국은 중소기업이 난립했고 산업구조의 개편도 지지부진해서 효율적인 설비투자가 이루어지지 않았다. 한때 산업혁명을 이끌었던 영국의 공장설비와 기계는 이미 구식이 되어버렸다. 식민지 시장과 금융산업에 집중하느라 국내산업에 대한 재투자가 이루어지지 않았고, 기업주들은 각종 이권단체를 만들어 자신들의 기득권을 유지하는 데에만 집중했다. 근세의 상인 · 수공업 단체인 길드가 네덜란드 발전에 걸림돌이 되었던 역사가 이번에는 영국에서 반복되고 있었다.

영국은 19세기 후반에 들어서면서 출산율도 낮아졌다. 생산성의 기본인 값싼 노동력이 잘 공급되지 않았다. 그동안 영국 산업에 돈을 댔던 영국의 자본은 이제 수익이 높은 미국, 독일의 신흥국가나 식민지에 집중적으로 투자하기 시작했다. 과거 네덜란드처럼 산업의 나라에서 금융의 나라로 바뀐 것이다. 19세기 말부터 제1차 세계대전까지 영국은 완만한 팽창 국면을 나타냈다.[53] 영국의 성장 동력으로는 자본 수출과 기업의 수출 수요를 들었고, 성장의 장애 요인으로는 전문화된 소규모의 기업 단위, 기술 능력의 부족, 기업가층의 노화를 들고 있다. 이렇듯 과거의 혁신적이고 도전적이었던 영국의 모습을 19세기 말에는 더 이상 찾아볼 수 없었다.

영국의 경우는 국내자본이 높은 수익을 실현하기 위해 국내산업이 아닌 해외 식민지로 흘러갔다. 이는 장기적으로 국내의 산업 기반을 약화시키면서 영국 경제에 독이 되었다. 반면 식민지 개척에 뒤진 미국과 독일 등 후발주자들은 자국 내 산업 발전에 자본을 집중했고 이로 인해 폭발적인 경제 성장을 이뤄낸다. 이렇듯 금융자본의 국제적 이동이 국내산업 발전에 미치는 영향은 양날의 검이라 할 수 있다. 영국의 쇠퇴는 경제적 우선순위와 자본의 흐름이 어떻게 국가의 운명에 영향을 주는지를 잘 보여주는 사례다.

제6장

현대 편

"The lesson of history is that you do not get a sustained economic recovery as long as the financial system is in crisis."

"금융시스템이 위기에 처해 있는 한
지속적인 경제 회복을 이룰 수 없다는 것이 역사의 교훈이다."

– 벤 버냉키 Ben Bernanke

✣ HISTORY ON THE MONEY-PERSPECTIVE ✣

20세기에 들어 세계는 혼란 그 자체였다.
후발국 독일의 대외확장이 선진국을 자극했고,
유럽은 두 개의 진영으로 나뉘어 화약고 그 자체가 되었다.
1914년 6월에 울린 사라예보의 총성은
화약고에 던져진 불씨였다.

제1차 세계대전의 상흔이 회복되기도 전에
세계대공황이 발발하며 세계 경제를 무너뜨렸다.
그리고 대공황을 끝낸 것은 역설적이게도 제2차 세계대전이었다.

금본위제의 중단, 브레턴우즈 체제의 출범과 끝,
달러의 독자생존을 선언한 닉슨쇼크까지
격변의 20세기를 거치면서 미국은 초강대국으로 거듭났고,
이제 세계 경제는 연방준비제도의 정책에 좌우된다.
그 과정에서 세계는 여러 번의 글로벌 금융위기를 거치며
끊임없이 금융시스템을 수정하고 보완해왔다.

과거에는 국가가 금융을 흔들었다면
이제는 금융이 국가를, 나아가 세계를 흔드는 시대다.
지금 이 순간에도 돈의 역사는
펄떡이고 꿈틀대며 끊임없이 새롭게 쓰여지고 있다.

제1차 세계대전의 최종 승자는 미국이다

전쟁 전후의 세계 정세

19세기 후반에 이르러서 신흥국인 미국과 독일 그리고 러시아가 부상한 반면, 영국의 경제패권은 흔들리고 있었다. 독일의 재상 비스마르크는 국내 산업이 성장하는 동안 뛰어난 외교술로 전쟁과 같은 돌발 변수가 일어나지 않도록 관리했다. 이웃 나라인 프랑스를 견제하기 위해 강대국 러시아와 동맹 관계를 맺는 등 위협 요소도 사전에 차단했다. 이러한 노력 속에서 독일은 쑥쑥 성장하면서 부국강병의 아이콘이 될 수 있었다.

그러나 문제는 다른 곳에서 생겼다. 비스마르크의 든든한 지원자였던 독일 황제 빌헬름 1세가 죽고, 1888년 손자인 빌헬름 2세가 즉위하면서 대외팽창 정책을 추진하기 시작한 것이다. 그는 국제평화 질서 속에 독일의 내실을 다져나가고 있던 비스마르크를 끌어내리고 3B 정책이라는 해외 진출정책을 실행했다. 베를린, 비잔티움, 바그다드에 진출해 서아시아 지배를 노린 것이다.

서아시아에서 이미 기득권을 가지고 있던 영국과 러시아가 가만히 있지 않았다. 영국은 카이로, 케이프타운, 캘커타(콜카타)를 잇는 3C 정책을 폈다. 오스트리아도 범汎게르만주의의 기치를 내걸고 발칸반도에서 러시아와 대립했다.

이런 상황에서 러시아는 1891년 독일과의 우호관계를 끊고, 보불전쟁으로 독일에 악감정을 가지고 있던 프랑스를 끌어들여 러시아-프랑스 동맹을 맺는다. 이로써 19세기 말 유럽에는 독일-오스트리아 진영과 프랑스-러시아 진영이라는 세력이 대립하게 된다.

영국은 그때까지만 해도 어느 쪽에도 가담하지 않고 있었다. 해가 지지 않는 제국을 이룩한 초강대국 영국이 가진 초연함과 여유로움이었는지도 모르겠다. 하지만 영국의 독자 전략은 오래가지 않았다. 영국이 처음 손을 잡은 상대는 메이지 유신을 거쳐 근대화에 매진한 일본이었다. 극동아시아에 진출하려는 러시아를 견제하기 위한 조치였다. 일본은 1895년 청일전쟁에서, 1905년 러일전쟁에서 승리했다. 그러면서 한편으로는 가쓰라-태프트 밀약으로 조선 지배에 대한 미국의 지지를 얻는 데에 성공하고, 급기야 1910년 조선을 병합했다. 그러고는 서서히 중국에 대한 야욕을 드러내고 있었다.

이때까지만 해도 많은 사람은 영국이 독일 진영에 합류할 것으로 생각했다. 동아시아에서 러시아의 야욕을 깨고, 아시아와 아프리카 식민지에서 경쟁하는 프랑스를 견제하기 위해서는 이것이 상식적이었기 때문이다. 처음에는 영국도 그럴 계획이었다. 그러나 영국 내에서 러시아와 프랑스보다 급성장하는 독일을 경계해야 한다는 목소리가 커지자 영국은 러시아-프랑스 진영에 가입하여 삼국협상을 맺게 된다. 이렇게 영국-프랑스-러시아의 연합이 형성되고 기존의 독일-오스트리아 · 헝가리-이탈리아의 삼국동맹에 맞서면서 유럽에는 전운이 감돌게 된다.

사라예보의 총성

언제 전쟁이 터질지 모르는 일촉즉발의 살얼음판 상황에서 1914년 6월 사라예보에 총성이 울렸다. 순방 중이던 오스트리아-헝가리 제국의 후계자 프란츠 페르디난트 부부가 세르비아 청년에게 살해된 것이다. 발칸반도에 대한 통제권을 강화하려던 오스트리아-헝가리 제국에 대한 민족주의 세력의 반발이었다. 그것이 제1차 세계대전의 시작이었다.

사라예보의 총성은 전쟁의 트리거가 되었을 뿐 실제 원인은 식민지에 대한 유럽 강국들의 야욕이었다. 영국과 프랑스 등의 선진국이 후발주자 독일에 대해 품은 경계심과 일등이 되고 싶은 독일의 야욕이 식민지를 두고 부딪힌 것이다. 그렇게 촉발된 유럽 열강들의 명분 없는 전쟁이 1차 세계대전이었다.

사라예보 사건이 터지고 한 달 만에 오스트리아는 러시아의 지원을 받던 세르비아에 선전포고를 한다. 동맹국인 독일이 오스트리아 편에, 연합국인 프랑스가 러시아 편에 섰고 영국이 연합국 편에 가담했다. 각 나라는 자국의 영광을 외치며 국민을 전쟁터로 내몰았다.

전쟁의 양상은 이전과 확연히 달랐다. 과학과 기술의 발달로 기관총, 비행기, 전차, 잠수함, 독가스 등 이전에 보지 못했던 파괴적인 최신식 살상 무기들이 등장했다. 전쟁 중인 1916년에 처음 만들어진 전차는 프로젝트의 기밀 유지를 위해 물을 운반하기 위한 탱크[tank]라고 불렀던 까닭에 오늘날까지도 그렇게 불리고 있다. 참호전도 처음으로 등장했다. 예전처럼 보병들이 열을 맞춰 전진했다가는 모두 전멸이었기 때문이다. 참호 속에서 대치하는 시간이 길어지면서 전선戰線이 고정되었고 전쟁은 장기전으로 빠져들었다. 독일과 프랑스가 맞선 서부전선의 마른 평원에서 벌어진 참호전은 5년 동안 계속되었다.

전투기의 발명으로 전선뿐만 아니라 모든 곳이 폭격의 대상이 되었다. 전후방을 가리지 않는 총력전이 전개된 것이다. 여성들은 군수품 생산에 동원되었고 식민지는 전쟁물자 조달을 위해 가혹한 수탈에 시달려야 했다. 전쟁이 장기화되면서 반정부 시위가 각국에서 일어났다. 1917년 러시아혁명이 일어나면서 러시아는 전쟁에서 빠졌고, 미국이 막강한 군사력으로 참전하자 독일은 서부전선에서 후퇴하기 시작했다. 결정적으로 1918년 킬 군항에서 독일 해군들이 폭동을 일으켰다. 독일 민중들이 합세하면서 황제 빌헬름 2세는 외국으로 도망갔고, 이어 세워진 독일의 바이마르 공화국은 그해 11월 항복했다.

미국은 왜 참전하게 되었을까? 사실 제1차 세계대전은 미국과는 전혀 관계없는 전쟁이었다. 미국은 드넓은 아메리카 대륙을 개척하기에도 바빠서 영국과 프랑스에 경제적인 지원만 하고 중립을 유지하려 노력했다. 하지만 독일이 멕시코와 동맹을 맺으려는 정보가 발각되면서 미국인들의 반反 독일 감정이 고조되었다.

그 와중에 1915년 영국 국적 여객선인 루시타니아호 격침 사건으로 128명의 미국인이 사망하면서 미국에서는 참전 찬성 여론이 확산되었다. 1917년 1월 독일이 무제한 잠수함 작전을 재개하자 미국은 민주주의와 국제 질서 유지, 독일의 침략 저지, 전쟁 종식을 명분으로 제1차 세계대전에 참전하게 되었다.

전쟁은 최고의 장사다

제1차 세계대전 동안 참전국들은 천문학적인 전비를 부담해야 했다. 전쟁 기간에 전 세계 GDP의 24%에 해당하는 금액이 소모되었으며 특히 영국은 38년치 국가 예산을 전쟁에 투입했다. 이러한 전비는 어떻게 조달했을까? 전비 조달 방식은 세금, 해외차입, 국내 국채 발행으로 나뉘었고 각국은 이 방법을 혼합해 사용했다.

영국은 전쟁 초기에 국채 발행으로 자금을 조달했으며, 영란은행은 국민이 국채를 구매할 수 있도록 통화량을 증가시켰다. 이 때문에 물가 상승과 경제적 피해가 발생했다. 영국 정부는 전쟁 채권 판매를 위해 대중의 여론을 선동하고, 영란은행은 정부가 발행한 국채를 인수하는 비밀 매입 작전을 펼쳤다. 이러한 방식은 전쟁자금 조달의 주요 수단으로 자리 잡았으며, 영란은행의 발권력을 이용한 자금 조달 방식은 이후에도 계속 이용되었다.

미국에서는 J. P. 모건이 영국 정부가 발행한 채권을 인수하고 판매하였다. 미국인들은 전쟁에서 영국과 프랑스가 이길 것이라 생각하고 기꺼이 두 나라의 전쟁 국채를 샀다. 1917년 미국의 참전으로 연방정부는 월스트리트에서 엄청난 규모의 자금을 조달해야 했으며, 이를 위해 일반 투자자를 대상으로 T-본드라 불리는 미국 정부 채권을 발행하였다.

미국의 막대한 자금이 유럽으로 흘러들어가기 시작했다. 전쟁 발발 직전까지만 해도 미국의 해외투자 금액은 35억 달러였던 반면 유럽이 미국에 투자한 금액은 72억 달러였다. 제1차 세계대전 이전까지 미국은 세계 최대 채무국 중 하나였지만, 종전 후 프랑스에 빌려준 96억 달러를 포함하여 126억 달러의 채권국으로 바뀌게 되었다.

미국의 돈이 전쟁에 사용되면서 전쟁의 양상이 바뀌었다. 돈은 전쟁을 더욱 격렬하고 참혹하게 만들었다. 후방에서 무기와 포탄을 만들어내는 현대화된 공장의 뒤에는 선진화된 금융수단과 금융기법이 있었다. 전쟁은 금융이 가장 좋아하는 호재다. 결국 영국과 프랑스는 미국이 사준 채권으로 어마어마한 전쟁 자금을 제공받았고 이 돈으로 강력한 독일 군대와의 전쟁을 끌고 나갔다. 이제 미국도 영국과 프랑스가 이기기를 바랐다. 연합군이 지면 영국과 프랑스의 전시채권은 휴짓조각이 되기 때문이다. 결국 그 바람대로 연합군이 승리했다. 제1차 세계대전으로 미국은 세계 최고의 경제대국으로 성장하게 된다. 결국 전쟁이 최고의 장사였던 셈이다.

제1차 세계대전은 세계 경제의 중심축을 영국에서 미국으로 이동시킨 전쟁이었다. 전쟁 과정에서 미국은 공장을 최대치로 가동하여 군수물자를 유럽에 수출하면서 세계 최대 채권국으로 급부상했다. 금의 대부분이 전쟁물자를 공급한 미국으로 이동했다.

전후 처리를 위한 파리강화회의

제1차 세계대전의 상처는 과거의 그 어느 전쟁과도 비교가 되지 않았다. 승전국, 패전국 할 것 없이 전쟁 이후 정치 · 경제적으로 어려운 상황에 빠졌다. 사망한 군인만 900만 명으로, 이전 100년간의 전쟁에서 사망한 560만보다 훨씬 많은 숫자였다. 민간인의 희생도 1,000만 명에 이르는 것으로 추정된다.

제1차 세계대전 후 파리강화회의가 개최되고 독일 등 패전국에 대한 처분이 결정되었다. 독일은 베르사유 조약을 통해 프랑스와의 국경지대인 알자스 로렌 지방을 다시 프랑스에 양도했고, 엄청난 금액의 전쟁배상금을 내놓아야 했으며, 여기에는 매년 5억 달러의 이자가 붙었다. 모든 해외 식민지도 포기했다. 오스트리아는 생제르맹 조약을 통해 헝가리와 분리되었고 체코슬로바키아, 유고슬라비아, 루마니아 등에 영토를 할양하면서 영향력이 크게 줄어들었다.

파리강화회의에서 미국의 윌슨 대통령은 '민족자결주의'와 '국제연맹'의 설립을 내세우면서 국제사회의 주도권을 쥐고자 했으나 성과를 거두지는 못했다. 우리나라에서는 일제로부터의 독립을 꿈꾸며 3.1운동이 일어났다. 1920년 미국의 제안대로 국제연맹이 발족하지만, 정작 미국은 의회의 반대로 가입하지 못한다. 영국과 프랑스는 국제연맹의 취지를 악용하여 국제연맹으로부터 위탁을 받았다면서 식민지 지배를 계속해 나갔다.

일본도 수혜자였다. 제1차 세계대전이 진행 중이던 1917년 일본은 중국에 대한 권리에 대해 미국과 합의하는 등 영국 및 미국과 협조 관계를 구축하고 외교적 지위를 안정시켰다. 그러나 제1차 세계대전 이후에는 러시아와 독일이 물러난 동아시아에서 세력을 확장하고자 중국 산둥성에 군대를 주둔시키는 등 점차 영국이나 미국과 대립하게 된다. 급기야 1921년 워싱턴 회의에서 일본은 미국을 비롯한 서구 열강의 견제를 받게 되었고 결국 1922년 산둥성에서 군대를 철수했다.

독일의 초인플레이션

패전국 독일의 상황은 최악이었다. 파리강화회의가 시작되고 2년이 지난 1921년 6월 런던회의에서 독일의 배상금액이 1,320억 금 마르크로 확정되었다. 아직 보불전쟁 패배에 대한 악감정이 남아있던 프랑스가 과다한 배상금을 물린 것이다. 물론 프랑스도 자국에서 전쟁이 벌어져 피해가 컸던데다 미국과 영국에게 갚아야 할 돈이 있으므로 나름 절박한 상황이기는 했다. 배상금액이 과다하게 결정되자 영국 대표단에서 물러난 케인스는 이후 발표한 책 『평화의 경제적 결과The Economic Consequences of the Peace』에서 독일에 대한 과도한 배상금이 후일 세계 경제에 큰 부담이 될 거라고 주장했다.

독일은 어쩔 수 없이 배상금에 동의했지만 사실상 갚기 어려운 과다한 금액이었다. 1,320억 금 마르크라는 금액은 그 당시 독일 GDP와 맞먹었다는 말도 있고 세 배라는 말도 있지만 어쨌든 엄청나게 큰 액수라는 것은 맞다. 매년 갚아야 하는 배상금 규모만 GDP의 10퍼센트였다. 이런 상황에서 독일 정부가 택할 수 있는 유일한 방법은 통화증발通貨增發, 즉 통화발행량 증가였다. 중앙은행에 금이 존재하지 않는데도 중앙은행권을 찍어내고 금으로 바꿔 전승국에 지급했던 것이다. 1921년에는 이런 방법이 먹혔다. 사람들이 정부가 무슨 짓을 하는지 몰랐던 데다가 가격이 매우 경직적이어서 바로 물가에 반영되지도 않았다. 임금은 매달 조정되는 것이 아니라 1년에 한 번 조정되었고 기업도 즉각적으로 변동사항을 가격에 반영하지 않았다.

그러나 사정에 밝은 금융가와 기업가들은 정부가 금도 없이 화폐를 발행한다는 것을 눈치채고 독일 마르크화를 파운드나 달러로 환전해서 해외에 예치하기 시작했다. 자본수지 적자가 커졌고, 마르크화 가치 하락은 가속화되었다. 환율인상에 따라 수입물가가 상승하고, 물가인상은 심해졌다. 한 달에 물가가 50퍼센트 이상 오르는 초인플레이션hyper-Inflation이 계속되었다. 초인플레이션이 나타났다는 것은 중앙은행권에 대한 신뢰가 완전히 무너졌다는 뜻이다. 지폐는 보유하고 있어 봐야 휴짓조각이 되니까 월급은 받는 즉시 현물로 바꾸었다. 물가가 1조 배 올랐다. 전쟁 후 1조 마르크가 전쟁 전의 1마르크와 가치가 같았다.

독일의 초인플레이션으로 인한 가장 큰 피해자는 독일 정부의 채권을 가지고 있던 사람들과 고정적인 연금 수입을 받아 생활하던 사람들이었다. 마르크로 발행된 주식, 채권, 그리고 연금 등이 모두 휴짓조각이 되었기 때문이다. 가격이 고정된 모든 자산의 가치가 거의 제로가 되면서 전쟁 이후 누적된 국내의 모든 부채는 청산되었다. 반면 토지나 공장 등 실물자산을 보유하면서 마르크화로 부채를 지고 있었던 기업가들은 모두 부자가 되었다. 결국 독일의 초인플레이션은 대다수 국민을 가난하게 만들면서 기업가들을 부자로 만들었다.

1923년 수상에 취임한 슈트레제만은 샤흐트를 통화 전담 장관으로 임명하고 새로운 지폐인 렌텐마르크Retnemark를 발행했다. 렌텐마르크에서 '렌텐'은 화폐에 대한 보증으로서의 수입이나 수익을 의미하며, 전통적 금이 아닌 독일의 토지와 부동산에 의해 가치가 보증되는 화폐였다. 샤흐트는 화폐의 신뢰를 높이기 위해 화폐 발행량을 철저하게 통제했다. 지방정부와 기업, 은행의 요구에도 굴하지 않고 화폐 발행한도를 지켰다. 독일의 초인플레이션은 잡히기 시작했다. 사람들은 이를 렌텐마르크의 기적이라고 불렀다.

1924년 이후 미국은 독일의 경제 재건을 위해 달러 자본을 독일에 대규모로 투입한다. 유럽 채권을 대량 보유한 미국의 월가는 유럽 경제가 혼란에 빠지는 것을 원치 않았다. 그래서 은행가이자 후일 부통령이 된 찰스 도스를 회장으로 하는 특별위원회를 만들어 독일에 대규모 자금을 투자했다. 독일은 이 돈으로 영국과 프랑스의 배상금을 갚고, 영국과 프랑스는 그 돈으로 미국에 진 채무를 상환했다. 결국 돈은 돌고 돌아 다시 미국으로 들어갔지만, 이로 인해 유럽 경제는 점차 정상을 되찾았고 미국 달러는 유럽 경제 속으로 파고들었다.

무너지는 파운드화, 떠오르는 달러화

금본위제 몰락과 금융패권의 변화

세상의 부를 다 거머쥐었지만, 아직 세계 정치를 선도할 준비가 전혀 안 된 미국은 국제연맹에 참가하지도 않았고 전시채권을 탕감해주지도 않았다. 오직 빌려준 돈을 받기 위해 영국과 프랑스를 압박할 뿐이었다. 영국과 프랑스는 전쟁배상금을 받아 그 돈을 미국에 갚는 수밖에 없었다. 『경제 강대국 흥망사』에서 킨들버거는 후일 대공황의 주요 원인으로 제1차 세계대전 이후 경제적 리더십의 부재, 즉 경제적 헤게모니를 가진 국가의 부재를 꼽았다.[54] 미국은 아직 세계 경제를 볼 수 있는 안목이 없었다.

미국은 전쟁 중에는 영국과 프랑스에 전쟁 자금을 빌려주었고, 전후에는 패전국인 독일의 재건을 위해 달러 자본을 빌려주었다. 독일은 재건을 진행하면서 영국과 프랑스에 배상금을 지급했고, 영국과 프랑스는 그 배상금으로 다시 미국에서 빌린 돈을 갚았다. 결국 미국으로 돈이 계속 들어왔고 이 돈이 시장에 풀렸다. 풀린 돈이 주식 시장과 부동산 시장으로 흘러가면서 주가와 부동산 가격이 비정상적으로 폭등했다. 미국의 경기는 과열되고 있었다. 돈이 넘쳐나서 금리는 낮았고 주식시장은 연일 활황이었다. 자산가격은 폭등했지만 실수요는 그에 따라가지 못했고 재고는 쌓여만 갔다. 곧 시장이 무너질 거라고는 아무도 예상하지 못했다. 1925년에 나온 스콧 피츠제럴드의 소설 『위대한 개츠비』는 당시의 미국을 잘 보여준다. 제1차 세계대전 이후 금주법이 시행되고 재즈가 유행하던 1920년대 뉴욕을 배경으로, 물질적으로는 풍요롭지만 도덕적, 윤리적으로는 타락한 미국 사회의 치부를 잘 보여준다.

유럽 국가들도 시대를 오판하기는 마찬가지였다. 그들은 유럽의 시대가 끝났다고 생각하지 않았고 여전히 미국을 한 단계 아래로 취급했다. 미국의 영향력이 커지는 것에 대해 저항하며 자신들의 우위와 역사적 위상을 지키려고 했다. 이러한 오판과 불균형은 또 다른 혼란과 전쟁을 불러일으키게 된다.

처칠, 케인스의 경고를 무시하다

제1차 세계대전 발발로 금본위제는 무너졌다. 금본위제가 유지되기 위한 두 가지 선결 조건인 '통화 가치의 안정'과 '금의 자유로운 유출입'이 무너졌기 때문이다. 송인창 외 6인의 저서 『화폐 이야기』는 제1차 세계대전 이후 금본위제의 상황에 대해 자세히 설명해 준다.[55]

영국은 전비 마련을 위해 전쟁 중에 파운드화 지폐를 남발했고, 가치가 떨어진 파운드화를 사람들이 대량 매각할 것을 우려해 파운드화의 금 태환을 중지했다. 금본위제가 중지되면서 이를 기반으로 했던 파운드화의 기축통화로서의 지위도 무너졌다. 전쟁이 끝난 후에도 당장 금본위제로의 복귀는 어려웠고 환율은 요동치기 시작했다. 영국은 승전국이었지만 기쁨도 잠시, 전쟁으로 무너진 산업 기반과 급감한 무역, 넘치는 실업자 등 산적한 문제를 해결해야 했다.

금본위제도가 무너지자 유럽 국가들은 두 가지 상황에 직면했다. 첫 번째는 참전국들의 통화 남발로 인한 인플레이션이었고, 두 번째는 투기성 국제자본의 등장이었다. 금본위제와 같이 통화 가치에 대한 암묵적 합의가 있다면 국제자본은 환율을 안정시키는 방향으로 이동하지만, 그렇지 않을 땐 변동을 확대하는 방향으로 움직여 쏠림현상이 나타나게 된다. 다시 말해서, 전후에 파운드화가 약세로 전환되고 금 태환까지 중단되니 서로 파운드를 내다 팔면서 낙폭이 더 커지게 된 것이다. 이런 상황에서 파운드화는 국제자본의 공격에 무방비로 노출되었다.

유럽 국가들은 금본위제로 복귀하면 인플레이션과 투기자본의 횡포에서 벗어날 것이라 믿었다. 그래서 전쟁이 끝난 후 독일과 오스트리아를 시작으로 호주, 남아프리카공화국 등 영연방 국가들이 금본위제로 복귀하기 시작했다. 영국에게 금본위제 복귀는 자존심의 문제였다. 전쟁의 상처를 극복하고 신뢰를 회복하는 지표가 바로 금본위제 복귀라고 생각했기 때문이다.

1925년 영국은 금본위제 복귀를 강행했다. 전쟁 전과 똑같은 교환비율로 파운드화의 금 태환을 선언한 것이다. 국내 경제여건은 전혀 고려치 않은 완전한 자충수自充手였다. 영국이 전쟁을 치르는 동안 금은 다 빠져나갔고 남아메리카 시장은 미국에, 아시아 시장은 일본에 잠식당하고 있었다. 국내 실업도 심각했다. 이런 상황에서 금과 파운드의 교환비율을 전쟁 전과 같이 유지하려면 금을 유입시켜야 하고, 그러려면 파운드의 가치를 올리거나 이자율을 올려야 하는데, 어떻게 하든 경기침체가 올 것은 뻔한 일이었다. 경제학자 케인스는 "금은 야만적 유산에 불과하다"며, 파운드화의 가치가 전쟁 이전 가치로 회귀할 경우 파운드화가 10퍼센트 이상 과대평가되어 무역수지에 악영향을 미치고 실업도 확대될 것이라고 경고했다. 그리고 금본위제 복귀 이후 실제로 영국의 산업이 침체되고 경제가 불황에 빠지면서 케인스의 경고는 현실이 되었다.

금본위제의 복귀를 주도한 사람은 당시 재무부 장관이던 윈스턴 처칠이다. 케인스의 경고에도 불구하고 처칠은 영국이 화폐 가치의 수호자로서 평판을 지켜야 한다고 생각했다. 만약 평판을 잃는다면 자본이 런던을 떠나 뉴욕 등으로 이동할 것이고 그러면 런던은 국제금융 중심지로서 지위를 상실할 것이기 때문이다. 처칠을 중심으로 한 보수당 의원들은 금융업을 보호하는 데 우선순위를 두고 강한 파운드를 선택했다.

일단 금본위제로 복귀하기는 했지만, 시간이 지나면서 예전과 같은 방식으로는 운영될 수 없다는 점이 분명해졌다. 고평가된 파운드화는 무역수지의 악화와 국제자본의 환투기 공격에 직면했다. 영국 정부는 빠져나가는 금을 붙잡고 파운드화의 가치를 지키기 위해 이자율을 계속 상향 조정해야 했다. 이자율의 상승은 국내 경기를 더 위축시켰고 이는 불황의 악순환을 가져왔다.

다른 나라와의 협조도 예전 같지 않았다. 신흥강국으로 부상한 미국은 국제적 지배력이 약해진 영국과 국제 금융시장에서 경쟁하기 시작했다. 영국이 중앙은행 간의 협력을 통해 화폐 가치를 안정시키고자 1922년 제노바 회의를 개최했을 때 미국은 불참했다. 이후 영란은행이 중심이 되어 중앙은행 협의체를 구성하려고 했을 때도 미국은 그 필요성을 정면으로 비판하고 나섰다. 세계 최대 금 보유국인 미국이 빠진 중앙은행 간의 협력은 '앙꼬 없는 찐빵'이나 다름없었다.

1920년 후반부터는 프랑스와 독일도 대규모 국제수지 흑자를 기록하며 금 보유를 늘려나갔다. 프랑스는 외환시장에 개입해 프랑화의 가치를 절하시켜 수출경쟁력을 높였고, 금뿐만 아니라 파운드도 상당히 보유하게 되었다. 전쟁 이후 미국의 지원으로 급속한 경제발전을 이룬 독일도 파운드를 대량 축적했다. 이 두 나라는 영국이 금융패권을 다시 잡으려 하자 파운드화를 대거 매도하면서 파운드화의 위기를 부채질했다.

무너지는 파운드화, 기울어지는 대영제국

영국의 국내 상황도 달라졌다. 귀족들과 용병들 중심으로 참전하던 이전의 전쟁과 달리 제1차 세계대전에는 일반 국민까지 모두 전쟁에 동원되었고 이로 인해 국민의 목소리, 특히 노동자들의 목소리가 높아졌다. 투표권이 확대되면서 정치인들의 최우선 과제는 실업 문제 해결이 되었다.

정치인들은 국제수지의 불균형을 해소하기 위해 자국의 물가가 다른 나라보다 낮아지게 하는 디플레이션 정책을 추진할 수 있다. 이렇게 함으로써 수출이 늘어나게 하는 것이다. 하지만 이는 물가 하락으로 인해 국내 경제를 위험에 빠트리게 되므로 정치인들에게는 위험한 정책이었다. 채무가 증가하고 실업자도 증가하는 정책을 국민이 받아들일 리 없다. 그래서 이미 프랑스 등 많은 서구 국가들은 디플레이션 정책보다 자국 화폐를 평가절하하는 것이 국제수지를 개선하는 가장 효과적인 방법이라는 것을 깨닫기 시작했다.

일시적으로 부활한 금본위제를 완전히 무너뜨린 것은 1929년 세계 대공황이었다. 많은 국가가 당장의 금융위기를 해결하기 위해 유동성을 대폭 늘렸다. 오스트리아를 시작으로 유럽 통화들의 평가절하가 시작되었다. 이미 고평가된 환율을 유지하던 영국은 이자율을 계속 올려 금 유입을 시도했으나, 그로 인해 실업률은 20퍼센트까지 육박했고 국제자본들은 파운드화를 대거 투매했다. 영란은행은 결국 1931년 9월 파운드의 금 태환을 중단했고, 파운드화는 3개월 만에 30퍼센트 이상 평가절하되는 굴욕을 겪어야만 했다. 이제 누구도 파운드화를 기축통화로 보지 않았다.

1931년 금본위제를 포기하고 파운드화를 평가절하함에 따라 영국은 금융패권을 상실했다. 이후 벌어진 제2차 세계대전은 파운드화의 몰락을 부추겼다. 전쟁으로 인해 영국의 국내 경제는 더 어려워졌고, 영국의 힘이 약해지자 식민지들은 하나둘씩 독립했다. 대영제국은 기울어갔다. 파운드화도 대영제국과 운명을 같이 했다. 대신 미국 달러가 새로운 국제 기축통화로 부상하게 되었다. 그리고 몰락한 금본위제는 제2차 세계대전이 끝나가던 1944년에 미국에 의해 금환본위제로 부활한다. 브레턴우즈 체제가 탄생한 것이다.

시장이 붕괴하는데 유동성을 묶어버린 연준

세계대공황과 정책 실패

1929년 세계대공황The Great Recession은 이전에 전혀 경험하지 못한 수준의 경기침체였다. '검은 목요일Black Thursday'이라고 불리는 1929년 10월 24일의 주식폭락은 세계 경제를 마비시켰다. 주가가 90퍼센트까지 떨어졌고, 실업률은 25퍼센트에 달했다. 4년 동안 미국 GDP의 25퍼센트 이상이 감소했다. 그 심각성과 기간은 국가와 지역에 따라 다양하였다.

당시 가장 인기 있는 주가지수였던 다우지수가 1929년 10월 28일 단 하루 만에 38포인트(12.8퍼센트)가 하락한 데 이어 다음날 또다시 30포인트(12.7퍼센트)가 하락하여 이틀 만에 23퍼센트가 폭락했다. 1921년 68포인트였던 주가는 대공황 바로 전 380포인트까지 올랐다가 1932년 5월 44포인트가 되었다. 최고가의 9분의 1 수준으로 폭락한 것이다. 주식폭락으로 막대한 손실을 본 월가의 투자자들 중에는 고층빌딩에서 뛰어내려 자살하는 사람들도 많았다.

대공황의 원인에 대해서는 수많은 논문이 나왔다. 그 이유는 수십 가지가 되겠지만 1929년 검은 목요일에 미국 증시가 무너진 가장 직접적인 이유는 그 이전 몇 년 사이에 주가가 너무 많이 올랐다는 것이다. 1924년부터 5년간 주가는 다섯 배 올랐을 정도로 과열되어 있었다. 주가가 이렇게 오른 데에는 미국의 경기 호황 탓도 있었지만, 연준이 1928년 초반까지 기준금리를 낮게 유지한 탓도 있다.

미 연준이 금리를 낮게 유지한 이유는 무엇이었을까? 그것은 영국 때문이었다. 전쟁 후 영국의 상황은 어려웠다. 독일이 초인플레이션을 겪으면서 배상금을 제대로 갚지 않았고, 전쟁으로 막대한 인명피해를 입은 데다가, 러시아혁명의 영향으로 사회운동이 일어나면서 경제와 사회가 모두 불안했다. 뉴욕 연준 총재인 벤저민 스트롱과 영란은행 총재 몬터규 노만은 1925년에서 1928년까지 뉴욕의 금리를 런던의 금리보다 낮게 유지하는 데 합의했다. 영국 처칠의 금본위제 복귀를 지원하기 위해서였다. 연준은 영국으로부터 1,200만 파운드를 받고 보유하고 있던 금을 영란은행에 공급했고, 영국의 수지를 개선해 주기 위해 금리를 인하했다.

그러나 이것은 안 그래도 과열된 미국 시장에 기름을 뿌린 격이었다. 미국에서는 투기 열풍이 일어나 주가가 연일 상승세를 나타냈다. 대공황이 발생하기 2주 전인 1929년 10월 15일 세계적인 경제학자 어빙 피셔는 "주식 가격은 곧 지금까지 도달하지 못한 매우 높은 수준에 이를 것"이라고 단언했다. 하지만 고점을 지나고 있는 미국 경제가 곧 무너지리란 것을 아무도 예측하지 못했다. 주식 투자의 매력은 빠르게 떨어지고 있었다. 1928년 주가수익비율PER, Price to Earnings Ration은 16.3배까지 상승했고 배당수익률마저 3.48퍼센트까지 떨어졌다. 1928년 증시는 이미 고평가 국면에 진입했다.

여러 위험 징후들도 이미 나타나기 시작했다. 주식을 처음 시작하는 사람들이 늘고, 빚을 내 투자 규모를 늘려가는 레버리지 투자가 확대되었다. 레버리지 투자는 주가가 오를 때는 수익률이 더 높아지지만, 주가가 하락하기 시작하면 원금까지 다 까먹을 수 있는 고위험 투자 방식이다. 차입금을 갚지 못하면 마진콜Margin Call이 발생하여 강제로 주식이 매도되어 대출금이 회수된다. 따라서 레버리지 투자가 급격히 증가한 상황에서 주가가 하락하기 시작하면 연쇄적인 악순환이 발생하게 된다.

청산주의에 막혀버린 미국 시장

이때 금리가 상승하기 시작했다. 시장금리 상승은 주식시장에 치명적인 타격을 가했다. 시장금리가 오르면 대출이자율이 높아지니 투자 수익이 줄어들고, 주식을 빼서 채권투자로 갈아탈 유인이 높아지기 때문이다. 기업가들이 채무를 줄이려고 주식시장에서 투자금을 회수하는 것도 무시할 수 없었다.

시장금리가 올라간 것은 미 연준이 기준금리를 인상했기 때문이다. 1928년 초반까지 기준금리를 낮게 유지하던 연준은 1928년 여름부터 상업은행에 대한 자금 공급을 중단하면서 기준금리를 인상했다. 연준은 1929년 8월 6.0퍼센트까지 기준금리 인상을 단행했다. 기준금리를 올리니 은행 간 단기금리인 콜금리가 급등하기 시작했다. 1928년 4.24퍼센트였던 콜금리는 1929년 9.23퍼센트까지 상승했다.

연준이 기준금리를 인상한 이유는 경기가 너무 과열되었다고 판단했기 때문이다. 하지만 연준은 너무 급하게 금리를 올렸고, 이같은 조치는 그동안 주가가 너무 올랐다는 투자자들의 심리와 결합하면서 주가의 하락을 가져왔다. 연쇄효과와 악순환이 계속되면서 주가를 끝없이 끌어 내렸다.

당시 미 연준은 시장원리에 따라서 한계기업은 당연히 퇴출되어야 한다는 청산주의Liquidationist Theory에 경도되어 있었다. 후버 행정부의 재무장관이던 앤드루 멜론은 경제 곳곳에 만연한 버블을 청산해야 한다고 주장했다. 청산주의자들은 1920년대가 지나친 호경기였다고 보았고, 그래서 과잉을 청산하고 정상으로 돌아가야 한다고 주장했다. 그들의 바람대로 과열된 시장은 식었다. 그런데 식은 정도가 아니라 아예 무너져 버렸다는 것이 문제였다.

미 정부가 연방준비제도를 창설한 것은 위기 때 은행들에게 긴급하게 자금을 제공하는 최종대부자lender of last resort의 역할을 맡기기 위해서였다. 그런데 이렇게 위기가 커질 때 연준은 무엇을 하고 있었을까? 사실 1928년 7월 이미 연준의 스태프들은 현재의 고금리가 수개월 더 지속되면 6개월이나 1년 후에 경제에 문제가 생길 것이라고 경고했었다. 하지만 연준의 공개시장위원회는 귀담아듣지 않았다.

10월 28일 주가가 급락하자 뉴욕 연준은 확장적인 공개시장 조치를 통해 정부의 증권 보유량을 두 배로 늘렸다. 연준이 채권을 매입함으로써 시장에 유동성을 공급한 것이다. 그러나 이 조치에 대해 워싱턴의 연준 이사회는 크게 반발했다. 통화정책에 대한 최종적인 판단 권한은 워싱턴이 가지고 있다면서 뉴욕 연준을 굴복시키고 확장적인 공개시장 조치를 중단한 것이다. 연준이 이렇게 강경한 태도를 보인 것은 이미 말했듯이 연준이 청산주의에 경도되어 있었기 때문이다.

금본위제의 굴레에서 벗어나지 못한 것도 이유 중의 하나였다. 확장적 공개시장 조치와 그에 따른 금리의 하락이 해외로의 금 유출을 유발하면 오히려 신용이 경색될 수 있다고 우려한 것이다. 금본위제를 유지하여 시장의 자동조절 기능에 맡겨야 한다는 이상적인 생각이 중앙은행의 적극적 개입을 주저하게 했다.

부채 디플레이션이 만든 끔찍한 악순환

연준이 선제적으로 강하게 대처했다면 세계적인 대공황을 막을 수 있었을지는 알 수 없다. 그러나 대공황이 이렇게 오랫동안 지속된 것에 대하여 연준은 책임을 면하기 어렵다. 연준은 너무 우왕좌왕했고 그래서 조치가 너무 늦었다.

주식시장 붕괴에서 시작한 공황은 이제 금융시장 전체로 번지기 시작했다. 시장은 무너졌고 그를 떠받치던 은행도 무너지기 시작했다. 대공황을 전후해 부도 처리된 은행의 수를 보면 1929년 976개에서 1933년에는 전체 은행의 절반이 넘는 4,000여 개로 늘어났다.

더 큰 문제는 갈수록 큰 은행들이 파산했다는 것이다. 소형 은행에서 대형 은행으로, 그리고 개별적인 은행 위기에서 금융 전체의 위기로 상황이 번졌다. 특히 1930년 발생한 칼드웰그룹의 파산은 사람들을 충격에 빠뜨렸다. 칼드웰그룹은 남부 여러 주에 걸쳐 은행과 보험회사와 증권회사를 보유한 거대 금융그룹으로 파산 당시 총 자산규모가 5억 달러에 달하는 회사였다.

연준이 이렇게 거대한 은행의 파산을 방치했다는 것이 지금으로서는 이해가 되지 않는 행동이지만, 당시 연준은 금리를 내리기는커녕 1931년 말 오히려 인상했다. 시장에 돈을 풀고 금리를 내려도 회복이 될지 안 될지 불확실한 판에 금리를 인상한 것이다.

이제 미국 경제는 돌이키기 어려운 상황에 빠져들었다. 금본위제의 망령에 빠져 해외로 금이 유출되는 것만 막으려 한 나머지 은행 파산에 따른 엄청난 규모의 대출 감소 문제를 간과했다. 대부분의 은행에서 뱅크런이 발생했고, 은행은 부도를 막기 위해 대출을 회수하고 보유 주식이나 채권을 팔아야만 했다.

당연히 만기가 연장되리라 생각하고 영업을 하던 기업인들은 보유하고 있는 자산을 급하게 팔아 대출을 갚을 수밖에 없었다. 시장에 돈이 말라버렸다. 그렇다고 은행을 탓할 수는 없다. 은행들이 대출을 회수한 것은 어쩔 수 없는 조치였다.

경제학자 어빙 피셔는 이런 상황을 부채 디플레이션debt deflation이라고 불렀으며 일부 학자들은 디플레이션 소용돌이deflation spiral이라고 부르기도 한다. 만성적인 물가 하락으로 인한 부의 악순환으로, 부채가 늘어나거나 자산가격이 하락함에 따라 부채 상환 부담이 늘어나고 이로 인해 소비와 투자가 감소하는 현상을 말한다.

호황기에는 은행들이 대출을 늘리고 가계와 기업이 이를 이용해서 투자에 나서지만, 경제가 정점을 지나 불황에 진입하면 무리한 투자는 부도를 맞게 된다. 부도를 맞은 가계와 기업의 부실자산은 헐값에 시장에 나오고, 다른 경제주체들도 부도를 막기 위해 자산을 헐값에 매각한다. 뱅크런의 위기에 처한 은행들 역시 부도로 회수하지 못한 손실에 더해 보유자산의 헐값 처분이라는 이중 손실에 직면한다. 자산가격의 하락은 물가를 하락시키고 실질금리를 올리면서 추가적인 부실을 불러온다. 다시 가계와 기업은 부도를 맞고 헐값에 자산이 처분된다. 이런 악순환 과정이 대공황 때 진행되었다.

디플레이션이 왜 무서울까? 예를 들어 사업을 하기 위해서 은행에서 연 5퍼센트로 돈을 꾸었다 치자. 열심히 사업을 해서 물건을 팔려고 내놨더니 물건의 가격이 5퍼센트나 떨어졌다. 실질적인 이자 부담이 10퍼센트로 늘어난 것이다. 이런 상황에 누가 사업을 하려고 하겠는가?

1929년 9월 미국의 소비자물가지수는 17.3포인트였는데 1933년 5월에는 12.6포인트로 27퍼센트 이상 떨어졌다. 경제 불안과 파산 우려로 많은 사람들은 모두 은행에 몰려가 돈을 찾았고, 시중에서는 돈이 고갈되었다. 시중에 돈이 사라지면서 시장경제는 마비되었다. 모두가 돈을 구하기 위해 자산을 내다 파니 자산가격은 더 하락했다. 돈은 못 구하고 자산가격들은 계속 하락하는 디플레이션이 본격화되었다. 이제 공황은 금융을 넘어 실물경제에까지 큰 타격을 주었다. 기업들이 파산하고, 재고가 쌓였고, 실업자는 거리에 넘쳐흘렀다. 시장경제가 완전히 무너진 것이다.

연준 이사회 뒤에는 금본위제에 대한 확신을 가진 후버 대통령이 있었다. 당시 대부분의 나라는 자국 통화를 평가절하시켜 수출을 늘리고 실업문제를 해결하려고 했다. 그런 상황에서 후버 대통령은 달러화가 평가절하되면 전 세계적으로 환율전쟁이 일어날 것을 우려해 금본위제를 유지하려 했다. 그래서 연준이 1931년 이후 계속 금리를 올린 것이다. 청산주의와 금본위제를 굳게 믿고 있던 후버 대통령과 연준 이사회는 시장이 완전히 무너진 이후에도 그들의 신념을 꺾지 않았다.

루스벨트, FOMC를 만들다

1933년 3월 대통령에 취임한 루스벨트는 그동안 정부의 정책 기조를 완전히 뒤엎고 정책의 최우선을 불황 탈출에 두었다. 그는 취임연설에서 경제 혼란의 책임을 경제 활동에 필요한 유동성이 부족하게 한 금본위제와 위기 상황에서도 높은 이자율을 요구하는 국제은행가들에게 돌렸다. 예수가 환전상의 자판을 뒤엎고 성전에서 쫓아낸 성경 구절을 인용하면서, 자신도 미국 경제를 혼란에서 구하고 부정과 탐욕이 팽배한 금융 시스템을 정화하겠다는 의지를 표현했다.

실제로 그는 취임과 동시에 과감한 정책 행보를 이어나갔다. 먼저 라디오로 방송되는 노변정담을 통해 국민에게 자신감을 주려고 노력했다. 루스벨트는 전국적인 은행 영업 정지를 단행하고, 금 태환과 금 수출을 중단하여 사실상 금본위제를 정지시켰다. 은행에는 뱅크런이 멈추고 예금이 다시 들어오기 시작했다. 연준이 긴급자금을 지원할 수 있도록 허용함에 따라 10조 달러가 6,000개 은행에 투입되었다.

4월 9일까지 시중에 유통되었던 금화, 금괴, 금증서를 연방준비은행에 반납하도록 하여 연준의 금고를 채웠다. 6월에는 모든 채권과 금지급증서에 대해 금 태환을 무효화시키면서 금본위제에서 완전히 벗어났다. 달러 가치도 평가절하하였다. 금본위제를 정지하자마자 대對 파운드화 환율이 3.2달러에서 3.85달러로 오르며 달러 가치가 떨어졌다. 불황과 실직으로 모기지대출을 갚지 못해 집에서 쫓겨난 시민들을 위해 이자율을 낮추어 대출기한을 연장해주었다.

루스벨트는 금융개혁 조치를 단행했다. 1933년 뱅크런을 방지하기 위해 연방예금보험공사를 설립하고 예금보험제도를 도입하여 일정액이하의 예금은 지급을 보장해주는 한편, 투자손실이 예금에 영향이 가지 않도록 투자은행과 상업은행의 겸영을 금지한 글래스-스티걸법Glass-Steagall Act을 도입하였다. 또한 이자율 차등으로 인한 은행 간의 과도한 경쟁을 막기 위해 은행법을 개정하여 이자율 상한을 도입하였다. 이는 금리가 높다는 이유로 지방 은행들의 초과 예금이 뉴욕 등의 금융중심지로 집중하면서 벌어지는 폐해를 막기 위한 것이었다.

연준의 기능과 독립성도 강화하였다. 공개시장 조치를 위해 연준에 연방공개시장위원회FOMC, Federal Open Market Committee를 설치하여 통화금융 정책을 결정할 수 있는 권한을 부여했다. 여기에는 재무부장관과 연방 통화감독청장을 이사에서 배제하여 연준의 독립성을 강화하는 한편, 이사회의 권한은 확대하고 지역 연방준비은행의 권한은 줄이는 조치들을 단행했다. 1934년에는 금보유법The Gold Reserve Act을 통해 금을 연준에서 재무부로 이관하고, 1온스의 금을 20.67달러에서 35달러에 고정하는 달러 평가절하를 단행했다.

후버 댐 건설 등 테네시강 개발을 통해 내수도 확대하였다. 어쨌든 수많은 노력의 결과로 경제 심리가 반등하고 주가는 다시 올랐다. 기업들은 투자를 재개하고 경제는 살아나가 시작했다. 오랫동안 벗어나지 못했던 불황의 늪에서 빠져나오기 시작한 것이다.

독일은 어떻게 그렇게 빨리 회복했을까

제2차 세계대전과 소련의 부상

미국과 영국이 금본위제를 이탈하면서 많은 나라가 자국 화폐에 대한 평가절하 경쟁을 했고 환율 질서가 혼란에 빠졌다. 각국이 공황 탈출을 위한 노력을 계속하는 가운데 1933년 6월 런던에서 국제적인 공조를 위한 세계경제회의가 열렸다. 각국은 경쟁적인 환율인하와 보호관세가 공황을 심화시킨다는 데 동의했지만, 해법이 서로 달랐기 때문에 공동 대응을 위한 방안 마련에 실패했다.

1936년 프랑스가 자국 화폐의 평가절하를 위해 시장에 개입하자 영국도 시장에 개입하면서 환율 전쟁이 시작되었다. 미국이 중재에 나서면서 삼국협정을 맺어 일단 싸움을 멈추었지만, 애초부터 지킬 수 없는 약속이었다. 각국은 공조보다 독자생존의 길을 택했고, 국가 간의 반목은 극에 달했다. 자유무역은 무너졌고, 각국은 금본위제 대신에 관리통화제도를 채택했다.

각국이 수입을 줄이고 수출을 확대하면서 블록경제bloc economy라 불리는 특수한 국제경제 질서가 등장했다. 정치적 · 경제적으로 이해관계가 비슷한 국가가 블록을 형성하여 내부적인 경제적 장벽은 낮추고 외부적으로는 배척하는 방식이다. 블록경제는 가진 나라와 못 가진 나라의 격차를 만들었다. 영국, 미국, 프랑스처럼 식민지를 가진 나라는 식민지로부터 석유 자원 등 물자를 공급받을 수 있었지만 독일, 일본과 같은 후발주자는 자원을 조달하기 위해 외국을 침략해야 했다.

이러한 상황에서 1933년 1월 히틀러가 독일의 총리로 등장하면서 유럽에는 전운이 감돌았다. 히틀러의 등장은 나치당의 권력 장악과 함께 독일 내에서의 극단적인 국가주의, 반유대주의, 그리고 군사적 확장주의 정책이 본격화된다는 신호탄이었다. 결국 이러한 정책들은 제2차 세계대전의 발발로 이어지는 중요한 원인 중 하나가 되었다.

한편 대서양 건너 미국에서는 1937년 경제가 회복했다가 다시 심각한 불황 속으로 빠지는 더블딥double dip이 진행되고 있었다. 미국 경제는 정부가 적극 개입하는 뉴딜new deal 정책으로 어느 정도 회복세를 보이고 있었지만 오래 가지 않아 다시금 침체되며 불황의 골이 깊어지고 있었다. 이러한 미국 내의 경제적 어려움은 유럽의 정치적 · 군사적 긴장 상황과 별개의 문제였으나, 결국 제2차 세계대전이라는 거대한 역사적 사건으로 서로 얽히게 된다.

히틀러와 나치의 등장

영국의 경제학자 케인스는 제1차 세계대전 때문에 발행되었던 국채를 공공 분야에 투자하여 경제위기에서 벗어나야 한다고 주장했다. 이를 가장 잘 실천한 나라가 독일이다. 1929년 세계대공황은 살아나던 독일 경제에 청천벽력 같은 일이었다. 미국 자본으로 경제를 재건하고 있던 독일은 미국이 달러 자본을 회수하자 가장 먼저 타격을 받았다.

혼란한 상황에서 등장한 인물이 나치당NSDAP(국가사회주의독일노동자당)의 히틀러였다. 1932년 나치당은 제1당이 되었고 1933년 히틀러는 수상으로 임명된다. 히틀러는 전국에 아우토반(고속도로)을 건설하고 폭스바겐 자동차를 대량으로 생산하는 한편 근로자에게 구매 혜택을 주어 급속하게 자동차 보급을 늘렸다. 자동차 공업의 육성으로 독일 경제를 재건하고자 한 것이다. 고속도로 건설 등 공공사업과 군수사업을 벌이면서 실업자가 줄고 경제 정책의 효과가 나타나기 시작했다. 독일 경제가 빠르게 회복되자 히틀러의 인기는 하늘을 찔렀다. 히틀러는 압도적인 국민의 지지를 바탕으로 1934년 총통에 취임한다.

아리아인의 민족주의 정당인 나치당은 독점자본회사 재벌과 유착했다. 당시 독일기업은 유대인 금융자본에 많은 돈을 빌렸는데 초인플레이션 때 이 채권이 휴짓조각이 된 데다가, 이후 권력을 잡은 나치가 유대인을 박해하고 학살함으로써 저절로 없어졌다. 이것은 중세 기독교인이 유대인에게 한 짓과 크게 다르지 않았다. 독점자본 세력과 민족주의 정당, 그리고 군부가 결탁하여 해외로 진출하고 전쟁을 통해 다른 나라를 지배하려는 것이 나치즘의 본질이었다.

독일은 어떻게 이렇게 빨리 회복하면서 전쟁 준비까지 할 수 있었을까? 첫 번째는 빠른 금본위제 중지에 있었다. 독일은 1931년 8월 금본위제에서 이탈했다. 덕분에 중앙은행은 금 보유량에 구애받지 않고 화폐를 공급할 수 있게 되었다. 중앙은행이 은행에 빌려주는 이자율인 재할인율이 7퍼센트에서 4퍼센트로 인하되자 독일 내 신용 여건이 빠르게 개선되었고 경기가 조금씩 살아났다.

두 번째는 정부 주도의 공공투자사업 등 적극적인 재정부양책으로 국민에게 일자리와 소득을 창출해 주었기 때문이다. 여기에 1929년 제1차 세계대전 승전국들이 독일의 배상금을 능력 내에서 갚도록 합의해 준 것도 경제회복에 도움이 되었다.

1935년, 프랑스는 러시아혁명 이후 탄생한 소련(소비에트사회주의공화국연방)과 상호원조 조약을 맺는다. 프랑스도 1929년 세계대공황으로 경제가 무너지면서 사회당 정권이 집권했기 때문에 이들은 소련의 지원을 얻어 나치의 위협에 대응할 계획이었다.

프랑스와 소련의 밀월관계에 위기를 느낀 나라는 영국이었다. 스페인에서도 좌파정권이 줄곧 집권하는 상황에서 유럽 대륙 전체가 사회주의화 될 것을 우려한 영국은 1935년 영국-독일 해군협정을 맺고 독일의 해군 군사력 확대를 용인한다.

외교적 지위가 향상되자 히틀러는 이탈리아와 일본과도 반공산주의 동맹을 맺는다. 일본은 워싱턴회의에서 미국과 영국에 의해 고립되어 있었고, 이탈리아도 에티오피아를 병합하면서 국제연맹으로부터 제재를 받고 고립되어 있었다. 유럽 국가들의 동맹 바꾸기는 정말이지 무슨 짝짓기 게임을 하듯 철저히 힘의 논리와 자국 이익으로 움직였다.

미국과 소련이 주도권을 잡다

1938년 독일은 오스트리아를 병합하면서 독일 민족의 통합을 달성한다. 히틀러는 독일계 민족을 뭉치기로 하고 체코슬로바키아에게 서부

지역을 양도하라고 요구한다. 1938년 뮌헨회의가 개최되고 영국과 프랑스는 소련을 봉쇄하기 위해 독일이 체코슬로바키아 서부 지역을 병합하는 것을 승인한다. 하지만 이러한 바람을 무시하고 독일은 1939년 소련과 상호불가침 조약을 맺는다. 이 불가침조약은 독-소 양국이 폴란드를 나누어 먹기 위한 일시적 타협이었다. 영국 국민은 평화를 지킨다는 명분으로 독일의 야심을 제대로 파악하지 못한 채 독일 편을 들었던 영국 수상 챔버린을 맹비난했다.

1939년 9월 독일이 폴란드를 침공하면서 제2차 세계대전이 발발했다. 영국과 프랑스는 독일에 선전포고를 했지만, 전쟁을 할 준비는 되어 있지 않았다. 이들이 우왕좌왕하는 사이에 히틀러는 폴란드를 점령하자마자 신속히 주력군을 프랑스로 돌려 1940년 파리를 함락시켰다. 이어 런던을 공습하면서 영국과의 전투도 본격화했다. 그 사이 영국의 수상은 챔버린에서 처칠로 바뀌어 있었다. 1941년 독일은 소련과의 불가침 조약을 깨고, 소련의 바쿠유전을 차지하기 위해 침공했다. 하지만 한 나라가 그 많은 적국을 상대하는 것은 무리였다. 1944년 이후 독일은 지쳐가고 있었다.

미국은 1941년 독일의 우방인 일본과 태평양 전쟁을 시작했지만, 유럽 정세에는 크게 관여하지 않았다. 하지만 루스벨트 대통령은 유럽에 대한 미국의 영향력을 강화하고 주도권을 쥐기 위해 전쟁에 개입하고 싶었다. 그래서 독일과 싸우고 있는 소련, 영국과 손을 잡았다.

루스벨트는 특히 소련과 밀접한 관계를 맺고 독일, 일본에 공동대응했다. 1943년 테헤란 회의, 1945년 2월 알타회담에서 루스벨트는 스탈린과 함께 독일과 일본에 대한 공동 침공 및 전후 공동 분할 통치를 결정했다. 이러한 합의에 따라 미국은 유럽에, 소련은 극동에 개입하며 공동작전을 펼쳤다. 그리고 4월에 소련은 소련-일본 중립 조약을 파기한다. 이렇게 미국과 소련의 양대 세력이 전쟁의 주도권을 가져가면서 영국의 처칠은 한쪽으로 밀려났고, 영국의 외교적 지위도 크게 떨어졌다. 본래 미국과 영국이 주도권을 쥐어야 할 작전에 소련이 끼어들어 영국을 밀어내게 된 것이다.

1945년 4월 29일 이탈리아에 남아있던 마지막 이탈리아군들이 항복하였고, 5월 8일에는 독일이 항복했다. 이제 추축국樞軸國 중 남은 것은 일본뿐이었다. 전쟁 종식이 코앞에 다가온 1945년 7월 열린 포츠담회담에서는 루스벨트의 급사 후 미국 대통령이 된 트루먼이 참석했고, 영국에서는 처칠 대신 총선에서 승리한 노동당의 애틀리가, 소련에서는 그대로 스탈린이 참석했다. 하지만 회담의 분위기는 이전과 달랐다. 공산주의에 협조적이었던 루스벨트와 달리 트루먼은 공산주의 소련을 적대시했고, 공산주의 세력이 전 세계로 퍼지는 것을 경계했다. 결국 트루먼은 스탈린과 결별했다.

포츠담회담에서는 패전국 독일의 분할 점령계획, 폴란드의 서부국경 결정 등이 논의되었으며, 일본에 무조건 항복을 요구하는 내용도 결정되었다. 그러나 일본은 항복을 거부했고 미국은 두 발의 원자폭탄을 일본에 투하한다. 1945년 8월 15일 일본이 무조건 항복을 선언함에 따라 제2차 세계대전은 종료되었다.

포츠담회담은 제2차 세계대전의 종결과 함께 냉전이라는 새로운 시대의 서막을 열었다. 미국과 소련 사이의 이념적 대립은 전 세계를 두 개의 영향력 구역으로 나누고, 치열한 군비 경쟁과 대리전을 불러일으켰다. 그러나 1989년 동유럽의 변화와 1991년 소련의 해체는 냉전시대의 종말을 알렸고, 이후에는 미국이 사실상 유일한 최강대국으로 부상하게 된다.

너무나 부러운 천하무적 화폐 '기축통화'

브레턴우즈 체제와 달러의 위상

국제통화와 기축통화는 같은 의미로 쓰이기도 하지만 정확한 의미는 서로 다르다. 국제통화international currency란 화폐의 세 가지 기능인 계산 단위의 기능, 지불 수단의 기능, 가치 저장의 기능을 국제적으로 수행하는 통화를 말한다. 국제무역에서 물건가격이 해당 통화로 표시되고, 무역대금 결제 시 해당 통화를 사용하고, 중앙은행이 그 통화로 표시된 자산을 보유하면 그 통화는 국제통화라고 할 수 있다. 일반적으로 달러화, 유로화, 파운드화, 엔화 등이 국제통화이다.

반면 기축통화world currency는 이러한 국제통화 중에 가장 핵심적이고 널리 사용되는 통화를 말한다. 역사적으로 기축통화라 부를 수 있었던 것은 파운드화와 달러화뿐이다. 기축통화는 국제통화이면서 거기에 더해 다른 화폐의 가치를 결정하는 기준이 되는 통화다.

국제통화의 세 가지 기능 중에서 기축통화가 되기 위한 가장 중요한 기능은 가치 저장의 기능이다. 어떤 통화로 표시된 자산을 많이 보유하고 있다는 것은 사람들이 그 통화의 안정성을 믿는다는 뜻이다. 다시 말해서, 전 세계적으로 믿음을 주는 국제통화가 기축통화인 것이다.

기축통화가 되면 어떤 점이 좋을까? 첫 번째 장점은 거래의 편리성이다. 우리는 해외에 나갈 때 환전을 한다. 원화를 그냥 쓸 수 있는 나라는 없기 때문이다. 하지만 기축통화인 달러는 해외 어디서나 사용된다. 심지어 북한에서도 말이다. 2005년에 농업 협상 실무자로 개성에 갔다가 상점에서 달러를 받는 것을 보고 놀란 적이 있다. 미국을 그렇게 비난하는 국가에서도 달러는 받는다.

두 번째는 환 위험이 상대적으로 적다는 점이다. 계약 이후 환율이 변동해서 발생하는 손해도 걱정할 필요가 없다. 미국에서 박사과정을 밟고 있었을 때 외환위기가 터졌다. 원-달러 환율이 1,800원을 넘으면서 학업을 포기하고 귀국하는 학생들이 많았다. 그 와중에 내가 어찌어찌 버틸 수 있었던 것은 조교로 일하면서 월급을 달러로 받은 덕분이었다.

세 번째는 기축통화국은 외환위기를 겪지 않는다는 것이다. 대외 채무가 모두 달러로 표시되어 있으니 달러를 찍어서 갚으면 그만이다. 게다가 달러 표시 채권은 인기가 좋으니 자본이 미국으로 유입되고, 채권의 가격이 높게 형성된다. 이자율이 낮아도 다들 사려고 난리니 그보다 더 좋을 수 없다.

또한 눈에 보이지 않는 기축통화의 혜택 중 하나가 주조차익이다. 100달러 짜리 지폐를 인쇄하는 비용은 아무리 많이 쳐줘도 1달러가 안 되지만, 외국인들은 이 100달러를 수중에 넣으려면 100달러 어치의 상품이나 서비스를 미국인에게 제공해야 한다.

기축통화가 되기 위한 요건

기축통화가 되려면 어떤 특성을 가져야 할까? 학자들은 기축통화가 되기 위한 가장 중요한 조건을 '네트워크 외부성'으로 본다. 대부분이 달러화로 표시하고 결제하는 상황에서 혼자 다른 결제 통화를 사용할 경우 절차가 번거롭고 환 위험이 커진다. 그 때문에 웬만해서는 사용 통화를 변경하려 하지 않는다는 것이 네트워크 외부성의 논지다. 따라서 어떤 통화가 한번 기축통화의 지위에 오르면 장기간 바뀌지 않는다.

미국은 두 차례 세계대전을 거치면서 유럽의 경제기반이 무너지자 전후 국제자금의 대부분을 공급했다. 그때 확립된 달러 사용의 관성이 지금까지 지속되고 있다. 화폐를 일종의 언어라고 생각해 보면, 대다수가 현재 사용하는 언어(예를 들면 영어)를 배우는 게 유리하듯이 화폐에 있어 공통의 언어는 기축통화다.

또한 한 국가의 화폐가 기축통화가 되기 위해서는 그 국가가 경제 규모, 금융시장의 발전, 안정적인 국내 경제기반, 해당 화폐의 가치에 대한 신뢰 등의 요건을 모두 갖추어야 한다. 특히 경제 규모는 중요한 요건이다. 경제 규모가 큰 국가들은 무역 규모도 크고, 그만큼 거래의 편리성으로 인해 해당 화폐 수요가 증가하기 때문이다.

하지만 경제 규모는 여러 조건 중의 하나에 불과하다. 19세기 말 미국의 경제 규모는 이미 영국을 앞섰지만 당시의 기축통화는 여전히 파운드였다. 미국은 중앙은행도 없고 금융시장이 발달하지도 못했기 때문이다. 1914년 미국의 경제 규모는 영국의 네 배에 달했지만 무역거래와 자본거래는 여전히 파운드화로 계약되고 결제되었다. 제1차 세계대전 전까지만 해도 달러화가 파운드화를 대신할 거라고 믿은 사람은 없었다.

그랬던 미국 달러화는 오늘날 명실상부한 기축통화가 되었다. 세계 외환거래의 대부분이 달러로 이루어지고, 전 세계에서 발행되는 해외채권 가운데 반 이상이 달러 표시 채권이다. 각국 중앙은행은 외환보유액의 많은 부분을 미국 달러 표시 자산으로 운용하고 있다. 사람들은 경제위기가 발생하여 혹여나 달러화의 가치가 하락한다면 다른 통화들은 더 볼 것도 없다고 생각한다. 그래서 2008년 금융위기 때 미국의 경제가 최악인데도 달러화에 대한 수요가 많아지고 가치가 높아지는 역설적인 상황이 생긴 것이다.

미국에서 미국 금융가의 잘못으로 금융위기가 촉발되어 세계 경제가 쑥대밭이 되었는데, 미국의 화폐인 달러의 인기가 더 높아진다는 것은 언뜻 이해가 되지 않는 일이다. 이것이 가능했던 이유는 달러가 기축통화이기 때문이다. 우리의 통화인 원화는 그 반대이다. 우리의 실책이든, 다른 국가들의 실수에 의해서든, 경제위기 때마다 원화 가치는 폭락한다. 이런 우리로서는 달러화의 우월적 지위가 너무 부러울 수밖에 없다. 기축통화가 가지는 과도한 특권이다.

기축통화가 되기 위한 달러의 노력

달러는 어떻게 기축통화였던 파운드를 꺾었으며, 어떤 과정을 거쳐 기축통화가 되었을까? 제1차 세계대전을 지나면서 파운드화는 점점 기축통화로서 신뢰를 잃어갔다. 영국이 무리하게 금본위제로 복귀하면서 상황은 더 나빠졌다. 하지만 '네트워크 외부성'이라는 관성에 의해 기축통화로서의 우월적 지위는 계속 유지하고 있었다. 파운드화가 약세를 보였다고 해서 달러화가 곧바로 쉽게 기축통화가 된 것은 아니었다. 달러화는 기축통화의 지위를 얻기 위해 엄청난 투쟁을 했다.

우선 1913년 중앙은행 격인 연방준비은행이 설립되자 미국은 더 적극적으로 달러화의 역할 확대에 나섰다. 월가의 금융가들은 유럽과 남아메리카 시장을 장악하기 위해 앞다투어 해외지사를 설립하여 영업을 확장해 나갔고 정부와 연준은 이들을 측면 지원했다.

뉴욕 연방준비은행 총재였던 벤저민 스트롱은 달러의 영향력 확대에 결정적인 역할을 한 인물이다. 그의 지휘 아래 뉴욕 연방준비은행은 해외에서 인수한 무역어음의 재할인 업무를 대폭 확대했다. 또 대미무역에서 흑자를 보던 국가의 정부와 기업을 찾아가 달러화로 무역 결제를 하도록 하고, 그렇게 해서 보유하게 된 달러를 미국 금융기관에 예치하도록 설득했다.

스트롱은 이런 거래가 성사되도록 보다 유리한 조건을 제시함으로써 런던 금융기관의 고객들이 점차 뉴욕으로 눈을 돌리도록 했다. 그의 노력은 불과 몇 년 사이에 결실을 보았다. 1920년대에 들어서면서부터는 미국 내 무역금융의 절반 이상이 달러화로 결제되었다.

제1차 세계대전 이후 영국은 프랑스나 독일이 국제연맹을 통해 전후 복구자금을 마련하기를 원했다. 하지만 미국은 더 유리한 조건을 내걸면서 뉴욕에서 자금을 조달하도록 설득했다. 프랑스와 독일은 이를 받아들였다. 그 결과 미국의 대유럽 대출이 급증하면서 유럽 내에서 달러화는 빠르게 파운드화를 추격했다.

1920년 중반부터는 달러화의 무역어음 인수 규모가 파운드화의 두 배에 달했다. 각 나라가 보유한 외환보유액에서 달러화가 차지하는 비중도 점차 파운드화를 넘어서기 시작했다.

이처럼 제1차 세계대전 발발과 미국의 적극적인 노력을 바탕으로 1920년 중반부터 달러화는 파운드화 못지않은 지위를 가진 국제통화로 부상했다. 제1차 세계대전 이후 미국은 경제 규모만 커진 것이 아니었다. 전 세계 금의 절반 이상이 미국으로 들어왔고, 미국의 산업발전이 미국의 채권에 대한 수요를 높이면서 미국의 금융시장은 엄청나게 발전하고 있었다.

중간에 잠깐 위기도 있었다. 1929년 대공황으로 인해 달러화에 대한 부정적 분위기가 형성되면서 1931년에는 외환보유액 중 달러 비중이 감소하여 다시 파운드화와 역전되기도 했다. 영국은 이를 계기로 파운드화의 부활을 노렸다. 1931년 영연방국가들과 파운드 그룹을 조직했고, 1939년에는 스털링 지역sterling area(파운드 블록 또는 파운드 지역)으로 명칭을 바꾸어 영연방국가들 외에 아이슬란드, 몰디브, 쿠웨이트 등 중동국가들도 가입시켰다.

그러나 제2차 세계대전이 터지면서 영국의 시도는 불발에 그쳤다. 제2차 세계대전을 거치면서 미국이 그야말로 세계 최강국으로 부상했기 때문이다. 전쟁이 끝날 즈음인 1944년 미국은 브레턴우즈 체제를 발족시켰으며, 이를 통해 달러화는 사실상 세계 기축통화로 자리매김하게 되었다.

기축통화로서 달러는 국제금융 시스템의 통합, 미국의 글로벌 영향력 확대, 세계화의 촉진 등 중대한 영향을 미쳤고 오늘날 세계의 경제

질서를 형성하는 데 결정적인 역할을 하게 된다.

브레턴우즈 체제의 출범

제2차 세계대전은 끔찍한 사건이었지만, 덕분에 대공황은 완전히 종식되었다. 대공황뿐만 아니라 모든 나라의 국내외 현안들이 수면 아래로 가라앉았다. 하지만 미국은 예외였다. 미국은 2차 대전이 끝나기 훨씬 이전부터 새로운 국제금융 질서에 관한 구상에 들어갔다.

전쟁 이전에 각국은 자국 화폐의 금 태환 방식을 유지하고 있었다. 하지만 전쟁이 발발하자 전비 마련을 위해 화폐를 대량 발행했고 제대로 된 금 태환을 할 수가 없었다. 고정환율을 유지할 수 없었던 것은 당연하다. 각국 통화 가치의 변동성이 커지자 인플레이션과 투기 수요가 발생했고, 글로벌리더로 부상한 미국으로서는 기존의 국제통화체제를 대체할 새로운 국제금융 질서를 고민하지 않을 수 없었다.

미 재무부 통화국장 화이트는 1942년에 국제금융체제안을 작성한다. 『다모클레스의 칼』은 이 당시 상황을 상세하게 설명하고 있다.[56] 제2차 세계대전이 막바지로 치닫던 1944년 6월, 뉴햄프셔주의 도시 브레턴우즈에 44개 연합국 대표들이 모여들었다. 전쟁 이후 금본위제를 대체할 국제금융체제를 만들기 위해서였다. 이들의 공통된 생각은 지난 전쟁 때 파리강화회의가 만들었던 실수를 되풀이하지 말자는 것이었다. 파리강화회의에서는 기본 원칙인 평화와 자유무역 정신에 대한 논의가 독일의 전쟁배상금 논쟁에 밀려서 사라졌고 이로 인해 국제질서를 새롭게 구축하는 데 실패했기 때문이다.

하지만 미국 대표인 화이트의 안과 영국 대표인 케인스의 안 사이에는 큰 간격이 있었다. 화이트 안의 핵심은 국제통화기금IMF, International Monetary Fund이라는 초국가적 기관을 설치하여 환율 안정, 국제수지 불균형 시정, 무역과 금융 자유화를 촉진하자는 것이었다. 또한 경쟁적인 환율 인하로 인해 국제시장의 혼란이 재현되는 것을 막기 위해 각국의 통화를 금 태환이 가능한 통화에 연동시켜 실질적으로 환율이 고정되도록 하자는 것이었다. 다시 말해서, 달러의 가치를 금에 연동시키고, 다른 통화는 달러에 연동시키자는 것이었다. 좀 더 직접적으로 말하면 '달러를 기축통화로 하는' 금환본위제를 시행하는 것이었다.

반면 케인스는 초국가적인 국제청산연맹International Clearing Union을 창설하고 새로운 국제통화를 만들 것을 제안했다. 그는 금본위제에 대해 '야만적인 유물'이라고 부를 만큼 부정적이었다. 그의 아이디어는 은행을 이용하는 고객처럼 각국이 국제청산연맹에 계좌를 개설하고, 무역거래의 결제 등에 이 계좌에 들어 있는 국제통화인 방코르Bancor(은행 금을 뜻하는 프랑스어)를 사용하자는 것이었다. 방코르를 사용하면 각국은 결제를 위해 다른 나라의 통화를 보유할 필요가 없고, 수출국은 수입국의 방코르를 자기 계좌로 옮기기만 하면 된다. 필요한 경우 각국이 금으로 방코르를 살 수는 있지만 방코르를 금으로 태환할 수는 없게 함으로써 경제 규모와 함께 방코르가 늘어나도록 설계했다. 국제통화의 부족으로 생기는 디플레이션을 해결하기 위해서였다.

미국과 영국의 협상 대표로 나선 화이트와 케인스는 각자의 안을 관철시키려고 노력했다. 미국은 흑자국의 위상을 지키기 위해 환율변동을 가능하면 어렵게 하면서 자신들이 확보한 금을 십분 활용하기를 원했다. 또한 자국에 유리하게 국제질서를 유지하면서도 한편으로는 그 질서 속에서 국내 경제 상황에 따라 이자율 및 달러의 공급을 독자적으로 결정할 수 있는 여지를 확보하려고 했다. 반대로 적자국이었던 영국은 어느 나라의 통화도 아닌 방코르를 국제통화로 삼고 과다한 흑자국도 무역균형을 위해 시정조치를 하도록 해야 한다고 생각했다.

대다수 나라는 영국에 심정적으로 동조했다. 대부분 적자국이었기 때문에 흑자국에 일정한 의무를 지우는 케인스 안에 끌린 것이다. 하지만 이들은 자신들의 의견을 관철할 힘이 없었다. 다들 미국의 돈에 의지하여 전쟁을 치르고 있었으니 결론은 이미 나있는 것이나 다름없었다. 결국 화이트의 안으로 결론이 났다.

협정에 따라 환율 안정, 무역 진흥, 개발도상국 지원을 목적으로 하는 국제통화기금IMF과 국제부흥개발은행IBRD이 설립되었다. 미 달러화를 기축통화로 하여 금환본위제도를 실시하며, 금 1온스를 35달러에 고정시키고 그 외의 통화는 달러에 고정하도록 했다. 기본적으로는 고정환율을 유지하되 상하 1퍼센트의 범위 내에서 조정 가능하며, 국제수지의 근본적인 불균형이 있는 경우에만 예외적으로 조정을 허용했다.

브레턴우즈 체제의 발족과 함께 전 세계는 달러화를 기축통화로 인정하게 됐다. 미국의 달러화는 파운드화를 비롯한 다른 모든 국가의 화폐보다 한 차원 높은 반열에 놓였다. 달러화만이 가치절하의 우려 없이 안전하게 금과 교환될 수 있었고, 자본 통제 없이 자유롭게 유통되었다. 브레턴우즈 체제는 현대 국제금융 시스템의 발전에 중요한 이정표로서 20세기 중반 이후 국제 경제 질서와 금융시스템에 지대한 영향을 미치게 된다.

예루살렘의 꿈이 악몽으로 변하다

현대 국가의 탄생 및 이스라엘 건국

제2차 세계대전 이후 가장 중요한 국제질서의 변화는 세계 패권의 중심이 기존의 서유럽에서 새롭게 초강대국으로 떠오른 미국과 소련으로 넘어간 것이다. 쇠약해진 대영제국은 완전히 미국에 바통을 넘겨주었다.

제국주의 식민지 확장을 주도하던 유럽의 열강들이 세계대공황과 제2차 세계대전으로 타격을 입으면서 식민지들이 독립하게 되었다. 그중에는 영국의 연방들처럼 평화적인 방식으로 독립한 나라들이 있는가 하면, 전후에 식민지를 이용하여 경제 재건을 하려 했던 프랑스, 네덜란드, 포르투갈 등의 식민지는 독립을 위해 다시 전쟁을 치러야 했다. 알제리 독립전쟁, 인도차이나 전쟁, 포르투갈 식민지 전쟁 등이 터졌다. 어찌 됐든 결과적으로 아시아와 아프리카에서는 수많은 독립 국가가 탄생하게 되었다.

냉전체제가 시작되면서 세계는 미국을 중심으로 한 자유 진영과 소련을 중심으로 한 공산주의 진영, 그리고 어느 쪽에도 속하지 않는 제3세계로 분리되어 체제 간 경쟁을 이어갔다. 동유럽은 소련에 의해 공산화되거나 위성국으로 전락했다. 식민지에서 해방되면서 하나의 식민지로 묶여있던 다양한 민족들, 다른 종교와 이념을 가진 세력들 간에는 내전이 일어났다. 중국은 마오쩌둥의 중국공산당이 국민당과의 내전에서 승리해 1949년 중화인민공화국을 수립했다. 한반도에서도 전쟁 후 남한에는 미국이, 북한에는 소련군이 주둔하더니 1948년 남한의 단독정부가 수립되었고, 결국 1950년 한국전쟁이 발발했다.

드레퓌스 사건으로 촉발된 시오니즘 운동

혼란스러운 전후 세계사에서 벌어진 가장 중요한 사건 중의 하나가 1948년 이스라엘 건국이다. 팔레스타인 지역은 고대부터 현재에 이르기까지 이스라엘과 이슬람 세력의 분쟁이 그치지 않는 지역이다. 이 책의 앞부분에서도 다루었지만, 서기 1세기 로마 제국에 의해 완전히 멸망한 뒤 이스라엘 민족은 세계 각지로 흩어져서 살았다. 그렇지만 그들은 늘 자신들의 국가를 건국하겠다는 일념을 오랜 기간 품고 있었다.

새로운 국가 건설의 불씨는 프랑스에서 시작된다. 1870년 프랑스는 프랑스-프로이센 전쟁에서 패한 뒤 프로이센에 포섭된 한 스파이의 편지를 찾아냈다. 그러나 누가 범인인지 찾을 수 없자 유대인인 드레퓌스 대위에게 혐의를 씌웠다. 증거가 전혀 없는 상태에서 필적이 비슷하다는 이유 하나로, 혈통이 유대인이었을 뿐 사실은 평범한 프랑스인이었던 드레퓌스를 범인으로 몬 것이다.

유럽의 유대인들은 충격과 분노에 휩싸였는데 그중 한 사람이 오스트리아-헝가리 출신의 유대인 기자인 시어도어 헤르츨이었다. 그는 자유와 인권의 나라 프랑스에서 이런 일을 당했다면 유럽에서 유대인은 희망이 없다고 생각하고 새로운 이스라엘 국가의 건립 운동, 즉 시오니즘Zionism을 주창하게 된다. 시온Zion은 예루살렘에 있는 언덕의 이름으로 성경에 의하면 하나님이 거처하는 곳이며 다윗이 왕이 된 곳이다.

헤르츨은 오스만제국의 땅이었던 팔레스타인에 유대인들의 투자 이민을 적극적으로 추진했다. 이 과정에서 로스차일드 가문이 큰 역할을 한다. 유대인들은 팔레스타인 지역에 땅을 사서 가족 단위로 이주하기 시작했다. 처음에는 팔레스타인 지역의 아랍 사람들도 새로 이주한 유대인들을 환대하고 잘 정착할 수 있도록 도움을 주었다. 그런데 제1차 세계대전이 터지면서 상황이 달라졌다. 1915년 영국이 중동에 아랍인의 나라를 세우겠다는 '맥마흔 선언'을 하면서 아랍인들이 연합국의 편에 서서 오스만제국에 대항해 싸우도록 부추긴 것이다.

1962년에 상영되어 한국에서도 인기를 끌었던 영화 「아라비아의 로렌스」가 바로 이 사건을 배경으로 한다. 당시 아랍 부족들이 오스만제국에 대항해 반란을 일으키도록 돕기 위해 아라비아에 파견된 영국군 중위 토머스 에드워드 로렌스의 일대기를 그린 영화다. 아랍인들과 교감하며 순수한 마음으로 그들의 독립전쟁을 도왔던 로렌스와 달리, 영국군은 로렌스와 아랍인들을 이용해 오스만제국을 무너뜨린 후 아랍 지역을 집어삼킬 계획이었다.

그 과정에서 이용만 당한 로렌스는 정신적으로 무너진 채 본국으로 소환된다. 중동으로 돌아가고 싶었던 로렌스의 마지막 꿈은 결국 이뤄

지지 못하는데, 그 이유는 이미 열강들과 현지 기득권 세력과의 정치적 합의가 끝나버렸기 때문이다.

영국, 두 민족에게 이중약속을 하다

영화에서도 잘 드러나듯이 열강들은 자국의 이익을 위해 온갖 수단을 동원했다. 심지어 영국은 유대인들에게도 아랍인들에게 했던 것과 똑같은 약속을 한다. 중동지역에 유대인 국가의 건립을 약속한 것이다. 제1차 세계대전이 길어지자 유대인들의 돈과 기술이 필요했던 영국은 1917년 중동에 유대인 국가 건국을 지지한다는 '벨푸어 선언'을 한다.

영국은 애초부터 아랍인들에게도, 유대인들에게도 약속을 지킬 생각이 없었다. 1차 세계대전이 끝나자 오스만제국은 지금의 튀르키예로 영토가 줄고, 나머지 영토는 영국과 프랑스가 나눠서 위임 통치를 했다. 하지만 영국은 유대인과의 약속을 모른 체했다. 중동의 석유 이권 때문에 아랍인들에게 잘 보여야 했기 때문이다. 그러나 기세가 등등해진 아랍인들이 독립을 외치자 이번에는 다시 유대인을 지원하기 시작했다.

출처 : IMDB(imdb.com)

데이비드 린 감독의 영화 「아라비아의 로렌스Lawrence Of Arabia」(1962)는 아랍 지역에 파견된 영국 장교 로렌스가 현지인들과 화합하여 전쟁을 치르는 이야기를 그린다. 피터 오툴이 로렌스 역을, 앤소니 퀸이 오다 아부타이 역을, 오마 샤리프가 알리 역을 맡았다. 35회 미국 아카데미 시상식에서 작품상, 감독상, 촬영상, 편집상, 미술상, 음악상을 휩쓴 대작이다.

이때부터 아랍인과 유대인 간의 마찰과 분쟁은 그치지 않았다.

제2차 세계대전이 시작하기 전 팔레스타인 지역의 아랍인은 60만 명 수준이었고 유대인은 20만 명을 넘어섰다. 이런 어수선한 상황 속에서 제2차 세계대전이 발발했다. 유대인들은 영국을 지원했고, 아랍인들은 나치 독일에 협력했다. 독일의 롬멜 장군이 북아프리카로 쳐들어오자 영국은 이집트를 지키기 위해 유대인 병력을 이집트에 배치하기까지 했다. 전쟁이 끝난 후 경제 상황이 어려워진 영국은 중동에서 손을 떼고 싶었지만, 영국군이 철수하는 즉시 유대인과 아랍인 간의 전쟁이 일어날 것은 불 보듯 뻔한 일이었다.

영국은 새로 발족한 UN에 팔레스타인 문제를 떠넘겼다. 이제 유대인 유권자가 많은 초강대국 미국이 나섰다. 미국의 비호를 받은 유대인들은 각종 로비와 여론몰이에 나섰고, 팔레스타인 지역의 사태가 더 심각해지자 1947년 UN 결의안이 채택된다. 팔레스타인 지역을 유대인의 나라와 아랍인의 나라로 분할하는 안이었다. 아랍인들은 결의안을 거부했지만, 유대인들은 이 결의안을 근거로 1948년 5월 14일 이스라엘의 건국을 선언했다. 이스라엘 초대 총리로 등극한 다비드 벤구리온이 텔아비브 박물관에서 독립선언문을 낭독했다.

하지만 이스라엘의 건국은 바로 전쟁으로 이어졌다. 건국 당일 이집트 전투기들이 이스라엘을 폭격했고, 이튿날 영국이 떠나는 것을 계기로 아랍 연합군이 이스라엘로 진격했다. 이것이 1차 중동전쟁이다.

이후 1956년 수에즈운하 분쟁을 계기로 제2차 중동전쟁이 발발했고, 1967년에는 '6일 전쟁'으로 알려진 제3차 중동전쟁이, 1973년에는 '욤키푸르' 전쟁인 제4차 중동전쟁이 발생했다. 이 전쟁들은 주로 이스라엘과 주변 아랍 국가들 사이에서 영토 분쟁 및 팔레스타인 문제를 둘러싸고 벌어졌다. 중동전쟁은 이 지역의 정치 · 경제적 지형을 크게 바꾸었다. 중동에서 영국과 프랑스의 영향력이 감소하는 대신 미국과 소련의 영향력이 커졌으며, 석유 가격 상승과 금융시장 불안 등 국제 경제에도 큰 영향을 미쳤다.

네 차례의 중동전쟁 이후에도 이스라엘과 주변 아랍 국가들, 특히 팔레스타인과의 갈등은 현재까지 계속되고 있다. 1987년과 2000년에 발생한 두 차례의 인티파다(팔레스타인 대중봉기), 레바논과의 여러 차례 충돌, 가자지구에서의 지속적 긴장 상태 등이 대표적이다. 가장 최근에는 2023년 10월 가자지구를 통치하고 있는 팔레스타인 무장 정파 하마스의 기습공격으로 또 다시 전쟁이 시작되었으며, 이 글을 쓰고 있는 지금까지도 끝나지 않은 상태다.

이스라엘과 팔레스타인, 그리고 중동지역 갈등에 대한 강대국들의 이해관계는 단순히 정치적인 차원을 넘어서 경제적 이익과 밀접하게 연결되어 있다. 석유 문제뿐만 아니라 이곳은 동서남북을 관통하는 교역로의 중심으로서 엄청난 가치를 가지고 있기 때문이다. 이스라엘은 중동지역에서 미국의 전략적 이익을 대변하는 중요한 동맹국이기 때문에 미국은 이스라엘에 대한 막대한 군사적 · 경제적 지원을 계속하고 있다. 러시아와 중국도 중동지역에서 자신들의 영향력을 높이려 끊임없이 물밑 작전을 벌이고 있다. 이스라엘과 중동 분쟁은 앞에서 살펴본 복잡한 역사적 배경, 종교적 갈등, 영토 분쟁, 경제적 이해관계 등 여러 요인이 얽혀 있어 앞으로도 단기간 내에 해결은 어려워 보인다.

금을 물리치고 진정한 패권을 완성한 달러

닉슨쇼크와 스미소니언 협정

1947년 3월 1일 국제통화기금IMF이 출범했지만 브레턴우즈 체제는 제대로 가동되지 않았다. 브레턴우즈 체제의 핵심은 자본의 자유로운 이동에 있는데 전쟁 이후 유럽 국가들이 자본을 통제하고 있었기 때문이다. 엄청난 전쟁 국채를 발행했는데 자본시장을 열게 되면 돈들이 다 빠져나가 이자율이 급격히 오를 것을 우려했기 때문이었다.

자본 통제를 푼 영국의 경우 지속적인 경상수지 적자로 금이 유출되었고, 투자자들과 각국의 중앙은행들은 파운드화를 버리고 금으로 바꿨다. 영국의 경제 상황은 점점 나빠졌다. 스털링 지역에 속한 국가들마저 파운드를 버리기 시작하자 영국은 더는 견디지 못하고 1947년 파운드화의 금 태환을 중지했다.

전쟁이 끝난 지 십여 년이 지난 1959년이 되어서야 각국이 서서히 자본 통제를 풀었다. 자국 화폐가 상대적으로 고평가되어 있는 나라들은 달러가 계속 빠져나가자 협정의 예외조항에 기대어 환율을 평가절하할 수밖에 없었다. 1950년대 후반부터 프랑스, 캐나다, 영국, 덴마크 등이 자국 화폐의 평가절하를 단행했다.

제2차 세계대전 이후 미국과 소련과의 냉전이 시작되자 미국은 마셜 플랜Marshall Plan을 통해 유럽의 부흥을 지원했다. 또한 공산권의 위협으로부터 자유민주주의 진영을 수호하기 위해 1949년 북대평양조약기구NATO를 출범시켰다. 도지 플랜을 통해 일본도 지원하였다. 미국은 엄청난 돈을 투입했다. 전 세계에 달러가 풀리기 시작했다. 달러의 공급은 독일과 일본의 경제 부흥을 도왔고, 그 덕분인지 독일과 일본은 급속도로 성장해서 다시 경제강국으로 부상했다.

하지만 정작 미국은 재정적자에 허덕였고 경상수지도 악화되었다. 1960년대 유럽의 중앙은행에는 달러가 넘쳐났다. 그들은 필요 이상으로 보유하고 있는 달러를 금으로 바꾸기 위해 미국에 금 태환을 요구했고, 그에 따라 미국의 금 보유고는 날이 갈수록 줄어들었다. 미국이 조만간 금 태환을 해주지 못할 것이라는 우려가 확산되자 달러화에 대한 투매가 시작되었다.

흔들리는 브레턴우즈 체제

달러화에 대한 우려가 높아지는 상황에서 케네디 대통령은 달러의 가치를 지킬 것이라고 호언장담했다. 하지만 그가 암살되고 존슨 대통령이 취임하면서 상황은 더 악화되었다. 베트남 전쟁이 일어나고, '위대한 사회' 건설을 위해 사회보장 제도를 확충하면서 미국의 재정적자는 눈덩이처럼 늘어났다. 독일, 네덜란드, 스위스 등은 미국의 인플레이션이

자국으로 번지는 것을 막기 위해 자국 통화의 평가절상에 나섰다.

이렇게 환율변동이 잦아지자 국제적인 환투기꾼들이 개입하기 시작했다. 미국이 결국은 금 온스당 35달러라는 비율을 포기할 것이라는 예측이 힘을 얻으면서 금 가격은 35달러를 넘어서 치솟기 시작했다. 미국은 금을 풀면서 35달러 선을 지키려고 했지만 투기세력이 가세하자 이조차도 힘겨워졌다. 혼자 힘으로 금 가격을 안정시킬 수 없었던 미국은 유럽 국가들과 함께 7개국이 금 연합Gold Pool을 만들어 공조를 취했다. 금 연합은 35달러 선을 지키기 위해 2억7,000만 달러에 상응하는 금을 시장에 풀었고 그중 반을 미국이 부담하였다.

하지만 일반인까지 달러를 팔고 금 매입에 나서기 시작하면서 금 연합은 1967년 말부터 엄청난 손실을 보게 되었다. 1968년 4월, 미국의 금 보유고는 120억 달러에 불과했다. 세계 각국이 가지고 있는 달러를 태환해주기에 턱없이 적은 금액이었다. 1969년 3월 존슨 대통령은 '연준이 발행한 달러에 대해 25퍼센트를 금으로 보유해야 하는 강제조항'을 폐지했다. 하지만 이 조치는 오히려 미국이 결국 금 태환을 포기할 것이라는 의심을 확신으로 바꿔주는 꼴이 되었다.

금 연합국가들은 뉴욕에 모여 대책을 논의한 끝에 금 온스당 35달러를 포기하기로 결정했다. 다만 브레턴우즈 체제를 지키기 위해 중앙은행 사이에서는 35달러의 금 태환 비율을 유지하기로 했다. 금의 이중시장이 형성된 것이다.

하지만 이 조치는 임시방편에 불과했다. 미국은 달러를 평가절하하거나 달러의 금 태환 의무를 버리는 것 중 하나를 선택할 수밖에 없었다. 이는 곧 브레턴우즈 체제의 종말을 의미하는 것이다.

각국 중앙은행이 은밀하게 달러를 처분하고 있을 때 프랑스의 드골 대통령이 미국의 달러 정책을 맹비난하고 나섰다. 당시 프랑스 재무부 장관이던 발레리 지스카르데스탱도 미국이 국제결제 통화의 특권을 남용하고 있다면서 이것은 "미국의 과도한 특권"이라고 비판했다. 드골은 1965년 2월 특정국의 화폐가 아닌 보편적 화폐의 기초 위에 국제거래를 올려놓을 필요가 있다면서, 전 세계에 브레턴우즈 체제를 끝내고 금본위제로 돌아가자고 공식적으로 제안한다.

1968년 이후 미국에 물가상승의 우려가 커지자 연준 의장 마틴은 금리를 올려 통화량을 줄였다. 달러화에 대한 신뢰가 떨어지고, 시장에서 유통되는 달러 규모도 줄어들면서 국제사회는 심각한 유동성 부족에 처했다. IMF는 이를 타개하기 위해 달러를 보완하는 특별인출권SDR를 만들어 냈다. 브레턴우즈 협상 당시 케인스가 제안한 방코르와 유사한 것이었다. SDR은 1970년 초 각 회원국에 쿼터에 따라 배정되었다. 월가는 특별인출권이 미국 경제학파의 중요한 승리이자 현대 금융사의 쾌거라며 추켜세웠다. 그러나 SDR은 국제 유동성 문제를 해결하기에는 역부족이었고, 각국이 변동환율제도로 전환하면서 사실상 사장되었다.

브레턴우즈 체제는 처음부터 한계가 있는 제도였다. 이 체제는 달러를 중심으로 한 고정환율제와 각국 통화의 태환성을 보장한 자본의 자유 이동을 전제로 하는 것인데, 각국이 자국의 경제 문제를 해결하기 위해 경기대응책이나 통화신용정책을 독립적으로 펼치면 브레턴우즈 체제는 유지되기 어려웠다. 한 나라가 자국의 불황을 타개하기 위해 이자율을 낮추면 자본이 다른 나라로 빠져나가서 환율이 오르는 것이다.

국내에서 정책을 펼치면서 환율을 고정한다는 것은 모순이었다. 학자들은 서로 모순된 세 가지 정책인 고정환율제, 자유로운 자본 이동, 독자적인 금융정책을 '불경스러운 삼위일체The Unholy Trinity'라고 불렀다.

기축통화인 달러화의 남발 문제도 사실상 브레턴우즈 체제에서는 피할 수 없는 현상이었다. 예일대 교수인 로버트 트리핀은 세계 경제의 규모가 커질수록 기축통화인 달러에 대한 수요가 커질 수밖에 없는데, 금의 생산량은 이를 따라가지 못해 금 태환이 안 되는 달러가 풀릴 수 밖에 없고, 결국 기축통화는 안전자산이 아니게 되는 모순적인 상황이 발생한다고 주장했다. 이를 보통 '트리핀의 딜레마Triffin's dilemma'라고 부른다.

어쨌든 미국의 계속된 노력에도 불구하고 브레턴우즈 체제는 한계에 부딪혔다. 붕괴를 막기 위한 임시방편적 조치들은 아무 소용이 없었다. 결국 브레턴우즈 체제는 붕괴를 피할 수 없었다. 그리고 닉슨쇼크를 통해 브레턴우즈 체제는 확실한 종지부를 찍는다.

닉슨 대통령, 금과의 고리를 끊다

닉슨쇼크Nixon shock에 대해서 말하기 전에 1913년 연방준비은행이 발족한 이후 미국의 통화에 대해 살펴보자. 알다시피 연준이 발족한 후 연방준비은행권, 즉 우리가 아는 미 달러화가 발행되었다. 이제 미국에는 금 증서, 은 증서, 그린백과 함께 연방준비은행권이 정식 화폐로 유통되었다. 1929년 세계대공황 때에는 연방준비은행권이 화폐 유통량의 대부분을 차지했다.

연방준비은행권은 여전히 금과 등가로 교환되었다. 1933년 루스벨트 대통령이 취임 후 금본위제를 폐지하고 금 보유를 금지하자 금 증서는 화폐에서 퇴출당했다. 이제 연방준비은행권, 은 증서, 그린백 지폐만 이 남은 것이다.

이 세 가지 화폐는 모두 은으로 교환될 수 있었다. 금본위제는 무너졌지만 은본위제는 여전히 살아있는 것이나 마찬가지였다. 제2차 세계대전 이후 미 달러가 많이 풀리면서 미국인들은 지폐를 은화나 은괴로 교환했다. 하지만 1950년 이후에는 산업계에서 은 수요가 늘고 은값이 오르면서 실물 은화나 은괴는 자연스럽게 화폐 시장에서 사라졌다.

이런 상황에서 1961년 케네디 대통령이 취임했다. 케네디는 1963년 6월 재무부가 보유한 은괴와 은 주화를 본위로 은 증서를 발행해 유통하기로 결정했다. 은 증서가 다시 화폐가 된 것이다. 그러나 그해 11월에 케네디는 암살당한다. 다음 해에 후임인 존슨 대통령은 은 증서와 은과의 교환을 금지함으로써 케네디의 결정을 철회한다. 이로써 은은 완전히 미국 통화에서 사라지게 된다.

연준을 비롯한 금융가들은 이 조치를 환영했다. 1873년부터 은을 퇴출하려던 금융가들의 노력이 드디어 완성된 것이다. 『화폐전쟁』은 은을 화폐로 부활시키려는 시도 때문에 케네디가 암살당했다는 의혹을 제기한다.[57] 케네디의 저격범인 오스월드를 비롯한 여러 명의 증인이 암살되거나 죽게 되는데, 이런 일련의 사건들이 우연이라고 보기에는 석연치 않다는 것이다. 진실이 무엇이든 간에, 미국은 연방준비은행권이 등장한 지 50년 만에 은을 통화에서 완전히 퇴출했다. 이제 연방준비은행권, 즉 미 달러화가 넘어야 할 산은 하나 남았다. 브레턴우즈 체제의 근간인 금이었다.

닉슨 대통령 취임 후 당시 국가안보보좌관이었던 헨리 키신저는 재무부의 통화차관보 폴 볼커에게 국제금융체제에 대한 보고서를 작성하도록 지시했다. 향후 국제금융 질서를 어떻게 끌고 갈 것이냐 하는 것이었다. 보고서를 받아본 닉슨은 의회의 승인을 받아야 하는 달러의 평가절하보다 행정부의 재량 사항인 금 태환의 중지 쪽으로 마음을 정했다.

닉슨은 1970년 2월 통화 긴축을 추진했던 연준 의장 마틴이 물러나자 자신의 경제보좌관인 아서 번스를 의장에 임명했다. 번스는 닉슨의 재선을 위해 통화량을 늘리기 시작했다. 물가는 치솟았고 국제시장에서 달러화의 가치는 계속 폭락했다. 1971년에는 한계에 봉착했다. 1971년 8월 15일 닉슨은 대통령 전용 별장인 캠프 데이비드에서 각국 중앙은행이 보유한 달러화에 대한 금 태환을 중지한다고 발표했다. 사람들은 이를 '닉슨쇼크'라고 부른다.

닉슨의 발표는 전 세계를 충격에 몰아넣었지만 정작 미국 시민들이 촉각을 곤두세운 것은 국내 임금과 물가에 대한 가격통제였다. 1934년 이후 미국은 일반인의 금 보유를 금지하고 있었기 때문에 금을 바꿔주고 말고는 어차피 미국인들의 일상생활과 아무 상관이 없었다. 미국 경제팀은 금 태환 중지 소식이 사전에 누설되면 시장에서 금 가격이 오르지 않을까 걱정했지만 예상과 달리 금값은 오르지 않았다. 이미 불안정한 상황이 시장의 금값에 선반영된 데다, 달러의 평가절하 대신 태환이 중지되면서 투기 유인이 사라졌기 때문이다.

역사상 최초의 불환지폐가 된 달러

이제 미 달러는 금과의 연계를 완전히 끊었다. 금에 의존하여 기축통화로서의 힘을 발휘하던 미 달러화는 이제 금과의 고리를 끊고 독자생존을 선언했다. 역사상 최초로 진정한 의미의 법정지폐, 즉 불환지폐不換紙幣가 탄생한 것이다.

금 태환을 정지한 미국은 국제수지 불균형을 해소하기 위해 흑자국인 독일, 일본, 영국에 대해 평가절상 압력을 가하기 시작했다. 이 나라들은 미국이 먼저 달러화의 평가절하를 단행하라고 맞섰다. 힘겨루기 끝에 일본과 독일은 12퍼센트 정도 달러화 대비 평가절상을 했고, 미국은 금 1온스당 35달러에서 38달러로 달러의 평가절하를 단행했다. 태환은 되지 않지만 가격이라도 일부 반영한 것이다.

주요 선진국은 1971년 워싱턴의 스미소니언 박물관에 모여 그간의 협의를 바탕으로 스미소니언 협정Smithsonian Agreements을 체결했다. 이 자리에서 닉슨 대통령은, 1944년 브레턴우즈 체제가 미국의 힘에 의존한 협정이었다면 스미소니언 협정이야말로 주요국들이 협력한 진정한 국제금융체제라면서, 이것으로 진정한 세계 경제 질서가 만들어졌다고 자평했다. 스미소니언 협정은 고정환율체계는 그대로 두고 변동환율 폭의 조정 가능성을 상하 2.25퍼센트로 넓혀준 것이었다.

금에 대한 미 달러화의 가치를 평가절하하기는 했지만 시장에는 훨씬 못 미치는 수준이었다. 더욱이 닉슨은 재선을 위하여 돈을 계속 풀고 있어 재정 적자폭이 커지는 상황이었다. 여전히 달러는 고평가되어 있고 국제수지 불균형을 해소하기란 불가능했다. 이러한 상황에서 스미소니언 체제가 오래 지속될 리 없었다. 브레턴우즈 체제를 바꿨다기보다는 브레턴우즈 체제의 지속을 위한 협정이라고 보아야 한다.

스미소니언 협정은 최종적으로 변동환율제도로 가기 위한 과도기적인 체제였다. 달러 가치가 계속 하락하는 상황에서 환율을 고정시키는 것 자체가 쉽지 않은 일이었다. 각국은 더 이상 고정환율제를 유지하지 못하고 하나둘씩 변동환율제도로 바꾸기 시작했다. 미국도 5년을 더 버티다가 제럴드 포드로 대통령이 바뀐 1976년이 되어서야 변동환율제도를 완전히 수용했다. 킹스턴 체제Kingston System가 들어선 것이다. 이제 통화신용정책은 각국 중앙은행의 손에 맡겨지게 되었다. 그 결과로 전 세계가 전례 없는 고인플레이션 시대로 접어들게 된다.

많은 사람이 금 태환을 정지하면 기축통화로서 달러화의 지위도 끝날 것이라고 생각했다. 하지만 그렇지 않았다. 달러는 금으로부터 완전히 독립하여 독자생존했다. 어떤 귀금속, 어떤 물리적 상품에 기반하지 않는 화폐가 탄생한 것이다. 달러의 가치가 급격히 상승하거나 하락할 위험이 생길 때마다 미국 주도 하의 국제 금융협력은 위기를 신속히 수습했다.

여기에 큰 역할을 한 것이 페트로 달러petro dollar다. 페트로 달러는 석유 대금을 미 달러로만 결제할 수 있도록 한 시스템을 말한다. 이것은 1970년대 사우디아라비아와 미국 간 비공식 계약에 따른 것으로, 미국이 사우디를 군사적으로 지원하는 대신 사우디가 오로지 달러로만 원유가를 결제한다는 약속을 받아낸 것이다.

1973년 10월 제4차 중동전쟁인 욤키푸르 전쟁이 발발했다. 중동 국가들이 석유를 무기화하면서 1974년 3월 전쟁은 끝났지만 석유 가격이 치솟았다. 미국은 중동 국가들을 분열시키기 위한 전략을 짰는데, 사우디아라비아도 그 대상이었다. 땅은 가장 넓고 인구는 적은 사우디아라비아는 석유 생산량이 풍부했지만 이란, 시리아, 이라크 등 군사 강국에 둘러싸여 있어서 몹시 불안한 상황이었다. 미국은 사우디 왕실에게 구미가 당길 조건을 제시했다. 사우디 왕실을 지지하고 보장하며 필요할 때 군사적으로 지원한다는 것이다.

그에 대한 반대급부로 얻어낸 것이 페트로 달러였다. 석유 거래는 반드시 달러로 결제할 것, 미국에 석유 공급을 보장할 것, 석유 가격을 올릴 때 미국의 동의를 받을 것 등이 주요 내용이었다. 미국은 사우디에 원유 수송 및 가공에 필요한 인프라도 건설해 주었다. 그리고 정유시설에 대한 장기 서비스와 관리 계약을 맺음으로써 오일 머니가 미국으로 흘러들어오게 했다. 1974년의 일이다.

원유 수입국들은 원유를 사기 위해 항상 거액의 달러를 비축해야 했다. 미국은 페트로 달러를 통해 세계 원유시장을 통제하는 것은 물론 기축통화로서 달러화의 지위를 굳건히 했다. 이로써 금의 보호 울타리를 떠나면서 지위가 위태롭던 미 달러화는 석유라는 더 안전하고 따뜻한 피난처를 찾았다. 이제 국제통화체제는 금본위제가 아닌 석유본위제가 된 것이다.

오늘날 미국은 세계 최대의 채무국이다. 이제 미국의 쌍둥이 적자(경상수지적자와 재정적자)는 일상적인 일이 되었지만, 정작 미국은 여기에 무감한 듯하다. 기축통화인 달러를 찍어내면 되기 때문이다. 그래서 달러패권은 미국의 생명선이라고 말해도 과언이 아니다.

20세기 중반 연준의 출범과 함께 미국 달러화가 세계 경제의 중심축으로 자리 잡기 시작했으며, 금본위제와 은본위제를 거치는 동안 화폐의 본질과 가치에 대한 근본적인 질문이 제기되었다. 이러한 변화의 물결 속에서 1971년 리처드 닉슨 대통령의 금 태환 중지 선언, 일명 닉슨쇼크는 금융 역사상 가장 중요한 순간 중 하나이다. 이 결정은 금에 의존했던 기존의 국제금융체제를 뒤흔들었고, 미국 달러를 진정한 의미의 기축통화 자리에 올려놓았다.

달러화의 가치는 더 이상 금이 아닌 미국 경제의 신뢰에 의해 결정되기 시작했다. 닉슨쇼크 사건은 화폐의 본질과 가치에 대한 의문을 제기하고, 국제금융체제의 변화가 세계 경제에 얼마나 큰 영향을 미치는지를 알 수 있게 한다.

스태그플레이션에 맞선 폴 볼커의 외로운 전쟁

오일 쇼크와 플라자합의

제2차 세계대전 직후인 1950년에서 1968년까지 미국은 평균 2퍼센트의 안정된 물가상승률을 유지했다. 하지만 1968년에는 물가가 5퍼센트 수준에 도달하더니 계속해서 상승했다. 자연스럽게 인플레이션 기대심리가 형성되었다.

이로 인해 1970년대에 들어서면 이런 기대 인플레이션을 고려하여 임금협상이 이루어졌고 높아진 임금은 상품 가격에 전가되었다. 임금과 물가의 악순환이 반복되었다. 베트남 전쟁, 존슨 대통령의 복지정책 등으로 돈이 계속 풀렸고 이로 인한 미국의 재정적자는 심각한 수준에 이르렀다. 유동성의 합이 명목GDP와 일치한다MV=PY는 피셔의 방정식Fisher Equation이 보여주듯이, 돈이 풀리면 물가는 오르기 마련이다.

그런 상황에서 1971년 금 태환 정지를 선언하는 닉슨쇼크가 있었고, 이제 달러의 가치는 더 이상 금으로 보장되지 않았기 때문에 달러는 고삐 풀린 망아지처럼 변동성이 커졌다. 여기에 오일쇼크라는 악재가 터졌다. 중동 산유국들이 석유를 무기화하면서 원유 가격이 무섭게 오른 것이다. 결과는 재정적자와 경상수지적자가 동시에 발생하는 '쌍둥이 적자', 그리고 높은 물가와 실업률이 함께 나타나는 스태그플레이션Stagflation이라는 최악의 조합이었다.

『다모클레스의 칼』은 고물가 시대와 그 당시 물가를 책임지고 있던 연준 의장들의 행적에 대해 자세히 설명하고 있다.[58] 1968년 연준 의장은 윌리엄 마틴으로, 그는 1951년부터 20년 동안 의장직을 맡고 있었다. 마틴은 독립적인 통화정책을 수행하여 중앙은행으로서 연준의 위상을 정립했다. 마틴이 재임한 대부분 기간은 물가가 안정되었으나 임기 말인 1968년 물가가 오르기 시작했다. 그는 달러 공급을 줄이고 금리를 올리는 긴축정책을 시행했다. 그러나 그의 말 그대로, 인플레이션이라는 망아지는 이미 마구간을 뛰어나와 한참을 달아난 뒤였다.

미국의 물가가 심상치 않던 1970년 1월 닉슨은 마틴의 후임으로 자신의 경제보좌관이었던 아서 번스를 연준 의장으로 임명했다. 마틴이 긴축정책을 편 탓에 경기가 침체되었다고 보고 자신의 보좌관을 연준 의장에 임명한 것이다.

번스는 인플레이션에 부정적인 학자였으나 그간의 소신을 접고 금리인상을 피했다. 그러나 번스의 정책은 실패했다. 물가도 못 잡고 실업률도 계속 올랐다. 그러자 1978년 의회는 오히려 엉뚱하게도 연준이 물가 이외에 실업률도 정책목표로 삼아야 한다는 험프리-호킨스 법Humphrey-Hawkins Act을 통과시켰다.

두 번의 오일쇼크와 역대급 인플레이션

1974년 닉슨이 워터게이트 사건으로 물러난 후 대통령이 된 카터는 1978년 3월 번스의 후임으로 조지 밀러를 연준 의장에 임명했다. 그러나 1979년 이란혁명으로 2차 오일쇼크가 발생하면서 물가가 두 자리 숫자로 뛰어오르자, 재선을 염려한 카터는 밀러를 연준 의장에서 재무장관으로 옮기고 그 후임으로 폴 볼커를 임명했다.

폴 볼커가 임명되었을 때 물가는 이미 심각한 수준이었다. 이미 석유는 산업계에 없어서는 안 될 존재였고, 1971년 닉슨 대통령이 달러의 금 태환을 중지한 후 금 가격과 함께 원유 가격도 급등했다. 당시 석유수출국기구OPEC가 원유가 인상에 나섰던 데에는 석유 수출 대금을 달러로 받는데 달러의 가치가 하락하니 당연히 원유의 가격을 올려야 한다는 논리가 있었다.

물론 닉슨의 발표 이후 OPEC이 즉각 유가를 인상한 것은 아니었다. 중동의 산유국들은 한참 동안 미국의 눈치를 봤다. 그러다가 1973년 10월 이집트-시리아 연합군이 이스라엘을 선제공격함으로써 욤키푸르 전쟁이 발발했다. 당시 미국과 소련은 자신들의 동맹국에 대량으로 물자를 보급하였기 때문에 전쟁은 점차 미국과 소련의 대리전 양상을 띠었다. 시간이 가면서 전세가 이스라엘군에 유리하게 흐르자 이집트는 OPEC 국가들에게 "원유를 서방국가들에 공급하지 말아달라"라고 호소했다. 이로써 석유의 무기화가 시작된 것이다. 결과적으로 석유 공급을 염려한 서방세계는 확전을 피했고 전쟁은 휴전으로 끝났다.

1973년 6월에 배럴당 3.6달러이던 국제유가는 1974년에 10달러를 넘어가면서 제1차 석유파동이 일어났다. 이렇게 올라간 유가는 4년 이상 유지되었다. 그러다 1979년 2월 이란혁명이 일어나 이슬람 원리주의 정부가 들어서면서 국제유가는 다시 폭등했다. 제2차 석유파동이 일어난 것이다. 1979년 1월에 15달러 수준이던 국제유가는 1980년 4월에 40달러까지 올랐다. 7년 만에 열 배 이상 오른 것이다. 1980년 9월에는 이라크의 후세인 정부가 이란을 침공했고, 이때 폭등한 유가는 한동안 유지되었다.

물가의 수호자 폴 볼커

1979년 8월 미 연준의 의장에 취임한 폴 볼커는 프린스턴대학과 하버드대학을 졸업한 후 런던정치경제대학교LSE에서 유학했다. 1950년대 뉴욕 연준에서 이코노미스트로 있다가 체이스맨해튼의 수석 이코노미스트로 자리를 옮겼다. 1960년대에는 재무부에서 일하며 금본위제의 폐지에 일조했다. 1974년부터 뉴욕 연준의 은행장을 맡고 있다가 이어 1979년 연준 의장에 취임한 것이다.

취임한 지 두 달 후인 10월, 그동안 누적된 물가상승 압력과 이로 인한 미 달러화에 대한 약세 우려 때문에 국채금리가 11퍼센트까지 급등했다. 기대 인플레이션 때문에 명목금리가 인상된 것이었다. 그는 급히 회의를 소집하여 기준금리를 인상했다. 그는 앞으로 통화량을 직접 정책목표로 관리할 것이며 이를 위해 금리를 얼마든지 더 올릴 수 있다고 선언했다. 스태그플레이션 상황에서 일단 물가부터 잡겠다며 물가와의 전쟁을 선포한 것이다.

연준이 통화공급량 목표를 제시하고 이를 지켜나가자 금리는 껑충 뛰었다. 1979년 11퍼센트에서 1981년 20퍼센트로 치솟았다. 많은 가계와 기업들이 금융부담을 감당하지 못하고 도산했고 경기는 급속히 침체했다. 이러한 연준의 강경정책에 대해 재선을 노리는 카터 대통령은 물론 언론과 학계도 비난했다. 심지어 경제학 대가인 폴 사무엘슨조차 가계와 기업의 부담은 외면한 채 통화량 목표에만 집착하는 볼커를 비난했지만, 볼커는 눈도 깜짝하지 않았다.

1980년 말, 예상대로 카터가 재선에 실패하고 공화당의 레이건 대통령이 당선되었다. 새로 출범한 레이건 행정부는 예상외로 볼커를 바꾸지 않았다. 게다가 정책을 완화할 거라는 일간의 예측과 달리 볼커는 기존의 긴축정책을 고수했다. 1981년 실업률이 8퍼센트를 돌파하고 금리가 20퍼센트 가까이 오르는데도 볼커는 정책을 바꾸지 않았다. 1982년 실업률이 11퍼센트로 치솟자 일부 농민들은 트렉터를 몰고 연준 빌딩으로 돌진하기도 하고, 건설업자들은 각목에 비난의 글을 써서 볼커에게 보내기도 했다.

레이건은 1983년 볼커를 연준 의장에 재임명했다. 카터 행정부가 임명한 볼커는 레이건의 첫 임기 때 경기 부진에 대한 비난을 한몸에 다 받았고, 1982년 말에 마침내 물가를 잡았기 때문이다. 1980년 13퍼센트에 달하던 물가상승률은 1983년 3퍼센트 대로 떨어졌다. 이에 따라 볼커에 대한 국민의 평가도 달라졌다. 재선을 앞둔 레이건으로서는 볼커를 다시 연준 의장에 임명한 것이 나쁘지 않은 선택이었다. 물가가 안정세로 돌아섬에 따라 레이건은 1984년 말 선거에서 9퍼센트가 넘는 실업률에도 불구하고 연임에 성공했다.

사실 레이건과 볼커는 정치 철학이 달랐다. 레이건은 취임 직후부터 물가에 대한 볼커의 지나친 집착이 마음에 들지 않았고, 볼커도 금융규제 완화에 적극적인 레이건의 정책이 불편했다. 1983년 레이건 정부가 금융규제완화법을 통해 상업은행, 투자은행 등 전 금융기관에 대한 규제를 대대적으로 풀면서 상업은행에 증권인수 기능을 부여하자 볼커는 은행업과 증권업을 섞는 행위는 신중해야 한다며 의회에 서한까지 보냈다. 이러한 갈등은 갈수록 심해졌다. 레이건은 연준 이사에 공화당 소속 의원들을 임명했다. 연준 이사 일곱 명 중 네 명이 레이건 쪽 인사들로 채워지자 볼커는 일하기가 어려워졌다. 레이건 행정부와 볼커의 결별의 시간이 다가오고 있었다.

플라자합의, 달러를 강제로 평가절하하다

1985년 플라자합의Plaza Agreement가 전격적으로 이루어졌다. 플라자합의는 달러 체제를 유지하기 위하여 미 재무부가 주도하여 일본 등 신흥강국의 환율을 인하한 사건이다. 플라자합의의 배경은 이렇다. 레이건 정부는 취임하면서 '강한 미국, 강한 달러'를 표방했고 대대적인 감세와 군비 증강을 진행했다. 그 과정에서 재정적자와 경상수지 적자는 기하급수적으로 늘어났다. 달러화의 증발로 인한 인플레이션을 막기 위해 고금리정책을 유지했지만, 이로 인해 자금이 대량 유입되고 달러가 절상되어 경상수지 적자가 더 커지는 악순환에 빠졌다.

1985년 초 달러 강세로 고전하던 미국의 산업계는 달러화의 평가절하를 정부에 요구했고, 무역수지 적자를 더 이상 두고 볼 수 없었던 레이건 행정부는 달러의 평가절하를 결심한다. 그 당시 국제통화체제는 킹스턴 체제로 이미 변동환율제도를 채택하고 있었기 때문에, 달러를 평가절하하려면 주요국들이 일제히 시장에 개입하여 시장 환율을 돌려

놓아야 했다.

1985년 9월 미국의 주도로 뉴욕의 플라자 호텔에 미국, 프랑스, 영국, 독일, 일본 등 G5의 재무장관들이 모여 플라자합의를 끌어냈다. 당시 미국 재무장관이던 제임스 베이커는 달러화의 가치 상승의 문제점에 대해 지적하고, 주요국들이 통화를 평가절상해 줄 것을 요청한다. 전쟁 후 미국의 지원 덕에 그만큼 성장할 수 있었던 국가들이 미국의 요청을 거절하기란 쉬운 일이 아니었다.

미국의 힘에 독일과 일본이 굴복했다. 결국 G5 재무장관들은 환율이 대외불균형을 시정하기 위해 그 역할을 다해야 한다는 점, 이를 위해 환율은 펀더멘탈을 지금보다 더 잘 반영해야 한다는 점, 주요국의 통화를 달러화 대비 평가절상해야 한다는 점, 그리고 이 모든 사안을 위해 더 밀접하게 협력한다는 점 등에 합의했다.

이를 계기로 각국 중앙은행의 대대적인 외환시장 개입이 이루어졌다. 일주일 만에 마르크화는 7퍼센트, 엔화는 8.3퍼센트가 올랐다. 이후 1988년까지 달러화는 마르크화 대비 약 20퍼센트, 엔화 대비 약 50퍼센트 평가절하되었다. 플라자합의 덕분에 미국 경제는 회복세를 찾아갔지만, 반면 일본은 엔고로 인해 수출경쟁력을 잃어버리고 자산 버블이 꺼지면서 1990년부터 '잃어버린 10년'이 시작된다. 이렇듯 플라자합의는 미국의 적극적인 시장개입을 통해 기축통화로서 달러의 지위를 지킨 사건이다.

플라자합의 이후 볼커는 달러가 평가절하된 상황에서 굳이 금리인하를 하는 것에 부정적이었지만 공화당은 금리인하를 원했다. 1986년 연준의 재할인율 결정에서 볼커 의장의 의견이 소수 의견으로 전락하는 일까지 발생했다. 사실상 연준 이사들이 볼커를 불신임한 것이나 다름없었다.

1987년 여름, 재연임을 앞둔 상황에서 볼커는 사의를 표명했다. 그는 기자들에게 연준 의장 연봉으로는 아이비리그에 다니는 딸 등록금도 대기 어렵다고 농담하면서 의장직을 떠났다. 사실 이미 연임도 했고 두 번째 재임 기간도 거의 만료되는 시점이었으니, 재연임 가능성이 없는 상황에서 본인의 자존심을 살렸다고 보는 게 맞을 것 같다.

볼커의 정책과 리더십은 미국 금융 역사의 중요한 전환점을 만들었다. 그의 긴축정책은 단기적으로는 많은 비판을 받았지만, 기록적인 인플레이션을 극복하고 경제안정을 가져오는 데 결정적인 역할을 했다. 볼커가 재임기간 동안 내렸던 결정들은 오늘날까지도 미국 경제 정책에 많은 참고가 되고 있으며, 그의 유산은 금융안정과 정책 결정에서의 용기 있는 리더십의 상징으로 남아 있다.

유가와 물가의 안정이 시작되다

닉슨쇼크가 달러와 금의 연결고리를 끊어냄으로써 글로벌 금융시스템의 근본적인 변화를 가져왔다면, 1973년과 1979년에 일어난 오일쇼크는 그로 인한 변동성을 더욱 극대화시켰다. 달러 가치의 변동성이 커지고, 세계 각국의 화폐 가치는 불안정해졌다. 석유 가격의 급등은 전 세계적으로 인플레이션을 촉발시켰다. 이 두 사건은 단순히 화폐의 가치 변화를 넘어, 경제 정책과 글로벌 사건이 어떻게 세계 경제의 운명을 좌우할 수 있는지를 보여준다.

유가는 1983년에 30달러, 1986년에 12.6달러로 떨어지면서 정상을 되찾았다. 이란과 이라크가 1988년까지 사실상 석유 생산을 중단하고 있었는데 국제유가는 어떻게 이렇게 신속하게 정상을 되찾았을까? 이에 대한 해답은 미국의 실질적 금리 변화, 그리고 석유에 대한 장기적 소비패턴의 변화에서 찾을 수 있다.[59]

초기에 원유 가격이 하락한 가장 직접적인 원인은 미국의 금리 상승 때문이었다. 새롭게 연준 의장이 된 폴 볼커는 인플레이션을 잡기 위해 통화량을 직접 통제했고 금리는 상승하기 시작했다. 미국의 실질 정책 금리는 1980년대 초반에 8퍼센트까지 상승하였다.

실질금리가 상승한다는 것은 달러의 가치가 상승한다는 뜻이다. 다시 말해 닉슨의 금 태환 중지로 하락했던 달러의 위상이 회복되었다는 것을 뜻하는 것이다. 금리가 올라감으로써 달러 자산을 보유할 때 얻을 수 있는 실익이 확대되자, 달러로 수출 대금을 받는 산유국 입장에서는 원유 가치가 올라간 것과 다름없었다. 원유 가격을 무리하게 인상하면서까지 원유에 대한 수요와 선호를 위축시킬 이유가 없었던 것이다.

1983년 이후 금리가 하락한 이후에도 국제유가의 하락은 계속되었다. 그 이유는 새로운 유전의 발견으로 석유 공급이 늘어났기 때문이다. 1980년대 초 소련의 석유 생산량이 엄청나게 늘어났다. 1970년 내내 유가가 계속 올라가다 보니 막대한 비용이 드는 대륙붕의 석유개발 사업도 타산이 맞게 된 것이다. 그러나 개발자들이 진짜로 사업성을 확신하고 사업성에 뛰어들기까지는 긴 시간이 걸렸는데, 막상 개발하여 대량생산을 시작하자 가격이 하락했고 오랫동안 유지되었다.

다른 요인은 소비자 측면에서 일어났다. 고유가 시대가 계속될 것으로 생각한 소비자들은 연비 좋은 상품을 선호하기 시작했다. 미국의 소비자들은 연비 좋은 소형차를 사기 시작했다. 우리나라의 포니나 엑셀이 한 해 16만 대를 수출한 것도 바로 이때였다.

어쨌든 1980년대 초 안정되기 시작한 유가는 1990년 이라크의 후세인 대통령이 쿠웨이트를 침공하면서 발생한 걸프전쟁으로 한때 급등하기도 했다. 하지만 이것도 잠시였고 20년 내내 저유가의 흐름이 이어졌다.

미국의 대안정기를 이끈 최장수 연준 의장

앨런 그린스펀 시대의 정책 변화

1987년 8월 볼커의 후임으로 앨런 그린스펀이 연준 의장에 임명된다. 레이건 행정부 때 취임한 그린스펀은 조지 부시, 빌 클린턴, 아들 부시 대통령 때까지 20년 동안 총 다섯 차례 연준 의장을 맡았다.

그린스펀은 규제 없는 시장, 그리고 작은 정부를 지향하는 자유주의 경제학자였다. 1987년 10월 주식 대폭락 사태를 비롯해 1997년 아시아 외환위기, 1998년 러시아 디폴트와 롱텀캐피털매니지먼트LTCM 위기, 그리고 2001년 닷컴버블 등 일련의 경제금융 위기를 모두 무난히 해결하면서 20년 동안 미국 경제의 대大 안정기를 이끈다. 연준 의장 때의 정책 성향은 '연착륙'과 '탈규제'라는 말로 대변된다. '미국 경제의 조타수', '미국의 경제 대통령', '마에스트로'라는 별명을 가지고 있다.

유대인 가정에서 자란 그는 줄리어드음악대학에서 클라리넷을 전공하고 밴드 활동도 했던 특이한 경력의 소유자였다. 1945년 뉴욕대학을 졸업한 후 컬럼비아 대학에 들어가, 연준 의장을 지낸 아서 번스 밑에서 경제학을 공부했다. 컨설팅 회사를 운영하던 그린스펀은 포드 대통령의 경제 자문역을 맡았고 레이건에 의해 연준 의장에 발탁된다.

그린스펀이 취임한 지 두 달 만에 주식시장이 붕괴하면서 금융위기가 찾아왔다. '검은 월요일Black Monday'이라고 불리는 1987년 10월 19일에 다우존스 지수는 하루 동안 22.6퍼센트가 빠졌다. 세계대공황의 시작이었던 1929년 10월 24일(검은 목요일)의 지수 하락폭이었던 11퍼센트보다도 두 배가 넘는 엄청난 규모였다. 이날의 충격은 바로 전 세계로 전파되어 이튿날 홍콩, 스페인, 영국 등의 주가 폭락으로 이어졌다.

주가 폭락의 직접적인 원인은 포트폴리오 보험portfolio insurance라는 프로그램 트레이딩이었다. 주가 하락이 일정 수준을 넘어서면 컴퓨터가 자동으로 매도주문을 넣는 방식이었다. 처음의 주가 하락은 달러 약세 때문이었다. 플라자합의로 달러 약세가 지속되자 일반 투자자들은 외국인 투자자들의 이탈을 우려하고 있었다. 그런데 때마침 그린스펀이 9월에 재할인율을 50비피 인상하자 이것이 오히려 미국이 달러 약세를 저지하려는 시도로 인식되면서 주가가 빠진 것이다.

그린스펀은 바로 과감하게 대처했다. 그는 '규모는 무제한, 시기는 필요할 때까지'라는 기조로 닥치는 대로 국채를 사들였다. 향후 글로벌 금융위기와 코로나19 팬데믹 시기 연준의 조치에 기준이 된 사건이었다. 그린스펀의 파격적인 결정으로 위기는 의외로 쉽게 종식되었다. 몇 달 뒤 주가는 예전 수준으로 회복했고, 이를 계기로 그린스펀의 명성은 거의 볼커와 같은 반열에 올랐다.

1998년에는 미국에서 롱텀캐피털매니지먼트LTCM 위기가 있었다.

LTCM은 1994년 살러먼브라더스의 트레이더 존 메리웨더가 설립한 헤지펀드였다. 그들은 금융상품의 가격 트렌드를 예측하여 현재 상품 가격이 추세선보다 비싸면 공매도하고 싸면 사들이는 방식으로 투자했다. 이러한 투자 전략으로 3년 동안 엄청난 수익을 냈다.

그러나 1997년, 우리에게는 IMF 사태로 익숙한 아시아 외환위기로 인해 세계 금융시장에 이상흐름이 생겼고 이것이 LTCM을 곤경에 빠뜨렸다. 채권 가격이 하락하자 그들은 곧 회복될 것으로 보고 더 많은 채권을 사들였던 것이다. 하지만 기대와 다르게 1998년 러시아가 무기한 지불유예moratorium를 선언하면서 채권은 폭락했다.

LTCM은 자본을 잠식당하는 상황에 이르렀다. 이들은 투자자금을 단기 금융시장에서 레포repo, 즉 환매조건부 채권매매로 조달했는데 담보로 제공한 채권의 가격이 떨어지자 증거금을 추가로 넣어야 하는 마진콜에 직면했던 것이다. 뉴욕 연준은 LTCM이 파산할 경우 닥칠 금융시장의 혼란을 막기 위해 구제를 결정했다. 16개 대형 은행들이 공동으로 구제자금을 지원하면서 위기는 멈춘다.

물리학처럼 정교한 그린스펀의 금리 조절

그린스펀은 통화금융정책을 위해 금리의 목표 수준을 명확히 밝히고, 한 번에 25비피만 조절하는 특유의 베이비 스텝baby step을 연준의 새로운 스타일로 도입했다. 통화량을 정책수단으로 사용하던 볼커의 방식은 더 이상 연준에서 사용되지 않았다. 학계에서도 그린스펀의 정교한 금리 조절이야말로 중앙은행이 본받아야 할 법칙이라고 칭송했다. 사람들은 이러한 통화정책을 과학적이라고 보았다. 통계수치 하나하나를 놓치지 않고 그에 근거하여 기준금리를 조정하는 그린스펀의 통화정책은 물리학의 공식을 연상시켰다.

1990년대에 이르러 미국 경제는 인플레이션 없는 경제 호황을 맞았다. 냉전 종식에 따른 군비 축소, 동유럽의 저임금 노동 덕분이기도 하지만 자유경제에 대한 신뢰도 한몫했고 그것은 그린스펀 덕분이었다. 1999년 2월 시사잡지 「타임」지는 연준 의장 앨런 그린스펀, 재무장관 루빈, 재무차관 로렌스 서머스의 3인을 표지에 실으며 '세상을 구한 사람들The committee to save the world'이라는 제목을 달았다. 「타임」은 이들이 1987년 검은 월요일 사태부터 아시아 외환위기, 러시아 모라토리엄 선언, 그리고 LTCM 파산 등 각종 위기에서 세계 경제를 구해 냈다고 높이 평가했다.

그린스펀은 금융위기 시에는 '배젓의 법칙'대로 과감하고 발 빠르게 대처했으나 과열 국면에서는 신중했다. 중앙은행이 개입하여 버블을 끄기보다는 버블이 터진 이후 개입하여 사태를 수습하는 편을 선호했다. 이렇게 조치한 이유는 그리스펀이 자유시장주의자로서 효율적시장가설efficient market hypothesis의 신봉자였기 때문이다. 그는 시장 가격은 진정한 가치를 반영하는 것이며 자산 가치의 변동은 새로운 정보에 반응한 결과이므로 설사 가격이 높아지더라도 이는 적당한 가격이라고 보았다. 또한 버블을 효과적으로 막기 어렵다는 현실적인 고려도 있었다.

그린스펀은 금리정책은 문제가 되는 특정 부위만 도려내는 수술용 칼이 아니라 경제 전반을 무차별적으로 공격하는 해머와 같아서, 금리의 인상은 경제에 부담만 주고 과열을 잡는 데는 효과적이지 않을 수 있다고 보았다. 소폭의 금리인상으로는 버블을 잡을 수 없고, 그렇다고 금리를 대폭 인상하면 경제 전체를 불황으로 빠뜨릴 위험이 있다는 것이다. 역사적으로도 1920년 독일 중앙은행 총재 샤르트의 실패나 주식시장의 과열을 잡으려다 대공황 발생에 일조했던 연준의 금리인상 경험이 그의 주장을 뒷받침한다.

시장에서는 이런 정책을 시장에서는 '그린스펀 풋Greenspan Put'이라고 불렀다. 버블이 터지면서 금융위기가 발생하면 연준이 어김없이 정책금리를 인하하고 유동성을 풀어 지원하는 그린스펀의 정책이, 마치 투자자들이 주가 하락에 따른 손실을 방어하기 위해 사는 풋옵션 같다 해서 붙여진 이름이다.

규제 완화에 대한 상반된 평가

1998년 LTCM 위기를 극복하고 위기관리 능력에 자신감을 얻은 그린스펀과 클린턴 행정부는 금융규제 완화에 착수했다. 1998년 4월 투자은행 트래블러스그룹의 CEO였던 샌포드 웨일은 시티그룹과의 합병을 공식 선언한다. 웨일이 전방위적으로 로비한 결과 의회에서 글래스-스티걸 법을 대체하는 그램-리치-블라일리 법Gramm-Leach-Bliley Act이 통과되었다. 이로써 트래블러스그룹과 씨티그룹의 합병이 이루어졌다.

클린턴은 법안을 공포하면서 "오늘 우리는 낡은 법을 버리고 은행의 제한을 풀어 금융산업의 발달을 앞당겼다"라고 선언했다. 투자은행과 상업은행의 겸영을 금지한 글래스-스티걸 법의 폐지는 당시 세계 금융 중심지의 위상을 놓고 치열하게 겨루던 뉴욕과 런던 간 규제 완화 경쟁의 일환이었다.

하지만 모든 사람이 글래스-스티걸 법 폐지에 찬성한 것은 아니었다. 바이런 도건 상원의원은 "10년 뒤 오늘을 돌아보면서 후회할 것이다. 우리는 과거의 교훈을 다 잊어버리고 이를 폐지했다"라며 경고했다. 2008년 글로벌위기 직후 씨티그룹의 전 회장 존 리드는 글래스-스티걸 법의 폐지가 2008년 금융위기에 원인을 제공했다는 비판을 받아들이면서, 배가 쉽게 침몰하는 것을 막기 위해 구획화하는 것처럼 금융산업도 구획화해서 설사 한 군데 구멍이 생기더라도 배가 통째로 가라앉지 않도록 막았어야 한다고 후회했다.

반면 그린스펀은 2008년 금융위기는 금융규제 완화 때문이 아니라 규제의 실패, 즉 감독당국의 정책 실패 때문이었다고 주장했다. 하지만 그는 2008년 10월 하원 청문회에서 주택담보대출 시장의 잠재위험에 대한 인식과 대응이 부족했다는 질책을 받고 민간기업에 대한 지나친 규제 완화가 문제였음을 시인했다.

앨런 그린스펀의 경제 정책과 금융시장에 대한 접근 방식은 현대 금융 시스템의 발전에 중대한 영향을 미쳤다. 그의 시대는 금융규제와 통화정책에 대한 근본적인 변화의 시기로 기록되고 있다. 그린스펀은 금융시장의 자유화와 글로벌화가 급속히 진행되는 배경 속에서 연준의 역할을 재정의하고 미국 경제를 안정시키는 역할을 했다.

미국은 여러 차례의 금융위기를 겪었으며, 그린스펀은 이러한 위기에 대처하기 위해 전통적인 통화정책의 틀을 넘어서는 창의적인 해결책을 도입했다. 하지만 이러한 해결책은 단기적으로는 금융시장의 안정을 가져왔지만, 장기적으로는 금융 시스템 내의 위험을 증폭시키고, 결국 2008년 금융위기의 한 원인이 되었다는 비판도 받고 있다.

정책 당국자가 우유부단하면 벌어지는 일

일본의 정책 실패와 장기불황

1985년 9월 단행된 플라자합의는 일본 장기침체에 트리거 역할을 했다. 플라자합의 직전에 엔-달러 환율은 242엔이었으나, 11월 말에는 202엔이 되었다. 당연히 일본 상품들의 수출경쟁력이 떨어지기 시작했다.

일본 중앙은행은 엔고Yen 高로 인한 침체에 대응하여 금리인하로 응수했다. 플라자합의 직전 5퍼센트였던 재할인율을 2.5퍼센트까지 낮추었다. 일본 경제에는 활기가 돌았다. 수출경기는 회복되지 않았지만 내수경기가 좋아졌다. 자동차나 주택 같은 고가의 자산에 대한 소비가 늘면서 기업의 이익도 개선되었다. 수출에서 빠진 매출을 내수가 메꾸어준 것이다.

일본 기업들은 부동산 및 리조트 등 내수를 위한 투자를 늘려나갔다. 1986년 초 때마침 하락한 국제유가는 원유 전량을 수입에 의존하는 일본에게 물가안정과 경상수지 개선이라는 선물을 가져다주었다. 수출상품의 원가가 하락하니 수출경쟁력도 개선되었다. 유가 하락이라는 대외호재와 중앙은행의 신속한 금리인하 조치가 엔고의 충격을 덮어버렸다.

한편 미국은 플라자합의가 가져온 달러의 약세로 미국의 수출기업이 경쟁력을 회복하면서 경제는 호황을 누렸다. 그러나 이러한 호황은 2년도 못가서 1987년 10월 '검은 월요일'이라는 주식폭락 사태를 맞는다. 아무 상관도 없을 것 같았던 주식폭락 사태는 바다 건너 일본에 영향을 주었다. 뉴욕 증시가 폭락하자 미국 재무장관 베이커는 일본 나카소네 수상에게 연락을 취해 일본은행이 금리를 인하하도록 요구한 것이다. 도쿄 증시로 들어간 자금이 미국으로 돌아오도록 하기 위한 것이었다. 나카소네는 미국의 요구를 받아들여 금리를 2.5퍼센트까지 인하했다.

원래 일본 중앙은행은 금리인하가 아니라 인상을 진지하게 검토하고 있었다. 주식시장이 과열되는 모습까지 보였기 때문이었다. 1985년 말 일본 닛케이지수는 1만3,000포인트였는데 1987년 2만 포인트까지 1.5배 상승했다. 주가수익비율PER도 49로 평균보다 두 배 이상 높았다. 일본은 1987년 상반기에 금리를 인상해야 했는데, 우물쭈물하던 와중에 10월 미국에서 뉴욕 증시가 폭락한 것이다.

미국이 공조를 요청하는 바람에 1989년까지 금리인상을 못하고 끌려갔고 저리의 싼 돈들이 증시로 몰려들었다. 기업들은 은행에서 저리로 대출을 받아 증시에 투자했다. 1988년 도쿄 증권시장은 3년간 300퍼센트로 올라 있었다. 1989년에 일본 주식시장의 PER은 67까지 상승했고, 주가 대비 수익률은 2퍼센트도 안되는 상황이었다. 이제 버블이 터지는 것은 시간문제였다.

폭등한 자산가격이 한 번에 무너졌다

주식보다 더 문제는 부동산이었다. 주식시장 호황으로 기업들이 자본시장에서 자금을 조달하니 기업의 은행 대출 수요가 줄었다. 은행들은 남아도는 돈을 부동산 대출로 운용하기 시작했다. 시중은행의 부동산 대출은 1988년 31조 엔이었던 것이 1990년에는 42조 엔으로 증가했다. 가계뿐만 아니라 기업들도 부동산 투자에 뛰어들었다. 기업들은 증시에서 조달한 자금으로 부동산을 사기 시작했다. 대도시의 토지가 5~6년 만에 세 배가 뛰었다.

부동산 가격이 이렇게까지 폭등한 것은 1985년 플라자합의 이후 계속된 저금리 때문이었다. 일본 중앙은행도 이런 비정상적인 부동산 가격 폭등을 두고 볼 수만은 없었다. 결국 1989년 5월 기준금리를 2.5에서 3.25퍼센트로 75비피 인상했다. 하지만 1990년에도 가격 상승세가 멈추지 않자 일본 중앙은행은 금리를 6퍼센트까지 인상했다. 불과 1년 3개월 만에 금리를 3.5퍼센트포인트 올린 것이다.

하필이면 1990년대 초반에 일본에서는 연 170만 호의 주택공급이 계속되었다. 주택이 4,000만 호 있는 나라에 매년 170만 호의 주택이 새로 공급되는 상황에서 금리가 두 배 이상 오르자 부동산 가격도 더는 버틸 재간이 없었다. 먼저 주택 전문 금융회사와 신용협동조합부터 부실을 견디지 못하고 무너졌다.

1990년 금리가 대폭 상승하자 부동산 가격뿐만 아니라 주식 가격도 떨어지기 시작했다. 『화폐전쟁』은 일본의 주가가 갑자기 폭락한 것은 금리인상에도 원인이 있지만, 국제금융세력인 모건스탠리나 살로몬브라더스가 만든 옵션 상품 때문이라고 말한다.[60] 미국의 금융가들은 일본 주가가 떨어질 것으로 보고 풋옵션을 팔았다. 예를 들어 특정 시점에 닛케이지수 4만 포인트로 주식을 팔 수 있는 권리인 풋옵션을 미국 투자자들에게 대량으로 판 것이다. 이 상품의 이름이 '닛케이 풋 워런트Nikkei Put Warrants'다. 미국 투자자들이 지수가 3만 포인트 이하로 떨어질 것으로 보고, 그 시점에 이 상품을 4만 포인트에 팔 수 있으면 30퍼센트 이상 이득을 본다.

이 상품은 일본인들이 4만 포인트에서 주식을 살 수 있는 권리인 콜옵션과 매칭되어 있다. 그러니까 일본인들은 주식이 5만 포인트는 간다고 생각해서 4만 포인트에 살 수 있는 콜 옵션을 산 것이다. 주식이 5만 포인트로 올라가면 그보다 싼 가격인 4만 포인트에 사서 5만 포인트에 팔 수 있으니 25퍼센트 이득이 되는 것이다.

결과적으로는 주가가 떨어질 거라던 미국 금융가의 예측이 맞았다. 1989년 12월 말 닛케이지수가 3만9,000포인트를 찍자 주가 선물지수 옵션이 위력을 발휘했다. 1990년 1월 일본 증시는 붕괴하기 시작했다. 1991년부터는 경제성장률마저 떨어지기 시작했다. 일본 증시는 70퍼센트나 폭락했고 부동산은 14년 연속 하락세를 이어가기 시작한다. 일본의 '잃어버린 10년'이 시작된 것이다. 일본 경제에 부채 디플레이션이 시작되었다.

자산가격 대폭락은 경제주체들에 두 가지 영향을 주었다. 하나는 경제주체들이 대차대조표상의 손실, 즉 빚을 갚기 위해 노력해야 한다는 것이다. 둘째는 주식이나 부동산 등 보유자산 감소가 소비 위축을 가져오는 이른바 '역逆 부의 효과'가 발생한다는 것이다. 예를 들어 한 가계가 자신의 순자산 5억 엔에 빚을 10억 엔 얻어 15억 엔짜리 집을 구매했다. 그런데 부동산 가격이 폭락하여 집값이 7억5,000엔이 된다면 순자산이 마이너스 2억5,000엔이 되는 것이다. 이런 상황에서 이 가계가 할 수 있는 일이란 열심히 돈을 벌고 소비를 줄여 빚을 갚아나가는 것이다. 만일 금융기관이 대출금을 회수하기 위해 담보물을 팔아버리면 길바닥에 나앉게 되기 때문이다.

1990년대에 일본의 가계들이 이런 상황에 빠졌다. 실제로 파산 위기에 처한 가계들은 빚을 갚기 위해 집을 내놓았고, 채권자들도 담보물로 잡은 집을 내놓았다. 안 그래도 가격 하락국면에 접어든 부동산은 더욱 급속도로 하락했다. 가계들은 빚을 갚기 위해 소비를 줄이고, 기업들은 비용경감을 위해 고용을 줄이니 경제는 더 침체에 빠졌다. 물가가 하락하면서 가계와 기업의 실질적인 부채 부담은 더 늘었다. 이런 과정을 겪으면서 경제주체들은 모두 다 가난해졌다. 평생 모은 자산의 가치가 반 토막이 되니 사람들은 충격에 빠졌다. 소비심리가 완전히 무너졌다.

일본 당국자들은 무엇을 했나

그런데 사실 이러한 자산시장 붕괴는 금융위기 때면 늘상 일어나는 일이다. 문제는 일본의 침체가 비정상적으로 오래갔다는 점이다. 그 이유는 무엇일까? 여기에는 일본 정책당국자들의 오판이 한몫했다. 처음에는 디플레이션이 이렇게 심각하리라고 예측하지 못했다. 더구나 1990년대 걸프전쟁이 발생하여 석유 가격이 일시 상승하자 인플레이션 압력이 여전히 있는 것 같은 착시효과가 있었다. 무엇보다 일본 대장성이나 중앙은행 모두 경기상황에 대해 낙관적이었던 것이 문제였다. 경기부양 타이밍을 놓치고 1991년이 돼서야 부랴부랴 금리를 인하했다. 시기도 너무 늦었지만, 금리인하의 폭도 너무 작았다.

그때까지도 일본 중앙은행은 사태의 심각성을 인식하지 못했다. 1994년에도 2.5퍼센트였던 금리를 1.75퍼센트까지 내리고 대대적인 경기부양책을 실시했다. 그렇게 경기가 조금 살아나는가 싶으니까 일본 정부는 그간의 재정적자 문제를 해결한답시고 1997년에 소비세를 기존 3퍼센트에서 5퍼센트로 인상하는 실책을 범했다.

1997년 아시아 외환위기가 터지면서 일본 경제도 다시 위기에 빠졌다. 1997년 말부터는 금융기관들이 파산하기 시작했다. 은행들이 지급불능 사태에 빠지자 일본 대장성은 전 금융기관의 예금에 대해 정부보증조치를 단행했다. 동시에 1999년까지 매년 막대한 공공지출을 통해 경기부양책을 실시했다. 그럼에도 경기 침체가 계속되자 1999년 4월 일본 중앙은행은 기준금리를 제로 금리까지 내리고 디플레이션 우려가 사라질 때까지 제로 금리를 유지할 것을 선언했다. 10년 후 글로벌 금융위기로 인해 각국의 중앙은행이 채택했던 사전고지제도Forward Guidance의 효시였다.

이러한 과감한 정책발표로 일본 경기는 다소 호전되는 듯했다. 하지만 일본은 "디플레이션 우려가 서서히 걷히고 있다"라고 선언하면서 2000년 8월 정책금리를 0.5퍼센트로 올렸다. 이 작은 조치에 일본 경제는 다시 무너지기 시작했다. 상황이 악화되자 2001년 3월 일본 중앙은행이 다시 제로 금리로 복귀하고 양적완화 정책을 실시했지만, 디플레이션을 돌리기에는 역부족이었다. 결국 일본은 '잃어버린 10년'을 넘어 '잃어버린 20년'을 맞이하게 됐다.

후일 미국 연준 의장이 되는 프린스턴대학의 벤 버냉키 교수는 일본이 장기 불황에 빠진 이유에 대해, 먼저 1987년에서 1989년 사이에 자산가격이 엄청나게 상승했을 때 이를 막는 긴축정책을 실시하지 않은 것, 그리고 1991년에서 1994년 주식 등 자산가격이 급락하면서 은행들이 파산 위기에 처했을 때 금융완화 정책을 통해 돈을 풀지 않은 것을 들었다.

또한 일본 지도자들의 우유부단함도 장기불황을 촉발했다고 지적했다. 1999년 일본이 제로 금리 정책을 취했을 때 버냉키는 '디플레이션 우려가 사라질 때까지'라는 막연한 목표 대신 단기금리를 제로로 유지하는 기간을 구체적으로 설정하거나, 아니면 목표하는 장기 이자율을 명시적으로 밝히고 이를 달성할 때까지 돈을 찍어 장기채권을 매입하는 등 강력한 정책을 펼쳤어야 한다고 주장했다. 하지만 버냉키의 계속된 권고에도 불구하고 일본 중앙은행은 행동에 나서지 않았다.

1990년대에는 전 세계적으로 인터넷을 중심으로 한 제3차 산업혁명이 진행되고 있었지만, 일본 경제는 그 흐름을 타는 데 실패하고 침체로 빠져들었다. 1990년에 시작된 일본 경제의 몰락이 현재까지도 이어지고 있는지는 분명치 않다. 하지만 일본의 잃어버린 10년이 태평양전쟁의 패배와 맞먹을 정도로 일본 사회에 충격을 주었고, 그 충격이 현재까지 완전히 사라지지 않은 것은 분명하다.

플라자합의와 일본 경제의 장기침체는 경제정책의 중요성과 그로 인한 파장을 보여주는 중요한 사례다. 1985년의 플라자합의는 단순히 환율 조정에 그치지 않고 전 세계 경제에 깊은 영향을 미쳤으며, 특히 일본 경제에 장기적인 영향을 남겼다. 이 합의로 인한 엔화 가치 상승은 일본의 수출경쟁력 저하와 내수시장의 과열, 자산가격의 비정상적인 상승을 초래했고 이는 결국 버블경제의 붕괴로 이어졌다. 이러한 경제적 혼란은 일본이 '잃어버린 10년'을 넘어 '잃어버린 20년', 심지어 '잃어버린 30년'으로 이어지는 장기침체로 이어지고 있다.

한국도 당한 국제자본의 횡포, 외환위기

개발도상국의 금융위기

개발도상국의 외환위기는 1982년 멕시코에서 처음 있었다. 산유국인 멕시코는 1970년대 국제유가가 오르자 정부지출을 크게 확대했고, 재정적자가 커지자 차입과 통화 발행으로 이를 해결하려 했다. 외채가 급격히 증가했고 물가가 상승했다.

이러한 상황에서 폴 볼커의 고금리 정책은 멕시코를 부채 위기로 내몰았다. 미국이 인플레이션 타개라는 명분으로 기준금리를 인상한 탓에 달러의 대출금리가 20%로 폭등한 것이다. 멕시코는 IMF의 특별조항에 서명한 후에야 구제금융을 받을 수 있었다. 특별조항에는 보조금 등 정부지출 삭감, 페소의 평가절하 등이 포함되어 있었다.

멕시코의 위기는 국제금융자본이 주도하는 고금리와 원자재 가격 하락의 영향이 컸으므로 어쩌면 멕시코의 잘못이 아닐 수도 있다. 저널리스트인 윌리엄 엥달은 그 당시 멕시코의 상황을 다음과 같이 묘사했다. "조직적인 강도질이 시작되었다. 개발도상국 채무국들은 빚을 몇 번이나 갚았다. 그들은 피와 살을 도려내어 뉴욕과 런던의 샤일록들에게 채무를 갚은 것이다."

1990년대 미국의 경제는 좋았지만 신흥국들은 경제위기를 맞았다. 1994년에는 멕시코 외환위기(데킬라 위기)가 다시 일어났다. 경상수지 적자가 GDP의 7퍼센트에 육박하면서 외환보유고가 바닥나자 멕시코가 페소의 환율 방어를 포기했고, 페소의 가치는 6개월 만에 50퍼센트 가까이 떨어졌다. 멕시코와 국경을 같이하고 자유무역협정NAFTA을 체결한 미국은 멕시코의 몰락을 지켜볼 수 없었다. 1995년 미국 재무부는 환율안정기금을 동원하여 멕시코 채권에 대한 보증을 실시하여 멕시코 경제를 살렸다.

한국을 송두리째 뒤흔든 IMF 사태

몇 년 후, 이번에는 그동안 높은 경제성장을 보였던 아시아 국가들에게 위기가 찾아왔다. 1997년 여름 태국의 바트화 폭락을 시작으로 말레이시아, 인도네시아, 홍콩, 한국 등이 외환위기에 처했다. 아시아 신흥국가들의 경제는 괄목할 만큼 성장했지만 그 이면에는 취약점도 함께 자라고 있었다.

가장 먼저 직격탄을 맞은 것은 태국이었다. 태국은 1994년부터 수출이 하락했고 이와 함께 해외자본이 유입되면서 주가와 부동산 가격이 크게 올랐다. 외채 총액은 외화보유고의 세 배에 달했다. 태국의 화폐는 국제금융자본의 공격 대상이 되기 충분했다. 태국은 거대하고 인정사정없는 국제금융자본에 의해 완전히 유린당했다. 태국은 2003년

이 돼서야 채무를 조기상환하면서 IMF의 채무에서 완전히 벗어났다. 이때 태국의 탁신 총리는 "다시는 국제금융자본의 사냥감이 되지 않을 것"이라고 선언했다.

한국도 예외는 아니었다. 우리에게 아직도 트라우마로 남아 있는 IMF 사태가 바로 그것이다. 1990년대 세계 경제가 불황에 접어든 상황에서도 한국은 과거에 했던 무리한 투자를 이어갔고, 미국에서 단기자금을 조달하여 대규모로 중화학공업에 투자했다. 이 와중에 금융자율화 조치가 시행되면서 종합금융사들을 중심으로 해외에서 단기로 자금을 조달하는 경우가 많아졌고 단기외채의 비중이 더 높아졌다.

그러다가 1996년 한보와 기아가 무너지면서 국제신용평가사들이 한국의 신용등급을 하향조정하자 환율이 상승하기 시작했다. 외환시장이 급격하게 무너지기 시작했다. 기업들의 단기 외화 부채 때문에 정부는 환율 방어에 나서지 않을 수 없었고, 결국 외환보유고가 바닥난다. 환율 방어 능력이 없다는 걸 알아차린 국제 투기세력의 공격이 거세지자 한국 정부는 더 이상의 방어를 포기했다. IMF에 구제금융을 요청하게 된 것이다.

IMF는 구제금융의 전제조건으로 예산 삭감 등 긴축정책과 환율 안정을 위한 고금리정책을 제시했다. 특히 이때 세계은행의 수석 이코노미스트였던 조셉 스티글리츠는 IMF가 멕시코에 적용했던 정책을 동아시아 국가들에게 적용하는 것은 잘못이라고 비난했다. 멕시코의 위기는 정부의 과다한 지출과 재정적자로 인해 야기되었지만, 아시아 외환위기는 민간의 과도한 외자 도입과 자산시장의 버블이 원인이라는 것이다. 위기의 본질이 다른 만큼 그 처방도 달라야 한다고 주장했다. 미 재무부와 IMF가 내놓은 긴축 재정과 고금리 정책이라는 처방은 투자를 위축시키고 기업의 금융 비용을 높여서 오히려 기업의 회생을 방해한다고 주장했다.

그러나 칼자루를 쥔 IMF는 스티글리츠의 주장을 받아들이지 않았다. 한국은 고금리 정책을 받아들여야 했고, 채무 재조정 협상에서도 부채 삭감은 이루어지지 않은 채 가산 금리를 물었다. 위기의 원인이 과도한 단기외자 유입이었는데 그 처방이 자본시장의 전면 개방으로 내려진 것은 미국 재무부가 이번이 한국의 자본시장을 개방할 수 있는 절호의 기회라고 생각했기 때문이었다.

한국 정부는 미국이 은행 지점을 한국에 설립하도록 하고, 외국인이 보유할 수 있는 기업의 주식 지분도 50퍼센트로 상향조정했다. 한국은행의 독립성, 정부지출 축소, 기업 구조조정, 노동시장 개혁 등 각종 조치가 이루어졌다. 한국인들은 나라를 구하겠다는 일념으로 '금 모으기 운동'에 나서 정부를 도왔다. 한국에서는 대규모 기업과 은행의 도산이 일어나지 않았다. 한국 정부가 1,000억 달러 규모의 은행 부실채권을 과감하게 떠안았기 때문이다. 정부와 국민들의 노력으로 한국 경제는 빠르게 회생했다. IMF는 한국을 외환위기 극복의 성공사례로 꼽았다.

외환위기는 한국을 비롯한 아시아 국가들에 심대한 영향을 미쳤다. 높은 성장률을 이어가던 경제가 저성장으로 전환되었다. 특히 한국은 IMF 사태 이후 모든 것이 바뀌었다. 1990년대에는 연평균 7퍼센트대의 성장을 어어 갔으나 1998년에서 2007년 사이에는 4퍼센트대의 성장에 그쳤다.

사회적 의식에도 큰 변화가 일어났다. 효율성과 비용 절감 위주의 기업 경영이 보편화되었고, 구조조정으로 대량 실업이 발생하면서 비정규직이 늘고 평생직장의 개념이 사라졌다. 자본시장이 개방되면서 불황의 주기, 즉 경기변동이 잦아졌다. 대기업과 중소기업 간 격차가 커지고, 국민 간의 소득 양극화도 심화되었다. 대한민국 정부 수립 이후 한국의 경제는 외환위기 이전과 이후로 나뉜다고 해도 과언이 아니다.

국제금융자본은 신흥국을 어떻게 이용하는가

아시아 외환위기 과정에서 국제금융자본은 큰돈을 벌었다. 그 원리를 설명해 보자. 위기가 닥치자 A국의 통화 가치는 계속해서 하락하고 결국 반 토막이 났다. A국의 모든 자산이 달러화 기준으로 반 토막이 난 것이다. 이후 A국의 경제가 파탄이 나면서 A국 화폐 기준으로도 모든 자산의 가격이 폭락하기 시작한다. 달러 기준으로 하면 위기 이전 가격의 4분의 1 수준으로 폭락한 것이다.

IMF는 A국의 자본시장을 개방한다. 이제 국제금융자본은 A국의 자산을 원래 가격의 4분의 1로 사들인다. IMF가 구제금융을 지원하고 경제가 다시 회복하면 A국의 환율과 자산 가치는 다시 원래 수준을 회복한다. 국제금융자본은 이제 A국의 자산을 산 가격의 네 배에 팔아 이익을 낸다. 이것을 소위 '양털깎기' 또는 '어항 물고기 먹이 주기'라고 한다. 혹자는 미국과 국제금융자본이 개발도상국들을 상대로 양털깎기를 하고 있다고 비판한다.[61] 외환위기를 일으켜서 다른 나라에 달러화가 얼마나 필요한 것인지 보여주고 이를 통해 달러화의 약세를 타개했다는 것이다.

미야자키 마사카쓰가 쓴 『돈의 흐름으로 보는 세계사』 역시 비슷한 시각에서 아시아 외환위기의 원인을 찾는다.[62] 1990년대 미국의 금융업자들은 변동환율제와 IT산업을 조합하면 전 세계로부터 손쉽게 이익을 얻을 수 있다는 것을 깨달았다. 이를 위한 밑천을 마련하기 위해서 이자율을 올리고 달러 강세 정책으로 전환하면서 아시아 금융위기가 촉발되었다. 당시 아시아 국가들은 달러 페그제peg system로 달러와의 고정환율제를 유지하고 있었는데 달러가 강세가 되면서 원화나 바트화도 고평가되었고 이에 국제투기세력들이 원화와 바트화를 공매도로 공격했다. 이것이 아시아 외환위기의 핵심이라는 것이다.

멕시코의 1982년 위기부터 아시아의 1997년 위기까지의 역사적 사건들은 개발도상국이 국제금융시스템 내에서 얼마나 취약한 위치에 놓일 수 있는지를 보여준다. 위기의 순간마다 국제금융자본은 자신의 이익을 추구하며 많은 개발도상국을 어려운 상황에 빠뜨렸다.

금융위기는 단지 경제적 문제에 그치지 않고 국가의 사회적 · 정치적 구조에까지 깊은 영향을 미친다. 우리나라의 예에서 보듯 외환위기는 기업 구조조정, 노동시장 개혁, 자본시장 개방과 같은 광범위한 경제적 변화를 촉진했을 뿐 아니라 한국 사회 전반에 큰 영향을 미쳤다. 경제성장의 패턴, 고용 형태, 소득 분배 등 여러 면에서 근본적인 전환을 가져왔다. 돈의 관점에서 외환위기를 바라봄으로써 위기에서 글로벌경제가 어떻게 작동하는지, 그리고 국가들이 어떻게 이 시스템 내에서 서로 영향을 미치는지를 아는 것이 우리에게 무엇보다 중요한 이유다.

2008년 금융위기로 촉발된 양적완화의 시대

위기 이후 경제정책의 새 방향

'서브프라임 모기지 사태' 또는 '리먼브라더스 사태'로도 불리는 2008년 글로벌 금융위기의 여파는 너무도 커서, 아직까지 그때의 충격에서 완전히 벗어나지 못한 나라들도 있다. 2008년 글로벌 금융위기는 왜 발생했을까? 『다모클레스의 칼』과 『돈의 역사2』는 이를 쉽고 명료하게 설명한다.[63] 그 과정을 설명하려면 1980년대 달라진 금융환경의 변화에 대하여 먼저 이해해야 한다.

이전까지 은행은 평화로운 환경에서 영업을 했다. 개인이나 기업으로부터 예금을 받아 예대마진預貸 margin을 붙여서 대출해 주면 그만이었다. 대출의 위험을 줄이기 위해서는 국제결제은행BIS, Bank for International Settlements에서 도입한 자기자본비율 규제에 따라 대출의 일정 부분만 자기자본으로 갖고 있으면 문제없었다. BIS자기자본비율이 8퍼센트라면 100조 원의 대출을 해주더라도 은행은 8조 원의 자기자본만 갖고 있으면 된다.

그러나 1980년대 이후 사업환경에 변화가 생긴다. 가장 큰 변화는 예금유치 경쟁이었다. 1980년 중반부터 저금리 시대가 도래하면서 예금자들은 조금이라도 이자를 더 주는 곳으로 예금을 이동하기 시작했다. 증권사들은 하루만 맡겨도 이자를 준다는 CMACash Management Account 같은 예금 상품을 내놓기 시작했고, 기업들은 은행이라는 간접금융 대신 자본시장에서 회사채를 발행하여 자금을 직접 조달함에 따라 은행의 경영 여건을 어렵게 했다.

사태가 이렇게 되자 정부는 은행에 살길을 열어주는 차원에서 금융규제 완화조치를 할 수밖에 없었다. 가장 중요한 규제 완화는 상업은행이 할 수 없었던 투자은행 업무를 할 수 있게 해주는 것이었다. 투자은행이란 골드만삭스같이 기업들이 채권 혹은 주식시장에서 자금을 조달할 때 이를 중개하고 지원하는 금융기관을 말하는 것이다. 투자은행 스스로가 직접 투자하기도 하고, 기업들에 컨설팅 업무도 해준다.

위험하지만 무책임한 금융상품 MBS

미국에서는 투기 과열을 막기 위해 서로 다른 금융업종 간 상호진출을 금지했던 글래스-스티걸 법이 그린스펀 의장 때인 1999년에 폐지되면서 상업은행과 투자은행 간의 업무 경계가 사라졌다. 이후 미국을 비롯한 전 세계의 은행들은 '대출 유동화 상품'을 적극적으로 개발하였다.

대출 유동화란 예를 들어 어떤 은행이 일정 기간에 1만 달러 규모의 부동산담보대출을 1만 건 실행한 다음 이를 묶어서 하나의 채권, 즉 1억 달러짜리 MBSMortgage Based Security를 발행하는 것이다. 각각의 대출은 부실 위험이 있지만, 1만 건을 합한 대규모 채권은 꽤 안정적인 자산이 된다. 이 과정을 통해 금융기관은 유동성을 확보할 수 있게 되고, 투자자에게 새로운 투자 기회를 제공하게 된다. 이후 은행은 이 안정적인 채권을 조각내서 각국의 연기금과 중앙은행 그리고 채권형 펀드 등에 판매하는 것이다.

이렇게 하면 은행에 무슨 이득이 생길까? 하나는 BIS자기자본비율 규제를 회피할 수 있다는 것이다. 100조 원의 대출을 하려면 8조 원의 자기 자본이 필요한데, 일부 대출을 MBS로 팔아버리면 여기서 나온 수익으로 대출을 추가로 또 해줄 수 있는 것이다. 물론 MBS의 수익률이 은행의 대출만기 이자율보다 낮기는 하지만, 대신 MBS는 사업의 회전율을 높일 수 있다. 동일한 자기자본으로 예전보다 더 많은 대출을 할 수 있어 결과적으로 수익성이 높아지는 것이다.

또 다른 이점은 금융 위험, 구체적으로는 금리인상에 따른 위험을 다른 이들에게 떠넘길 수 있다는 것이다. 예를 들어 5퍼센트 고정금리로 10년 동안 1억 원을 대출해 주었는데 금리가 10퍼센트로 오르면 은행은 큰 손실을 입는다. 조달비용이 수익률을 한참 초과하니 말이다. 그러나 이 대출을 시장에 판매해 버리면 이야기가 달라진다. 은행은 일정 이득을 보고, 위험은 다른 이들에게 전가해 버리는 셈이 된다.

이러한 매력 때문에 은행들은 적극적으로 MBS 발행을 늘렸다. MBS는 이를 사들이는 사람에게도 이익이었다. 정부 발행 채권에 비해 금리가 한참 높기 때문이다. 한때 30년 만기 MBS 금리가 5퍼센트를 넘기도 했는데, 30년 동안 5퍼센트 이자를 보장해주는 금융상품은 흔치 않다. 이렇게 금융기관들이 부동산담보대출을 유동화하자 금융시장에는 유동성이 엄청나게 풀렸다.

대출심사가 간소화된 것도 이러한 과잉대출을 부추겼다. MBS 발행은 대출심사도 간략하게 만들었는데, 그 이유는 책임 소재 때문이다. 은행이 30년 동안 이자와 원금을 직접 받아야 한다면 아무에게나 대출을 해주지 않는다. 차주의 소득을 꼼꼼히 확인하고, 카드대금 연체가 있는지도 보면서 까다롭게 굴 것이다. 하지만 MBS는 바로 쪼개서 팔 것이기 때문에 굳이 꼼꼼하게 심사할 필요가 없었다. 건수가 많으면 많을수록 이익이 커지는데 굳이 심사하여 가려낼 이유가 없는 것이다.

아무에게나 대출해주는 세상

2000년대에 미국에서 부동산 열풍이 분 것은 이러한 금융환경의 변화에도 원인이 있었지만, 근본적으로는 저금리 때문이었다. 2003년 이라크전쟁으로 경제가 어려워지자 미 연준은 정책금리를 1퍼센트 수준으로 인하했다. 2004년 하반기부터 경기가 회복하기 시작하자 다시 연준은 금리인상에 나서긴 했다. 그러나 인상 속도가 너무 늦었다. 그 정도의 금리인상으로는 부동산 과열을 식히기에 역부족이었다.

전국 부동산가격 상승률은 2003년 6퍼센트에서 2005년 11퍼센트까지 치솟았다. 과거 30년 동안 부동산 가격이 하락한 걸 본 적이 없으니 사람들은 부동산 가격이 하락할 거란 의심도 안 했고, 가격이 급등한 게 큰 문제라고 생각하지도 않았다.

2000년대 중반을 지나면서 부동산담보대출은 점점 부실화되어 갔지만 누구도 신경을 안 썼다. 가계의 신용도나 지급능력에 대한 검토 없이 무작정 돈을 빌려주니 이를 꼬집어 닌자NINJA, No Income No Job or Assets 대출이라고 부르기까지 했다.

서브프라임 모기지 대출이 특히 문제였다. 대출금리가 상승하면서 고객들이 부동산 구입을 망설이자 미국 은행들은 신용도가 떨어지는 고객, 즉 서브프라임Sub-prime 등급의 고객을 대상으로 대출을 시작한 것이다. 이들은 대출심사를 통과하지 못한 사람들이지만 그만큼 일반 고객에 비해 높은 금리가 적용되었다.

미국 은행들은 이 문제를 소위 '2-28 모기지'로 해결했다. 즉 2년 동안 거의 무이자로 돈을 꿔주고 3년 차부터 원금과 이자를 같이 갚는 상품을 내놓은 것이다. 당연히 이 대출상품은 3년 차부터 연체 발생 가능성이 높았다. 그러나 미국 금융기관은 물론 대출을 받은 사람도 다들 3년 뒤는 생각하지 않았다. 금융기관 직원들은 2년 뒤에 보너스를 받고 이직할 생각을 했고, 대출을 받은 사람은 2년 뒤에 주택가격이 오르면 집을 팔 생각을 했다. 금융기관이나 대출을 받은 사람이나 다 먹고 튈 생각만 했으니 사달이 안 나면 이상한 것이었다. 『다모클레스의 칼』은 다음과 같은 「뉴욕타임즈」 기자의 칼럼을 소개한다.

"모기지 대출을 해준 회사는 나에게 아무런 관심이 없었다. 왜냐면 나의 대출을 월가의 투자은행에 팔 것이기 때문이었다. 월가의 투자은행도 나의 대출에 관심이 없었다. 왜냐면 대출을 묶어 모기지 담보증권을 만든 다음 전 세계의 투자자들에게 팔아넘길 것이기 때문이었다. 투자자들도 관심이 없었다. 왜냐면 신용평가사들이 자신들이 사들인 채권에 트리플A를 주었기 때문이었다. 그리고 신용평가사들도 특별한 관심이 없었다. 그들의 평가 모델에 따르면 과거 이 모기지 대출의 신용도는 꽤 괜찮았기 때문이었다."[64]

서브프라임 대출에 관여된 사람들의 도덕적인 해이를 너무도 잘 표현해 주는 칼럼이다. 그렇다고 민간 금융기관에 모든 책임을 물을 수는 없다. 원래 민간이란 이익의 추구가 최대의 목적이니까 말이다. 그렇다면 이를 규제해야 하는 연준 등의 금융당국은 시장이 이렇게 되기까지 무엇을 하고 있었을까? 앞서 '그린스펀 풋'을 설명하면서 이야기했듯이, 연준은 과열되었을 때 시장에 개입하기보다는 버블이 터졌을 때 들어가서 수습하는 편을 선호했다. 그렇기 때문에 문제가 있다는 것을 알았더라도 적극적으로 개입하지 않았을 것이다.

하나 둘 은행들이 무너졌다

2007년 초부터 금융시장의 위기가 감지되었다. 2007년 2월 세계적인 은행 HSBC가 미국의 서브프라임 모기지 증권 투자로 대규모 손실을 입었다고 밝혔다. 4월에는 모기지 채권 판매회사인 뉴센추리파이낸셜이 파산했고, 6월에는 투자은행 베어스턴스 소유의 헤지펀드가 서브프라임 채권 투자로 인해 파산했다. 7월에 신용평가회사들이 서브프라임 모기지 채권 수백 종의 등급을 내리면서 서브프라임 채권 거래가 자취를 감추었다. 8월에는 BNP파리바가 운용하던 헤지펀드가 서브프라임 채권에 투자했다가 환매 중단을 발표했다.

이렇게 금융시장의 불안감이 커지던 2007년 9월 어느 저녁, BBC 방송은 영국의 노던록은행이 위기에 처했으며 영란은행에 구제를 요청했다고 보도했다. 주택구매 붐을 타고 주택유동화채권을 시장에 매각하여 7년 연속 20퍼센트 이상의 수익을 올리며 급부상했던 회사였다.

9월 14일 노던록은행 앞에 예금을 인출하기 위한 고객들이 장사진을 쳤다. 1866년 오버런드거니 위기 이후 처음으로 영국에서 뱅크런이 발생한 것이다. 9월 17일 영국 정부는 노던록의 예금에 대한 보증조치를 취했지만 시장은 급속도로 얼어붙기 시작했다. 단기금융 시장에서 자금이 급속도로 사라졌고 많은 금융기관이 유동성 위기에 빠졌다.

2007년 12월에는 캐나다 중앙은행, 영란은행, 유럽중앙은행, 스위스중앙은행 그리고 미국 연준이 세계적으로 확산하는 유동성 위기에 적극적으로 대응하겠다는 공동성명을 발표했다. 극심한 달러 부족에 시달리던 유럽계 대형은행들을 구제하기 위한 조치였다. 미 연준은 유럽의 중앙은행들과 통화스왑 협정을 맺고 긴급유동성, 즉 달러를 공급해주었다. 통화스왑은 유럽의 중앙은행들이 달러를 받고 자국의 통화를 연준에 주는 조치이지만, 그 대가로 연준에 이자를 지불했다.

며칠 뒤인 12월 17일, 연준은 통화스왑보다 더 나아간 TAF Term Auction Facility(기간입찰대출)라는 프로그램을 통해 200억 달러의 자금을 경매 형식으로 시장에 풀었다. 유럽 은행들이 연준에 돈을 빌리는 형태가 아니라 경매를 통해 시장에서 단기자금을 조달하는 방식을 취한 것이다. 연준은 이렇게 유럽계 은행들을 돕고 있었지만, 정작 미국 금융시장에 다가오고 있는 위기를 감지하지 못하고 있었다.

2008년에는 미국 금융시장이 흔들리기 시작했다. 1월에 모기지 전문회사인 컨트리와이드파이낸셜이 뱅크오브아메리카에 매각되자, 연준은 1월 말 두 차례에 걸쳐 기준금리를 125비피나 내렸다. 그러나 무너지는 시장을 막기에는 역부족이었다. 3월이 되면서 서브프라임 채권으로 인한 위기는 금융시장 전체로 퍼졌다.

투자은행 중에 가장 레버리지 비율이 높았던 베어스턴스가 파산 위기에 처했다. 베어스턴스는 2004년 이후 서브프라임 모기지 채권 투자로 몸집을 불려왔는데, 그 과정에서 일정 기간 후에 다시 사들이는 방식의 채권 거래인 레포를 통해 자금을 조달했다. 그러나 서브프라임 채권의 가치가 하락하자 베어스턴스에 자금을 대던 금융회사들은 마진콜을 요구했고, 베이스턴스는 이에 응하지 못했다. 베어스턴스가 유동성 위기에 직면하자 금융기관들은 거래를 끊고 대출회수에 나섰다. 결국 3월 16일 연준이 개입하여 제이피모건체이스가 베어스턴스를 인수하도록 했다.

연준은 3월 18일 다시 기준금리를 인하하면서 시장을 진정시키기 위해 노력했다. 5월에 되면서 정책당국은 시장이 안정되고 있다고 평가했고, 6월 25일 FOMC 회의에서 금리를 동결했다. 그러나 이같은 생각을 비웃듯, 7월 14일 모기지 유동화 증권을 공급하던 공적금융회사인 패니메이와 프레디맥이 유동성 부족으로 파산 위기에 처했다. 7월 30일 부시 대통령은 이들이 발행한 증권을 재무부가 사들이도록 긴급조치를 취했다. 하지만 8월 5일 FOMC 회의에서는 또다시 기준금리를 동결했다.

베어스턴스에 이어 페니메이와 프레디맥에 대한 구제가 계속되자 정치권과 국민들은 세금으로 은행가들의 손해를 메워준다며 맹비난했다. 재무장관 폴슨, 연준 의장 버냉키, 뉴욕연방준비은행 가이트너에 대한 사임 압력이 높아졌다. 2008년 4월 열린 '베어스턴스 인수 관련 의회청문회'에서는 수많은 의원이 제이피모건체이스가 베어스턴스를 인수한 것은 잘못된 것이라며 비난했다. 이렇듯 도덕적 해이에 빠진 금융기관, 그리고 이를 구제하려는 연준과 정부에 대한 반감이 커지자 연준은 금융기관을 구제하는 데에 주저할 수밖에 없게 되었다.

돈을 뿌리기 시작한 버냉키

이런 상황에서 2008년 9월 미국의 투자은행 중 서브프라임 대출 상품을 가장 많이 가지고 있던 리먼브러더스가 파산했다. 리먼브러더스는 금융기관 간의 레포 시장에서 베어스턴스의 세 배에 달하는 자금을 거래할 정도로 큰 회사였다. 투자은행 중 서열은 4위지만 월가에서 가장 오래된 투자은행이었고, 직원도 2만5,000명에 달했다. 부동산 경기가 위축되는 상황에서 30배가 넘는 레버리지를 써서 서브프라임 모기지 채권에 집중투자한 것이 문제였다.

리먼브러더스의 파산은 금융시장에 엄청난 파장을 불러 왔다. 리먼브러더스가 파산하는 과정을 보면서 연준이 더 이상 자신들을 지켜주지 않을 거라 확신한 은행과 보험사, 증권사 등 금융기관은 자산을 염가 매각하며 현금화시키기 시작했다. 그러나 너도나도 매물을 내놓는 통에 거래는 쉽게 이루어지지 않았다. 리먼브라더스의 파산은 투자은행의 예금계좌라 할 수 있는 MMMF[Money Market Mutual Fund]의 펀드런을 불러 왔다. 고객들이 앞다투어 펀드를 해지하겠다고 몰려든 것이다. 투자은행들은 최악의 상황으로 몰렸다. 모든 금융시스템이 작동을 멈췄다.

2008년 10월 연준은 대대적인 부실자산 구제 프로그램인 TARP[Troubled Asset Relief Program]를 추진하여 7,000억 달러에 달하는 대규모 자금을 투입했다. 하지만 금융시장의 붕괴는 멈추지 않았다. 결국 10월 13일 재무부는 시장 안정을 위해 특단의 조치를 취했다. TARP 자금을 부실채권 매입에 쓰는 것이 아니라 은행에 직접 투입한 것이다. 이는 어려운 은행에 자금을 바로 확충해주어 시장 신뢰를 회복하고, 대출 중단으로 인한 실물경제의 위축을 막기 위함이었다.

연준은 10월 7일에 이어 29일에도 기준금리를 추가로 내렸다. 그리고 한국, 뉴질랜드, 브라질, 멕시코, 싱가포르 중앙은행과 통화스왑 협정을 체결하여 국제적으로 유동성을 공급했다. 11월 들어서는 자동차 3사에 TARP 자금을 지원했고, 시티은행에 재무부, 연준, 연방예금보험공사가 공동으로 구제금융을 투입했다. 연준은 11월 25일 TALF Term Asset-Backed Securities Loan Facility라는 새로운 단기자산 유동화채권 프로그램에 2,000억 달러를 투입한다고 발표했다. 금융기관이 일시적인 자금난에 봉착해서 자산을 염가매각하는 것을 막기 위해 중앙은행이 금융기관의 대출채권을 담보로 돈을 빌려준 것이다.

12월 16일, 세계대공황 이래 처음으로 연준은 기준금리를 제로 수준으로 끌어내렸다. 하지만 제로 금리에도 실물경제의 추락은 멈추지 않았다. 연준은 새로운 정책수단을 들고 나왔다. 바로 양적완화 Quantitative Easing였다. 중앙은행이 돈을 찍어내 직접 은행이나 증권사 혹은 연기금으로부터 채권을 매입하는 정책을 말한다. 더 이상 단기금리를 끌어내려 경기를 부양할 수 없자 장기금리를 떨어뜨리기 위해 시장에 직접 개입한 것이다.

연준은 중장기채권인 재무성채권과 패니메이 · 프레디맥이 발행한 모기지유동화증권 MBS을 집중적으로 사들여 채권가격을 끌어올렸다. 채권가격이 올라가면 금리는 반대로 내려가게 된다. 연준은 2009년 3월 6,000억 달러에 달하는 채권을 사들였고 2010년 11월에 다시 한 번 6,000억 달러에 달하는 채권을 사들여 두 번째 양적완화를 시행했다.

2011년 9월에는 보유한 단기채권을 팔고 장기채권을 사들이는 다소 변형된 양적완화를 시행했다. 2012년 9월에는 매달 400억 달러에 달하는 채권을 시장에서 계속 매입하겠다는 방침을 밝히면서 양적완화를 일회성이 아닌 상시적 정책수단으로 활용하겠다는 의지를 표명했다. 그럼에도 경제가 여전히 디플레이션 압력에서 벗어나지 못하자 2012년 12월 채권 매입 규모를 400억 달러에서 850억 달러까지 확대하는 세 번째 양적 완화를 실시했다.

경제의 불확실성이 제로 금리와 양적완화 정책의 효과를 제약하자, 2012년 12월 버냉키 의장은 언제까지 기존의 정책기조를 그대로 유지할 것인지 공개적으로 밝힘으로써 금융기관이 정책을 신뢰하고 행동에 나설 수 있도록 했는데 이것이 바로 사전고지forward guidance 정책이다. 구체적인 시한을 명시하고 정책목표도 숫자로 제시함으로써 정책의 효과를 높여나갔다.

드디어 경제가 조금씩 안정되기 시작했다. 부동산담보대출 이자율도 점차 하락하기 시작했다. 2012년 상반기에는 구제금융 TARP에 투입한 돈이 대부분 회수되었고, 2009년 10퍼센트에 달하던 실업률도 2012년 말에는 7.9퍼센트로 떨어졌다. 경제가 서서히 회복되면서 미국은 금융위기에서 벗어나기 시작했다.

2009년 12월 「타임」은 올해의 인물로 벤 버냉키 연준 의장을 선정했다. 과감한 위기대응 전략으로 세계 경제를 대공황의 위험으로부터 구해 냈다는 것이 선정의 이유이다. 하지만 일부 사람들은 버냉키를 '헬리콥터 벤', '월가의 구세주'라고 부르면서 그의 공적을 비하했다. 헬리콥터처럼 공중에서 돈을 뿌림으로써 월가의 투자은행들을 살리는 쪽으로 정책을 이끌었다는 것이다. 이에 대해 뉴욕연방준비은행 총재 가이트너는 "소방관이 불 끄는 과정에서 생긴 피해를 비난하는 셈"이라며 항변했다. 버냉키 역시 자신의 정책이 월가의 투자은행을 구제하기 위한 것이 아니라 서민을 위한 정책이었고, 결국 현존하는 위협으로부터 미국의 자유와 안전을 지켰다며 자신의 판단이 옳았다고 주장했다.

현재까지도 연준의 양적완화와 구제금융 정책에 대해서는 찬반 논란이 이어지고 있다. 큰 잘못을 저지른 은행들을 구제한 것이 올바른 행동이었느냐는 도덕률에 입각한 비판부터, 연준과 정책당국이 개입함으로써 혁신을 저해하고 비효율을 높였다는 주장까지 내용은 다양하다. 이러한 주장도 부분적으로 일리가 있다. 하지만 나는 2008년 금융위기 당시 연준을 비롯한 정책당국이 적극적으로 대응하지 않았다면 1929년 대공황처럼 심각한 위기가 발생했을 수도 있었다는 점에서 버냉키의 조치는 실失보다 공公이 더 크다고 생각한다.

금융시스템의 사회적 책임은 무엇일까

2009년 1월 취임한 오바마 대통령은 금융위기를 초래한 금융시스템에 의문을 제기하고 개혁 조치들을 단행했다. 2010년 도드-프랭크 법Dodd-Frank Act이라고 불리는, 월가 개혁과 소비자 보호에 관한 법이 탄생했다. 도드-프랭크 법에 의해 재무장관과 여덟 명의 금융당국 수장으로 구성된 금융안정감시 위원회가 설치됐고, 위험에 빠진 대형 금융기관을 안정적으로 해체하기 위해 예금보험공사의 금융기관 처리 권한을 강화했다. 또한 금융위기의 주범이었던 각종 파생상품에 대한 규제를 강화하고, 금융 소비자 보호를 강화하기 위해 각 기관에 흩어져 있는 소비자 보호 기능을 하나로 묶어 금융소비자보호원CFPB을 신설했다. 도드-프랭크 법은 대형 금융회사들을 '시스템적으로 중요한 금융기관SIFI, Systemically Important Financial Institutions'으로 지정하여 자기자본 비율을 다른 은행들에 비해 높이는 등 규제를 강화하였다.

글로벌 금융위기로 시민들이 경제적 어려움을 겪으면서 2011년을 전후해 '월가를 점령하라Occupy Wall Street'라는 시민의 저항운동이 일어났다. 천문학적 구제금융에 대한 일반인들의 분노가 시민운동으로 행동화된 것이다. 이 운동은 미국 독립운동의 상징인 보스턴 차 사건의 자유나무를 연상시키는 뉴욕의 자유공원에서 시작되었다. 이들은 미국 헌법의 첫 세 단어 '위, 더, 피플we, the, people'이란 슬로건을 내걸고 월가의 1퍼센트의 금권金權과 이에 대항하는 99퍼센트 보통사람들의 권리를 주장했다. 월가 점령 시위는 시작과 동시에 미국 전역으로 퍼졌고 미국의 금융개혁에 강한 동력을 제공했다.

2013년 12월에는 예금보험의 적용을 받는 은행들이 자기자본으로 고위험 거래를 하는 것을 금지한 볼커룰Volker rule을 도입하였다. 금융회사들의 과도한 레버리지를 규제하기 위해 BIS의 바젤위원회는 은행의 자본금 보유 비율을 대폭 상향시킨 바젤Ⅲ를 출범시켰다. 또한 단기 차입금에 대한 지나친 의존 문제를 개선하기 위해서 갑작스러운 자금 인출이 일어나더라도 당분간 견딜 수 있도록 안전자산 및 안정적 자금 보유를 강제하는 등의 유동성 규제제도를 도입했다.

위기를 계기로 그 역할과 능력에 대해 상당한 비판을 받아왔던 연준은 정작 도드-프랭크 법에 의해 위기 이전보다 더 큰 금융감독 권한을 부여받았다. 연준의 감독 밖에 있던 미국의 대형 금융기관이 실질적으로 연준의 감독 아래로 들어갔고, 금융시장의 위험에 대해 상시적으로 살피는 금융안정감시위원회를 이끌게 되었다. 물가안정과 함께 금융시장의 안정이 연준의 중요한 책무의 하나가 된 것이다.

금융위기는 금융 시스템의 복잡성과 글로벌 경제의 상호 연결성이 어떻게 위험을 증폭시킬 수 있는지를 보여주는 사례로 돈의 역사에서 매우 중요한 의미를 갖는다. 이는 경제와 금융시스템이 어떻게 사회적 · 정치적 요소와 밀접하게 연결되어 있는지, 금융 규제와 정책 결정 과정에서 투명성과 책임성이 얼마나 중요한지를 말해준다.

화폐와 금융시스템의 도전은 계속된다

암호화폐, 그리고 금융의 미래

오늘날에는 누구도 미국과 달러 패권에 의심을 제기하지 않는다. 그러나 지난 수천 년의 역사 동안 화폐와 경제시스템이 서로 경쟁하면서 끊임없이 발전해온 것처럼, 앞으로의 인류 역사에서도 새로운 화폐나 경제시스템은 얼마든지 등장할 수 있다.

달러 패권은 상당기간 유지되겠지만 그것이 반드시 영원하리라는 보장은 없다. 지금도 어떤 국가가 자국의 통화를 기축통화로 만들기 위해 큰 그림을 그리고 있을지 아무도 모를 일이다. 실제로 달러는 기축통화의 지위를 확보한 후에도 몇 차례 도전을 받았다. 대표적인 것이 유럽연합EU과 유로화의 출범이다.

1993년 마스트리흐트 조약Maastricht Treaty이 체결됨으로써 유럽 시장의 통합을 목표로 하는 유럽연합EU이 출범하였다. 2002년에는 EU의 통화인 유로화가 사용되기 시작했다. EU와 유로화가 출범한 이유는 닉슨

쇼크와 변동환율제로의 전환 이후 달러의 횡포에 대항하기 위해서였다.

오무라 오지로가 쓴 『돈의 흐름으로 읽는 세계사』는 유로화의 도입이 미국의 달러 패권을 꺾으려는 독일과 프랑스의 야심 때문에 이루어졌다고 말한다.[65] 유럽으로서는 세계 최대의 채무국이자 쌍둥이 적자 국가가 기축통화 덕분에 패권국을 유지하고 있는 것이 못마땅했고, 과거의 영화를 재현하고 싶은 욕망도 있었다. 실제 유로화가 도입되자 다른 국가들의 외화준비금 비중에서 미 달러는 감소하고 유로화는 증가했다.

그러나 EU와 유로화에는 큰 약점이 있었다. 한때 파운드화를 기축통화로 가지고 있었던 영국이 금융에 대한 권한을 유럽중앙은행ECB에 빼앗길 것을 우려해서 유로화 도입을 거부했고, 2016년에는 아예 EU에서 탈퇴하는 브렉시트Brexit까지 단행했다는 것이다. 과거에 비해서는 약해졌지만 여전히 무시할 수 없는 강대국인 영국이 빠져있다는 것은 EU의 큰 한계다.

또 다른 약점은 EU 회원국 간의 격차가 너무 크다는 사실이다. 한 회원국의 위기가 EU 전체에 타격을 줄 수 있다. 이런 문제를 막기 위해 EU는 마스트리흐트 조약을 통해 회원국의 재정적자 규모를 GDP의 3퍼센트 내로 유지하도록 제한하고 있다. 그러나 EU 회원국들은 통화금융정책은 유럽중앙은행에 위임하고 있지만 재정상의 권한은 각자 독립적으로 행사하기 때문에 그러한 약속은 제대로 지켜지지 않았다.

2009년 그리스를 필두로 시작된 스페인과 아일랜드의 재정위기 사태는 이같은 한계를 잘 보여주었다. EU에 가입하여 국가신용도가 높아진 국가들이 과도하게 국채를 발행하다가 국가파산 직전까지 몰린 것이다. 당초 출범 목적과 미래를 생각한다면 EU는 이 사태를 어떻게 해서든 유럽 내에서 해결했어야 했다. 그러나 이를 해결하지 못하고 결국 IMF, 즉 미국을 끌어들여 수습했다. 유로화가 달러 패권을 대체하기엔 아직 갈 길이 멀었다는 사실을 스스로 인정한 셈이다.

누군가의 말대로 미국이 유로화를 견제하기 위해 유럽의 재정위기를 방관했거나 혹은 일부러 유도했는지는 알 수 없지만, 미국으로서 유로화의 출현이 달갑지 않았다는 것은 사실이다. 1993년 마스트리흐트 조약과 이어진 EU의 출범, 그리고 2002년 유로화의 도입은 유럽이 달러 패권에 대항하여 경제적 독립성을 확보하고자 한 야심 찬 시도였으나, 그 여정은 순탄치 않았다. 이는 국제 금융시스템에서 미국의 영향력이 얼마나 큰지, 그리고 달러 패권에 대항하기 위한 도전이 얼마나 어려운지를 보여주는 사례라고 하겠다.

위안화의 도전

브레턴우즈 체제 이후 세계의 기축통화가 된 미국 달러에 대해 중국은 꾸준히 도전해 왔다. 달러 패권이 잠시 약해지자, 중국은 달러 체제에 기생하면서도 그것을 무너뜨리려 하고 있다.

중국은 2009년부터 위안화의 국제화 정책을 추진하였다. 위안화를 사용하는 위안화 블록을 구축하였으며, 일대일로一帶一路 사업을 통해 여러 국가와 유대관계를 맺었다. 중국의 고도성장에 위협을 느낀 미국이 2018년 미 · 중 무역전쟁을 선포하며 중국기업 퇴출 등의 초강수 전략으로 맞섰지만, 중국은 오히려 이것을 대외결제의 탈脫 달러화를 가속화하는 계기로 삼으려고 노력 중이다. 원유선물 계약을 위안화로 거래하는 '페트로 위안화'를 추진하는 것도 달러 패권에 도전하기 위한 하나의 방식이다.

그럼에도 불구하고 위안화가 기축통화가 되는 길은 아직 멀어 보인다. 큰 장애물 중 하나는 중국의 자본통제다. 공산주의 국가인 중국은 자본의 자유로운 이동이 제한되어 있어서 외국인 투자자의 접근성과 유동성 확보에 많은 제약이 따른다. 한동안 붐을 이뤘던 중국 투자 물결이 최근 들어 주춤해진 데에는 이러한 영향이 컸다.

또한 위안화는 변동성이 커서 기축통화로서의 신뢰를 얻기 어렵다는 점도 문제로 지적된다. 그 외에도 금융시장의 투명성 부족, 정치적 리스크 등 위안화가 기축통화가 되기 어려운 이유는 차고 넘친다.

가상화폐의 잠재력

달러 패권에 대한 도전은 유로화, 위안화와 같은 특정 국가의 화폐뿐만 아니라 완전히 새로운 곳에서도 일어나고 있다. 대표적인 것이 몇 년 전 메타(구 페이스북)를 비롯한 여러 글로벌기업들이 참여한 '리브라 프로젝트'다. 블록체인 기술을 활용한 가상화폐 리브라Libra를 만들어 거래수단으로 사용하겠다는 야심 찬 프로젝트였다. 그러나 이 프로젝트는 미국 정부의 강력한 반대에 부딪혀 중단되었다.

리브라는 달러는 물론 유로화와 엔화 등 주요 통화들에 연동하여 안정성을 확보하는 방식을 제안했다. 리브라가 성공적으로 출시되고 널리 사용될 경우 국제 결제시스템에서 달러의 역할은 축소될 것이고, 전통적인 금융시스템에 대한 의존도를 줄일 만한 잠재력이 있었다.

이는 달러 패권에 대한 중대한 도전이었다. 그래서 리브라 프로젝트는 발표 직후부터 미국 의회는 물론 정부 및 중앙은행의 강력한 반대에 직면했다. 결국 2020년 말 프로젝트가 중단되고, 이름을 디엠Diem으로 바꾸어 달러와 연동된 코인을 만들겠다는 보도가 나왔다. 사실상 원래의 프로젝트가 무산된 것이다. 이는 달러 패권을 대체할 수 있는 것이라면 그 무엇이든 미국이 얼마나 민감하게 대응하는지를 보여주는 단적인 사례다.

달러 패권에 대한 도전

달러 패권에 대한 도전은 단순히 통화 경쟁을 넘어, 세계 경제 질서와 권력 구조의 변화를 상징한다. 돈은 역사적으로 권력과 영향력의 원천이었으며, 국제통화 패권은 그 정점에 있다. 인류 문명의 발전 과정을 돌이켜보면 돈의 역할과 형태는 끊임없이 진화해 왔다. 화폐의 등장은 물물교환 시대를 넘어서 생산의 분업화를 가능하게 하였고, 금본위제와 은본위제는 국가 간 무역과 금융 거래를 발전시켰다. 그리고 20세기부터 달러가 국제통화로 자리 잡으면서 미국은 세계 경제의 중심으로 부상하였다. 결국 권력이란 돈의 주도권과 다르지 않은 것이다.

하지만 세계 경제 무대에서 달러 패권에 대한 도전은 계속되고 있다. 이는 미국 중심의 세계질서에 대한 도전이며, 새로운 경제 세력의 부상 및 영향력 확대를 의미한다. 따라서 미국은 달러 패권에 대항하는 어떤 것도 용납할 수 없으며, 달러 패권을 지키기 위해 어떤 희생도 기꺼이 치를 것이라는 점은 분명하다. 이는 미국이라는 나라가 특별히 악해서가 아니다. 돈의 역사가 곧 국가 간의 경제적 · 정치적 권력 투쟁의 역사이기 때문이다.

앞으로 국제통화 질서의 변화는 불가피할 것으로 보인다. 다자간 통화체제로의 이행, 새로운 디지털 화폐의 등장 등 다양한 가능성이 열려 있다. 돈의 역사는 인류 문명의 발전과 궤를 같이한다. 그러므로 달러 패권도 영원할 수는 없다. 언젠가는, 아니 어쩌면 머지않아 새로운 역사가 펼쳐질지도 모를 일이다.

역사는 반드시 되풀이된다

나는 학창시절 우리나라가 분단된 이유에 대해 늘 의문을 품었다. 우리나라를 강점했던 일본은 제2차 세계대전에서 패전국이 됐음에도 미국과 소련 등 외세에 의해 분단되지 않았는데 우리나라는 식민지 지배가 끝나고 광복의 기쁨도 잠시, 미국과 소련에 의해 분단의 길로 들어서고 말았다. 독일은 전쟁을 일으키고 무고한 사람들을 희생시킨 죄가 있으니 동독과 서독으로 분단되는 죗값을 치를 만하다지만, 우리나라는 대체 왜 분단의 희생양이 된 걸까 하는 의문이었다.

세상을 보는 눈이 조금 생기면서 알게 되었다. 고상해 보이는 지금의 세상도 사실은 아프리카 밀림의 동물 세계와 별반 다르지 않다는 것을, 그래서 힘이 없으면 아무 이유 없이 당할 수도 있다는 것을 뼈저리게 느끼게 되었다. 러시아는 19세기 극동으로 진출하면서 조선과 인연을 맺게 된다. 러시아의 남하정책은 서구 열강들을 긴장시켰고, 영국은 1885년 4월 거문도 사건을 일으켰다. 이 정도 되면 세상이 어떻게 돌아가는지 조선인들도 알아야 했다. 이때 정신을 차렸더라면 국권을 침탈

당하는 일은 일어나지 않았을 것이다. 최중경의 『잘못 쓰인 한국사의 결정적 순간들』은 거문도 사건에 대해 이렇게 평가하고 있다.

"결국 거문도 사건은 조선 조정의 소극적 태도와 무지로 청나라에 대한 예속만 강화되는 결과를 낳았고, 조선이라는 나라가 제 문제도 스스로 해결하지 못하는 허약체임을 만천하에 알리게 되어 국제사회의 동네북으로 전락하는 결정적인 계기가 되었다. 만약 조선이 청나라와의 마찰을 각오하고 독자적으로 영국과 교섭해 거문도 조차를 허용하고 반대급부로 조선의 독립적 지위를 영국으로부터 인정받는 외교 수완을 발휘했더라면 다른 길을 걷지 않았을까?"[66]

여기서 고종은 한술 더 뜬다. 1895년 10월 을미사변이 일어난 후 신변에 위협을 느낀 고종은 러시아 공사관으로 피신한다. 1896년 2월에 발생한 아관파천俄館播遷이다. 한 나라의 국왕이 다른 나라 군대가 무서워 또 다른 나라의 공관으로 피신을 한 것이다. 아관파천 동안 러시아, 일본, 미국은 조선의 이권을 다 빼앗았다. 그래서 나는 고종을 싫어한다. 박종인 기자가 쓴 『매국노 고종』은 조선 말 고종의 생각과 행동을 신랄하게 파헤친다. 책을 읽고 나서 며칠 동안 치미는 분노 때문에 힘들었던 기억이 있다.

1905년 미국과 일본은 가쓰라-태프트 밀약을 통해 일본 제국의 한국 지배와 미국의 필리핀 지배를 상호 승인했고, 이로부터 5년 뒤인 1910년 우리나라는 경술국치를 당한다. 이후 공산화되어 소련으로 이름을 바꾼 러시아는 태평양전쟁이 미국의 승리로 끝날 때쯤 일본에 선전포고를 하고 북한 땅에 군대를 끌고 내려왔다. 명분은 일본을 내쫓는다는 것이었지만 실상은 전후 승전국으로서 이권을 챙기려는 꼼수였다.

소련의 진격은 이후 남북분단의 비극으로 이어졌다.

내가 이 책에서 강조하고 싶었던 것은 세계사는 힘의 논리로 흘러왔고, 그 힘이 작동하게끔 한 동인動因은 '돈'이라는 것이다. 영토, 노예, 금과 은, 향신료, 교회세 그리고 권력도 한마디로 표현하면 돈이다. 심지어 종교의 움직임도 돈을 향하고 있었다는 것은 기독교인의 한 사람으로서 부끄러운 일이지만 부정할 수 없는 사실이다. 신의 이름으로 행해진 스페인 정복자들의 아메리카 원주민 학살, 그리고 포르투갈과 영국의 흑인 노예무역, 영국과 청나라의 아편전쟁 등 말도 안 되는 사건들의 원인을 돈이 아니면 다른 무엇으로 설명할 수 있다는 말인가? 인간은 돈이 되면 뭐든지 했다. 그러니 강대국에 약소국을 위한 배려와 지원을 바라는 것은 무리였다. 그렇게 우리나라는 일본의 식민지가 되었고 해방과 동시에 남북이 분단되었다.

나는 자유무역주의도 그다지 신봉하지 않는다. 애덤 스미스가 『국부론』을 출간한 것은 1776년이다. 그 당시 영국은 산업혁명이 시작되고 있었고, 국가개입을 통한 중상주의와 보호주의로 세계 시장을 장악하기 시작할 때였다. 자유무역주의가 번성한 것은 19세기 들어 영국이 프랑스를 누르고 완전한 세계 일등 국가가 되었을 때였다. 미국도 마찬가지였다. 19세기 내내 자국의 산업을 보호하면서 미국의 경제는 비약적으로 성장했다. 미국은 최강국이 되어 세계 경제를 장악하고 나서야 비로소 자유무역주의를 선택했다. 아무리 좋은 이념이나 명분도 자국의 이익에 도움이 안 되면 가차 없이 버리는 것이 승자의 습성이다.

지금은 달라졌을까? 아니다. 지금도 크게 다르지 않다. 제2차 세계대전 이후 문명국가들은 자기반성을 했고 UN과 같은 국제기구를 만들어서 인류의 평화, 공동의 번영, 공존과 같은 숭고한 가치를 내세우며 서로 협력하고 있다. 최근에도 지구 온난화에 따른 환경변화, 글로벌 금융위기, 팬데믹 등 한두 나라의 노력으로 해결할 수 없는 글로벌 이슈에 대해서 머리를 맞대고 공조를 한다.

하지만 이러한 공조는 그것이 자신들의 이익에 부합하는 바로 그 지점까지이다. 국가 간의 이해가 충돌하는 상황이 오면 가차 없이 자국의 이익과 실리에 따라 행동한다. 최근에 벌어지고 있는 러시아-우크라이나 전쟁, 이스라엘-하마스 전쟁 등을 보면서 세상은 쉽게 바뀌지 않는다는 것을 다시 한번 실감한다. 도널드 트럼프는 "아메리카 퍼스트America First"를 외치면서 집권했지만, 과거에도 미국이 자국 우선주의를 택하지 않은 적은 한 번도 없었다. 언제나 아메리카 퍼스트였다.

내가 이 책에서 두 번째로 강조하고 싶었던 것은 금융의 중요성이었다. 금융이 어떻게 태동했고, 지금까지 어떻게 변천해 왔으며, 금융위기는 어떻게 일어났는지 말하고 싶었다.

오늘날에는 모든 사람이 금융상품 하나씩은 가지고 있고, 무수한 사람들이 매일 스마트폰으로 주식차트를 보며 살아가고 있다. 지금은 예전과 달리 전 세계의 금융시장이 서로 연결되어 있다. 군대를 동원해 영토를 침략하여 나라를 망하게 할 수도 있지만, 금융을 이용하여 한 나라의 경제를 무너뜨릴 수도 있다.

20세기 말 우리나라는 외환위기를 겪었다. 원-달러 환율이 급등하면서 국가가 부도 선언을 한 것이다. 실물경제에 문제가 없어도 세계 금융시장이나 외환시장이 흔들리면 한 국가의 경제도 덩달아 휘청거린다. 국제금융시장이 연결되어 있기 때문에 경제 펀더멘털이 아무리 튼튼한 국가라도 한순간에 헤지펀드 등 국제자본세력으로부터 공격을 당할 수 있다.

2008년의 금융위기 역시 우리에게는 어처구니없는 일이었다. 미국 금융기관들의 무책임한 영업으로 미국 경제의 버블이 터지면서 엉뚱하게 우리나라까지 피해를 입은 것이다. 금융은 지속적으로 호황과 침체를 일으키면서 경제위기를 만들어 내고, 아무리 엮이고 싶지 않아도 모두를 공황의 블랙홀로 끌어들인다. 우리가 금융을 더 잘 알고 국제금융의 추이에 촉각을 세워야 하는 이유이다.

우리나라는 지금 어떤 세상을 살고 있는가? 다행스럽게도 우리는 전쟁이 없는 평화의 시기를 70년이나 유지하며 살고 있다. 지금 우리의 국력은 20세기 초 우리가 일본에 나라를 빼앗겼을 때와 비교할 수 없을 정도로 강해졌다. 경제력과 군사력에서 세상이 무시할 수 없을 정도가 되었다. 더 중요한 것은 정보력과 외교력을 통해 적어도 세상이 어떻게 돌아가는지 파악하고 있다는 점이다. 위정자들도 그때와는 다르다. 모두에게 명분보다 국익이 중요하다.

하지만 갈수록 세계정세는 불안해지고 있다. 미국과 중국의 패권 다툼, 대만 문제, 이스라엘 사태 등 국지전은 끊임없이 계속되고 있으며 도처에 위험이 도사리고 있다. 강대국 지도자들의 리스크도 있다. 중국의 시진핑, 러시아의 푸틴은 장기집권을 위해 무슨 일을 벌일지 모른다. 지금의 평화가 언제까지나 계속되리란 보장은 없다.

역사는 반복된다고 한다. 임진왜란은 오랫동안 평화가 지속되면서 나라 밖의 일 대신 국내의 권력다툼에 정신이 팔려 전쟁에 전혀 대비하지 않은 상황에서 터졌다. 얼마 지나지 않아 터진 병자호란 때에도 조선은 급변하는 동북아의 정세를 전혀 모른 채 유교에 갇혀서 세상의 위협에 눈을 감았다. 위정자들은 자신들의 이익만 챙기느라 백성들의 고통을 외면했다. 그리고 결국, 20세기에는 나라를 빼앗겼다. 해방된 지 5년도 채 안 되어 또 한국전쟁이 발발했다. 과거 굴곡진 영욕의 역사가 다시 반복되게 해서는 안 된다.

오늘날 우리는 경제대국 대접을 받고 있지만 국제 · 정치 · 군사적으로 보면 강대국으로 둘러싸인 인구 5,000만의 작은 나라에 불과하다. 우리는 더 강해져야 한다. 저성장 기조에서 벗어나 경제를 다시 부흥시켜야 하고, 저출산 문제를 해결하여 인구 감소도 막아야 한다. 그러기 위해서는 국민 모두가 다시 뛰어야 한다.

하지만 과거와 같이 거창한 명분만 내세워서는 불가능한 일이다. 사람들은 돈을 추구한다. 청년들이 결혼을 안 하고 아이를 낳지 않는 것은 어쩌면 당연한 일이다. 그것이 자신들에게 이익이 되지 않기 때문이다. 청년들이 원하는 직장은 줄어가고, 집값은 천정부지로 올랐다. 사교육 문제는 여전히 해결하지 못하고 있다. 부자 부모를 만나지 못한 대부분의 청년은 앞날이 막막하다. 자기 자신 하나도 해결하기 어려운 청년들에게 어떻게 자식을 낳아 키우라고 하겠는가?

흉부외과나 신경외과에 의사가 모자란 것도 같은 이치다. 피부과, 안과, 정형외과, 성형외과 의사는 안전하고 개인병원을 차려 돈을 벌기도 좋다. 그러려고 고생해서 의사가 된 거다. 어지간한 인류애가 아니라면 돈도 많이 못 벌고, 힘들고, 의료소송에도 취약한 흉부외과나 신경외과를 갈 이유가 없다.

사람들이 공명심이나 애국심, 이타심으로 행동하기를 바라서는 안 된다. 개인의 건강한 사익 추구가 국가에도 이익이 될 수 있도록 하는 것이 가장 바람직한 일이다. 개인이 돈을 위해 열심히 뛸수록 국가에도 이익이 되도록 사회 · 경제적 시스템을 만드는 것은 국가가 해야 할 몫이다. 청년들이 아이를 낳아도 손해가 안 되게 해주고, 흉부외과 전공의들은 고생하는 만큼 돈을 더 벌도록 해주어야 한다. 기후변화 대응이나 ESG를 위해서도 마찬가지다. 돈을 벌기 위해서 하는 일들이 지구를 살리는 데 도움이 되는 그런 시스템이 갖추어져야 한다. 그렇게 보상incentive 체계를 만들어 주어야 국가가, 그리고 사회가 제대로 굴러간다.

국내적으로는 좋은 보상체계를 만들어서 구성원들이 자신과 사회를 위해서 열심히 일하게 하고, 국가는 바깥쪽으로 눈을 돌려야 한다. 세계의 작은 변화에 촉각을 세우고 더 긴장해야 한다. 우리가 세상을 제대로 읽고 있는지, 그에 따라 무엇을 준비해야 하는지 끊임없이 점검해야 한다. 주변 강대국들이 무슨 생각을 하고 무슨 일을 꾸미는지 파악하고, 선제적이면서도 신중하게 움직여야 한다.

지금 세계는 격변하고 있다. 이제 우리는 해묵은 이념논쟁과 진영논리는 던져 버려야 한다. 혹자는 조선시대의 당쟁을 두고 사대부들의 민주적인 의사결정 과정이라고 말하지만 나는 동의하지 않는다. 국가의 존립, 백성의 안위, 누가 목숨을 던져 나라를 구했느냐는 문제는 뒷전이고 누가 내 편에 섰는가만 중요한 것이 당파이고 당쟁이다. 임진왜란이 끝난 후 선조는 논공행상을 시행하면서 왜군에 맞서 싸운 의병장들은 빼 버리고, 피난할 때 자신의 마차를 든 병사들에게 상을 주었다. 오히려 의병장을 견제하고 탄압한 탓에 많은 의병장이 산으로 숨었다. 병자호란이 터졌을 때 의병이 일어나지 않은 것은 논공행상을 잘못한 선조의 탓이었다.

지금의 우리는 조선과 얼마나 달라졌을까? 곧 닥쳐올 앞으로의 위기에 대비하고 미래를 준비할 수 있을까? 준비하지 않는 자는 살아남을 수 없다. 그래서 나는 우리 젊은이들이 세계사에 관심을 가지고, 대한민국의 밝은 미래를 이끌어주기를 소망한다.

책을 내기까지 격려와 조언을 아끼지 않은 권태율, 구자옥, 정현상, 육승환, 그 외 많은 분께 감사한다. 이분들의 도움으로 책이 완성되었다. 책을 쓰는 것은 고통과 즐거움을 동시에 준 오묘한 시간이었지만, 다시 책을 쓰지 않겠다는 나의 다짐이 내 마라톤의 전철을 따라가지 않기를 바란다. 이 지면을 빌려 항상 부족한 나를 배려하고 물심양면으로 도와준 가족, 친구, 친지 여러분께 감사한다. 그리고 외국에서 공부에 여념이 없을 사랑하는 딸 서우에게 이 책을 바친다.

참고문헌

1 우아마 다쿠에이 저, 오세웅 역, 『너무 재밌어서 잠 못 드는 세계사』, 2016, 생각의길
2 유발 하라리 저, 조현욱 역, 『사피엔스』, 2023, 김영사
3 펠릭스 마틴 저, 한상연 역, 『돈』, 2019, 문학동네
4 홍익희 저, 『유대인 이야기』, 2013, 행성B
5 홍익희 저, 『유대인 이야기』, 2013, 행성B
6 도미닉 프리스비 저, 조용빈 역, 『세금의 세계사』, 2022, 한빛비즈
7 도미닉 프리스비 저, 조용빈 역, 『세금의 세계사』, 2022, 한빛비즈
8 우아마 다쿠에이 저, 오세웅 역, 『너무 재밌어서 잠 못 드는 세계사』, 2016, 생각의길
9 차현진 저, 『금융 오디세이』, 2021, 메디치미디어 / 우아마 다쿠에이 저, 오세웅 역, 『너무 재밌어서 잠 못 드는 세계사』, 2016, 생각의길
10 우아마 다쿠에이 저, 오세웅 역, 『너무 재밌어서 잠 못 드는 세계사』, 2016, 생각의길
11 오무라 오지로 저, 송경원 역, 『종교의 흑역사』, 2023, 유노책주
12 우아마 다쿠에이 저, 오세웅 역, 『너무 재밌어서 잠 못 드는 세계사』, 2016, 생각의길
13 오무라 오지로 저, 송경원 역, 『종교의 흑역사』, 2023, 유노책주
14 도미닉 프리스비 저, 조용빈 역, 『세금의 세계사』, 2022, 한빛비즈
15 유기선 저, 『자본의 방식』, 2020, 행복우물
16 홍익희 저, 『유대인 이야기』, 2013, 행성B
17 차현진 저, 『금융 오디세이』, 2021, 메디치미디어 / 우아마 다쿠에이 저, 오세웅 역, 『너무 재밌어서 잠 못 드는 세계사』, 2016, 생각의길
18 찰스 P. 킨들버거 저, 주경철 역, 『경제 강대국 흥망사 1500-1990』, 2005, 까치글방
19 홍춘욱 저, 『7대 이슈로 보는 돈의 역사 2』, 2020, 로크미디어
20 우아마 다쿠에이 저, 오세웅 역, 『너무 재밌어서 잠 못 드는 세계사』, 2016, 생각의길
21 도미닉 프리스비 저, 조용빈 역, 『세금의 세계사』, 2022, 한빛비즈
22 우아마 다쿠에이 저, 오세웅 역, 『너무 재밌어서 잠 못 드는 세계사』, 2016, 생각의길
23 우아마 다쿠에이 저, 오세웅 역, 『너무 재밌어서 잠 못 드는 세계사』, 2016, 생각의길
24 패트릭 와이먼 저, 장영재 역, 『창발의 시대』, 2022, 커넥팅
25 패트릭 와이먼 저, 장영재 역, 『창발의 시대』, 2022, 커넥팅
26 홍춘욱 저, 『7대 이슈로 보는 돈의 역사 2』, 2020, 로크미디어 / 패트릭 와이먼 저, 장영재 역, 『창발의 시대』, 2022, 커넥팅
27 홍춘욱 저, 『7대 이슈로 보는 돈의 역사 2』, 2020, 로크미디어
28 패트릭 와이먼 저, 장영재 역, 『창발의 시대』, 2022, 커넥팅
29 찰스 P. 킨들버거 저, 주경철 역, 『경제 강대국 흥망사 1500-1990』, 2005, 까치글방
30 오무라 오지로 저, 송경원 역, 『종교의 흑역사』, 2023, 유노책주
31 찰스 P. 킨들버거 저, 주경철 역, 『경제 강대국 흥망사 1500-1990』, 2005, 까치글방
32 찰스 P. 킨들버거 저, 주경철 역, 『경제 강대국 흥망사 1500-1990』, 2005, 까치글방 / 홍춘욱 저, 『50대 사건으로 보는 돈의 역사』, 2019, 로크미디어
33 홍익희 저, 『유대인 이야기』, 2013, 행성B / 홍춘욱 저, 『7대 이슈로 보는 돈의 역사 2』, 2020, 로크미디어
34 홍익희 저, 『유대인 이야기』, 2013, 행성B
35 홍익희 저, 『유대인 이야기』, 2013, 행성B
36 찰스 P. 킨들버거 저, 주경철 역, 『경제 강대국 흥망사 1500-1990』, 2005, 까치글방
37 홍익희 저, 『유대인 이야기』, 2013, 행성B
38 차현진 저, 『금융 오디세이』, 2021, 메디치미디어 / 잠못 드는 세계사
39 송인창 외 6인 저, 『화폐 이야기』, 2013, 부키

40 쑹훙빙 저, 차혜정 역, 『화폐전쟁』, 2020, 알에이치코리아
41 찰스 P. 킨들버거 저, 주경철 역, 『경제 강대국 흥망사 1500-1990』, 2005, 까치글방
42 차현진 저, 『금융 오디세이』, 2021, 메디치미디어 / 홍춘욱 저, 『50대 사건으로 보는 돈의 역사』, 2019, 로크미디어
43 송인창 외 6인 저, 『화폐 이야기』, 2013, 부키
44 우야마 다쿠에이 저, 오세웅 역, 『너무 재밌어서 잠 못 드는 세계사』, 2016, 생각의길
45 쑹훙빙 저, 차혜정 역, 『화폐전쟁』, 2020, 알에이치코리아
46 쑹훙빙 저, 차혜정 역, 『화폐전쟁』, 2020, 알에이치코리아
47 쑹훙빙 저, 차혜정 역, 『화폐전쟁』, 2020, 알에이치코리아
48 우야마 다쿠에이 저, 오세웅 역, 『너무 재밌어서 잠 못 드는 세계사』, 2016, 생각의길
49 쑹훙빙 저, 차혜정 역, 『화폐전쟁』, 2020, 알에이치코리아
50 쑹훙빙 저, 차혜정 역, 『화폐전쟁』, 2020, 알에이치코리아
51 쑹훙빙 저, 차혜정 역, 『화폐전쟁』, 2020, 알에이치코리아
52 우야마 다쿠에이 저, 오세웅 역, 『너무 재밌어서 잠 못 드는 세계사』, 2016, 생각의길
53 찰스 P. 킨들버거 저, 주경철 역, 『경제 강대국 흥망사 1500-1990』, 2005, 까치글방
54 찰스 P. 킨들버거 저, 주경철 역, 『경제 강대국 흥망사 1500-1990』, 2005, 까치글방
55 송인창 외 6인 저, 『화폐 이야기』, 2013, 부키
56 유재수 저, 『다모클레스의 칼』, 2015, 삼성경제연구소
57 쑹훙빙 저, 차혜정 역, 『화폐전쟁』, 2020, 알에이치코리아
58 유재수 저, 『다모클레스의 칼』, 2015, 삼성경제연구소
59 홍춘욱 저, 『50대 사건으로 보는 돈의 역사』, 2019, 로크미디어
60 쑹훙빙 저, 차혜정 역, 『화폐전쟁』, 2020, 알에이치코리아
61 쑹훙빙 저, 차혜정 역, 『화폐전쟁』, 2020, 알에이치코리아
62 미야자키 마사카츠 저, 송은애 역, 『돈의 흐름으로 보는 세계사』, 2019, 한국경제신문
63 유재수 저, 『다모클레스의 칼』, 2015, 삼성경제연구소 / 홍춘욱 저, 『7대 이슈로 보는 돈의 역사 2』, 2020, 로크미디어
64 유재수 저, 『다모클레스의 칼』, 2015, 삼성경제연구소
65 오무라 오지로 저, 신정원 역, 『돈의 흐름으로 읽는 세계사』, 2018, 위즈덤하우스
66 최중경 저, 『잘못 쓰인 한국사의 결정적 순간들』, 2023, 믹스커피

그밖의 참고문헌

· 피에르 빌라르 저, 김현일 역, 『금과 화폐의 역사 1450-1920), 2000, 까치
· 조너선 윌리엄스 편저, 이인철 역 『돈의 세계사』, 1998, 까치
· 양동휴 저, 『화폐와 금융의 역사 연구』, 2015, 해남
· 차현진 저, 『숫자 없는 경제학』, 2023, 메디치미디어
· 유재수 저, 『세계를 뒤흔든 경제 대통령들』, 2013, 삼성경제연구소
· 크리스토퍼 레너드 저, 김승진 역, 『돈을 찍어내는 제왕, 연준』, 2023, 세종서적
· 타무라 히데오 저, 정상우 역, 『미중 통화전쟁』, 2024, 오픈하우스
· 마이클 킨 · 조엘 슬렘로드 저, 홍석윤 역, 『세금의 흑역사』, 2023, 세종서적
· 홍익희 저, 『세 종교 이야기』, 2014, 행성B
· 찰스 P. 킨들버거 · 로버트 Z. 알리버 저, 김홍식 역, 『광기, 패닉, 붕괴 금융위기의 역사』, 2006, 굿모닝북스
· 에스와르 프라사드 저, 이영래 역, 『화폐의 미래』, 2023, 김영사
· 알렉산드르 엣킨트 저, 김홍옥 역, 『자연의 악』, 2023, 에코리브르
· 에드워드 챈슬러 저, 임상훈 역, 『금리의 역습』, 2023, 위즈덤하우스
· 김기협 저, 『오랑캐의 역사』, 2022, 돌베개
· 레이 달리오 저, 송이루 · 조용빈 역 『변화하는 세계질서』, 2022, 한빛비즈
· 폴 볼커 · 크리스틴 하퍼 저, 남민호 역, 『미스터 체어맨』, 2023, 글항아리